전환시대의 행정가

한국형 지도자론

나남출판

나남신서 · 316

전환시대의 행정가

한국형 지도자론

이종범 편

NANAM
나남출판

Public Entrepreneur in a Time of Turbulence

A Leadership Model in Korea

Edited by

Chong-Bum Lee

NANAM

NANAM Publishing House

머 리 말

이 연구의 소박한 출발은 우리에게도 본받을 만한 지도자가 많이 있고 이를 발굴하여 우리도 자부심을 갖도록 하자는 것이었다. 우리나라 사람들은 이상할 정도로 남이 잘한 것을 좋게 평가하는 데 인색하다. 특히 우리의 지도자를 평가함에서는 더욱 인색하다. 결과적으로 우리가 그린 남의 나라의 크고 작은 영웅들은 많아도 우리의 영웅은 적은 것이 한국의 현실이었다. 우리에게 의미를 부여할 만한 지도자가 과연 전혀 없었던 것인가? 최근의 예만 들더라도 1960년대 이후 지금까지 30년에 걸쳐서 이룩한 경제발전은 세계에서 유례를 찾기 어려울 정도였다.이 변화는 行政主導的 經濟成長이라고 일컬어지며 행정을 주도했던 인물 중에는 우리가 그려야 할 인물들이 많이 있을 것이라는 점을 추측할 수 있다.

대통령에 관한 연구는 종종 있었다. 그러나 경제사회 발전에 중요한 공헌을 하였던 실무 주역 중 하나가 장관급 행정가라는 것을 부정하기 어려움에도 불구하고 이들에 대한 본격적인 연구는 거의 없었다. 高麗大 行政問題硏究所는 한국의 경제발전기를 대표할 만한 행정가를 선정하여 연구할 필요성을 느꼈다. 이 연구는 1991년 7월 첫 모임을 시작으로 2년여에 걸쳐 진행되었으며 이제 그 결실을 보게 된 것이다.

필자들은 그 내용의 깊이를 떠나 행정가 개인에게 초점을 맞추어 연구하였다는 면에서 많은 자부심을 느낀다. 이것이 초석이 되어 앞으로도 이 분야에 대한 연구가 계속적으로 수행되기를 기대해 본다.

이 연구는 한국 경제발전의 추진자로서 전환시대의 주역 중 하나였던 행정가의 역할에 관한 것이고 동시에 한국형 행정가에 관한 지도자 이론을 개발하려는 것이다. 특히 과거 30년간의 사회변동에서 한국의 경험, 특히 경제발전을 위해 정부의 차원에서 국민들의 노력을 조직화하였던 행정가들의 지도력에 관한 경험을 정리하여 새로운 이론을 개발하고, 동시에 우리의 경제발전의 경험에 근거한 이론이 후진국이나 필요한 사회의 발전에 기여할 수 있으리라는 기대를 하면서 이를 확산시켜 보자는 것이다.

이 연구는 몇 가지 면에서 중요한 시사점을 제시한다. 첫째, 이 연구의 결과는 행정가들이 주어진 상황에서 난관을 극복하고 필요한 과업을 성공적으로 수행하는 方法에 관한 지식을 제공한다. 이 지식은 모든 상황에 그대로 적용된다기보다는 상이한 상황에 처한 행정가들에게 적절한 길잡이 역할을 할 수 있다. 이 지식은 다른 분야의 지도자에게는 물론 현재 및 미래의 행정가들에게도 중요한 행동지침이 될 수 있다. 특히 이 연구의 대상인물이 민간부문의 지도자가 아니라 공공부문의 지도자라는 점, 대통령이 아니라 실무장관 위주의 행정가라는 점 등은 자치화와 국제화·개방화를 맞이하는 앞으로의 행정가들에게 유용한 정보를 제공할 것이다.

둘째, 이 연구의 결과는 미래의 행정가 및 다른 분야의 지도자들에게 동기유발 요인으로 작용할 것이다. 사회는 계속적으로 여러 가지의 도전을 받게 마련이고 이에 적절하게 대응하여야 하며 그때에도 공헌할 사람이 필요하다. 현재의 시점에서 과거 지도자들의 업적을 공정하게 평가한다는 것은 미래의 지도자들에게 중요한 동기유발 요인이 된다. 즉, 특정인의 행동에 대한 올바른 평가는 다른 사람들에게 중요한 유인으로 작용한다. 누구나 그의 업적이 역사적으로 공정하게 평가된다는 것을 안다면 잠재적 지도자들은 주저하지 않고 사회에서 필요로 하는 과업을 잘 수행하려고 할 것이다.

한국의 경제성장 및 국가발전의 주역이었던 중요한 행정가를 선정하는 작업은 연구에 있어 매우 중요하고 어려운 작업이다. 이를 위해서 연구진은 몇 개의 기준을 마련하였다. 가장 중요한 첫째의 선발기준은 업적이었다. 이를 위해 이 책은 예비조사를 통해 각 부처 공무원들에게 해당부처의 업무를 추진하는 과정에서 가장 많은 업적을 낸 사람들을 선정케 하였다(〈부록 1〉 참조). 이 결과를 토대로 연구자들이 몇 번의 토론을 통해 연구대상 인물을 선정하였다. 이들은 모두 전환기의 대한민국 정책에 근본적인 변혁을 가져오거나 기존의 행정관행을 바꾸는 데 결정적인 역할을 했던 사람들이었다. 물론 그 중에는 장관이 아닌 사람들도 몇몇 있었다. 둘째 기준은 탁월한 업적을 냈던 행정가라 할지라도 이상적인 행정가의 모형으로 적절하지 않은 경우, 예를 들어 부정이나 비리 등의 시비로 인해 퇴진했던 사람들은 연구대상에서 제외하였다. 셋째는 현직에서 활동하는 사람은 제외하였다. 넷째는 연구를 위한 자료접근이 용이한 사람을 우선적으로 선정한다는 기준이었다.

이 과정을 거쳐 최종적으로 선정된 행정가는 1960년대 및 70년대(박정희 정부)의 4명과 80년대(전두환 정부 및 노태우 정부)의 3명으로 모두 7명이다. 그 외에도 이 연구의 대상이 되었어야 할 사람들이 많이 있으나 연구인력과 지원의 한계 때문에 이 연구에서 빠진 사람들은 다른 연구를 통해 소개될 것이라고 기대해 본다.

이 책은 크게 3부로 나누어져 있다. 먼저 제1부는 박정희 정부 시대의 지도자들에 관한 연구로서(2장에서 5장까지), 장기 경제개발 계획을 수립하고 실시하는 데 결정적 역할을 수행한 김학렬 장관, 서울시 건설의 상징인 김현옥 시장, 과학기술의 기반조성에 지대한 역할을 한 최형섭 장관, 마지막으로 새마을운동의 이념적 지주였던 김 준 새마을 지도자 연수원장을 중심으로 사례연구를 하였다. 제2부에서는 그 이후(1980년대)의 행정가들이 다루어졌다(6장에서 8장까지). 대외 개방정책과 경제자율화로 정책기조를 변화시키는 데 결정적 역할을 수행하였던 김재익 경제수석 비서관, 구체적 정책에의 공헌이라기보다는 민주적 절차의 관행이나 현장행정 등으로 행정에 있어 소프트웨어적 측면의 변화를 강조하였던 고 건 서울시장 그리고 한국 정보통신 분야의 혁명을 주도하였던 오 명 체신부 장관을 분석하였다. 마지막으로 제3부인 결론의 장에서 제시하려고 하였던 이 책의 기본가설은 "주어진 상황의 특징과 지도자 유형이 잘 조화를 이룰 때 그 지도자는 혁신적으로 정책을 전환시킬 수 있다"라는 것이다. 7개의 사례연구에 기초하여 상황적합적인 전환적 지도자론을 제시한 것이고, 동시에 이것은 한국형 행정가 이론의 모색이기도 하다.

이 연구가 가능하기 위해서는 많은 사람들의 지원과 협력이 있었다. 부처별로 중요인물 선정을 위한 조사과정에서 충남대학교 박종민 교수와 광주대학교 김병완 교수가 수고하였다. 이 과정에서 부처별로 많은 공무원들이 협조하여 주었고 이들의 숨은 노력에 진정으로 감사한다. 각 지도자의 연구를 수행함에 있어 많은 사람들이 면접에 응하여 주었고 자료를 제공하여 주었기 때문에 이 연구가 가능하였다. 따라서 이분들에게도 감사의 말을 전해야 할 것이다.

이 연구가 실질적으로 결실을 맺을 수 있도록 어려운 중에도 재정적 지원을 해준 주식회사 태화물산의 南谷 李利範 사장, 조선내화 화학공업주식회사 李和一 사장에게 감사한다. 고려대학교 행정문제연구소에 이 연구를 위한 재정적 지원을 하였으며, 이에 근거하여 행정문제연구소는 계속적으로 이 사업을 관리함으로써 현재의 결실을 보는 데 결정적인 역할을 하였다. 특히 행정문제연구소의 안문석 소장을 비롯한 한국전산원의 소영진 박사, 경인여자전문대학의 박성진 교수와 다른 많은 연구원들의 노력에 감사한다. 또한 책의 편집과 교정 등 밖으로 드러나지는 않았으나 많은 노력을 아끼지 않은 유견수 박사에게 고마움을 느낀다. 마지막으로 이 책의 출판을 쾌히 승낙해 준 나남출판사의 조상호 사장에게 감사한다.

앞에서도 지적한 것과 같이 지도자에 관한 학문적 연구는 행정학 분야뿐만 아니라 정치, 경영, 군사, 과학기술, 문화, 예술 등 사회 각 분야에 필요하다는 것을 부정할 사람은 없다. 이 연구가 자극제로 작용하여 행정분야에서의 더 많은 연구가 되는 것은 물론 다른 분야의 지도자에 관한 연구도 활발하게 진행될 것을 기대해 본다.

1994년 4월

李 宗 范

나남신서 · 316

전환시대의 행정가

한국형 지도자론

차 례

· 머리말 / 5

서 론 ······························ **이종범**_ 15

제 1 부 경제개발기의 행정가 : 행동형 지도자

김학렬 론

경제기획 풍토의 조성자 ··················· **안문석**_ 33

김현옥 론

서울의 스카이라인을 바꾼 정열의 행정가 ········ **최성모**_ 59

최형섭 론
과학기술의 전도사 · 염재호_ 103

김준 론
새마을운동의 정신적 지주 · · · · · · · · · · · · · · · · · 박종민_ 135

제 2 부 경제안정기의 행정가 : 설득형 행정가

김재익 론
경제자율화의 기수 · 백완기_ 167

고건 론

권위주의 시대의 반권위주의 행정가 ··········· **김영평**_ 213

오명 론

80년대 통신혁명의 지휘자 ················ **김정수**_ 243

결 론 : 전환시대의 한국형 행정가 ······················ **이종범 · 윤견수**_ 283

· **부 록 1** 행정관료가 본 장관 ···························· **박종민**_ 321

· **부 록 2** 행정관료들이 기대하는 장관의 역할과 자격조건 ··········· **박종민**_ 341

· 필자약력 ······································ 366

서 론

이 종 범

1. 社會變化와 行政家

한국은 1945년 해방 이후 1948년에 남과 북이 분단된 상태에서 남한에 대한민국 정부가 수립되고, 이어서 50년부터는 3년간에 걸친 한국전쟁을 겪었으며, 60년에는 4·19 학생혁명으로 자유당 정부가 물러나고 이어서 민주당 정부가 들어섰다. 하지만 1년도 안되어 61년에는 군사쿠데타가 일어나며 박정희 정부가 시작되는데, 이때까지 한국사회의 특징은 통제불능의 전환기로 규정할 수 있다. 하지만 60년대를 기점으로 한국은 計劃的 轉換期로 돌입한다. 즉, 정부가 주도적으로 장기 경제발전 5개년계획을 실시하면서 의도적으로 사회변화가 시도된다. 이와 동시에 정치적 민주주의는 후퇴하고 경제성장과 안보논리에 따른 군사정부 및 준군사정부의 지배가 90년대 초까지 지속된다.

60년대 이후 90년대 초까지 한국은 새로운 전환기를 맞게 되고 이 시기의 변화는 단순히 경제적 변화만을 의미하는 것이 아니고 사회·정치적 변화까지도 포함한다. 전환시대의 의미를 좀더 명확하게 규정하기 위해서 경제·사회지표의 변동을 먼저 알아보고 동시에 정치 민주화와 관련된 사회의 변화를 개관하면 다음과 같다.

첫째, 60년부터 90년까지 10년 주기로 경제와 사회에 관한 기본통계를 비교해 보면 그 사이 한국사회의 변화, 특히 이 시기가 전환시대라는 것을 명확하게 알 수 있다. 먼저 〈표 1〉의 經濟指標에서 나타난 것과 같이 국민총생산은 60년의 2,470억원에서 80년에 36조 7,500억원으로 149배 증가하였고 90년에는 171조 4,880억원으로 694배 증가하였다. 인구규모는 60년의 2,500만에서 90년의 4,341만명으로 1.7배만 증가하였을 뿐이고 물가상승률을 감안하여도 경제규모의 증가는 엄청나다. 교역량의 변화도 환상적인 변화 중 하나다. 60년에는 수출규모가 3,280만 달러였던 것이 80년에는 175억 490만 달러로 533배 증가했으며 90년에는 650억 1,570만 달러로 1,982배 증가하였다. 제조업체(50인 이상 고용) 수를 보면 60년에는 15,204개에서 80년의 30,823개로, 90년에는 68,885개로 4.5배 이상 증가한다. 정부예산 규모도 엄청난 증가를 나타낸다. 즉, 60년에는 2,350억원이던 정부예산이 80년에는 6조 4,668억원으로 27.5배, 90년에는 22조 6,894억원으로 96.5배로 팽창하였다. 경제적 지표의 관점에서 60년과 90년을 비교할 때 이 변화는 단순한 양적 변화라기보다는 질적 변화로 파악해야 할 것이다.

〈표 1〉 **연도별 주요 경제지표**(괄호 안의 수치는 비율을 의미)

	인 구 (천명)	GNP (십억원)	총수출 (백만달러)	총수입 (백만달러)	무역규모 (백만달러)	예산규모 (십억원)	제조업체수 (50인이상)
1960	24,989 (1)	247 (1)	32.8 (1)	345.3 (1)	376.3 (1)	235.2 (1)	15,204 (1)
1970	31,435 (1.26)	2,785 (11.3)	835.2 (25.5)	1,984.0 (5.75)	2,819.2 (7.5)	446.3 (1.9)	24,114 (1.6)
1980	37,407 (1.50)	36,750 (148.8)	17,504.9 (533.7)	22,291.7 (64.56)	39,796.6 (105.8)	6,466.8 (27.5)	30,823 (2.0)
1990	43,411 (1.74)	171,488 (694.3)	65,015.7 (1982.2)	69,843.7 (202.27)	134,859.4 (358.4)	22,689.4 (96.5)	68,885 (4.5)

자료 : 통계청(1992), 《한국의 사회지표》; 《알기쉬운 통계》; 《한국통계연감》(1970, 1980, 1990); 《무역통계연감》(1992).

사회지표를 보아도 한국사회는 급격한 변화를 나타내고 있다. 〈표 2〉에 나타난 것과 같이 먼저 전문대 이상의 고등교육기관에 재학하고 있는 학생수를 보면 60년에는 10만명에 불과했던 것이 80년에는 57만명(5.6배)으로, 90년에는 138만명(13.7배)으로 증가한다. 국민총생산 중 교육예산이 차지하는 비중도 60년의 2.6%에서 80년에는 3.2%로 90년에는 3.7%로 계속 증가하고 있다. 전화 보급률은 60년의 13만대에서 80년에는 270만대(21.2배)로 90년에는 1,328만대(104배)로 상상하기 어려울 정도로 증가하였다. 연간 출판물도 60년의 1,618개에서 80년에는 20,985개(13배)로 90년에는 41,712개(25.8배)로 증가한다. 마지막으로 자동차 대수 중 승용차의 증가세를 보면 60년의 13,000대 수준에서 80년에는 25만대 수준(19.5배)으로, 90년에는 210만대 수준(162.4배)으로 증가한다. 이러한 증가추세는 90년대에 들어와 더욱 가속화하고 있다. 이와 같이 사회지표의 관점에서도 60년대와 90년대를 비교할 때 이 변화는 단순한 양적 변화라기보다는 질적 변화라고 보아야 할 것이다.

〈표 2〉 연도별 주요 사회지표(괄호 안의 수치는 비율을 의미)

	인 구 (천명)	승용차보유 (대)	자동차보유 (대)	대학, 전문 대생(명)	문교예산 GNP(%)	전화대수 (대)	출판물 수(개)
1960	24,989 (1)	12,776 (1)	31,339 (1)	101,041 (1)	2.6	127,686 (1)	1,618 (1)
1970	31,435 (1.26)	60,677 (4.7)	128,298 (4.1)	163,511 (1.6)	2.9	481,207 (3.8)	2,633 (1.6)
1980	37,407 (1.50)	249,102 (19.5)	527,729 (16.8)	565,007 (5.6)	3.2	2,704,504 (21.2)	20,985 (13.0)
1990	43,411 (1.74)	2,704,922 (162.4)	3,394,803 (108.3)	1,379,951 (13.7)	3.7	13,276,449 (104.0)	41,712 (25.8)

자료 : 통계청(1992), 《한국의 사회지표》; 현대자동차(1992), 《자동차산업》; 한국교육개발원(1991), 《한국의 교육지표》; 체신부(1992), 《체신통계연보》; 문화부(1992), 《출판정책자료집》.

〈표 1〉과 〈표 2〉에 나타난 지표들의 특징을 보면 60년대와 70년대에는 경제지표의 획기적 변화가 있었고, 80년대 이후에는 사회지표가 급격하게 변화를 보이고 있다는 점이다. 1960~70년대는 經濟成長期라고 할 수 있고 80년대는 經濟安定期이며 동시에 사회지표가 개선되기 시작하였다. 다시 말해 이 시기는 경제성장은 둔화되면서 오히려 사회적 변화가 일어나는 시기이다. 그리고 이런 지표가 간접적으로 시사하는 것은 한국사회가 많이 다원화하였다는 것이다. 즉, 1960~70년대에 비해서 80년대는 훨씬 다원주의화한 상태였다. 예를 들면 기업의 수만 보더라도 60년대에는 상상하기 어려운 숫자로 증대되었고, 전화 보급률의 급격한 팽창, 대학진학 학생수의 증가만 보더라도 한국사회 내부의 부문 간에 상호작용의 빈도가 증가되었다는 것을 알려 주고 있다.

사회변화와 관련하여 더 언급할 것은 정치적 統制機構와 民主化 간의 동태적 관계에 관련된 것이다. 61년 군사쿠데타 이후의 박정희 정부는 경제성장과 안보중심의 정치운영으로 민주주의의 발전을 억압하였다. 그러나 국민들의 민주화 요구는 계속적으로 상승하였으며 이를 억제하기 위한 통제기구의 힘은 계속 강화되었다. 물론 79년의 박정희 대통령 시해사건이 민주화로 연결될 수 있는 중요한 시기였지만 '서울의 봄'으로 아주 잠깐 민주화가 가능했었다. 79년 12월 12일의 쿠데타를 통해 등장한 신군부는 80년 5월의 광주 민주화운동 진압, 언론통폐합, 노동쟁의 방지, 통일주체국민회의에 의한 대통령 선출 등의 강압적 방법을 동원하여 민주화의 요구를 억압하였다. 즉, 군사정권의 지속은 이종범(1986)이 지적한 것과 같이 정권이 강압적 수단을 더 쓰지 않으면 자신의 정권을 유지하지 못하는 상태로 진전되도록 하였으며 결국은 87년 6월 민주화운동으로 연결되었다. 그 이후부터는 정부의 강압적 통제수단은 약화되고 민주적 선거절차가 서서히 정착되어 가고 있었다.

경제·사회지표의 변화와 정치상황의 변화에 비추어 보았듯이 60년대 초부터 90년대 초까지의 30여년을 전환시대로 규정할 수 있다. 그렇다면 과연 이 시기의 괄목할 만한 사회변화 원인은 무엇이고 공(功)이 있다면 그 공은 누구에게 귀속되어야 할 것인가? 누군가는 이러한 사회변화를 이룩하는 데 공헌했을 것이고 이에 대한 평가를 하는 것은 매우 중요하다. 예를 들어 경제발전은 시대적 상황 때문에 필연적으로 나타난다고 할 수도 있고 국가의 자율성 때문에 그렇다고 주장할 수도 있다. 또한 국민과 기업들의 헌신적 노력의 결과였다고 볼 수도 있다. 그러나 이러한 상황적 조건, 국민 전부의 노력에도 불구하고 아직도 설명되지 않는 부분이 많이 있다. 특히 주어진 정책상황 속에서 미래의 전망을 제시하고, 필요한 경우 애로를 타개하고 제도적 장치를 마련함으로써 국민들의 노력을 경제발전의 방향으로 동기화시키고 유도하였던 사람들의 공을 부정할 수 없다.

하지만 지금까지 우리 나라에서의 지도자에 관한 연구는 학문적 연구라기보다 신문기사 또는 소설형식이 대부분이었다. 입지전적 소설의 형식으로 기업의 창업주들을 다루거나 선거홍보용 대필 자서전, 그렇지 않으면 월간잡지에 게재되는 인물소개 형식의 것이 거의 전부였다. 그것도 대통령이나 기업의 총수 또는 설립자에 관한 연구가 대부분이었다. 한국행정학회가 92년 "대통령과 정책"을 주제로 대통령의 유형과 특징을 다룬 적이 있었고(안병만, 1992 ; 정정길, 1992 ; 김종림, 1992), 그 외에도 단편적 형태로 대통령의 지도력에 관한 연구는 간헐적으로 이루어졌다(구광모, 1984 ; 정윤재, 1987 ; 한승조, 1988 ; 정정길, 1993 ; 김효태, 1993 ; 김호진, 1993). 그러나 이들을 보좌하여 실질적으로 공헌을 하였던 장관급 행정가에 관한 연구는 거의 찾아볼 수 없다. 집합적 수준에서 엘리트 연구를 하거나(박동서, 1980 ; 안병만, 1985), 신문기사나 회고의 형식 또는 임명당시에 소개되는 정도가 고작이었고, 개별지도자로서 장관들에 관한 구체적 연구를 한 것은 전무하였다.

이 책의 의미는 바로 여기에서 찾을 수 있다. 이 책에서는 한국의 경제사회 및 정책발진에 실질적인 공헌을 하였던 장관급 행정가를 담구해 보려고 한다.

2. 행정가 연구를 위한 分析模型

이 책은 미리 정교한 이론모형을 만들고 이에 의해서 현상을 분석하였다기보다는 개괄적 이론모형에 의해서 사례분석을 시도하고, 분석이 끝난 후 발견된 결과를 종합하여 새로운 상황적합적 지도자론을 만들어 보려는 연구전략을 사용했다. 사례분석을 위해 사용하였던 막연한 이론적 틀은 상황, 지도자의 성격과 특성, 정책변화라는 세 개의 변수를 선정하고 이들 간의 관계를 파악하자는 것이었다.

우선 指導力의 특성과 관련하여 필자들이 암묵적으로 사용하였던 항목으로는 비전(*vision*)제시 능력, 전문적 식견(지적 자극), 반전통적 행동, 직업적 소명감, 지지획득 능력(대통령과 국민의 지지), 인상관리 능력, 조정 및 합의도출 능력, 민주주의에 대한 소명감, 기회포착 능력, 추진력, 설득력 및 그 외의 개인적 특성과 관련된 변수들이다. 政策은 아주 구체적으로 표현되는 경우, 예를 들면 자동식 전자교환기의 개발정책과 같은 경우도 있으나 그 결과물이 비가시적 성격을 갖는 경우도 있다. 즉, 민주적 절차와 관련된 발상의 전환 같은 경우는 뚜렷하게 가시적인 것은 아니지만 행정에서는 매우 중요한 변화라는 것이다. 狀況은 크게 경제사회 발전의 정도, 시민사회의 진전정도, 정치적 맥락, 타부처와의 관계, 조직내부의 상황, 특히 부하직원들과의 관계, 마지막으로 국민의 결정내용에 대한 지지 또는 수용정도와 관련된 것을 의미한다. 상황에 대한 정의도 명시적이었다기보다는 묵시적이었고 연구자에게 많은 재량성이 주어졌다.

분석모형과 관련하여 논의되어야 할 것으로 分析段階가 있다. 이 책은 상식적 의미에서 네 개의 단계를 상정하였다(Conger & Kanungo, 1988 : 78~97). 1단계는 지도자가 환경에서 변혁해야 할 문제를 발견하는 과정이고, 2단계는 이를 조직의 목표로 설정하고 그것을 성취하기 위하여 강력하게 설득시키거나 밀어붙이는 과정이며, 이

때 행정가의 영감이나 확고한 미래전망을 주변사람들에게 받아들이게 한다. 3단계는 수단을 선택하고 자신의 추진능력을 동원하여 필요한 사람을 고무하거나 전망 또는 영감을 공유하도록 유도하고 이들을 동기화시키는 단계이며, 마지막 단계는 정책변화를 성공적으로 달성하는 것이다.

이와 같이 네 단계를 거치면 기존의 상태와는 질적으로 상이하면서 동시에 더 좋아진 결과를 가져오게 된다. 적어도 유능한 행정가라면 그런 단계를 거치게 될 것이라는 점이 이 책에서 취한 암묵적 가정이었다. 그것은 기존의 지도자론에서 말하는 내용과는 상이하다. 지도자론은 교환적 지도자론(*transactional leadership*)과 전환적 지도자론(*transformational leadership*)으로 대별될 수 있다. 交換的 指導者論은 지도자와 부하 간의 상호작용 및 교환관계 속에서 지도자가 효과적으로 조직 또는 집단을 운영해 나아가는 방법에 관심을 둔다. 또한 조직 전체보다는 그 내부집단에 한정하여 연구하려는 성향이 강하다. 이 이론은 집단의 생산성이나 조직원의 만족도를 높이며 주로 양적 성장이나 업적을 높이는 영역으로 연구의 초점을 맞추고 있다. 그리고 그 원인으로는 지도자의 자질, 유형, 상황적 차이 등을 들고 있다(Lewin, et al., 1939 ; Blake & Mouton, 1964 ; Bass, 1990). 이러한 이론적 경향은 상황적합적 지도자론(*contingency theory* : Fiedler, 1972 ; Vroom & Yetton, 1973 ; Vroom & Jago, 1978 ; Field, 1982 ; House & Mitchell, 1974 ; Evans, 1979)에도 그대로 적용된다. 지금까지 연구된 대부분의 지도자론은 이 부류에 속한다.

이에 비해서 轉換的 指導者論(Burns, 1978)에서 주로 강조하는 것은 전체적 관점에서 조직의 방향을 전환시키거나 또는 커나란 변혁을 유도한 기업가적·카리스마적 지도력이다. 교환적 지도자론은 지도자와 추종자 간의 재화를 통한 혹은 사회심리적 유인체계를 통한 교환관계로 볼 수 있다. 이에 비해 전환적 지도자론에서는 기본가치나 신념의 변동, 조직 선제의 정의실천과 가치의 통합, 도덕적 정당성에 대한 확신의 제시 또는 조직의 혁신적 변화를 유도하는 지도력에 연구의 초점을 맞춘다(Burns, 1978). 지도자와 추종자 간의 상호작용에 의한 창조적 전망이나 도덕적 기준 또는 동기의 상승효과 측면도 중요하게 취급한다(Bass, 1988).

전환적 지도자론에서 강조하는 지도자의 특성은 두 가지로 분류할 수 있다. 즉, 지도자의 특성에 관한 것과 지도력의 특성에 관한 것이다. 전자에 해당하는 것은 지도자가 소유하고 있는 성격적 특성인 반면에 후자는 지도자와 주변사람들과의 관계, 특히 부하와의 관계를 관리하는 특징을 말한다. 먼저 지도자의 성격적 특성으로 성취지향, 모험성, 설득력, 지속성, 쇄신지향(Howell & Higgins, 1990) 등과 자신감, 자주성, 영감, 내면적 갈등으로부터 자유, 달변, 전략적 성향 등을 중요한 항목으로 지적하고 있다(Bass, 1988 : 46~49).

전환적 지도자의 관리행동적 특성으로 강조되는 것은 카리스마, 영감, 지적 자극, 개별인간적 배려, 다양한 영향력 행사 방법 등이며(Howell & Higgins, 1990 : 317~341 ; Bass, 1990 : 184~221), 그 외에 반전통적이고 반문화적(*counter-cultural*) 관리전략과 관행을 사용하는 성향이 높다는 것을 지적할 수 있다(Conger, 1988 : 28). 카리스마는 지도자가 부하로부터 존경과 신뢰를 받고 또한 그의 존재 자체가 부하들에게 영감과 용기를 주는 특성을 말한다. 영감은 지도자가 정서적 호소를 하거나, 생생한 정보의 제공 또는 설득을 통해서 부하가 승화된 목표를 수행하는 데 확신과 동기를 부여하도록 하는 것이다. 지도자가 제공하는 지적 자극이란 새로운 문제나 해결책 등에 대한 추종자의 개념화, 이해 등을 도와줄 수 있는 창조적이고 새로운 아이디어를 제시하는 능력을 말한다. 그리고 개별인간적 배려는 추종자를 개별적으로 배려함으로써 그들의 능력과 동기를 변화시키는 능력을 말하며, 마지막으로 지도자는 다양한 영향력의 전략을 사용한다는 특징을 갖고 있다는 것이다(Bass, 1988).

이런 점에서 교환적 지도자론의 개념만으로는 조직의 질적 변화를 유도하거나 정책의 새로운 방향을 제시하고 기존 관행을 변동시킴으로써 조직의 기본적 변화를 이끈 지도자들, 특히 이 책의 행정가들을 설명하는 데에는 한계가 있다. 그리고 교환적 지도자론은 준거할 만한 변수와 경험적 이론이 있으나 전환적 지도자론은 아직도 변수가 한정되어 있지도 않으며 정의도 애매하고 법칙적 언명도 거의 없다. 그 만큼 연구의 일관성을 유지하기가 힘들어진다.

모호하기는 하지만 전환적 지도자에 대한 계량적 연구를 시도한 것이 있다. 대표적으로 Bass(1985 : 195~230)는 73개의 지도자의 행동특성에 근거하여 요인분석을 한 결과 다섯 개의 의미있는 要因을 추출하였다. 그는 교환적 지도자의 특징으로 부하의 보상관리와 부하의 예외적 행동에 대한 관리(예 : 규칙에 벗어난 행동에 대한 부정적 환류)라는 두 개의 요인을 추출하였으며, 전환적 지도자의 특징으로 부하들에게 영감과 용기를 주는 카리스마 요인과 지적 자극 요인의 두 가지를 추출하였다. 그리고 양 유형의 공통적 요인으로 부하에 대한 배려와 지원 요인이 추출되었다. 결과적으로 전환적 지도자의 행동특성은 카리스마, 지적 자극, 개별배려라는 세 개 요인으로 묶여질 수 있다. 그러나 여기서는 대부분의 질문문항(행동특성)들이 카리스마라는 요인으로 통합된다는 점을 문제점으로 지적할 수 있다(Bass, 1985 : 209~210). 예를 들어 영감, 영향력행사 전략의 다양성 등이 모두 카리스마라는 하나의 요인에 통합되는 결과를 낳았다. 결과적으로 카리스마라는 변수를 따로 사용할 경우 오히려 해석상의 오해를 낳을 소지가 많기 때문에 우리 연구에서는 카리스마라는 용어를 사용하지 않고 전환적이라는 용어를 사용하겠다.

그렇다면 지도자가 위에서 말한 특징들을 갖고 있다면 상황과는 무관하게 정책전환에 성공할 것인가? 이 경우도 교환적 지도자론처럼 상황적합이론을 모색해야 현실적으로 더 타당한 이론이 될 것이다. 그러나 계량적 현지조사를 통해서 상황적 여건에 적합한 지도자 유형과 정책효과 간의 관계로 표현되는 가설을 검증하고 이에 따라 전환적 지도자에 관한 상황적합이론을 확인하기는 어렵다(Bass, 1985 : 1990). 그리고 통계적 방법에 의한 연구는 보편적 법칙을 논의할 수는 있으나 실제로 전환적 지도자의 사례를 일반화할 정도로 수집한다는

〈그림 1〉 상황적합적·전환적 지도자론

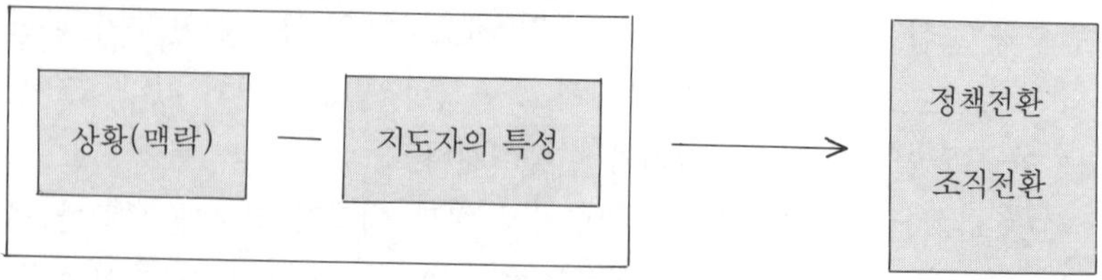

것이 가능하지도 않다. 또한 가능한 경우라도 많은 변수에 입각한 심층적 연구를 하기는 어렵다. 잘 해야 이들의 특성이 무엇이고 특성(자질)과 지도적 행동 간의 통계적 관계를 확인하는 정도이다(Bass, 1985). 이에 비해 사례연구는 상황, 지도자의 특성, 정책내용의 특성 등과 관련된 내용을 심층적으로 다룬다는 장점을 갖고 있다. 따라서 이 책은 사례 중심적으로 연구를 수행할 것이고 연구된 일곱 개의 사례로부터 〈그림 1〉과 같은 狀況適合的 轉換的 指導者論을 위한 일반론(*generalization*)을 제공하려고 한다.

전환적 지도력의 특성으로는 비전(*vision*)제시 능력(영감), 전문적 식견(지적 자극), 반전통적 행동, 직업적 소명감, 지지획득 능력(대통령과 국민의 지지), 인상관리 능력, 조정 및 합의도출 능력, 민주주의에 대한 소명감, 기회포착 능력, 추진력, 설득력 등을 들 수 있다. 그리고 지도자의 그러한 특성들이 상황의 특성과 조화를 이룰 때 정책전환에 성공할 수 있다. 예를 들어 80년 이전의 상황과 그 이후의 상황이 매우 다르다. 60~70년대는 경제가 급격한 팽창을 한 시기이면서 동시에 사회가 덜 다원주의적이었고 또한 민주화의 요구가 상대적으로 낮은 시기라면, 80년대 이후는 경제변화가 완만해지고 사회변화가 일어나는 시기라고 볼 수 있다. 즉, 다원화가 급격하게 진행되고 사회적 형평과 민주화 요구가 증가하는 특징을 나타낸다. 성공적 행정가들은 시대적 상황과 그들의 지도유형이 조화를 이루어야 성공적인 정책변화를 가져올 수 있다는 이 책의 가정이 맞다면, 두 시기의 행정가들은 그 유형이 서로 틀려진다는 것을 알 수 있다. 만약에 이들이 서로 다른 상황에 처해 있었다면 업적을 이루기가 어려웠을 것이라는 점이 이 책의 잠정적 결론이다. 그들이 활동했던 시기의 특징이 그들의 지도력 특성과 조화되었기 때문에 그들은 획기적인 업적을 이루어 내었다고 할 수 있다.

3. 이 책의 구성

이 연구는 1960년대 이후부터 90년까지를 전환기로 규정하고 이때의 행정가에 초점을 맞추어 분석하였다. 그 결과 이 책은 크게 3부로 나누어진다. 먼저 제1부는 박정희 정부 시대의 행정가에 관한 연구이고(2장에서 5장까지), 제2부에서는 그 이후의 행정가들이 다루어졌다(6장에서 8장까지). 제3부는 9장 결론으로서 사례연구 결과의 일반화를 위한 시도로 구성된다. 사례연구된 7명의 행정가를 박정희 정부시기와 그 후의 시기로 나누어 취급한 이유는 시기 구분에 따라 그 지도력의 유형이 매우 달랐기 때문이다. 전기의 지도자들은 대통령의 분신이라는 성격이 매우 짙은 행동형 지도자라고 규정할 수 있는 데 비해서 후기의 지도자들은 이념적 지도자 또는 아이디어의 창조자 역할까지 수행하는 설득형 지도자라는 특징을 갖는다.

먼저 제1부의 첫장인 2장은 자유당 시기부터의 꿈이었던 장기 경제개발 계획을 수립하고 실시하는 데 결정적 역할을 수행한 김학렬 장관을, 3장에서는 서울시의 행정을 기업행정 또는 능률행정으로 방향전환을 시키면서 많은 일화를 남겼던 김현옥 시장을, 제4장에서는 한국의 과학기술 정책의 기반을 조성하는 데 결정적 역할을 수행했던 최형섭 장관이 다루어졌으며, 5장에서는 새마을운동의 이념적 지주로서의 김 준 새마을운동본부장이 연구의 대상이 되었다.

제2부의 첫째인 6장에서는 대외 개방정책과 경제자율화로 한국 경제발전의 기본 틀을 변화시킨 김재익 경제수석 비서관이 분석의 대상

이 되었다. 7장에서는 구체적 정책에의 공헌이라기보다는 민주적 절차의 관행이나 현장행정 등으로 행정에 있어 소프트웨어적 측면의 변화를 시도하였던 고 건 서울시장을, 8장에서는 한국 정보통신 분야의 획기적 혁명을 초래했던 오 명 체신부 장관을 분석하였다.

마지막으로 제3부는 결론의 장으로서 한 개의 장이기 때문에 부로 나누지 않았다. 9장은 앞의 일곱 개의 사례연구에 기초하여 상황적합적인 전환적 지도자론(*contingency theory of transformational leadership*)을 제시하려고 한다. 또한 개발연대의 행정가들의 특징에 관하여 논하고 시민주도적 민주시대에 요구되는 미래의 행정가를 제시하려고 한다.

1960~70년대의 행정가들에게 주어진 사회경제적 상황은 급속한 경제성장에 대한 사회의 염원과 대통령의 집념으로 요약될 수 있다. 비록 민주화에 대한 요구는 있었으나 이것보다는 경제성장이 중요한 쟁점이었다. 이러한 상황 속에서 강력한 추진력을 갖고 밀어붙이는 유형의 지도자들이 나타났으며 이들은 성공적인 결과를 가져왔다. 1980년대는 경제발전 또는 성장에 대한 강력한 요구보다는 민주화의 요구가 지배적이었으며 비록 전두환 정권과 노태우 정권에 의해서 일시적으로 민주화가 지연되기는 하였으나 그 요구가 계속되었고 이러한 현상은 지도자의 유형에도 그대로 반영되었다. 즉, 강압적이고 밀어붙이는 유형의 지도자보다는 설득에 뿌리를 둔 지도력의 발휘를 통해서 정책변화를 추진하였다는 것이다. 비록 70년대부터 축적된 다원주의화와 민주화의 요구가 80년대 초 신군부의 등장으로 인해 잠재화되었지만 이것이 행정가의 행동변화를 초래했다고 보아도 과언이 아니다.

한편 2000년대에는 한국이 통일한국으로서 시민주도적 민주주의가 정착될 것이고, 10대 경제 및 기술선진국이 될 것이며 또한 개방사회의 특징을 가질 것이 예상된다. 이때에는 다양한 이해관계를 조정하고 통합하며 때에 따라서는 타협을 통해서 이해관계를 조정해야 하는 시민형 지도자(*civic regarding entrepreneurship* : Bellone & Goerl, 1992 : 130~134)가 그 당시의 상황과 더 조화를 이룰 것이고, 결과적으로 정책전환을 하는 데 더 성공적일 것이다. 그러나 여기서 정책전환의 의미는 과거와 같은 정책방향의 획기적 변화라기보다는 점진적 변화, 강력한 추진력보다는 타협과 설득의 특징으로 표현될 것이다. 그러면서도 적극적으로(*proactive*) 시민이 원하는 삼새직 요구를 과감하게 개발하여 정책으로 추진하는 것을 특징으로 할 것이다. 즉, 지도자의 전망이나 비전은 의미있는 시민참여의 과정을 거쳤을 때 민주적 책임과 양립 가능한 지도력을 발휘하게 될 것이다. 그 사이인 90년대는 설득형 행정가가 중심이 되어 시민주도적 민주주의를 정착시키는 데 공헌해야 할 것이다.

참 고 문 헌

구광모(1984), 《대통령론: 지도자의 개성과 유형》(서울: 고려원).

김종림(1992), "대통령의 정치역할론: 이론과 현실," 한국 행정학회 춘계 학술심포지엄, pp. 4∼23.

김호진(1993), 《한국정치체제론》전정3판(서울: 박영사).

김효태(1993), "한국 국무위원 인사에 관한 연구: 전략적 선택이론을 중심으로" (서울: 고려대 대학원 박사학위 논문).

박동서(1980), 《한국행정의 발전》 (서울: 법문사).

안병만(1990), 《한국 정부론》 제2판(서울: 다산출판사).

______(1992), 《역대 통치자의 자질과 정책성향》, 한국 행정학회 춘계 학술심포지엄, pp. 51∼73.

이종범(1986), 《국민과 정부관료제》(서울: 고려대 출판부).

정윤재(1993), "김 대통령 개혁리더십의 정치적 성격연구," 한국정치학회 편) 《문민정부와 정치개혁》(서울: 한국정치학회), pp. 111∼128.

정정길(1992), 《대통령의 정책관리 스타일: 경제정책을 중심으로》, 한국 행정학회 춘계 학술심포지엄, pp. 24∼59.

______(1993), "바람직한 대통령의 정책관리," 《한국행정학보》, 27권 1호, pp. 1∼15.

한승조(1988), 《리더십과 한국정치》(서울: 민족지성사).

Bass, Bernard M.(1985), *Leadership and Performance beyond Expectations*(New York: The Free Press).

______(1988), "Evolving Perspectives on Charismatic Leadership," in Jay A. Conger, R. N. Kanungo and Associates, *Charismatic Leadership: the Elusive Factor in Organizational Effectiveness* (San Francisco: Jossey-Bass), pp. 40~75.

______(1990), *Bass & Stogdill's Handbook of Leadership: Theory, Research & Managerial Application*, 3rd ed.(New York: Free Press).

Bellone, Carl J. and George F. Goerl(1992), "Reconciling Public Entrepreneurship and Democracy," *Public Administration Review*, Vol. 52, No. 2, pp. 130~134.

Blake, R. and J. Mouton(1964), *The Managerial Grid*(Houston: Gulf).

Conger, Jay A.(1988), "Theoretical Foundations of Charismatic Leadership," in Jay A. Conger, R. N. Kanungo and Associates, *Charismatic Leadership: the Elusive Factor in Organizational Effectiveness*(San Francisco: Jossey-Bass), pp. 12~39.

Conger, Jay A., R. N. Kanungo and Associates(1988), *Charismatic Leadership: the Elusive Factor in Organizational Effectiveness* (San Francisco: Jossey-Bass).

Conger, Jay A. and R. N. Kanungo(1988), "Behavioral Dimensions of Charismatic Leadership," in Jay A. Conger, R. N. Kanungo and Associates, *Charismatic Leadership: the Elusive Factor in Organizational Effectiveness*(San Francisco: Jossey-Bass), pp. 78~97.

Evans, Martin G.(1979), "Leadership," in Steven Kerr(ed.) *Organizational Behavior* (Columbus: Grid Publishing Co.), pp. 207~239.

Fiedler, Fred E.(1967), *A Theory of Leadership Effectiveness*(New York: McGraw Hill).

______(1972), "How do you make Leaders more Effective? New Answers to an old Puzzle," in F. Luthans(ed.), *Contemporary Readings in Organizational Behavior*, 2nd ed.(New York: McGraw Hill, 1977), pp. 293~309.

Field, R. H. J.(1982), "A Test of the Vroom-Yetton Contingency Model of Leadership," *Journal of Applied Psychology*, Vol. 67, pp. 523~532.

House, Robert J. and Terrence R. Mitchell(1974), "Path-goal Theory of Leadership," in F. Luthans(ed.), *Contemporary Readings in Organizational Behavior*, 2nd ed.(New York: McGraw Hill, 1977), pp. 281~292.

Howell, Jane M. and Christopher A. Higgins(1990), "Champions of Technological Innovation," *Administrative Science Quarterly*, Vol. 35, pp. 317~341.

Lewin, K., R. Lippitt and R. K. White(1939), "Patterns of Aggressive Behavior in Experimentally Created Social Climates," *Journal of Social Psychology*, Vol. 10, pp. 271~301.

Vroom, Victor H. and Arthur G. Jago(1978), "On the Validity of the Vroom-Yetton Model," in D. Katz et. al., *The Study of Organizations*(San Francisco: Jossey-Bass, 1980), pp. 384~396.

Yukl, Gary and David D. Van Fleet(1992), "Theory and Research on Leadership in Organizations," in Marvin D. Dunnette and Leaetta M. Hough(eds.), *Handbook of Industrial and Organizational Psychology* Vol. 3, 2nd ed.(Palo Alto: Consulting Psychologists Press), pp. 147~197.

1 경제개발기의 행정가 : 행동형 지도자

경제기획풍토의 조성자 : 김학렬 론

서울의 스카이라인을 바꾼 정열의 행정가 : 김현옥 론

과학기술의 전도사 : 최형섭 론

새마을운동의 정신적 지주 : 김 준 론

경제기획 풍토의 조성자 : 김학렬 론

김학렬(金鶴烈)
1923년 10월 26일 경남 고성 출생
1944년 일본 중앙대 법학과 졸업
1950년 제1회 고시행정과 수석합격
1961년 4월 재무부 사세국장
1961년 6월 재무부 예산국장
1961년 9월 경제기획원 기획조정관
1962년 7월 경제기획원 기획담당부원장보
1963년 6월 경제기획원 부원장
1963년 12월 경제기획원 차관
1966년 9월 재무부 장관
1966년 12월 청와대 정무비서관
1969년 6월 부총리 겸 경제기획원 장관
1972년 1월 공직에서 퇴임

경제기획풍토의 조성자 : 김학렬 론

안 문 석

1. 신화의 탄생

1960년대와 70년대 경제관료를 지낸 사람은 김학렬에 대하여 일종의 신화를 가지고 있다. 그를 알고 있는 사람들은 모두 그에 대해, 독설가이며 괴짜이고 고집이 세면서 경제관료 세계의 왕으로 군림한 사람이라는 인상을 갖는다.

사실, 괴짜는 획일적인 사회, 군국주의적 사회, 하나의 목표에 모든 사람들을 일사불란하게 동원하는 사회에서는 이단으로 여겨진다. 그런 사회에서 이단이 살아남기 위해서는 그는 사회가 추구하는 목표에 긍정적으로 기능을 해야 하고 그 이단을 잘 보살펴 주는 후견인이 있어야 한다. 따라서 김학렬이라는 괴짜를 이해하기 위해서는 그가 살았던 시대적 배경에 대한 이해가 앞서야 한다. 시대적 배경의 이해에는 물론 묵시적으로 존재한 사회적 목적과 권력구조 그리고 그의 위상이 포함된다.

김학렬의 인생, 그 가운데서도 관료로서의 인생은 크게 3기로 나누어진다.

제1기는 행정고시에 합격한 후 미국유학에서 돌아와 재무부에서 근무하던 시절로, 직위는 사무관에서 시작하여 이사관에 이르는 시기였고 주로 자유당 시절이 이에 해당된다. 연도로 보면 1961년 군사쿠데타가 발생하기 전까지이다.

제2기는 5·16 군사쿠데타가 일어난 후 막후에서 군부를 도와 일을 하던 시기로, 직위로는 차관보급에서부터 차관까지의 시기이다. 이 시기에는 주로 재무부, 경제기획원에서 근무했다.

제3기는 부총리 겸 경제기획원 장관이 된 이후의 짧았던 시기이다.

사실 김학렬의 인생을 살펴보면 1950년 고시 행정과 수석합격 후 미국유학을 다녀온 다음부터 그의 가치관은 크게 변화하였다. 즉, 일제시대에 태어나 교육을 받고 1944년 일본 중앙대 법학과를 졸업하기까지의 김학렬은 일본식 가치관을 가졌고, 그 당시 자신의 진로를 “변호사가 되어 억울한 사람을 변호하는 것”이라고 1970년 《신동아》와의 인터뷰에 밝혔지만 미국에서 학업을 마치고 돌아온 그는 미국식 가치관을 갖게 되었고 재무부에서 근무하면서 전공이 경제 쪽으로 변화하였다.

제1기의 시대적 배경은 해방과 6·25전쟁 그리고 전후복구기로 특징지어진다. 이 시기에는 “가난하기 때문에 가난하다”는 넉시의 빈곤의 악순환이 상태화 되어 있었고 가난과 가난보다 더 무서운 불신과 미움의 감정이 국민 모두의 가슴에 도사리고 있던 시절이다. 고시 행정과 1회 수석합격에다 미국유학까지 마치고 돌아온 엘리트 김학렬이 일본식 사고와 제도가 잔재하고 있던 당시 정부부처에서 근무한다는 것이 행복하지만은 못했을 것이라는 것은 쉽게 짐작할 수 있다. 같은 맥락에서 그가 사회에 대하여 똑같이 비판적인 시각을 가지고 있던 박정희와 같은 군인들과 쉽게 교류를 할 수 있었던 것도 이해가 된다.

이 시기에 김학렬이 남긴 흔적은 그리 많지는 않다. 그러나 다음의 에피소드는 이 시기에 김학렬이 어떤 생각을 하고 있었는지를 이해하는 데 도움이 될 것이다.

> 김학렬 씨가 재무부 세제국 과장이었던 시절로 기억한다. 그 당시 장관이었던 분이 자신의 친척 한분의 민원업무에 대해서 조그마한 특혜를 주도록 김학렬 씨에게 지시한 적이 있었다. 김학렬 씨는 그 지시를 거절하였고 그 때문에 장관과 사이가 나빠졌고, 내가 개입을 해서

그를 예산국으로 전보하는 선에서 사태를 수습한 적이 있다.[1)]

이 에피소드는 김학렬이 공사가 분명한 공직관을 소유한 사람이었다는 것을 보여준다.

이 시기에 김학렬의 후견인은 이한빈 전 부총리였던 것 같다. 이한빈 전 부총리는 서울대학을 졸업하고 미국 하버드 대학에서 공부를 한 그 시대에 드문 서구화된 선진관료였다. 위의 에피소드 이후 이한빈 당시 국장은 그를 자신이 속한 국에 두고 여러 면에서 후원해 주었던 것으로 보인다. 김학렬은 이한빈 국장의 주선으로 예산제도 연구를 위해서 필리핀을 방문하기도 하였고 그 연구보고는 그 후 예산제도에 반영되어 우리 나라에 성과주의 예산제도를 도입한 계기가 되기도 하였다.

예산제도 개혁에 대한 노력은 그가 부총리가 된 이후, 예산업무에 컴퓨터를 도입하고 우리 나라에 최초로 컴퓨터 터미널을 설치한 것으로 이어진다(사실 김학렬은 예산편성 및 배정업무에 컴퓨터를 도입한 것을 항상 자랑하였다).[2)]

제2기는 5·16 군사쿠데타가 발생한 후 자신과 교감이 있었던 박정희가 권력의 핵으로 부상한 시기이다. 김학렬의 괴짜 기질은 이 시기부터 밖으로 나타나기 시작했다. 그러나 이 시기의 김학렬은 재무부 예산국장, 경제기획원 기획조정관, 기획원 기획담당부원장보, 기획원 부원장 등 기획분야의 실무를 담당하면서 제1차, 제2차 경제개발 5개년 계획을 성안하고 이를 조용히, 그러나 강력하게 추진한 것으로 되어 있다. 그러나 경제개발 5개년 계획은 최고회의 의장이었고 이어서

1) 그 당시 김학렬 씨의 상관이셨던 분과의 인터뷰.

2) 강경식 전 재무부 장관은 김학렬 씨가 가장 아끼는 부하 가운데 하나였다. 예산업무의 전산화는 김학렬 장관, 김주남 예산국장, 강경식 예산총괄과장, 이진설 계장으로 이어지는 큰 줄기에서 KIST 전산실팀(성기수, 안문석)과의 협조하에 이루어진 것이다.

대통령이 된 박정희의 집념에서 비롯되었고 따라서 그 계획의 수립과 집행에 대한 공적은 당연히 박정희에게 돌아간다.

제3기는 부총리가 되고 나서 은퇴할 때까지의 시기이다. 짧은 기간이지만 가장 에피소드가 많고 김학렬 신화가 만들어진 시기이다.

2. 1950년대 그리고 1960년대의 환경

1945년의 해방은 일제라는 압제의 사슬에서 벗어난 기쁨과 함께 분단이라는 엄청난 시련을 가져다주었다. 한반도 분단은 군사적으로도, 정치적으로도 또 도덕적으로도 인정할 수 없는 사건이다. 왜냐하면 이 현상을 유럽대륙에 비유하여 설명하면, 2차대전 기간 중에 독일이 점령한 프랑스를 미국과 소련이 분할하여 점령하고 오히려 독일은 통일국가로 존속시킨 격이 되기 때문이다. 이 경우, 프랑스는 한국이고 독일은 물론 일본이 된다.

1950년의 6·25동란은 그나마 명맥을 유지하던 산업시설을 모두 불태웠고, 한민족 모두의 가슴에 좌절과 불신 그리고 뿌리 깊은 한을 심어 주었다. 이 시기에 한국민은 민족적 자존을 지킬 아무것도 가지지 못했다. 한국을 그나마 나라로 존속시킨 것은 일본에 대한 증오 그리고 전쟁이 남긴 반동강이 난 북쪽 사람들에 대한 증오였다.

기존의 모든 가치관은 모두 쓸모없는 것이 되었고, 못나고 후진적이며 부끄러운 것이 되고 말았다. 세계에서 가장 못사는 나라, 미국의 원조 없이는 하루도 지탱할 수 없는 나라, 이것이 한국이었다. 50년대는 그래서 정신없이 지낸 10년이었다.

미국이 가르친 민주주의라는 이념은 1960년 4·19로 物化되어 나타났으나 경제는 엉망인 상태였다. 따라서 국가경제 회생을 위해 5·16 이후 군사정부가 내건 건설, 증산, 수출은 중요한 국가지표가 될 수 있었다.

이 시기, 우리 나라 경제학자들이 가장 많이 들먹인 학자들은 케인

즈와 함께 로스토와 넉시였다. 로스토의 '경제발전단계설'은 그것이 갖는 부제, 즉 "반공산당선언" 때문에도 정치를 하는 사람들이 많이 애용하던 학설이었고, 그래서 넉시의 빈곤의 악순환 모형은 우리의 현실을 자조하고 체념을 부채질하던 학설이었다.

모든 경제학자들은 "공급이 수요를 창출한다"는 세이의 법칙으로 대표되는 시장경제는 이 지구상에 이미 죽은 것으로 치부하였고, 정부의 깊은 개입 없이는 자본주의 국가는 회생할 수 없다는 케인즈 경제학이 학계를 완전히 석권하고 있었다. 물론 소수의 맑스주의 경제학자들이 숨어서 또는 다른 학과목 이름으로 부분적으로 강의나 연구를 하고는 있었으나 그것은 이미(적어도 남한에서는) 살아남을 확률이 대단히 적은 학설이 되어가고 있었다.

우리 경제를 부흥시키기 위해서는 적어도 우리 세대가 "피와 땀을 흘려야 한다"는 공감대가 식자들 사이에 어느 정도 심어져 가던 시기가 60년대 초이다. 60년대의 우리 경제는 로스토식의 경제발전 단계에서 보면 전통단계에 머물러 있었던 것이다. 잠자는 경제를 일깨워 도약을 위한 발판을 만들기 위해서는 무엇인가를 하지 않으면 안되는 시기였다. 이러한 60년대에 김학렬은 재무부 예산국장, 경제기획원 기획조정관, 경제기획원 기획담당부원장보, 경제기획원 부원장, 경제기획원 차관, 재무부 장관, 청와대 비서관, 부총리 겸 경제기획원 장관을 역임하였다. 이러한 그의 경력에서 이 시기의 김학렬은 우리 경제를 일깨우는 중요한 직책에 있었음을 알 수 있다.

이 시기는 사회심리학자 데이비드 리스만의 《고독한 군중》이 선풍적인 인기를 끌던 시기이다. 리스만은 인간유형을 나누어 전통지향형, 내부지향형 그리고 외부지향형으로 구분하고, 사회가 발전하면 그 사회의 지배적인 사람들의 성향은 전통지향형에서 내부지향형으로, 내부지향형에서 외부지향형으로 변화해 나간다고 주장하였다. 60년대 우리 사회가 원하는 지도자 유형은 내부지향형이었다.

내부지향형이란 "남이 무엇이라고 생각하든, 자신이 옳다고 주장하는 것을 소신있게 밀고 나가는 유형의 인간"을 말한다. 이런 유형의 사람은 고집이 세고 안하무인이지만 자신이 맡은 일은 끝까지 완수하는 인간형이다. 김학렬은 이 시기가 원하던 가장 전형적인 내부지향형의 인간이었다고 할 수 있다. 김학렬이 내부지향적 인간유형을 가지고 있었다는 증거는 그가 남긴 수많은 에피소드에서 나타난다.

이 연구는 김학렬이라는 내부지향적 인물이 60년대와 70년대 초 우리 사회가 필요로 하는 경제지도력을 발휘했느냐에 그 초점을 맞추고자 한다. 이 연구는 "그렇다"라는 잠정적인 결론에서부터 출발한다.

3. 딜레마 상황과 김학렬의 대응

경제정책은 항상 딜레마 상황을 내포한다. 딜레마 상황이란 선택할 수 있는 두개의 대안이 있으나 어느 것을 선택해도 선택되지 않은 다른 대안이 주는 손실이 너무 커서 결정이 대단히 어려운 상황을 말한다.

몇 가지 대표적인 딜레마 상황을 보면, 저축을 증대시키기 위해서는 이자율을 올려야 하나, 이자율을 올리면 기업의 투자의욕을 감소시키고 투자기회를 줄이게 된다. 또 수출을 증가시키기 위해서는 환율을 올려야 하나 원자재의 수입이 많은 우리 나라 입장에서 볼 때 이것은 다시 외환의 부족과 물가상승으로 연결된다. 또 다른 예로는 공업화와 산업화를 추진하기 위해서는 농어촌 개발에 많은 투자를 할 수 없고, 산업화에 필요한 사금을 위해서는 국방비를 증가시킬 수 없으나 그럴 경우 전쟁의 위험이 커진다는 것을 들 수 있다. 공업화는 공해를 유발하고 자연파괴를 가속화시킬 것이라는 것도 딜레마 상황이 된다. 경기를 진작시키기 위해서는 통화량을 증가시켜야 하지만 이것은 물가상승을 가져와 경제의 안정화를 저해한다. 산업구조를 고도화하기 위해서는 외국으로부터 기술과 설비시설을 도입해야 하고 이를 위해서는 달러가 필요하나, 산업이 고도화하지 않았기 때문에 외환이 절대적으로 부족하다는 악순환도 넓은 의미에서는 딜레마 상황이라 할 수 있다. 60년대와 70년대의 이 같은 딜레마 상황을 우리는 신문 등 대중 매체에서 수없이 볼 수 있다.

경제정책을 수립하는 위치에 있는 사람은 정책을 집행하는 사람에 비하여 딜레마 정도가 낮은 것이 사실이다. 그렇다면 70년대 초까지 3공화국의 실질적인 경제정책 수립가였던 김학렬의 입장에서 그는 이 딜레마를 어떻게 느끼고, 어떻게 대응해 나갔는가?

사실, 김학렬의 경제정책은 딜레마의 포용으로 집약될 수 있다. 딜레마의 포용이란 외관상으로 공존할 수 없을 것으로 보이는 두 정책 대안을 동시에 추진하고 이를 집행하는 것을 말한다. 예를 들면 은행 이자율에 대해서는 저축을 위한 이자율은 높여 주고, 은행에 대한 대출금리는 낮추어 주는 정책을 쓰는 것이다. 또 환율에 대해서도 수출 금융을 통해서 원자재 수입용 환율은 의도적으로 낮추는 정책을 사용한다. 공업화를 추진하면서 동시에 농촌개발도 함께 추진한다. 산업화를 촉진시키면서 동시에 자연보호운동을 전개하고 그린벨트를 지정하여 이를 강력히 시행해 나간다.

경제이론상 불가능한 이런 정책이 어떻게 우리 나라에서는 계획되고 집행되었는가? 이 상황에서 정치체제와 경제정책 수립 및 집행자의 성격은 문제를 풀기 위한 중요한 변수로 등장한다.

자료를 보면, 김학렬은 자신이 딜레마 상황에 있다고 생각한 것 같지 않으며, 항상 자신감에 차 있고 자신의 판단이 항상 옳다고 여긴 것 같다. 김학렬이 가졌던 이런 자신감은 도약의 준비를 해야 했던 이 시기에는 대단히 중요한 요소였다는 것을 알 수 있다.

두개의 상이한 그리고 공존이 불가능하다고 보여지는 대안들을 공존시키는 그의 딜레마 포용정책은 보통의 정치체제하에서는 불가능했다. 더불어 강력한 행정력과 위로부터의 절대적인 신임 없이는 불가능하다. 김학렬은 바로 이러한 요소를 모두 가지고 있었다.

4. 김학렬의 정책추진 스타일

김학렬은 정책을 수립하고 추진하는 과정에서 딜레마 상황을 허용하지 않는 것을 특징으로 한다. 이것은 앞에서 설명한 딜레마 포용이라는 표현과 함께 집행에서는 밀어붙이는 식의 행정으로 표현된다.

김학렬의 정책집행은 계량화와 경제기획원의 강력한 조정력이라는 두 가지 개념으로 집약된다. 계량화란 경제계획에서 세운 목표에 대한 경제지표의 계수적 파악과 함께 경제각료를 포함한 경제관료들이 자신이 담당하고 있는 업무에 대하여 정확한 계수를 파악하고 있어야 한다는 것을 의미한다. 이 점에서 김학렬은 자신을 일종의 교사로 생각한 듯하다. 즉, 자신이 우리 나라 경제를 강의하는 교사이고 경제관료는 자신의 학생으로 생각한 것이다. 이것은 그가 계수를 외지 못하는 부하들에 대하여 인격을 무시한 폭언을 한 것으로 나타나는데 이것은 사실 부하를 국민학교나 중·고등학교의 학생으로, 자신을 선생으로 본 데서 나온 것으로 볼 수 있다. 한번은 업무보고중 혼줄이 난 부하직원 한 명이 문을 열고 나간다는 것이 당황한 나머지 캐비닛 문을 열었다는 웃지못할 일화는 김학렬 하면 '독설가'라는 인상을 떠올리게 한다. 독설가라는 평에 대한 그의 반응은 "일의 양이 화살이 마구 날아 오는 정도로 날아옵니다. 그러니까 일을 하다가 제때에 서류가 준비되면 좋은데 안그러면 일은 빨리 해야 되겠고 그런 때에 내 수양이 모자라서 그런 것이 되겠지요. 옛날 차관 때에 비하면 요새는 독설이 적어졌다고 소문이 났을 겁니다".[3)]

자신을 포함하여 경제관료들이 외국의 경제학 서적뿐만 아니라 최신의 과학기술에 대한 지식까지도 공부하도록 권장하고 재직시 예산업무의 전산화를 추진한 것도 이런 맥락에서 이해할 수 있다.

경제기획원의 강력한 조정력은 경제장관회의를 주재하는 부총리로

---

3) 1970년 《신동아》와의 인터뷰.

서의 공식적 지위도 있었으나 김학렬에게는 경제장관도 학생에 불과한 듯하다.

"1969년 예산업무 전산화를 추진하는 과정에서 김 부총리에게 컴퓨터 이용에 대한 특강을 한 적이 있었지요. 김 부총리는 경제장관회의에서 장관들에게 KIST에 가서 컴퓨터 강의를 듣고 오도록 지시를 했습니다. 홍릉에 있는 KIST에 경제장관들이 몰려 와서 딱딱한 의자에 앉아 몇 시간씩 강의를 들었지요. 체신부의 시외전화 전산화, 전매청의 수송관리 업무의 전산화 등 초창기 행정전산화 사업의 중요한 것들은 김 부총리의 그 지시가 중요한 원인이 되었지요"라는 성기수 당시 KIST 전산실장의 말에서 김학렬의 경제장관들에 대한 절대적 지위를 살펴볼 수 있다.

5. 강력한 추진력의 원천

김학렬이 거침없이 정책을 추진해 나갈 수 있었던 강력한 추진력의 원천은 어디서 찾을 수 있을까?

우선 1970년 《신동아》와의 인터뷰에서 나타난 그의 공직관을 살펴보자. 경제기획원 장관으로 재직할 당시에 그는 다음과 같이 말한다.

> 첫째 장관이라는 자리는 다 되고 싶어하고, 둘째 되고 난 후에는 오랫동안 장관을 하고 싶어할 것이라고 일반은 생각하는데 실은 그렇지 않다. 장관을 그만두면 굶어 죽을 것 같으면 결사적으로 유지하려고 하겠지만 안 굶어 죽는다. 그만두어도 할 일이 많다. 또 한편, 1년을 장관을 해도 장관이고 10년을 장관을 해도 장관이다.
>
> …성격상 문제도 있지만 무슨 일을 하든 정열적으로 합니다. …그러나 장관을 몇십 년 할 것도 아니고 60평생에 몇 년밖에 안하는 것이니 그 기간에는 국가나 민족을 위한 서비스를 해야 한다고 생각해요. …내일 정부사정에 의하여 그만둔다 해도 하나도 기분나쁘게 또 섭섭하게 생각지 않아요.

여기에서 그의 업무에 대한 추진력의 원천 중 하나가 공직관임을 알 수 있다.

반면에 김학렬에 관한 특집기사를 실었던 《중앙일보》는 그 원천을 박정희 대통령과의 개인적인 관계에서 찾고 있다. 《중앙일보》는 그 근거로 다음을 든다.

첫째, 김학렬과 박정희의 관계는 박정희가 대통령이 되기 전까지 소급된다. 둘째, 김학렬이 박정희의 일종의 경제정책 '가정교사'였다. 그러나 《중앙일보》 기사를 따르면, 경제학 강의 장소는 주로 술집이었던 것 같은 인상을 준다. 셋째, 김학렬과 박정희의 관계는 부인들끼리도 가까운 사이였다. 넷째, 박정희는 김학렬을 절대신임하였고, 이것은 후에 박정희가 정치자금의 관리를 김학렬에게 맡긴 것만 봐도 알 수 있다.

위의 원인 가운데서 마지막의 절대신임을 제외하고 다른 요소들은 근본원인으로 보기에는 어려운 점이 많다. 왜냐하면 박정희 주위에는 이런 요소를 갖춘 사람들이 많았지만 김학렬과 같은 추진력을 발휘한 사람은 그리 많지 않았기 때문이다. 이와 함께 특히 개인적으로 가장 가깝다고 해야 할 친인척에 대한 철저한 관리를 했던 박정희의 인사정책 유형을 보면 개인적 친소관계가 김학렬이 가졌던 힘의 원천이라는 견해는 의문을 낳게 하기 때문이다.

박정희의 신임과 김학렬의 추진력의 관계에 대해서도 박정희가 김학렬을 절대신임했기 때문에 김학렬이 강력한 추진력을 가지고 정책을 집행한 것인지 아니면 김학렬이 강력한 추진력을 가지고 정책을 집행했기 때문에 박정희가 절대신임을 한 것인지는 표면상으로는 알 수 없다. 그러나 만일 박정희의 사람 쓰는 유형을 고려하면 김학렬이 박정희의 절대신임을 받은 것은 오히려 강력한 추진력을 보여주었기 때문이었을 가능성이 오히려 크다는 것이 필자의 견해이다.

여기서 박정희 대통령은 왜 김학렬을 중용했을까를 살펴보자. 이 질문에 해답을 얻기 위해서는 김학렬의 경력을 다시 살펴보아야 한다. 강력한 추진력은 公私가 분명치 않고는 가능하지 않다.[4] 우리 나라 행정문화의 중요한 특징으로 緣故主義, 家族主義 등 대가족 제도가 가져온 특징을 들 수 있다. 이것은 한 집안이나 한 집단에서 출세한 사람이 나오면 그 집안사람들이나 그 집단은 출세한 사람이 자신들을 위해 무엇인가를 해줄 것이라는 기대심리를 갖는다는 것을 의미한다. 이런 행정문화 풍토에서 公私가 분명하기 위해서는 분명한 공직관을 가지고 있거나 그 사람의 주위가 비교적 단출하여 이런 압력에서 자유스러워야 한다.

"박정희 대통령이 김학렬 씨를 기용한 것은 김학렬 씨가 비교적 주변이 조용했기 때문이다. 김학렬 씨는 군인출신도 아니고 또 군대생활을 한 적이 없었기 때문에 주위의 장성출신 각료를 심하게 대할 수도 있었고, 당시의 소위 일류학교 출신이 아니었기 때문에 동창들의 압력에서도 어느 정도 자유스러울 수 있었을 것이다"[5] 라는 말도 주의를 해볼 가치를 갖는다.

김학렬이 가졌던 추진력의 원천으로 든 위의 두 가지 가운데서 김학렬이 가졌던 철저한 公私 분리주의가 더 큰 원인이었던 것으로 보인다. 왜냐하면 주위가 단출한 사람도 권력을 갖게 되면 갑자기 복잡해지는 것이 상례이기 때문이다.

김학렬이 강력한 추진력을 가졌던 또 다른 하나는 다른 사람보다 항상 한발짝 앞서 있다는 자신감이다. 이것은 자신이 제1회 행정고시 수석합격이라는 자부심이 가장 크게 작용했을 것이지만, 1952년부터 2년간 미국에 유학하여 서구의 제대로 된 경제이론을 배우고 돌아온 것도 중요하게 작용했을 것이라 생각된다. 사실 그가 귀국한 1954년에는 서울대학을 비롯하여 우리 나라의 이른바 일류대학의 교수 가운

---

4) 그 당시 경제기획원에 돌아다니던 말 가운데 하나가, 김학렬 씨는 집무실 밖과 안에서 사람이 달라진다는 것이었다. 집무실 밖에서는 그렇게 자상하고 인정미 넘치는 사람이 부총리 집무실에만 들어가면 사람이 바뀐다는 것이다. 집무실 안에서는 철저한 공인이 된다는 것이다(강경식 전 재무부 장관과의 인터뷰).

5) 김학렬 씨의 상관이셨던 분의 회고.

데서 김학렬 정도의 최신 경제학 지식을 갖춘 학자도 거의 없었다. 또 당시 대학에서 가르치는 교과내용도 상당부분이 요즈음 학문의 분류로 보면 순수경제학 이론보다는 정치경제학적 측면이 강하였다. 변형된 맑스주의와 케인즈 경제학을 빌미로 한 계획경제 이론이 주류를 이루던 시절이었던 것이다. 그러나 이 시기에 김학렬이 시장경제 원리를 이용하여 정책을 펴야 한다는 내용의 발언을 여러 번 한 것을 보아도 자신이 경제이론 면에서도 남보다 앞서 있다는 대단한 자부심을 가지고 있었음을 알 수 있다.

다른 사람보다 앞서 있다는 생각은 다시 다른 사람보다 앞서야 한다는 강박관념으로 작용했을 가능성을 크게 해준다. 이것은 김학렬이 여러 차례 후배에게 "나는 선배들은 두렵지 않으나 뒤따라 오는 후배들이 무서워서 열심히 공부한다"는 말에서도 나타난다.[6]

그의 앞서 있다는 자부심은 개혁의지로 나타나기도 한다. 세상에는 잘 알려져 있지 않으나 그는 우리 나라 예산제도를 개혁한 장본인 가운데 하나이다. 재무부 예산국 과장 시절, 그는 이한빈 예산국장의 명령으로 필리핀에 가서 우리보다 앞선 필리핀의 예산제도를 견학하고 돌아온다. 그가 필리핀에 가서 보고 온 것은 성과주의 예산이라고 불리는 미국식 예산제도였다. 그는 귀국 후 일제시대부터 그 당시까지 전해져 내려온 전통적인 품목별 예산제도에 미국식 예산제도를 도입하는 방안을 보고하였고 이것은 우리 나라 예산제도 근대화의 첫 출발점으로 기록된다.

제도개선에 대한 그의 노력은 부하직원들을 임명하는 데서도 나타난다. 그가 귀히 여겼던 부하 중 하나가 강경식 전 재무부 장관이다. 강경식 과장은 김학렬 밑에 있는 동안 사무관에서 서기관으로 대단히 빠른 승진을 하였고, 예산국에서 가장 중요한 예산총괄과장을 맡았다. 강경식 과장이 김학렬에게 점수를 딴 것은 강경식 과장이 공부하는

6) 《중앙일보》, "잊을 수 없는 사람들," 1983년 11월 16일.

부하였고,[7] 항상 새로운 아이디어를 제공하는 사람이었기 때문이다. 강경식 과장은 김학렬 밑에서 우리 나라 예산제도에 PPBS를 도입하였고 이미 1960년대 말에 중요사업에는 PERT라고 불리는 관리기법을 도입하여 그 사업의 예산심의에 사용하기도 하였다. 이렇게 보면 예산제도 변천사에서 중요한 비중을 차지하는 두개의 사건, 즉 성과주의의 도입과 PPBS의 도입이 모두 김학렬이 간여하여 이루어졌음을 알 수 있다.

김학렬이 남보다 앞서야 한다는 생각에서 과감히 제도개혁을 시도한 것의 또 다른 하나는 예산업무의 전산화이다. 이것은 예산편성 및 배정업무에 컴퓨터를 이용하는 것으로 당시 예산국팀, 즉 김주남 국장과 강경식 과장팀에 의하여 주도되었고 기술적인 지원은 KIST팀에 의하여 이루어졌다. 성공적인 예산제도의 전산화 추진을 위해서는 예산국 직원들이 컴퓨터에 대한 지식과 이해가 있어야 한다는 김학렬의 주장에 따라서, 총괄과 세출계장이었던 이진설 사무관을 반장으로 하여 주사급 직원 6명이 KIST에 파견되어 컴퓨터 교육을 받았고, 이들과 함께 예산업무 전산화에 필요한 프로그램을 개발하는 것을 동의해 주었다. 그 당시 전화사정으로는 전문가들조차 무리라고 생각했던 광화문의 예산국과 홍릉의 KIST 사이를 연결하는 터미널 설치를 성공시켜 우리 나라 최초의 컴퓨터망을 운영한 것도 김학렬의 남보다 앞서야 한다는 생각이 만들어 낸 작품이라고 보아야 한다.

6. 김학렬의 관리 유형

김학렬의 조직관리 유형은 계수파악을 중심으로 한 브리핑 행정이라고 정의할 수 있다.

---

7) 김학렬 씨는 부하직원들이 공부를 하지 않는다고 항상 야단이었다. 배가 나온 직원을 보면, 공부를 하지 않아서 배가 나온다고 야단을 쳤다.

행정 스타일 면에서 브리핑 행정은 3공화국을 그 이전 공화국과 구분하는 가장 두드러진 특징이다. 브리핑은 원래 군에서 사용하던 것으로 이것이 5·16 이후 군정을 거치면서 일반 행정관청에 뿌리를 내리게 된 것이다. 박정희 정권하에서는 대통령 앞에서 브리핑을 잘하는 사람이 출세한다는 말이 떠돌 정도로 브리핑 준비에 장관들이 심혈을 기울였다. 이 가운데서도 특히 예산을 다루고 경제계획을 다루는 경제기획원은 브리핑 준비와 브리핑으로 행정이 이루어졌다고 해도 과언이 아니다.

브리핑에서 가장 중요한 것이 중요사항에 대한 계수파악이다. 따라서 브리핑에서 가장 곤란한 것이 브리핑 내용과 관련하여 질문이 나오는 경우 관련사항에 대한 답을 계수적으로 하지 못하는 경우이다. 이 때문에 각 부처는 브리핑을 준비하면서 예상질문을 만들고 이에 대한 답변을 준비하는 것이 상례로 되어 있었다. 이런 과정에서 김학렬은 부하직원들에게 자신의 소관업무에 대한 철저한 계수파악을 요구한 것 같다. 국장은 소관국의 관련사항에 대하여, 과장은 자신이 관장하는 과의 업무에 대하여 정확하고 철저하게 계수파악을 하고 있어야 했고, 불시에 물어 보는 김학렬의 시험에 불합격한 부하직원은 욕설을 감수해야만 했다(김학렬이 부총리로 있던 시절에는 예산국 국장이나 과장들이 주요 예산계수를 적은 메모지를 들고 외우고 있는 것을 흔히 목격할 수 있었다). 김학렬은 이런 과정을 통하여 부하직원을 목표지향적으로 강하게 키워갔으며 자신의 소관업무를 철저히 파악하도록 한 것이다.

김학렬이 가졌던 다른 행정유형의 하나는 직원을 다루는 데서 철저히 공사를 구분한 것이다.

"김 부총리는 집무실 밖과 안에서 사람이 완전히 다르게 변한다. 집무실 밖에서는 그렇게 자상한 사람이 집무실 안에서는 찬바람을 일으킨다"[8]는 표현에서 김학렬이 직원을 관리하는 데 공사를 분명히 한

8) 김학렬 씨의 부하였던 분의 회고.

것을 알 수 있다.

목표관리, 계수파악, 브리핑 행정 그리고 철저한 공사구분은 그를 컴퓨터 장관이라는 별명으로 불리게 하기도 하였다.

7. 지면에 나타난 김학렬에 대한 평가

여기에서는 김학렬이 살아있는 동안 신문과 같은 언론매체와 가졌던 기자회견과 김학렬이 죽고 난 후 그를 회상하는 사람들이 그를 어떻게 평가하고 있는지를 시대순으로 살펴본다.

먼저 1966년 9월 1일 모 일간지에서는 당시 경제기획원 차관인 김학렬이 동국대학교에서 명예 경제학박사를 받았다는 기사를 보도하였다. 이 기사는 그가 박사학위를 취득하는 등 명예심이 대단히 많은 사람이라는 것을 말해 준다.

1969년 6월 3일 《중앙일보》에서는 김학렬이 새로운 경제팀장으로 발탁된 이유를 다음과 같이 설명한다.

· 추진력이 부족했던 박충훈 팀에 새로운 박력과 추진력을 넣기 위한 조치로 보인다.
· 67년 10월 장기영 팀을 이어 박 부총리는 정책추진에 박력이 없어 경제각의 의결사항조차도 그 집행면에서 만족한 것이 되지 못했으며 특히 종합제철의 차관교섭 실패, 추가경정 예산의 세입결함, 부실기업 정리의 부진 등이 퇴진의 결정적인 원인이 된 것으로 보인다.

이 기사는 왜 박정희 대통령이 김학렬을 부총리로 발탁했는지에 대한 해명이 될 수 있다. 또 이것은 김학렬에게는 재임기간중에 계속하여 부담으로 남았을 것이다.

1969년 6월 11일 김학렬 경제기획원 장관은 《중앙일보》와의 첫 회견에서 다음과 같이 자신의 경제정책 방향을 제시한다.

· 수출을 경제정책의 구심점으로 한다.
· 종합제철, 석유화학, 발전, 조선 등 국가기간산업을 적극 추진한다.
· 물가는 종합적·장기적으로 관리한다.
· 세법개정을 통한 소비규제를 비롯하여 소비재 부문의 투자억제와 무역정책상의 수입 억제, 고미가정책을 밀고 나간다.
· 내자조달용 현금차관은 단기차관을 금지하고 장기적인 것만을 외환보유고와 관련하여 재정안정 계획에 타격을 주지 않는 범위내에서 허용한다.

첫 기자회견의 내용은 그 후 김학렬의 정책 기조가 되었음을 알 수 있다. 이를 통하여 김학렬이 추진력이 강한 사람이라는 것을 알 수 있다.

1969년 12월 5일 《중앙일보》의 기사를 보자.

> 김학렬 재무장관은 5일 통화량이 계획수준보다 급증하더라도 재정자금은 정상대로 집행하겠다고 다짐하였다.

이 기사는 김학렬이 계획보다는 현실을 더 중시한다는 것을 알 수 있다. 1969년 말 《동아일보》 기사 "'69 경제학, 뉴스 메이커"에서는 김학렬 경제팀에 대한 평가를 이렇게 하고 있다.

> 취임 6개월을 자평하여 현금차관의 사기업에 대한 불허방침을 공적 1호로 친다.

이 정책은 정치와 밀착된 기업으로부터 대단한 압력을 받을 것이다. 그럼에도 이 정책을 밀고 나간 것은 그가 대통령으로부터 대단한 신임을 받고 있었다는 증거가 될 수 있을 것이다.

김학렬 경제팀의 한 돌 평가를 위한 1970년 6월 2일자 《경향신문》 기사 "도약 도사린 트랙"에서는 김학렬의 경제정책을 다음과 같이 평가한다.

·취임당시의 캐치프레이즈는 합리적이고 종합적인 경제정책, 근검과 근면한 기풍조성, 성장과 안정의 조화였다.
·어떤 경제학자는 그의 경제정책을 鐵(아이언), 草綠(그린), 계산기(컴퓨터)의 경제정책이라고 부른다. 철은 포항종합제철이고, 그린은 녹색혁명 그리고 계산기는 예산제도의 컴퓨터화이다.
·그가 처리해야 할 과제는 다음과 같다.
 – 물가 안정
 – 악화되고 있는 국제수지
 – 국내업체의 경기침체에 따른 동요
 – 북한경제를 염두에 둔 대응책
 – 군수산업의 육성문제

이 기사에서는 김학렬의 업적이 포철과 농어촌 개발 그리고 예산제도의 개혁이라는 것을 암시한다. 《경향신문》 1972년 3월 22일자 "榮光 속의 安定 창안자"에서는 김학렬을 어떻게 묘사하고 있는가?

·고시 1회 합격자
·두 차례에 걸친 경제개발 5개년 계획에서 산파역할을 하였고, 3차 계획은 진두지휘를 하였다. 그는 한 시대의 경제사의 주역으로 살다 간 것이다.
·직관과 통찰력이 예민하여 전임장관이 불가능하다고 했던 포항종합제철을 포항벌판에 세웠고, 가족계획사업에 발벗고 나서서 인구증가율을 둔화시켰다.
·계수에 밝았고 인간 컴퓨터란 닉네임을 가졌다. 부하직원이 계수파악이 되어 있지 않으면 호되게 기합을 넣었다.
·험구가였다.
·재담과 기행도 갖고 있다.
·원론과 현실을 구분할 줄 알았다. 물가정책 같은 것도 원론적 해결보다는 현실행정을 폈다. 문제가 된 제품회사 사장을 불러서 설득시켰다. 이런 그의 행동은 케네디, 존슨 행정부의 조우 본닝을 본뜬 것이라고 그는 설명하였다.
·재무부 장관 시절에는 "옛 재무부의 영광을 찾자"고 선창하였고

청와대 비서관 시절에는 《이런 간부는 사표를 써라》는 책을 수백 권 사서 권장, 관기의 신풍을 불러일으켰다.

·외국의 대통령 가운데서 링컨을 제일 존경하였다.

·평소의 포부를 물으면 "빈곤과 무지를 없애는 것"이라고 소리쳤다.

이 에피소드는 재무부 장관으로는 재무부의 영광을 부르짖고, 경제기획원에서는 기획원의 영광을 부르짖는 김학렬의 현실적이며 현재위주의 인생관을 보여준다. 경제관료의 영역을 넘는 《이런 관료는 사표를 써라》는 책의 배포는 나라의 운명에 대한 강한 자부심과 함께 자신을 국가와 동일시하는 과대심리의 표현이라고도 할 수 있다. 즉, 자신은 항상 옳고 부하를 포함하여 다른 사람은 엉터리라는 논리를 폄으로써 자신의 심리적 만족과 안정을 얻게 되는 과정이라고 해석할 수도 있다.

1982년 1월 14일자 《한국경제》에서 최종성[9] 씨는 "잊을 수 없는 사람들"이라는 기사를 통해 다음과 같이 김학렬을 평가한다.

·鶴이란 별명을 가진 분이다.

·1, 2, 3차 경제개발 5개년 계획을 추진하였다.

·괴팍할 정도로 강한 성격과 험구는 참으로 인상적이나 뒤가 없고 또한 소탈하고 통쾌한 인품을 가지고 있다.

·그가 경제기획원 차관, 내가 건설부 차관으로 있었을 때 이야기이다.

예산편성 문제로 호된 의견충돌이 있었으며 굉장한 입씨름이 있었다. 그 일로 인하여 우리 둘이는 아주 친한 사이가 되었다.

건설부 발의 안건이 국무회의나 경제각의에 상정되어 있었다.

·소양강댐 건설에 관한 에피소드이다.

50년대 말까지만 해도 홍수조절과 용수공급 발전용 다목적 댐이 전무하였고, 62년에 건설부가 창설되어 건설계획을 세우고 있었다.

---

9) 전 건설부 차관, 8대 국회의원.

> 1967년의 우리 나라 국력으로는 막대한 예산을 필요로 하는 소양강댐 사업은 거의 불가능에 가까웠다.
> 당시의 장기영 장관은 상공부와 한국전력이 추진하는 단일목적 발전댐인 소형댐 건설을 지지하면서 대통령을 모신 월간 경제동향 보고회의 석상에서 소양강에 소형댐 건설로 결론지었다고 보고하고 한국전력이 사업추진체가 되어 추진하겠다고 보고하였다. 그러나 이 자리에서 장관의 해외출장으로 대리참석하였던 본인이 이의를 제기하여 대통령은 국무총리가 관계부처 장관을 별도로 소집하여 조정, 결론을 내리도록 지시하였다. 그러나 관계부처 회의에서도 결론을 내리지 못하였다. 당시 김학렬 씨는 재무부 장관을 지낸 후 청와대 경제수석비서관으로 있었는데 나는 그를 찾아가 소양댐의 중요성과 수도권 백년대계를 위하여 대통령께 단독 브리핑을 할 기회를 얻어 줄 것을 호소하였다. 그 후 대통령께 보고할 기회가 생겼고 오늘의 소양댐이 만들어지게 되었다.

이 에피소드는 다분히 이 기사를 쓴 사람이 자신을 홍보하기 위한 것 같은 느낌이 강하지만 한 가지 분명한 것은 소양강댐과 같은 중요한 사업에서 청와대 수석비서관의 의견이 중요한 역할을 했을 것이고 이 경우, 그는 다목적 댐 건설계획을 지지한 것으로 보인다.

김영일[10]씨는 1983년 11월 16일 "잊을 수 없는 사람들"에서 김학렬에 대한 기억을 다음과 같이 더듬고 있다.

- 경남중학교 영어선생이셨던 1948년, 책상에 국사책이 놓여 있었다. 이유를 묻자 "자기 나라 말도, 역사도 잘 모르면서 남의 나라 말을 가르친다는 것은 잘못이야. 자기 나라 말과 역사를 올바르게 알아야 한다네"라고 말하였다.
- 그 후 찾아 뵙자, "선배를 따라가는 것은 두렵지 않은데 후배가 쫓아 오는 것은 불안하단 말야. 뒤지지 않기 위해 열심히 공부해야지."

---

10) 전 재무부 국고국장, 세제국장, 국세청 부산지방·중부지방 국세청장, 경제담당 무임소장관실 보좌관 (차관급).

이 에피소드는 김학렬이 경쟁심이 유달리 심하고, 특히 일류병 또는 일등생 병에 걸려 있음을 뜻한다. 일등생 병이란 다른 사람이 뒤쫓아 오는 것을 막기 위하여 최선을 다하면서 달리는 과정에서 생기는 심리적 현상으로 조급하고 원칙을 중시하며 엄격하고 조바심이 많은 성격을 말한다. 이 일등심리는 우리 나라 엘리트 성격을 연구하는 과정에서 대단히 중요한 역할을 할 것이다.

1991년 8월 《중앙일보》 금요특집 "주말광장, 김학렬 전 부총리편"에서 다룬 내용을 분석해 보자.

- 이 특집에서는 김학렬을 행정고시 1회 수석이라는 것과 3공화국 경제부흥 시대를 1962년부터 1971년까지의 전반부와 1972년 유신 이후의 후반부로 나누는 경우, 김학렬을 전반부의 주재자로 본다.
- 이 시기에 대통령의 뇌피 중 정치 쪽은 이후락이, 경제 쪽은 김학렬이 맡고 있었다. 박 대통령의 신임이 날로 더해 김 씨는 이후락을 제치고 정치자금까지 도맡았다. 이는 이후락 비서실장, 김형욱 정보부장, 김성곤 재정위원장, 장기영 부총리 등 4인이 요란스럽게 정치자금을 주무르던 시스템이 무너지면서 김학렬이 경리창구를 맡았다는 것을 의미한다.
- 62년에 중앙정보부에서 부정축재 조사에 잠시 몸을 담기도 하였다.
- 김학렬의 권력의 원천은 박 대통령과의 교감에서 비롯된다. 이 교감은 혁명 전부터 다져졌다고 한다. 술친구이고 박 대통령의 경제학 가정교사였다. 집안끼리도 친했다.
- 박 대통령 앞에서 김 부총리만큼 자유스럽게 행동한 부하도 없었다.
- 대통령 앞에서 개그맨 뺨치는 행동을 하거나 아시아 개발은행 창립총회에서의 두루마기 차림으로 나다니는 돈키호테식 기행 그리고 엘리트 관료부하를 험하게 다루는 것 등이 모두 대통령으로부터의 절대적 신임이 없이는 불가능하다.
- 사석에서 "내가 얼마나 센 부총리인 줄 알아. 대한민국 장관을 내기 모가지 자르려고 마음만 먹으면 간단해", "나는 2차 5개년 계획의 아버지다", "내가 예수 그리스도이니 군말 말고 따라와"라는 식의 말도 하였다.

· 권부인사를 챙기는 데 세심한 신경을 썼다.
· 수경사 30대 대장인 전두환 중령에 신경을 쓸 정도로 정치적 센스를 가졌다.

8. 김학렬에 대한 평가

앞에서 살펴본 바와 같이 김학렬이 부총리로 재직중 또는 그가 요절한 후 언론은 그에 대해서 상당히 많은 관심을 보였다. 다시 언론의 김학렬에 대한 평가를 요약해 보자.

첫째, 정책보다는 김학렬의 경력이나 행정 스타일에 관심을 많이 쏟고 있다. 둘째, 김학렬 정책에 대해서는 功過를 적극적으로 평가하기보다는 현안 문제를 제기하는 정도에서 그치고 있다. 셋째, 김학렬이 가졌던 기행에 큰 관심을 쏟고 있으며 그 기행의 근원으로 박정희 대통령과의 특별한 관계를 끌어내고 있다.

김학렬 밑에서 공무원 생활을 한 사람들은 그에 대한 평가를 하지 않는다. 하지만 세월이 지나갈수록 김학렬을 이야기하는 사람이 늘고 있다. 경제기획원의 '흘러간 세월'을 이야기하면 김학렬이 반드시 등장한다. 이 이유는 무엇일까?

언론이 보인 이런 태도는 김학렬을 정책적으로 평가하기에는 그가 부총리로 재임한 기간이 짧았고 그가 일찍 타계했다는 것이 큰 이유인 것으로 보인다. 그렇다면 부하직원들이 김학렬에 대해서 갖는 향수는 무엇일까?

이 연구를 통하여 김학렬이 書記型 행정가였다는 결론에 도달된다. 系線型 행정가는 자신이 새로운 아이디어를 내고 윗사람의 눈치를 보지 않고 강하게 추진하는 사람이라면, 서기형 행정가는 윗사람의 지시를 성실하게 철저히 집행하는 사람을 말한다고 할 수 있다.

유능한 서기형 행정가가 되기 위해서는 안테나가 좋아야 한다. 윗사람이 무엇을 원하는가에 대한 정보수집과 판단능력이 뛰어나야 한다. 이 점에서 김학렬은 다른 사람에 비하여 뛰어난 능력을 가지고 있었던 것으로 보인다. 이에는 청와대 비서관 시절의 경험이 크게 작용했을 것으로 여겨지며, 일부 언론에서 보도한 바와 같이 박정희 대통령과의 밀접한 관계도 큰 영향을 미쳤을 것으로 보인다.

서기형이 갖는 약점은 윗사람에게는 약하고 아랫사람에게는 강자로 군림한다는 것이다. 자신보다 강하다고 느끼는 상대방에 대해서는 철저히 저자세로 일관하고 자신보다 못하다고 느끼는 상대방에 대해서는 무시하고 깔보는 행태가 나타날 수 있다. 그러나 김학렬에게는 이 약점을 보완하는 기질이 있었던 것 같다. 그것은 자신이 설정한 원칙에 충실하다는 기질이다. 자신이 설정한 원칙 가운데 하나가 公先私後의 원칙이었던 것 같다. 윗사람이라도 이 원칙에 어긋나면 철저히 저항하고 부하의 경우에도 이 원칙을 지키면 부하의 저항도 받아주는 행태이다. 유능한 서기는 계수에 밝아야 한다. 이 점에서도 그는 다른 사람에 비하여 뛰어났다. 그 자신뿐만 아니라 부하직원에 대해서도 계수파악을 강요한 것에서도 이를 알 수 있다.

서기형 행정가는 부하직원이 자신보다 많은 정보와 지식을 갖는 것을 원하지도 않고, 그럴 경우 참을 수 없을 만큼 불행해진다. 부하보다 업무나 지식 면에서 앞서기 위해서 그는 부단히 노력해야 했다. 계수를 부하보다 많이 외우고 있어야 하고 새로운 행정관리 기법에서도 다른 사람보다 앞서 있어야 한다. 서기형 행정가는 사석에서는 부하직원에게 자상한 것이 또 다른 특징으로 나타난다. 인간관계가 굵은 선으로 이어지는 것이 아니고 자상한 관계로 이어진다.

서기형 행정가는 정치적이지 못하다. 여기서 정치적이라는 말은 반대의견을 가진 사람을 설득하고 타협하고 양보하는 것을 말한다. 서기형은 이것 아니면 저것이라는 이진법적 사고방식을 소유한다. 타협과 양보보다는 승자로서 지시를 하는 것 아니면 승복을 하여 철저하게 그 사람편이 되는 것을 의미한다. 그래서 가장 유능한 서기는 그 자신을 자신이 모시는 상관과 동일시한다. 자신에 대한 반대는 자신이 모시는 상관에 대한 반대로 생각하기 때문에 그러한 반대는 용납되지 않는다.

경제기획원 관리들이 김학렬을 그리워하는 것은 김학렬이 가졌던 강한 추진력에 그 근원을 둔 듯하다. 박정희의 가장 유능한 참모였던 김학렬은 자신을 박정희 경제분신으로 생각했을 것이고 이것은 다른 부처와의 관계에서 강한 리더십의 형태로 나타났을 것이다. 이것은 예산권과 기획권을 갖는 경제기획원으로 하여금 선두주자로 변신하게 한 원인이 되었을 것이고 이것은 그 후, 경제기획원의 다른 부처와의 위상정립에 크게 기여했을 것이다. 강한 리더십을 가진 장관을 부하들은 그리워하는 경향을 갖는다. 그리고 이 성향은 대외적으로는 계선형 행정가로 비치게 된다.

김학렬이 정책수립과 집행에 큰 영향을 미쳤던 시절의 환경은 내부지향적 인물을 필요로 하는 시기이다. 시대가 필요로 하는 내부지향형의 인간은 그 당시까지 행정을 지배해 온 무사안일, 전근대적(혹은 일제시대의 관료행태와 같은) 행정행태를 과감하게 파괴하고 새로운 행정유형을 만들어 내는 과정에서 필요로 하는 추진력을 갖춘 인물이 된다. 이렇게 보면, 김학렬의 내부지향적 행정행태는 행정개혁적 성격을 갖는다는 것을 알 수 있다. 그러나 여기에서 주의해야 할 일은 목표설정 과정에서 목표설정을 자기 마음대로 한다는 의미가 아니고 목표설정은 윗사람의 뜻을 따르되 집행은 자신의 스타일을 따른다는 것을 의미한다. 김학렬을 분석해 보면 정책수립의 근본적인 철학은 윗사람에게서 나오고 그 철학을 성실히 수행하는 과정에서 내부지향적으로 행동하였다는 것을 알 수 있다.

김학렬에 대해서 "소리만 요란하고 (정책의) 내용은 볼 것이 없는 사람이다"는 평이 나오는 이유는 김학렬의 서기형 행정스타일을 일컫는 말이다.

김학렬을 유능한 서기형 행정가로 보면, 김학렬은 박정희가 만들어낸 우수한 행정가였다는 결론에 도달한다. 이것은 박정희 없는 김학렬을 생각할 수 없게 만들기도 한다. 또 박정희 시절이 아닌 다른 정권하에서도 김학렬이 김학렬다웠을 것인가를 생각해 보면 자명해진다.

김학렬이 없었다면 박정희는 제2, 제3의 김학렬이 나올 때까지 계속하여 부총리를 경질했을지도 모른다.

9. 결　　론

행정을 포함한 공공부문의 영역에서는 개인에 대한 연구가 그리 활발하지 않다. 그 이유로 첫째, 개인에 대한 연구는 학문이 '과학적'이어야 한다는 사회과학의 명제와 충돌된다고 여겨지기 때문이다. 과학성은 사회현상에서 규칙성을 발견하는 것이고, 이것은 다시 개인을 초월한 일반화를 의미한다. 둘째, 정치적 선진국에서는 정부의 지도자들이 국가의 장래에 대한 영향력이 대단히 적다고 믿는 경향이 있기 때문이다.[11)]

그러나 우리 나라의 경우, 관 주도의 경제성장·국가발전이 60년대와 70년대 그리고 정도는 약화되었지만 80년대와 90년대에도 주도적인 사상이기 때문에 '특출한' 관료에 대한 연구는 의미가 있다고 여겨진다. 일반적으로 행정인 연구는 관리 및 집행을 책임지고 있는 사람으로 그 사람의 독창적인 생각이나 집행에서의 노력이 '특이한' 사람을 대상으로 한다. 특이성의 판단기준으로는 조직을 위하여 새로운 사명이나 프로그램을 인식하는 정도, 목표달성을 위한 조직개편 및 인사능력, 새로운 문제해결을 위한 새로운 지식의 고양능력, 조직구성원의 동기화 및 훈련능력, 환경적응 능력 등이 될 수 있다.

이런 관점에서 보면 김학렬 씨는 경제개발의 초기, 우리 행정사에서 로스토의 도약기에 필요했던 가장 특이한 사람의 하나임에는 틀림없다. 그러나 여기에서 주의해야 할 것은 김학렬이 요절하지 않고 오래 살았다고 가정해 보았을 때에도 김학렬이 지금 정도의 높은 평가

11) James W. Doig and Erwin C. Hargrove(eds.), *Leadership and Innovation: Enterpreneurs in Government*(1990).

를 받을지는 전혀 알 수 없다는 점이다. 오히려 많은 사람들은 그도 무수히 많았던 '유능했던' 관료들과 같이 역사와 정권의 소모품이 되어서 사라졌을 것이라는 의견을 갖는다. 우리가 음미해 볼 만한 말이라고 생각된다.

참 고 문 헌

주요 일간지 및 월간지.

주요 인사 인터뷰: 이한빈 전 부총리, 강경식 전 재무부 장관, 성기수 KIST/SERI 전 소장 등.

김정렴 회고록, 《경제는 당신이 대통령이야》(중앙일보사).

김 진(1992), 《청와대 비서실》(중앙일보사).

손광식 편(1979), 《한국의 경제관료》(다락원).

Doig, Jameson W. and Erwin C. Horgrove(eds.)(1990), *Leadership and Innovation: Enterpreneurs in Government*.

서울의 스카이라인을 바꾼 정열의 행정가 : 김현옥 론

김현옥(金玄玉)

1926년 10월 27일 출생
1947년 4월 육군 사관학교 졸업
1953년 6월 육군대학 졸업
1954년 3월 육군 수송학교 교장
1957년 9월 건국대 졸업
1959년 12월 육군 항만 사령관
1962년 6월 육군 준장
1962년 4월 부산시장
1966년 4월 서울특별시장
1970년 10월 내무부 장관
1968년 10월 미국 헤리 니킨슨대 법학박사
1968년 12월 중앙대 법학박사
1981년 5월 경남 양산군 장안중학교 교장
1997년 1월 타계

서울의 스카이라인을 바꾼 정열의 행정가 : 김현옥 론

최 성 모

1. 역대 최고의 업적 : 도깨비 방망이의 조화인가?

1966년 4월 1일. 서울의 봄기운을 가르면서 신임 김현옥 서울시장을 태운 머큐리 세단이 취임식장을 향해 광화문을 막 통과하고 있었다. 김 시장은 차창 밖을 응시하면서 입술을 굳게 다물었다. 무언가 결심이 잡힌 표정이었다. "8월 15일까지 광화문 지하도로를 뚫어라."[1] 이것은 김현옥 서울시장이 차 속에서 내린 시장 지시사항 제1호였다. 도대체 그렇게 짧은 기간 동안 어떻게 광화문에 지하도를 만든단 말인가? 모두들 의아해 하는 표정이었다. 1966년 당시의 장비와 기술로는 광화문 지하도를 4, 5개월 만에 완공하는 것은 누구도 엄두를 내지 못했던 일이었다. 그리고 누구도 할 수 없었던 일이었다. 그렇다면 김 시장은 "광화문 지하도 나와라 뚝딱!" 하면 지하도를 만들어 내는 도깨비 방망이라도 가졌단 말인가?

광화문 지하도는 완공되었다. 그뿐이랴, 김 시장은 4년간의 재임기간 동안 숱한 업적을 남겼다. 청계천 복개공사, 청계천 고가도로, 한강개발, 여의도 개발, 스카이웨이, 시민아파트 건설 등 수많은 업적을 남겼다. 김 시장은 서울시의 스카이라인을 바꾸었고 서울시 지도를 바꾸었다. 역대 서울시장 중에서 가장 많은 업적을 남긴 시장을 김현옥

1) 《서울경제신문》, "서울 육백년-서울시장" (1993년 3월 17일).

으로 꼽는다면 이것을 부정할 사람은 아마도 없을 것이다.

김 시장이 남이 모르는 도깨비 방망이를 가지고 있지 않았음은 분명하다. 그렇다면 어떻게 4년이라는 길지도 않았던 재임기간 동안 그렇게 많은 업석을 남길 수 있었을까? 행정학도는 누구나 던질 수 있는 의문거리이다. 이러한 질문에 김 시장은 너무나 간단하게 답을 하고 있다. "행정은 정열이다." 정열의 행정－이것은 김 시장의 기본적인 행정철학이었으며, 행정의 시작이었다. 김 시장은 서울의 근대화에 자신의 모든 정열을 바쳤다. 그는 정열을 통하여 서울을 건설하였고, 시민에게 봉사하였다. 그는 정열을 가진 '서울의 큰 머슴'이었다. 정열의 꽃은 복마전이라 불리는 서울시청에 활짝 피어올랐다.

인간사에서 완전함이란 없다. 우리는 그것을 추구할 뿐이다. 마찬가지로 완전한 행정은 불가능하다. 우리는 다만 완전한 행정을 추구할 뿐이다. 따라서 행정에는 항상 잘잘못 혹은 성공과 실패가 따르기 마련이다. 김현옥 서울시장의 시정에 관한 평가는 엇갈려 있다. 한 언론은 김 시장의 업적 중 약 70%는 잘되었고 30%는 잘못되었다고 한다.[2] 완전한 행정을 추구하는 방법은 실패로부터 교훈을 얻거나, 성공으로부터 교훈을 얻는 것이다. 흔히들 우리 행정의 문제점을 쉽게 발견하고 비판한다. 실패에서 교훈을 얻을 수 있기 때문이다. 그러나 실패로부터 얻을 수 있는 교훈은 기껏해야 실패를 하지 않는 것이 성공이라는 것이다. 그것은 그럭저럭 현상만 유지하면 된다는 소극적인 것이다.[3] 보다 나은 행정을 추구하기 위해서는 성공을 인정하고, 그것으로부터 배워야 한다. 성공적인 행정으로부터의 교훈은 실패로부터의 교훈 못지

2) 김현옥 서울시장의 시정에 관한 평가는 《중앙일보》, "터놓고 얘기합시다 : 서울은 자기신앙이요, 종교라는 김현옥 전 서울특별시장" 1970년 9월 27일, (대담자 : 언론인 오소백).

3) 이와 유사한 주장은 Steven Cohen, *The Effective Public Manager : Achieving Success in Government* (San Francisco : Jossey-Bass Publishers, 1988) Ch.1 참조.

않게 값지다. 또한 성공으로부터의 교훈은 우리에게 항상 가능성의 지평을 제시해 준다. 문제는 우리주위에 실패는 널려 있어도 성공은 찾아보기 힘들다는 상식적인 사실이다.

이 글에서는 성공으로부터 교훈을 얻기 위하여 김현옥 전 서울시장의 행정을 연구하는 것이다. 따라서 70%는 잘 되었다고 평해지고 있는 부분을 강조하고자 한다. 김 시장의 성공적인 행정은 그의 독특한 성격과 행정철학에 기본을 두고 있다. 1960년대의 상황과 지금의 상황은 비록 다르나 그의 행정철학을 구시대의 유물로 팽개치기는 너무나 많은 아쉬움이 남는다. 그의 행정철학은 문민시대라고 불리는 오늘날에도 여전히 필요하다. 따라서 김 시장의 시정(市政)과 행정철학을 살핌으로써 문민시대의 행정에 보탬이 될 수 있는 몇 가지 교훈과 함의를 도출하려 한다.

2. 김현옥의 인생항로 : 종치기 소년에서 서울시장으로

김 시장이 부산시장에서 서울시장으로 발탁되었을 때, 한 언론은 "사환에서 서울특별시장까지"라는 타이틀과 함께 김 시장을 입지전의 주인공으로 소개했다.[4] 입지전의 주인공은 대부분이 평지풍파를 겪으면서 인생의 황금기를 구가하다가 황혼기로 접어든다. 그 인생은 한편의 드라마에 비유되기도 한다. 김현옥이란 드라마의 주인공도 예외는 아니다. 그는 학교의 사환에서 육군 준장, 최연소 부산시장, 최연소 서울시장, 내무부 장관을 지냈다. 그가 부산시장으로 취임했던 1962년부터 1973년 내무부장관을 끝으로 공직을 마감했던 10여년간은 드라마의 클라이맥스를 장식했다. 행정인 중에서 10여년 동안 줄기차게 언론의 표적이 된 인물은 그리 흔치 않다. 그의 이름은 신문에서 떠날 날이 없었다. 그는 비난과 찬사를 한몸에 안았다. 내무부장관을 끝으

---

4) 《한국일보》, "金玄玉 : 使喚에서 서울特別市長까지," 1966년 4월 3일.

로 그의 인생은 점점 황혼기에 접어들었다. 인생의 황혼기에 그는 또 다른 드라마를 꿈꾸고 있는 듯, 현재 중학교 교장선생님으로서 새로운 인생의 장을 열어가고 있다.

1) 종치기 소년 김현옥

김 시장은 1926년 10월 27일(음력) 경상남도 진양군 집현면의 조그만 마을에서 태어났다. 그의 집안은 부유한 편은 아니었다. 6남매 중 넷째로 태어났지만, 그는 장남이었다. 약간의 학문적 소양이 있었던 김 시장의 부친은 오랫동안 병으로 고생하다가 김 시장이 13세 되던 해에 돌아가셨다. 이때부터 김 시장에게는 고난의 시절이 시작되었다. 그 이유는 부친의 오랜 투병생활 때문에 가산이 탕진되었기 때문이다.

소년 김현옥은 경남 진양군 집현국민학교에 다니다가 진주시 봉래국민학교로 전학하여 졸업하였다. 말이 진주시의 학교이지 집에서 학교까지 20리 거리였다. 집이 가난한 김현옥은 고무신 대신 짚신으로 20리 길을 걸어 등·하교하면서도 6년 개근상을 받았다. 국민학교를 졸업한 후 진주중학교에 입학했다. 소년 김현옥은 평범한 학생처럼 공부에만 전념할 수 없었다. 소년 가장인 김현옥은 어머니를 도와 무엇인가 일을 해야만 했다.[5)]

그는 자기가 다니던 진주중학교 사환으로 학교 종치기를 했다. 일부 철없는 학생들이 교사들의 흉내를 내어 김현옥을 "김군, 김군"하고 놀리면 그는 얼굴을 붉히며 이를 악물었다고 한다. 무슨 생각을 하면서 주위의 놀림에도 아랑곳하지 않았을까? 김 시장이 즐겨 읽었다는 삼국지 속의 인물을 꿈꾸었을까?

소년 김현옥의 꿈은 소박하기 짝이 없었다. 소년시절 그는 철도원이 되고 싶었다고 했다. 그후 소년 김현옥은 훌륭한 선생님이 될 꿈을

5) 김 시장이 소년가장이 되어 겪었던 어려움은 MBC의 〈현장인터뷰 이 사람〉에서 배병휴 《매일경제》 논설위원과의 인터뷰에서 녹취함.

키웠으며, 후에는 훌륭한 군인이 되기를 꿈꾸었다. 우연인지 몰라도 소년시절의 꿈을 조금씩 조금씩 이루었는 듯했다. 그는 군인이 되어서, 군 시절 수송업무에 탁월한 능력을 발휘하였고, 현재는 교장으로서 학교를 운영하고 있다.

소년 김현옥은 중학교를 졸업한 후 공부를 더하고 싶어서 진주사범에 입학원서를 냈다. 그러나 김현옥 씨가 징병에 차출되는 것을 염려한 삼촌께서 원서를 몰래 회수하는 바람에 시험을 치르지 못했다고 한다.[6] 따라서 그는 사환으로 일하면서 몰래 수업에 들어가 청강하였다고 한다.

2) 직업군인 김현옥

해방 후 1947년 김현옥은 국방경비대 5연대 2기생 졸병으로 군에 첫발을 디뎠다. 1950년 육군보병학교 고등군사반, 1953년 육군대학에 들어갔다. 1954년부터 55년까지 육군대령으로, 55년부터 57년까지 육군수송학교장, 57년부터 60년 4월까지 육군 수송감실 차감을 지냈다. 그는 주로 수송업무를 맡았으며, 이러한 경험은 후에 교통문제 해결에 탁월한 아이디어를 낼 수 있었던 계기가 되었다.

1960년 12월부터 62년 4월까지 김현옥은 부산에서 육군 제3항만사령관을 지냈다. 군 시절부터 김현옥 씨에게는 별명이 따라 다녔다. 그는 '일 시키는 부대장'으로 유명했다고 한다. 승마 이외에 별다른 취미가 없었던 김 대령으로서는 그의 부하들이 쉬고 있는 것을 보면 그냥 못본 체 넘어갈 수 없었다. 그가 제3항만 사령관으로 부임했을 때, 부대사병들은 별일없이 날마다 빈둥빈둥 쉬고 있었다. 그는 당장 일을 찾거나 만들어서 부하들에게 일을 시켰다고 한다. 예를 들어 그는 사령부 뜰에 잔디를 심게 하고, 없는 못을 파서 잉어를 기르게 했다고

6) 《한국경제신문》, "書齋閒談 : 불도저 시장 김현옥 씨," 1990년 4월 22일 (대담자 : 사회부장 김영용).

한다.

부산에서의 제3항만 사령관은 그에게 커다란 의미를 부여하였다. 그것은 박정희 대통령과의 인연이다. 그때 박정희는 군수기지 사령부를 지휘하고 있었으며, 업무가 매우 유사했기 때문에 박정희와 많은 접촉을 가졌다고 한다. 업무를 통해서 박정희와 관계를 맺게 되었으며, 그것은 신뢰와 존경의 관계였다. 김현옥 씨의 말을 빌리면, "박 대통령은 존경을 받았던 전형적인 군인이었다. 앞에 가면 찬바람이 쌩쌩 날 정도이며, 옳지 못한 일은 결코 묵과하지 않은 대쪽 같은 분이었다"고 한다.

박정희 대통령과의 인연은 여기에서 끝나지 않았다. 1961년 5월 16일. 서울을 장악했던 박정희 소장은 부산과 영남지역에서의 상황을 눈이 빠지게 기다리고 있었다. 우리 나라 제2의 도시인 부산에서의 지지는 쿠데타 성공여부에 매우 중요했다. 그러나 그날 아침에 소집된 부산의 군수기지사령부 참모회의에서는 모두가 정세를 관망하자는 태도를 취했다. 이때 김현옥 대령은 단독으로 항만사령부 병력을 풀어 부산시내 각 기관에 배치했다고 한다. 그 결과 부산에서의 거사는 성공할 수 있었다. 쿠데타가 어느 정도 가닥이 잡혀갈 때 박정희 장군이 부산을 방문했다. 그때 헬리콥터에서 내려서 가장 먼저 악수를 나눈 사람이 김현옥 대령이었다. 5·16을 계기로 박정희와 김현옥 간의 신뢰와 존경의 관계는 점차 영글어 갔다. 이렇게 해서 그는 부산에서 실력자로 커가기 시작했으며, 그해 8월 10일에는 별(준장)을 달게 되었다.

3) 부산시장 김현옥

쿠데타가 성공하자, 부산시청은 군인에게 접수되었고, 민정이양 때까지 군인들에 의해 운영되었다. 1962년 4월 20일 36세라는 최연소 나이로 김현옥 준장은 군복을 입은 채 제12대 부산시장으로 취임했다. 1963년 1월 부산시가 직할시로 승격된 후 김현옥 준장은 예편되어 제13대 부산시장으로 연임되어 1966년 3월까지 약 4년 동안 부산시정을 이끌었다.

김현옥 씨가 47개월 동안에 부산시의 본격적인 골격을 갖추었다고 한다.[7] 그가 부산시장 재임중 이룩한 업적은 화려했다. 그 중 몇 가지만 들면, 6·25사변으로 집중된 피난민들이 형성했던 약 30만평에 이르는 부산역과 부산진역 사이의 판자촌을 철거한 것이다. 김 시장은 대규모 판자촌을 해결하기 위하여 동래동과 연산동에 택지를 조성하여 철거민을 이주시켰다. 이 사업은 '충무시 하나를 옮기는' 대규모 사업이었다. 또한 군시절의 수송업무에서 쌓은 경험을 바탕으로 부산~동래~해운대를 연결하는 도로를 확장하고 포장하였으며, 지저분하고 좁았던 부산항만지구 구획정리사업을 완성하였다. 이러한 사업은 김 시장이 취임하던 당시 4억원에 불과하던 예산을 49억원으로 늘게 했다. 이러한 김 시장의 업적은 박 대통령의 인정을 받게 되었으며, 박 대통령이 "모든 지방행정은 부산을 본받으라"고 각 지방장관에게 직접 지시할 정도로 신임을 받게 되었다.

부산시장 시절에 김현옥 씨에게 붙여진 별명은 '불도저 시장'과 '이동시장'이었다. 불도저 시장은 부산시의 난제였던 판자촌을 불도저로 싹 밀어제치는 업무스타일에서 붙여진 별명이었다. 이동시장은 김 시장이 동에 번쩍 서에 번쩍 하면서 장소와 때에 관계없이 명령을 내려 시직원들을 당황케 한 데서 붙여진 별명이다.

4) 서울시장 김현옥

영국신사 윤치영 씨가 제13대 서울시장직을 그만 두자 차기 서울시장으로 하마평에 오르내린 사람은 당시의 저명인사와 정치가들이었다. 김현옥 부산시장을 꼽은 사람은 아무도 없었다. 1966년 4월 1일, 막상 뚜껑을 열어보니 전혀 낯선 김현옥 씨였다. 부산시장 시절의 업

7) 《한국일보》, "인물광장 : 역대 부산시장 어떻게 지내나," 1992년 8월 10일.

적과 박 대통령의 신임은 김현옥 부산시장을 일약 서울시장으로 영전시켰던 것이다. 43세라는 최연소 서울시장이 인구 4백만 대도시의 시장에 발탁된 사실 그 자체에 놀랐다. 세인들은 부산과 서울은 다르며, 과연 부산의 불도저가 서울시를 제대로 운영할 수 있을까 의심스러움과 조바심이 나는 눈으로 관망하였다.

김현옥 서울시장은 '불도저'라는 별명답게 재임 4년여 동안 서울시내 곳곳을 파헤쳤다. 그 결과 '두더지 시장'이라는 별명이 그에게 따라 다녔다. 또한 그는 서울시장 재직 동안 많은 사람을 놀라게 했다. 시장에 부임하자 곧 여러 대형사업을 발표함으로써 세인의 귀를 의심케 했고, 공약사업을 철저히 수행하는 그의 열정에 모두 혀를 내둘렀고, 그가 이룩한 업적에 모두들 눈을 의심했다. 그에게 또 하나의 타이틀이 붙여졌다. 그것은 개벽(開闢)시장이었다. 김 시장의 취임으로 서울시정이나 시장의 업무 스타일에 획기적인 전환을 가져왔고, 그는 오늘날 서울의 기본틀을 만드는 데 결정적인 기여를 했다. 따라서 그는 역대 서울시장 중에서 가장 괄목할 만한 업적을 남긴 것으로 평가되고 있다.[8)]

그러나 김현옥 서울시장 취임 네 돌이 며칠 지난 1970년 4월 8일 와우 시민아파트가 갑자기 도괴되어 11명이 사망하는 사고가 발생했다. 와우아파트 사고는 5백만 서울시민의 머슴으로 자부하던 김현옥 서울시장을 한 사람의 시민으로 돌아가게 했다. 그는 "티끌만큼 사심 없이 일해 왔다. 이제 모든 책임을 지고 물러가게 되니 홀가분하다"라고 했다. 김 시장은 이어서 "나의 배경인 가난한 소년으로 다시 돌

8) 김현옥 서울시장의 활동과 업적에 관한 기본적인 자료는 서울특별시사편찬위원회가 1984년에 펴낸 《市史資料》 III (1961. 5~1971. 12), pp. 355~527에 연대별로 정리되어 있다. 그리고 서울대학교 행정대학원 부설 한국행정조사연구소가 펴낸 《한국행정사례연구》(법문사, 1974) 중에서 "서울시영아파트 사업"(pp. 105~143), "서울시 교통문제와 지하철건설계획"(pp. 144~163), "종로3가~대학극장 간 재개발사업"(pp. 200~213), "서울~부산 간 고속도로건설"(pp. 214~232)에 부분적으로 소개가 되어 있다.

아가는 것이다. 옛날 어린시절 종치기를 했던 학교를 비롯, 전국사찰이나 순례하며 지난날을 반성해 보겠다"[9]고 말하며 서울시장 집무실을 떠났다.

5) 내무부 장관 김현옥

세상은 김현옥 씨를 전국의 사찰을 순례하는 한 사람의 시민으로 두기를 거부했는 듯하다. 그가 와우아파트 사건으로 공직을 떠난 후 6개월이 지나자 다시 그를 찾는 곳이 있었다. 서울시 교육위원회였다. 서울시 교육위원회는 오인제 서울시 교육감의 사표가 수리된 후 후임을 구하고 있었다. 서울시 교육위원회는 이때 제7대 교육감에 김현옥 씨를 추천했다. 추천 이유는 "상부의 입김에 좌우되는 교육감 자리를 명실상부한 서울시 교육자치제의 장으로 올려 놓기 위해서 강력한 행정능력을 가진 김현옥 전 서울시장을 추천"하게 되었다. 그러나 김현옥 씨는 거부했다. 거부의 변은 "와우아파트 사건으로 속죄하고 있는 내가 이 직을 사양하는 것이 교육영역의 존중이며 시민에 대한 보답의 길"이었다.

김현옥 씨는 1971년 2월부터 육상경기연맹회장직을 맡으면서 제8대 국회의원선거(1971년 5월 25일)에 출마하게 되었다. 그 당시 마포는 야당(민주당)의 본거지였다. 민주당의 노승환 후보에 맞서기 위하여 김현옥 전 서울시장을 공천하게 되었다. 그러나 아슬아슬한 표차로 낙선의 고배를 마시게 되었다. 김현옥의 시대가 마감하는 듯했다.

그러나 김현옥 씨를 아끼고 신임했던 박 대통령은 1971년 10월 7일 그를 다시 불렀다. 그것은 제34대 내무부장관 직이었다. 내무부장관에 임명된 직후 가진 기자회견에서 더 이상 '불도저식의 행정'은 하지 않겠다고 약속했다. 그 대신 서울시의 경험을 바탕으로 '실수하지 않는 행정'을 약속했다. 실수를 하지 않기 위해서는 과거보다 더욱더 열심

---

9) 《동아일보》, 1970년 4월 17일.

히 업무를 추진해야 했다. 따라서 일요일에도 쉬지 않으면서 불철주야로 '돌격'할 수밖에 없었다. 이때 얻은 또 하나의 별명은 '돌격장관'이었다.

내무부 장관으로서의 김현옥의 명성은 서울시장으로서의 김현옥 못지 않았다. 한 조사에 의하면, 역대 내무부 장관 중에서 가장 손꼽히는 장관으로 김 장관을 꼽고 있다.[10] 내무부 장관으로서 남긴 업적은 두 가지로 압축될 수 있다. 하나는 새마을운동의 조기정착이다. 초기의 새마을운동이 제자리를 잡지 못하고 갈팡질팡할 때 김 장관은 "새마을운동은 5천년 이끼가 낀 바위를 굴리는 운동"임을 역설하면서 각 시장과 군수를 새마을운동에 전념토록 밀어붙였다고 한다. 또 다른 업적은 산림녹화사업이다. 그는 체계적인 산림녹화를 위하여 치산녹화 5개년계획을 수립하고, 이의 강력한 집행을 위하여 산림청을 농림부에서 내무부로 이관시켰다. 또한 그는 낙엽채취를 전면적으로 금지하고, 입산을 통제하는 강력한 산림정책을 전개하였다. 그의 치산녹화 5개년계획은 우리 나라 산림정책의 기초를 다져 오늘날 산림정책의 근간이 되었다고 한다.

6) 중학교 교장선생님 김현옥

1973년 12월 2일 홍성철 제35대 내무부 장관에게 자리를 물려 주고 김현옥 씨는 다시 시민으로 돌아갔다. 그후 그는 유스호스텔협회 회장과 복지법인 정립회관 이사장을 맡으면서 복지사업에 손을 대기 시작했다. 그러던 중 또다시 세인을 깜짝 놀라게 하는 일을 하게 되었다. 그는 느닷없이 교육계에 투신할 의사를 밝혔다. 김현옥 씨의 사촌누이 동생 남편이 재단이사장으로 있는 장안중학교(경남 양산군 좌천리)를 맡아 운영하게 되었다. 서울시장과 내무부 장관을 지냈던 사람이 중학

10) 김형기, "내무부 장관 : 57명의 역대 장관 중에서 뽑힌 김현옥," 《월간조선》, 1993년 9월호, pp. 232~234.

교 교장을 한다니 모두들 의아해 했다. 그러나 그는 그곳에서 교육자로서 제3의 인생을 계속하고 있다.

3. 김현옥 서울시장의 발탁 배경

윤치영 서울시장 후임으로 쟁쟁한 후보를 물리치고 김현옥 전 부산시장이 제14대 서울시장으로 발탁된 사실은 많은 사람들을 놀라게 했다. 당시만 해도 김현옥 부산시장의 이름은 세인들에게 그렇게 많이 알려져 있지 않았다. 서울시장에 김현옥 부산시장이 전격적으로 발탁된 이유는 무엇일까? 이러한 질문에 대한 해답은 그 시대의 정치-사회적 상황과 시대적 요구를 이해하는 데 도움을 줄 뿐 아니라, 김 시장이 왜 '불도저'라는 곱지 않은 별명을 얻으면서도 서울건설에 정열을 바쳤는가를 간접적으로 추정할 수 있는 단서를 제공해 준다.

1) 서울시장이라는 자리

서울시장은 장관급에 불과하지만 대부분의 정치인이나 고위공무원이 군침을 삼키는 선망의 대상 1호에 속하는 요직이다. 서울시장에 대한 선망은 단지 오늘날의 이야기는 아니다. 조선시대부터 "정승이 되기 전에 반드시 거쳐야 하는 벼슬"자리였기 때문에 당쟁의 대상이 되기도 했다.

서울시장이 그렇게 매력적인 이유는 서울이 우리 나라의 정치·경제·사회의 중심지이기 때문이다. 따라서 이에 따른 서울시장의 실질적인 관할권이 상당히 넓을 뿐 아니라, 이에 상응하는 정치적 영향력도 무시할 수 없기 때문이다. 그리고 예산권과 인사권이 어마어마하다. 서울시장은 약 6조 5천억원(93년의 경우)의 예산을 운용하며, 약 7만여 명의 공무원의 인사권을 장악하고 있다. 또한 장관과는 달리 지방자치단체의 장으로서 연 약 3억원이라는 파격적인 판공비를 사용할 수 있다. 이런 점에서 사람들은 서울시를 '서울공화국' 또는 '국방력만 없는 정부'라고 부르기도 한다. 위와 같이 서울시가 가지고 있는 비중 때문에 서울시장은 그 시대의 정치·경제·사회적 상황에 따라 부침과 영욕을 거듭했다. 대체로 서울시장 자리는 통치권이 인정된 시절에는 비교적 장수했지만, 통치권이 불안하고 약할 때는 단명에 그치는 경향이 많았다고 한다.[11)]

2) 김현옥 서울시장 발탁의 정치적 배경

서울시장 자리는 상당한 요직이며, 집권자의 통치력에도 직·간접적으로 영향을 미치기 때문에 집권자들은 항상 자신이 가장 신임하거나 덕망이 높은 사람을 등용해 왔다. 앞에서 언급했듯이 김현옥 부산시장이 서울시장으로 발탁된 직접적인 이유는 박 대통령의 김현옥 부산시장에 대한 신뢰였다. 김현옥 씨는 5·16 쿠데타와 부산시장 시절을 통하여 박 대통령의 굳은 신뢰를 구축해 갔다. 부산시장 시절의 업적은 군인 김현옥이 행정인 김현옥으로 인정받을 수 있었던 결정적인 계기가 되었다.

그러나 단순히 박 대통령의 김현옥에 대한 신임과 부산시장으로서의 업적만으로 부산시장이 하루아침에 서울시장으로 발탁되기는 어렵다. 왜냐하면 부산시정과 서울시정은 그 규모나 영향력에서 비교할 수 없을 정도로 차이가 많기 때문이다. 대체로 부산시장이 서울시장이 되기 위해서는 많은 정부요직을 거친 후에나 가능했다.

김 시장의 발탁은 단순히 박 대통령과의 인연과 박 대통령의 김현옥에 대한 신뢰만으로 설명하기에는 무언가 미진한 느낌이 든다. 한 인물의 발탁에는 선임자의 문제, 정치적·사회적 상황, 통치자의 통치

11) 위의 부분은 《서울경제신문》이 특집으로 마련한 "서울 600년" 특집보도 중 "서울시장"편 참조. 《서울경제신문》, 1993년 3월 10일, 3월 17일, 3월 31일.

철학 등이 저변에 깔려 있기 마련이다. 따라서 1960년 중반의 정치·사회적 상황, 김 시장의 전임인 윤치영 서울시장의 시정 스타일, 박 대통령의 통치철학의 연관 속에서 김 시장의 발탁을 살펴보는 것이 의미가 있을 것 같다.

5·16 군사쿠데타 이후 1963년의 제5대 대통령선거와 국회의원 총선거를 거쳐 그 해 12월 17일 제3공화국이 탄생되었다. 제1공화국의 초대 내무부 장관이었던 윤치영 씨는 제3공화국의 초대 서울시장(1963년 12월~1966년 4월)으로 취임하게 되었다. 여기에서 주목해야 할 것은 제5대 대통령선거의 결과와 앞으로 다가올 1967년의 제6대 대통령선거이다. 제5대 대통령선거 결과를 요약하면 전형적인 '여촌야도'의 현상이다. 특히 박정희 후보는 수도 서울에서 윤보선 후보에게 참패를 당하였다. 박 대통령과 비서실이 가장 우려한 것은 다가오는 제6대 대통령선거에서 서울의 득표동향이었다.

김 시장이 발탁되었던 1966년은 제1차 경제개발 5개년계획의 최종 연도로서 경제개발 계획의 성과가 서서히 나타나기 시작하였다. 13.4%라는 경제성장률과 일인당 국민소득액의 증가가 그 예이다. 그러나 국가경제의 발전과는 달리 서울은 점차 골칫덩어리로 변해 가고 있었다. 1960년대 중반에 접어들면서 선진국 대부분의 대도시가 안고 있는 문제점이 서서히 서울시에서 노정되기 시작하였다. 즉, 1960년대에 들어서면서 서울시 인구의 증가추세가 급격하게 상승하기 시작했다. 그 결과 교통문제, 주택문제, 상하수도문제, 도시개발문제 등이 누적되어 거의 극한적인 상황에 이르게 되었다. 따라서 서울시의 문제는 시정 고위당사자나 도시문제 전문가들의 관심을 벗어나, 일반 서울시민 등에게 하나의 심각한 문제로 인식되기 시작하였다.

서울시의 문제는 단순한 사회문제라기보다는 차기 대통령선거의 득표에 직·간접적인 영향을 미치는 정치적 문제로 인식되기 시작했다. 그러나 박 대통령의 바람과는 달리 윤치영 시장에 의한 서울시정은 그다지 순탄치 못하였으며, 이렇다 하게 내세울 만한 업적도 나오지 못한 실정이었다. 사실 근 2년 5개월 동안의 재임기간 동안 윤 시장의 시정 스타일은 소극적이었으며, 현상유지로 일관해 왔다고 한다.[12] 그 이유는 윤 시장은 전형적인 정치가 출신으로서 정치외교 분야의 전문가였지, 행정적 경험은 거의 없었기 때문이었다. 그는 일제하에서 독립운동을 하였고, 정부수립 후에는 국회의원으로서 정치생활을 하였기 때문에 근대적인 관리기술이나 능력을 갖출 수 있는 기회가 거의 없었다. 따라서 그는 서울시와 같은 대도시 문제를 해결할 수 있는 뚜렷한 시정관이나 행정철학을 제대로 갖추지 못했다고 볼 수 있다.

박 대통령과 청와대 측근은 더 이상 서울문제를 방치할 수 없다는 것을 인식하기 시작했다. 서울은 박 대통령의 통치철학이었던 근대화의 표본이 되어야 했고, 발전의 첨병이 되어야 했다. 또한 서울의 발전은 서울시민의 불만을 해소하는 방법이었고, 이것은 차기 대통령선거와도 무관하지 않았다. 서울을 개발하기 위해서는 서울시장으로 정치가보다는 대도시 문제를 해결할 수 있는 실무적인 행정가를 뽑아야 했다.

김현옥 씨는 1947년 군생활을 시작하여 1963년 육군준장으로 예편할 때까지 근 18년간을 군에서 보냈다. 그는 전형적인 직업군인으로서 근대적인 관리기술이나 지식을 군교육제도를 통해서 습득하였고, 고위관리 참모와 지휘관(특히 수송분야)의 경험을 통하여 관리능력과 조직능력을 쌓아왔다. 이러한 지식과 경험은 부산시장 재임시 가장 손꼽히는 공적인 부산항만지구 구획정리사업에서 그 진가를 발휘하였다. 대도시인 부산시에서의 시정을 통하여 김현옥 씨는 대도시문제에 대한 나름대로의 안목을 가지게 되었고, 대도시 시정에 대한 확고한 자기입장을 정립하게 되었다. 특히 6·25전쟁의 피해가 완전히 복구되지 않은 대도시를 어떻게 근대적인 도시로 개발할 것인가에 대한 나름대로의 도시계획 철학을 가지게 되었다. 군인 김현옥은 부산시정 4

12) 1960년대의 서울시정을 연구한 이기수 씨에 의하면, 윤 시장의 시정스타일은 '소극적'이며 '현상유지'에 그쳤다고 한다. 이기수, 《수도행정의 발전론적 고찰 : 역대시장과 시정》(서울 : 법문사, 1968).

년을 통하여 도시행정가로 변모하게 되었다.

김현옥 부산시장은 박 대통령의 신임, 부산시정을 통한 업적, 당시의 정치-사회적 상황, 서울개발의 불가피성 등의 이유로 박 대통령-이후락 라인에 의해 직접 기용되었다고 한다.[13] 박 대통령이 직접 김 시장에게 "건설에 용감하라"는 특별한 당부를 한 것에 비추어 보아도 서울개발이 그 당시 가지고 있었던 의미를 충분히 이해할 수 있다.

김현옥 시장은 서울특별시장으로 취임하자 시정의 목표로서 수도정비와 새 서울건설, 질서확립과 새 기풍조성, 부정청소(淸掃)와 정신건설, 소득증대와 생활향상, 봉사와 복지증진의 5개항을 제시했다. 또한 김 시장은 시정의 방향으로 (1) 일을 통하여 시민에게 보답한다. (2) 시민의 시정으로 시정의 기풍을 쇄신한다. (3) 시정을 경영화하고 합리화한다. (4) 수도로서의 건설을 통하여 조국중흥에 기여한다는 네 가지 방향을 설정하였다. 김 시장은 자신이 세운 시정목표를 충실히 완수하기 위하여 불 같은 정열을 서울의 근대화에 쏟아부었다.

4. 김현옥 서울시장의 성격과 행정행태

흔히들 말하기를 이름을 떨치는 사람을 보면 무엇인가 다른 범상한 면이 있다고 한다. 이러한 표현은 주로 그 사람의 성격과 행태를 두고 하는 말이다. 김 시장의 경우도 예외는 아닌 듯싶다. 먼저 지적하고 싶은 것은 역대 행정가 중에서 김 시장만큼 많은 별명을 가진 행정가를 찾아보기는 쉽지 않을 것이다. 김 시장은 앞에서 밝힌 바와 같이 일 시키는 부대장, 불도저시장, 이동시장, 두더지시장, 개벽시장, 돌격장관 등 많은 별명을 가지고 있다. 이러한 별명들은 김 시장의 성격과 행태적 특성을 무엇보다도 잘 나타내 주고 있다.

김 시장에 대한 세인들의 일반적인 평가는 김 시장의 별명에서 보

13) 《한국일보》, 1966년 4월 9일.

듯이 "거칠다", "과격하다", "밀어붙인다", "실수가 나와도 돌아보지 않는다", "너무 주관적이다" 등으로 표현되곤 했다. 유사한 평가는 김 시장을 부산시장 시절부터 시작하여 서울시장을 마감할 때까지 모셨던 김정오 전 서울 제1부시장의 표현에서도 찾아볼 수 있다. 김성오 씨에 의하면, "김 시장은 아주 특이한 분이다. 군출신이기 때문에 일반 행정관료 출신은 도저히 이해하기 어려운 행동양태를 보였다. 아주 단순하면서도 지휘관 스타일이며, 밀어붙이는 성격으로서 불도저라는 별명을 얻었다. 그러나 실제로는 매우 다정다감한 분"으로 표현했다.

여기에서 재미있는 자료를 하나 소개하고자 한다. 《한국일보》 1967년 1월 2일자에 보도된 "관상가가 말하는 여담적 김현옥론"이다.[14] 이 글에 의하면, 김현옥 씨의 사주는 "夏雲起處하니 魚龍浴水의 格"이라 한다. 이 말을 풀어보면, "여름철 비에 고기와 용이 물을 만났으니 평생이 넉넉하며 무슨 일을 해도 명성을 떨칠 것"이다. 그리고 덧붙이기를 "한번 용단을 내리면 물불을 가리지 않고 해내는 쓸 용(用)자 형"이라고 했다. 김현옥 씨의 성격은 "고상하며 음악과 독서를 좋아하고 음식을 가려 취하고… 산과 숲 등 자연을 좋아하고 화려함을 즐기는 반면 돈[金]과는 인연이 없는 것"이라 했다.

이번에는 김 시장이 직접 말하는 자신의 성격적 특징을 들어보자. 그는 자신의 성격을 한마디로 복합적(또는 양면적)이라고 표현했다. 김 시장은 자신의 성격은 "결코 실수를 인정하지 않는, 돌다리도 두들겨서 건너는 만점주의자이면서 보따리가 크다. 그러면서 명주올과 같은 섬세함"을 동시에 지니고 있다고 했다. 한마디로 요약하기 힘든 성격적 유형이다.

인간의 성격을 하나의 단어로 축약하기는 거의 불가능하다. 왜냐하면 성격에는 여러 측면이 복합적으로 어우러져 있기 때문이다. 김 시장의 성격도 예외는 아니다. 위에서 여러 사람들의 입을 통하여, 그리고 김 시장 자신의 입을 통하여 파악한 김 시장의 성격적 특성을 한마

---

14) 이 글을 쓴 이는 金鶴(관상작명 연구소장) 씨였다. 《한국일보》, 1971년 1월 2일.

디로 말하면 극단적인 양면성의 극치로 표현할 수 있다. 즉, 동아줄과 같은 강인함과 명주올 같은 섬세함의 걸맞지 않는 양면성이 어우러져 있는 성격이라 할 수 있다. 또한 장기적인 비전과 근시안적인 성급함이 뒤섞여 있는 듯한 성격이며, 불도저처럼 밀어붙이는 저돌성과 밤잠을 자지 않으면서 숙고하는 만점주의가 맞물려 있는 성격이기도 하다.

1) 비전 제시형

김 시장의 성격 중 가장 중요한 성격적 특징은 비전을 제시한다는 것이다. 그는 시민에게 그리고 그의 부하직원에게 항상 비전을 제시했다. 대부분의 비전이 화려한 미사여구로 구성되지만 그것의 위력은 대단하다. 비전은 시민에게 꿈을 심어주고, 기대와 희망을 제시해 주고, 부하직원에게는 에너지를 집중할 방향을 제시해 준다.

김 시장이 제시한 비전은 건설을 통한 서울의 근대화였다. 그는 취임사에서 "서울시는 정치, 경제, 사회, 문화 및 군사 등 모든 도시의 중추적 요소가 총집결되어 있는 이 나라의 수도일 뿐 아니라 서울시 행정은 이 나라의 현실과 그 가능성을 상징하고 판가름하는 종합행정으로서 서울의 근대화는 바로 조국의 근대화와 직결"됨을 강조하였다. 서울의 근대화에 대한 그의 비전은 김 시장 자신이 해결해야 할 문제였으며 과제이기도 했다. 또한 그것은 서울시가 반드시 정복해야 할 '절대명제'였으며 목표이기도 했다. 김 시장이 서울시의 근대화에 그토록 매달린 이유는 서울시 개발은 언젠가 누군가가 반드시 이루어야 할 과업이자 의무라는 것이다. 이러한 그의 생각은 일찍이 어머니로부터 귀에 못이 배기도록 들어왔던 이야기에서 출발한 듯하다. 그의 어머니는 항상 "맞을 매는 먼저 맞아라"라고 했다고 한다. 이 말은 꼭 치러야 할 의무라든가 스스로 해야 할 일을 남보다 앞서 하라"[15]는

---

15) 《한국일보》, "5백만 시험관 앞에서 시험친 기분입니다 : 취임 네 돌 맞은 김현옥 시장," 1970년 4월 5일.

뜻이라고 김 시장은 말했다.

김 시장의 또 다른 성격적 특징은 항상 자신의 비전을 실현시킬 수 있는 구체적인 방법을 제시하였다는 것이다. 이러한 구체적인 방법의 제시는 김 시장이 비전제시를 통하여 말의 성찬을 즐기는 것이 아니라 실천의 전주곡을 알리는 것을 의미한다. 예를 들면 시청직원에게는 '일하는 해'(1966년), '돌진의 해'(1967년), '창조와 개혁의 해'(1968년)와 같은 구체적인 실천방안을 제시하였다. 그리고 시민에게는 구체적인 사안을 언제까지 완공하겠다는 공약을 항상 제시하였다. 그러나 가끔 그 공약이 너무나 엄청나 시민들을 어리둥절하게 했고, 언론으로부터 전시효과를 노린 꿈 같은 이야기라고 비난을 받기도 했다.[16)]

2) 큰 보따리형

김현옥 시장의 비전제시형에 못지 않는 성격적 특징으로 꼽히고 있는 것은 그의 큰 보따리이다. 큰 보따리란 그의 스케일이 크다는 것을 의미한다. 이것은 곧 작은 일에 연연하고 만족하기보다는 난관이 있더라도 원대한 계획을 수립하고 집행하는 것이다.

김 시장이 벌이는 공사는 대부분이 대규모 공사였다. 부산시에서와 마찬가지로 서울시에서도 그는 그의 큰 보따리를 유감없이 펼쳤다. 김 시장이 시작하는 일은 모두가 원대했기 때문에 항상 매스컴의 뉴스거리가 되었다. 그가 뚫고 확장하는 도로는 항상 넓었다. 그 당시 예산낭비라고 비난했을 정도로 넓었던 공항로는 20여년이 지난 지금도 좁은 감이 기의 들지 않는 도로이다. 김 시장의 큰 보따리가 가장 잘 펼쳐진 예로는 그의 '한강정복론'이다. 김 시장이 역설하기를, "서울의 참다운 방향, 서울의 심장의 고동은 역시 한강입니다. 이 한강을 손질하고 지배할 의욕이 없이는 서울의 장래는 없습니다. 꼼짝 못하게 한

16) 《동아일보》, 1966년 8월 13일.

강의 손발을 묶자, 이것입니다".[17] 전임시장들은 한강을 바라보기 위한 대상으로 여겼지 개발의 대상으로 삼지 않았다. 한강종합개발계획은 전임 시장이 엄두도 내지 못했던 보기 드문 역작이었다. 그 결과 오늘날의 여의도가 만들어지게 되었다.

사실 김 시장의 큰 보따리는 국회와 언론으로부터 비판의 주요 표적이 되었다. 비판의 요지는 '앞서가는 과잉의욕'이었으며, 이것은 예산의 뒷받침 없이 일부터 벌여 놓는 김 시장 특유의 행정 스타일에 대한 비판이었다.[18]

3) 화급(火急)형

위에서 밝힌 바와 같이 김 시장의 성격적 특징은 비전을 제시하고, 그 비전을 송두리째 담을 수 있는 커다란 보따리형이었다. 그러나 다른 한편으론 전혀 다른 성격적 측면이 있었다. 그것은 그의 화급함이었다. 그의 화급한 성격은 군시절부터 정평이 나 있었다고 한다. 군시절 그의 비서의 말을 빌리면, "성질이 칼날같아 지휘봉이나 재떨이가 날아온 일이 한두번이 아니었다"고 한다. 그러나 그의 화급함도 돌아서면 그만이었고, "니 밥 묵었나"하면서 다독거려 준다고 했다.[19] 또한 서울시장 시절 구청장이 계획대로 공사를 진척시키지 못하면 그 자리에서 지휘봉을 휘두르면서 호통을 치고 사표를 받아두곤 했다고 한다.

김 시장은 주위의 정세를 관망하면서 누진히 기다리는 느긋한 성격의

---

17) "《신동아》 인터뷰 : 서울특별시장 김현옥 씨"(대담자 : 권오기), 《신동아》, 1967년 12월호, p. 104.

18) 한 일간지 기사에 의하면, 예산 뒷받침 없는 김 시장의 과잉의욕을 김 시장 특유의 신념으로 표현하기도 했다. 이 기사는 "예산확정 이전에라도 일을 벌여 놓기만 하면 결국은 어떤 수단과 방법으로든 완공되고 만다는 것이 김 시장의 독특한 신념인 것 같다"고 했다. 《동아일보》, 1966년 7월 2일.

19) 《한국일보》, 1966년 4월 3일.

소유자는 아닌 것 같다. 그의 결혼에 얽힌 이야기도 그의 성격을 잘 드러내고 있다. 육사(3기)를 졸업한 후 중위시절 밀양에서 징병검사 출장중 은행원이었던 부인 오정자(吳正子)여사를 만났다. '아늑한 어머니와 같은 여인'을 발견한 총각 김현옥은 잠도 이루지 못해 하루에도 몇 번씩 오 여사의 부모를 찾아가 직접 담판하여 만난 지 1주일만에 결혼을 했다고 한다.[20] 이러한 측면은 문제를 보고 해결하지 않으면 안달이 나며, 일을 보고 마무리하지 못하면 직성이 풀리지 않는 김 시장의 성격을 단적으로 잘 나타내 주고 있다.

김 시장의 화급한 성격은 서울시 개발에서도 잘 나타나고 있다. 김 시장은 서울시의 수많은 문제들을 해결하기 위하여 마스터플랜과 같은 장기적인 안목도 제시했지만, 당장 발등에 불부터 끄는 임시변통적인 화급한 시책도 많이 제시했다. 이러한 김 시장의 행징텡데 이면에는 "문제를 미루면 나중에 해결하기가 더욱 어려워진다"[21]는 생각이 있었다. 김 시장의 이러한 성격은 1967년 송년 기자회견에서 밝힌 "월반식(越班式) 행정"에도 잘 나타나 있다. 월반식 행정이란 "중학교에서 고등학교를 거치지 않고 껑충 뛰어 대학에 들어가는 식"의 행정이라고 했다.[22] 세상의 난제란 난제는 모두 집합해 있는 서울시를 해결하기 위해서는 차근차근 신중하게 문제를 해결하기보다는 급한 것을 먼저 시급히 해결해야 한다는 것이다. 즉, "시급한 것을 해결하기 위해 시급히 결단을 내리고 시급히 추진"[23]해야 한다는 것이다.

김 시장의 화급하고 임시변통적인 시정운영은 육교설치와 시민아파트 건립에 잘 나타나 있다. 교통문제는 서울시의 난제 중의 난제였다. 교통문제를 근원적으로 해결하기 위해서는 도로를 확장하고 지하도를 만들어야 했다. 그러나 그 당시 행정여건으로 보아 당장 도로를 확장

20) 《한국일보》 1966년 4월 3일.

21) 김정오 전서울 제1부시상과의 인터뷰에서.

22) 《산업경제신문》, 1967년 12월 31일.

23) 《조선일보》, "프리즘 67년 : 뉴스메이커와의 세모대담," 1967년 12월 22일.

하고 필요한 곳에 지하도를 설치하는 것이 그렇게 용이하지는 않았다. 행정여건이 호전될 때까지 기다리기엔 교통문제가 너무나 심각하였기 때문이었다. 김 시장은 임시변통으로 육교설치를 할 수밖에 없었다. "서울시의 교통소통을 위해서는 어느 시기에 헐더라도 지금 당장은 육교가 효용가치가 있다"는 것이 김 시장의 생각이었다.[24] 서울시의 주택문제를 해결하기 위한 시민아파트 건립도 같은 맥락에서 이해될 수 있다. 집 없는 시민들의 주택난을 해결하기 위해서는 당장 필요한 것인 집을 제공해 주는 것이었다. 비록 김 시장의 참모들이 시민아파트는 20년 후에 헐어야 된다고 주장했고, 김 시장도 충분히 알고 있었지만, 당장의 주택문제를 최소의 비용으로 해결하는 방법은 그 방법밖에 없었다고 한다.

김 시장의 임시변통적인 화급함은 서울시정을 평가하는 자리에 참석했던 한 토론자의 평에 잘 드러나 있다. 그 토론자에 의하면, 김 시장은 "더 긴 안목에서 적어도 몇십년 후의 서울을 생각해서 건설"을 하기보다는 "우선 여기가 급하니 여기를 뜯어 고치자고 해서 공사를 해놓고 보면 또 그것을 개조해야 하는 시행착오가 되풀이"[25]되었다고 말했다. 그의 화급한 성격은 1960년대 상황에서 그렇게 특이하게 보이지 않았는지도 모른다. 왜냐하면 그 당시 '급속한 경제성장', '조기달성'과 같은 용어들이 난무하던 시절이었고, 무엇인가 급하게 하지 않으면 안되는 시절이었기 때문이었다. 여기에서 '졸속행정'이란 용어가 나오기 시작했다. 화급하게 서두르다보니 내실이 엉망인 행정을 일컬어 지칭하는 말이다. 김 시장을 서울시장이라는 권좌에서 물러나게 했던 와우아파트 붕괴사고도 졸속행정의 결과였다고 당시 언론은 평했다.

---

24) 《산업경제신문》, "특별기획 서울 25년 : 역대 시장을 통해 본 수도의 변천사, 13대 시장 김현옥 씨," 1971년 6월 9일.

25) 《한국일보》, "김현옥 시장의 서울건설 2년을 평가한다 : 김 시장 취임 두 돌 맞아 도시계획 전문가 5인의 합평," 1968년 4월 7일.

4) 숙고형

흔히 김현옥 하면 불도저를 연상한다. 불도저란 의미에는 군대의 지휘관처럼 앞뒤 가리지 않고 밀어붙이는 단순무식한 의미를 함축하고 있다. 그러나 김 시장의 성격에는 불도저만을 연상하는 세인들이 상상하지도 못했던 부분이 있었다. 그것은 밤낮을 가리지 않고 일을 곰곰이 생각하고 숙고하는 성향과 여자와 같은 섬세함이다. 먼저 김 시장의 숙고형적인 성격적 특징부터 살펴보자.

김 시장이 서울시장으로 취임했을 때 앞이 깜깜하였다고 한다. 왜냐하면 서울시민이 5백만이면, 5백만개의 문제가 있었기 때문이었다. 그렇다면 5백만개의 문제를 어떻게 선후·완급을 판별해야 하는가? 그러기 위해서는 먼저 문제들 진단해야 한다. 10,000피트 상공에서 서울시를 내려다 보고 어느 지점이 중병에 걸려있는가를 진단했으며, 골목골목을 돌며 문제를 발견했다고 한다. 서울시를 진단하는 데 1년이 걸렸다고 한다. 문제를 발견한 후, 그는 어떻게 문제들을 해결하는가에 매달렸다.

김 시장은 문제해결의 아이디어는 문제의 상황 속에서 창출된다고 한다. 자기가 맡은 소임에 대한 고민 속에서 선후완급의 계획이 나온다. 문제의 상황 속에서 도피하지 말아야 한다. 문제적 상황 속에서 자기는 도피하면서 교수, 선배, 후배로부터 지혜로운 머리를 빌리면 기상천외한 아이디어는 나올지라도 집행단계에서 항상 중단된다. 아이디어는 일에 대한 강한 책임감에서 나오며, 일 속에 뛰어들어야 나온다. 아이디어는 실현가능해야 한다. 행정은 실행가능한 아이디어만 수용한다. 왜냐하면 행정은 요행이 아니기 때문이다. 아이디어는 '장아찌'이고 노력의 또 다른 별명이라고 김 시장은 말한다. "장아찌처럼 흠뻑 절여야만 아이디어가 나온다. 좋은 아이디어는 공에서 생기는 것이 아니다. 분석과 종합의 수없는 시행착오 속에서 창출된다. 아이디어는 노력의 별명인지도 모른다."[26] 김정오 서울부시장의 말을 빌리면,

26) 《중앙일보》, 1970년 9월 27일.

"김 시장에게는 남들이 잘 모르는 면이 있었다. 김 시장은 잠을 자지 않으면서 고민하고 연구했다. 자기 입에서 말하기 전에 심혈을 쏟아가며 검토하고 고민한다. 이러한 결과를 남이 미처 생각하기 전에 터뜨린다. 따라서 일반사람들은 그 사람을 따라잡을 수 없었다. 그래서 가끔 '무모하다'라는 평을 받기도 한다".[27]

서울시의 수많은 문제들은 마치 뒤헝클어진 실타래 같았다. 턱없이 부족한 예산으로는 서울시의 실타래를 도저히 풀 재간이 없었다. 적은 예산만 탓하기로는 서울시는 너무나 중병을 앓고 있었다. 주택문제, 교통문제, 교육문제, 실업문제, 하수도문제 등 문제들이 산적하여 넘쳐흘렀다. 이러한 상황 속에서 숙고와 노력의 끝에 나온 아이디어로 김 시장은 헝클어진 실오라기 하나하나를 정돈해 갈 수 있었다. 김 시장은 단순하지도, 또 마냥 밀어붙이는 성격의 소유자도 아니었다. 그는 신중한 불도저였으며, 숙고하는 불도저였다. 그리고 아이디어를 창출해 내는 불도저였다.

5) 섬세성

불도저만을 연상하는 사람들이 상상도 하지 못하는 김 시장의 성격적 특징은 섬세함이다. 김 시장의 말을 빌리면, 자신의 성격은 돌다리도 두들기면서 건너는 완벽주의자이면서 한편으로는 명주올과 같은 섬세함을 갖추었다고 한다. 그의 업무 스타일은 매우 꼼꼼한 스타일이었다고 한다. 자신이 실수를 허용하지 않고, 또한 자신의 실수도 좀처럼 인정하려 들지 않았던 완벽주의자였다. 그의 완벽주의는 항상 그의 부하에게는 공포의 대상이 되었다. 군시절 그는 성격이 까다로워 사병침실에서 빈대 한 마리가 발견되었을 때는 본부 부대장을 전방으로 쫓기도 했다.[28] 부산시장 시절에는 예고없이 각방을 기습적으로 방

27) 김정오 부시장과의 인터뷰에서.

28) 《한국일보》, 1966년 4월 3일.

문하여 서랍과 캐비닛까지 샅샅이 체크하기도 했다고 한다. 서울시장 시절 그의 완벽주의 때문에 많은 국·과장이 밤중에도 일에 파묻혀 살았으며, 그 중 몇몇은 과로로 쓰러지기도 했다고 한다.

김 시장의 명주올 같은 섬세함은 그의 이름 '현옥'(玄玉)과도 무관하지 않는 듯하다. 그의 이름은 불도저에 전혀 걸맞지 않는 여성적 취향이 물씬 풍기는 이름이다. 그래서인지 가을날 시청 앞에 쌓여 있는 낙엽을 그대로 두기를 원했고, 독서와 음악을 사랑했다. 그는 항상 활동하면서 책을 가까이 했다. 특히 그는 일본말로 된 12권짜리 《삼국지》를 아홉 번이나 읽었다고 하며, 《세계전사》, 처칠의 《제2차 세계대전 회고록》, 《태평양전사》 등 전사시리즈를 탐독했다. 김 시장은 문인들을 즐겨 사귀었으며, 〈부산수필〉, 〈수필시대〉, 〈예술대사〉 등의 동인이기도 했다. 그는 지방문예지와 일간지에 종종 수필을 기고하기도 했고, 자신의 수필집 《푸른유산》을 출판하기도 했다. 김 시장은 음악을 사랑하여 부산시장 시절에는 부산시립교향악단을 창단했고, 서울시장 시절에도 서울시립교향악단에 지원을 아끼지 않았다.

김 시장의 섬세함은 그의 대화에도 깃들어 있다. 그는 대중연설에는 약했지만, 개인적 대화에서는 풍부한 어휘와 현란한 비유를 사용한다. 또한 그가 주로 사용하는 화법은 반복점강법인 듯했다. 즉, 유사한 단어를 나열하면서 하고자 하는 의미를 점차 강하게 이끌어가는 특유의 화법이었다. 예를 들면 "행정은 시민에게 꿈을 주고, 시민들은 부지런함, 무색투명, 겸색겸양, 향상의 몸부림, 꿈과 비전을 주는 그런 공무원을 좋아한다"와 같은 화법이다. 그의 섬세함은 김 시장이 서울시청 현관 앞에 붙였던 표어에도 잘 나타나 있다. 그 중 지금도 사용되는 말은 "도시는 선이다"라는 문구이다. 그가 내건 표어 중 대표적인 것으로는 "질서는 시민의 위대한 예술이다"(68년 3월), "선택+준비+실천+집념=증거"(68년 6, 7, 8월), "개인의 완성은 서울의 완성"(70년 1월) 등을 꼽을 수 있다.

그 당시 시민들을 가장 당황하게 만들었던 표어는 "왜에서 어떻게로 의욕수를 해결하자"(70년 2월)였다. 김 시장의 조어술(造語術)에 감탄한 《한국일보》 기자가 김 시장에게 왜 백과사전에도 없는 말을 만들어 시민들을 당황하게 합니까라는 질문에 김 시장은 "우리가 사전의 노예가 되어서 되겠습니까? 과감하게 새 어휘나 개념을 만들어서 소화해 나가야 되지 않겠습니까"라고 답했다 한다. 그러면 그 표어의 의미는 무엇일까? 표어의 해석에 김 시장의 섬세함을 충분히 엿볼 수 있다. 김 시장은 먼저 "왜에서 어떻게로"를 해석한다. "우리가 왜냐라고 묻는 장소에서만 맴돌고 있으면 옛날의 동양 은사의 나라 처지를 벗어나지 못합니다. '왜'를 '어떻게'라고까지 발전시켜야 행동이 나옵니다. 모기는 왜?라고만 생각하고 있으면 모기장 밖으로 못 쫓아 냅니다. 진창길은 왜?라고만 생각하면 나막신밖에 안나옵니다. 그러나 '어떻게'에서는 DDT가 나오고 포장길이 닦이고 고속도로가 생깁니다." 김 시장은 가장 짧은 용어로 행정의 실체를 꿰뚫어보는 섬세함을 내보였다. 그의 섬세함은 '의욕수'라는 용어에 보다 총괄적으로 나타나 있다. 의욕수란 한자로 意慾數인데 문제는 數자이다. "意慾數란 우리의 욕망의 총화입니다. 數에는 어제와 오늘과 내일의 모든 것이 포함되어 있습니다. 그 수는 허수(虛數)가 아니라 실수(實數)입니다. 모든 것을 담고 있습니다"[29] 비록 아직도 안개 속을 헤매는 기분은 들지만 표어의 진면목은 행정이 탁상공론에 그치지 말고, 행동을 통한 실천적인 행정으로 보다 나은 사회를 이룩하자는 의미를 담뿍 담고 있는 듯하다. 이렇게 해석해 놓고 보면 짤막한 표어에 엄청난 의미가 내포되어 있음을 알 수 있고, 김 시장은 그러한 의미를 아주 섬세하게 함축된 용어를 사용하여 표현했다고 볼 수 있다.

---

29) 표어의 해석에 관하여는 《한국일보》, 1970년 2월 22일 참조.

6) 비정치적 성향

박 대통령의 깊은 신임으로 김현옥 부산시장이 서울시장으로 영전되었을 때 많은 사람들은 김현옥 씨가 정치에 입문하리라는 추측을 했다. 왜냐하면 5·16 이후 박 대통령의 주위에 있었던 예비역 군인들이 대거 정치에 참여했기 때문이었다. 김 시장이 서울시를 온통 뒤엎으면서 서울개발에 열을 올리고 있을 때 심심찮게 나온 이야기는 그의 정치참여였다. 김 시장의 서울개발 이면에는 윗사람에게 잘 보이기 위한 '전시효과'가 있었으며, 또한 김 시장을 일컬어 "어른 모시는 데 비상한 재주를 가진 사람"이라는 비아냥이 나오곤 했다.

그러나 김 시장은 정치에 그다지 뜻을 두고 있지 않았다고 한다. 김 시장 자신의 말을 빌리면, "정치는 무취미고 무매력이고 무관심이고 또 정치면에서는 둔하고 생각해 본 일도 없고, 앞으로도 정치할 생각은 추호도 없다"라고 잘라 말했다.[30] 김 시장의 말대로 그가 정치에 무관심했다는 것이 사실이라면, 아마도 그의 비정치적인 성향은 그의 성격에 연유하지 않았는가 하는 생각이 든다. 그는 자신을 일컬어 "나는 타협도 모르고 아첨도 모르고 막후 흥정도 모르니 오직 명백하고 공정하게 일하는"[31]성격이라고 했다. 마치 불도저가 어떻게 정치를 하느냐라고 반문하는 듯했다.

서울시는 지금까지도 복마전이라는 오명에 시달리고 있다. 그만큼 이권의 개입이 많은 곳이기 때문에 부정부패의 대명사로 불리게 된 것 같다. 박 대통령이 김현옥 씨를 서울시장으로 임명한 자리에서 "소신대로 일해라. 뒷바라지 해주겠다. 그리고 임자, 서울시는 복마전이래. 나는 무슨 복마전인가 잘 모르겠어. 아무튼 이 이미지를 탈피하도록 해" 하면서 노란 봉투를 건네주었다.[32] 노란 봉투에는 김 시장이

---

30) 《신동아》, p. 109.

31) 《한국일보》, 1966년 3월 29일.

32) 김현옥 전 서울시장과의 인터뷰에서.

사용하기에 충분한 판공비가 들어 있었다. 그 이후 박 대통령은 매달 판공비를 노란 봉투에 '김 시장'이라고 써서 보내주었다고 한다. 박 대통령의 김 시장에 대한 지극한 배려는 아마도 정치권이나 경제계에서 들어오는 청탁을 뿌리치고 소신대로 열심히 하라는 박 대통령의 의도였는지도 모른다.

사실 김 시장은 정치권, 특히 공화당 당직자로부터 많은 청탁과 압력을 받았다. 그러나 김 시장은 청탁과 압력에 상당히 초연했다고 한다.[33] 그럴 때마다 김 시장은 "서울시가 이권의 배분소가 아니다"[34]라고 항상 강변했다고 한다. 또한 청탁을 위해 만나려는 사람들은 애써 회피하려 했다. 김 시장에 의하면, "명함을 내놓고 만나자는 사람은 백사람이면 아흔 아홉 사람까지가 청탁이지요. 그 중에서 들어줄 수 있을 만한 것은 한 건도 안됩니다"라고 했다.[35] 특히 국회의원과 검찰에서 나온 사람을 극히 회피했다고 한다.[36] 청탁에 대한 초연함의 결과로 김 시장은 정치가와 공화당 고위당직자들과 그렇게 좋은 관계를 유지할 수 없었다. 와우아파트 사건이 발생했을 때 공화당의 고위당직자 대부분이 김 시장을 비난하고 사임을 촉구한 것만 봐도 그들과의 불편한 관계를 충분히 짐작할 수 있다.[37]

---

33) 김 시장은 서울시정에 필요한 아이디어를 얻기 위하여 학계와 사회 각층의 사람들을 자주 만났으며, 술자리도 자주 했다고 한다. 그러나 국회의원들과의 약속은 항상 약식이었으며 간단한 술자리로 끝을 냈다고 한다(김정오 부시장과의 인터뷰에서).

34) 《조선일보》, 1967년 12월 22일.

35) 《한국일보》, 1969년 4월 5일.

36) 김정오 부시장과의 인터뷰에서.

37) 김정오 부시장의 말이다. 김 부시장에 의하면 오직 박 대통령만이 김 시장을 끝까지 감싸주었다고 한다. 박 대통령은 "와우아파트는 김 시장의 잘못이 아니고, 설계와 시공의 잘못이다. 그리고 사람은 항상 잘못할 수 있"음을 상기시켰다고 한다. 그러나 선거를 앞둔 박 대통령으로서도 김 시장의 사임을 어쩔 수 없이 받아들였다고 한다.

김현옥 씨가 내무부 장관을 사임한 후 양산의 중학교 교장으로 갔을 때, 대부분의 사람들은 그가 정치적인 깜짝쇼를 하다가 곧 정치에 발을 들여 놓으리라 생각했다. 그러나 그는 그 이후 정치권에 결코 진입하지 않았으며, 모든 공직에서 완전히 물러나 교장선생님이 되었다.

이상에서 김 시장의 성격과 그와 관련된 여러 행정행태를 살펴보았다. 김 시장의 성격은 앞에서 지적한 바와 같이 여러 상반된 측면이 어우러져 있다. 따라서 성격-행태라는 단선적인 관계만으로는 김 시장의 행정행태와 업적을 일관성 있게 설명하기에는 부족한 감이 든다. 한 사람의 행정가를 연구하는 데 있어 성격적 측면만으로 그 사람의 행정행태와 업적을 총체적으로 규명하기에는 한계가 있다는 것이다. 김 시장의 시정(市政)을 보다 깊이 이해하기 위하여 김 시장 특유의 행정철학을 살펴볼 필요가 있다.

5. 김현옥 시장의 행정철학

김현옥 서울시장이 4년이란 재임기간 동안 서울시의 곳곳을 파헤치는 데는 나름대로의 철학이 있었다. 김 시장이 서울시정을 이끌어간 행정철학은 김 시장의 독특한 성격과 자신의 경험을 통하여 형성되었다. 그러나 한편으로 김 시장의 행정철학은 1960년대의 특수한 상황에서 요구되었는지도 모른다. 김 시장 자신이 행정철학을 직접적으로 피력한 적은 없지만, 김 시장과의 인터뷰, 김 시장의 성격적 특징, 김 시장에 관한 보도내용 등을 중심으로 정리하면 다음과 같다.

1) 정열의 행정

김 시장이 내세운 자신의 첫번째 행정철학은 정열(情熱)의 행정이다. 김 시장은 "행정은 정열이다"라고 거침없이 말했다. 김 시장이 전념하였던 4년 간의 서울시정은 "하나의 정열이었고, 꿈이었고, 이상이었고, 몸부림이었고, 하나의 절규 그러한 불덩어리"로 회고했다.[38] 김 시장의 정열은 서울의 근대화로 집약되었다.

정열이란 단어는 마음이 담겨져 있고, 감정과 주관이 담뿍 서려 있는 단어이다. 우리가 행정학을 배우면서 귀에 못이 박히도록 들은 이야기는 객관적 혹은 과학적 행정이었다. 매일 하는 이야기가 '자료에 의하면' 혹은 '통계에 의하면', '분석에 의하면' 등이었다. 정열이란 단어는 정치가나 소설가가 사용하는 용어이고, 사회과학에 훈련이 덜된 사람이나 사용하는 저급한 단어로 취급하는 경향이 많았다. 김 시장은 물론 사회과학을 체계적으로 연구한 사람은 결코 아니다. 그러한 그가 행정은 정열이라고 서슴없이 말하는 것은 그의 성격적 특징과 행정경험에서 나온 듯하다.

정열의 행정은 무엇일까? 김 시장은 정열의 행정은 '해결에 대한 책임감'이며, '비전에 대한 사명감'이라 한다. 그는 '서울의 근대화'라는 비전을 제시했고, 이것을 성취하기 위하여 불요불굴의 의지를 불사른 행정가였다. 김 시장이 취임했을 당시 서울은 수도로서의 면모를 전혀 갖추지 못하고 있었다. 6·25 전흔이 그대로 방치되어 있었고, 판자집이 우글우글했었다. 서울이 안고 있는 문제에 비하여 서울시정의 능력은 너무나 빈약했다. 전임 시장인 윤치영 씨는 '정치시장'이라 하여 서울의 시정보다는 정치에 더 많은 관심을 보였고, 시청 공무원들은 나태했고 부정부패에 물들어 있었다. 그 당시의 행정은 정열이라고는 찾아볼 수 없는 잿빛 행정이었다. 김 시장은 취임사에서 불씨마저 사라져버린 잿빛행정에서 정열의 씨앗을 뿌리겠다고 다짐했다. 정열의 싹을 틔우기 위해서는 먼저 "신념과 철학을 가진 보다 적극적이며 능동적이요 창의적인 자세로의 전환"[39]을 강조하였다.

정열은 김 시장의 에너지였으며, 추진력이었다. 김 시장의 정열은 "왜에서 어떻게를 의욕수로 해결"하기 위한 집념이었다. 김 시장은

38) 김 시장과의 인터뷰에서.

헬멧을 쓰고, 지휘봉을 들고 서울시의 골목골목을 다니면서 수없는 지시사항을 내렸다. 그는 집무실에서보다 현장에서 더 많은 시간을 보냈다. 그는 서울의 문제를 한시도 잊지 않았으며, 문제상황 속에서 탈출하려 하지도 않았다. 수많은 문제에 도전하였다.

행정에 대한 정열은 무색투명하고 순수무구하여야 한다. 그러기 위해서는 정열은 시민을 위한 정열이어야만 한다. 만일 정열에 정치색과 같은 색깔이 끼면 시민들이 눈살을 찌푸리게 된다.[40] 정열이 지고지순하면 시민들은 시정을 신뢰하게 되고, 일순간의 불편을 인내하게 된다. 정열이 투명하면 시민들은 고통스러워도 환영하게 된다. 정열의 행정은 누가 올바르게 일하느냐 하는 것이다. 김 시장은 서울의 근대화를 100미터 달리기에 비유하면서 "지금은 내가 팬츠바람으로 100미터를 달리고 있는중입니다. 달리고 있을 때 누가 응원을 하고 있나 안하고 있나를 생각할 겨를이 없습니다"[41]라고 했다. 자신의 명을 다바쳐 살기좋은 서울, 아름다운 서울건설에 돌진했다. 서울근대화에 대한 김 시장의 정열은 '신앙' 또는 '종교'차원으로 승화되었다. 김 시장이 말하기를 서울의 근대화라는 신앙은 "비록 그것이 사교(邪敎)로서의 지탄을 받아 새남터에 또 하나의 형장이 마련되는 한이 있더라도 순교자의 마음으로 서울시를 개발하겠다"[42]는 것이다. 서울의 근대화라는 신앙을 간직한 김현옥 서울시장은 잿빛행정으로 음산했던 복마전에 정열의 꽃을 함빡 피게 하였다.

39) 김현옥 서울시장의 취임사에서.

40) 정열의 무색투명성에 관하여는 김 시장과의 인터뷰에서.

41) 《신동아》, 1967년 12월호, p. 106.

42) 위의 책, p. 111.

2) 업적의 행정

김 시장이 가장 즐겨 사용했던 말 중의 하나는 "일을 통하여 시민에게 보답한다"라는 말이다. 그는 '일'이라는 말을 너무나 적나라하게 그리고 꾸밈없이 사용하였다. '일'이라는 말의 뉘앙스에는 사탕발림의 여지가 없고, 미사여구의 멋을 부릴 틈바구니도 없는 그야말로 무색투명한 실체뿐이다. 김 시장은 이러한 '일'을 사용하여 행정을 멋지게 정의하고 있다. 즉, "행정은 일을 통해서 합의에 접근하고, 일을 통해서 합의를 이루고, 일의 결과라는 증거를 가지고 시민에게 봉사하는 것"이라고 했다.[43] 이러한 김 시장의 행정관을 한마디로 요약하면 그것은 업적(業績)의 행정이라 할 수 있다.

업적의 행정은 '왜'가 아니고 '어떻게'를 추구하며, '허수'(虛數)의 행정이 아니라 '실수'(實數)의 행정을 이상(理想)으로 한다. 김 시장은 강변하기를 "말과 이론으로 경쟁하는 시대는 이미 지났습니다. 지금은 실행과 결실로 경쟁해야 하는 시대"[44]라고 했다. 행정은 시민에게 신기루를 보여주는 것이 아니라 오아시스에서 물을 마시게 하는 것이다. 이것은 아무리 고상하고 명분이 있는 전쟁이라도 전쟁에 패하면 그러한 명분은 의미가 없으며, 승리만이 그러한 명분을 정당화할 뿐이라는 막스 베버의 말과 크게 다를 바 없다. 일의 결과인 업적이라는 증거만이 행정을 정당화할 수 있다는 것이다.

김 시장은 일을 통해 합의에 접근하기 위해 시민들이 무엇을 원하는가를 찾아 나섰다. 김 시장에게 시민과 시장의 관계는 피지배와 지배의 관계가 아니었다. 그것은 선생님과 학생의 관계이다. 5백만명의 선생이 무엇을 가르쳐주는가에 항상 귀를 기울였으며, 일이라는 증거를 통하여 평가를 받으려 했다. 세종로 지하도를 팔 때 시민들은 보행

---

43) 김 시장과의 인터뷰에서.

44) 《한국일보》, 1967년 1월 2일.

의 불평을 털어놓았다. 그러나 지하도가 완공된 후 시민들은 학생인 김 시장에게 박수를 보내주었다. 그는 항상 시험을 보는 기분으로 시성을 운영하였다.

김 시장은 일을 통하여 합의에 도달하기 위해 시민의 생활과 가장 밀착된 일을 선택하였다. 그것은 교통문제, 급수문제, 주택문제, 청소문제였다. 이 중에서 가장 심혈을 기울였던 일은 교통난 해소를 위한 시책이었다. 김 시장이 군에 있을 때 수송분야를 전담하였기 때문에 교통문제에 관하여는 누구보다도 많은 경험과 전문지식을 축적했다. 김 시장의 특기와 중점시책 간에는 상당한 관련이 있음을 알 수 있다.

김 시장은 일이라는 증거를 통하여 시민들의 심판을 받기 위하여 특이한 시험방법을 스스로 도입하였다. 김 시장이 사용한 방법은 시민들에게 공약사항을 항상 제시하는 것이었다. 또한 이러한 공약에 반드시 완료기한을 명시하였고, 공약의 내용을 시민이 알 수 있도록 구체적으로 명시하였다. 그렇게 함으로써 시민으로 하여금 기대를 갖고 주시하게 하여 스스로 책임감을 강화시켰다.

김 시장이 일의 증거인 업적을 통하여 국민에게 봉사하는 데 가장 큰 장애요소는 사람과 조직이었다. 김 시장은 일하는 것이 취미였다고 한다. 김 시장은 '일'을 하고 싶어 안달이 나 있는데 주위 사람들은 일을 회피하였다. 그가 주위 사람을 평가하는 기준은 '일'이었으며, 그것은 능력으로 표현되었다. 업적의 행정을 위하여 일을 하고 싶어하고 또한 일을 할 수 있는 사람들을 모아야 했다. 또한 일하고 싶은 사람이 체계적으로 일을 할 수 있도록 조직을 정비해야 했다.

김 시장은 취임하는 즉시 물갈이를 시작했다. 시민에게 손가락질을 받는 시청공무원들을 대기발령 혹은 파면시켰다. 또한 시정내에 존재했던 몇몇 파벌을 혁파하고 능력위주의 인사를 단행하였다. 총 11개의 고위참모직 중에서 유임은 기술계통의 3개직(도시계획국, 건설국장, 수도국장) 뿐이고, 그 외 8개직은 신규 임명하였다. 그 중 2개 국장은 과장급(서기관급)에서 진급 승진, 충원하였다. 또한 11명의 국장 중 4명이 고시출신이었고, 7명이 대학졸업자이며, 이 중에서 대학원졸업자가 3명이었다.[45] 특기할 사항은 국장의 평균연령은 41세로 역대 참모진 중에서 가장 젊고 참신한 참모급으로 인적 포진하였다.[46] 또한 과장과 계장급에서의 인사도 파격적이었다. 승진서열에 구애받지 않고 능력에 따라 과감하게 발탁 승진시켰다. 처음에 시청직원들은 김 시장의 인사 스타일에 상당한 불만을 가졌다.[47] 그러나 나중에는 그들도 어쩔 수 없이 김 시장의 스타일을 따를 수밖에 없었다. 그 이유는 김 시장의 스타일을 따르지 않으면 진급에서 항상 밀려났기 때문이었다. 그 결과는 시청직원 모두가 김 시장처럼 일에 매달리게 되었고, 모두가 "정신을 차릴 수밖에 없었다"고 한다.[48]

조직면에서 김 시장은 기획업무를 대폭 강화하였다.[49] 5·16 이후 혁명정부가 국가기획제도의 필요성을 강조함에 따라 서울시에서도 기획조정제도를 채택하였으며, 기획기구로서 기획조정관과 기획조정위원회를 시장직속으로 신설 운영하였다. 그러나 1964년 윤치영 시장 시기에 와서는 기획기구가 형식상으로만 존재하였지 그 기능을 거의 못하고 있었다. 김현옥 시장은 취임 즉시 기획제도를 강화했고, 시장 직속의 기획기구로서 기획관리관을 설치하고 그 밑에 기획관, 법무관, 통계관, 감사관을 설치하여 운영하였다. 특히 주목할 만한 사항은 정책과 계획의 수립에 필요한 기초자료를 수집하고 분석하기 위한 통계업무를 강화했다는 것이다. 또한 김 시장은 각종 사업계획의 집행에 대한 지휘감독을 철저히 하기 위하여 시장 지시사항의 실천여부와 진행상황을 철저히 확인·감독하였다.

---

45) 이 당시 고시출신과 대학졸업 국장은 그렇게 흔치 않았다. 김 시장의 뛰어난 참모진은 김 시장의 불도저식 행정을 갈고 다듬는 데 많은 기여를 했다고 김정오 부시장은 회고했다.

46) 김 시장의 인사내용에 관하여는 이기수, 앞의 책, pp. 270~271 참조.

47) 불만은 주로 부산시청에서 전입된 직원들을 지나치게 우대했고, 요직을 부산출신이 대부분 차지했다는 것이었다. 《동아일보》, 1967년 1월 30일.

48) 김 시장의 인사정책에 관하여는 김정오 부시장과의 인터뷰에서.

49) 김 시장의 조직정비에 관하여는 이기수, 앞의 책, pp. 278~279 참조.

3) 머슴의 행정

김 시장은 스스로 '서울시의 큰 머슴'이라고 자처했다. 이 말은 곧 시민이 상전이며, 행정은 시민을 위한 머슴역할에 충실해야 한다는 것이다. 시민의 머슴이 되기 위해서는 관료는 오직 시민에게 봉사하고 시민을 위하여 희생하는 것을 두려워해서는 안된다는 것이다. "시 직원은 어디까지나 시민을 위하여 그 존재가치가 있다"고 김 시장은 말했다.[50] 이러한 김 시장의 행정철학은 머슴행정으로 축약될 수 있다.

김 시장의 머슴행정은 그의 호와 무관하지 않은 듯하다. 김 시장의 호는 금정(錦丁)이다. 부산시장 시절에 김 시장의 고향출신인 서예가 오제봉(吳濟峰) 선생이 지어주었는데 김 시장은 자신의 호에 담긴 뜻이 마음에 들었다고 한다.[51] 김 시장에게 금정이란 호를 주면서 오제봉 선생은 "願爲役丁於錦繡江山하여 以成玄圃之玉하시오"라고 말했다고 한다. 이 뜻은 현포란 곤륜산 신선이 살던 마을이니 그 마을의 옥을 이룩하는 일꾼이 되라는 뜻인데, 김 시장은 자기호의 의미를 "항상 비단같이 청소를 하는 일꾼이 되라"는 뜻이라고 풀이하곤 했다. 김 시장이 특히 마음에 들어하는 글자는 정(丁)자였다고 한다. '丁'자는 흔히 천한 의미로 사용되는데, 김 시장은 이 자가 "못 박히고 거친 솥뚜껑 같은 머슴의 손을 연상케 한다"고 했다.[52] '丁'은 남을 위해 더 많이 일하는 뜻을 담고 있다.

김 시장의 머슴론은 '통치자적 관료의식'에 대한 비판에서 시작된다. 김 시장은 통치자적 관료의식에 젖어든 행정은 "가뭄으로 타버린 행정"이라고 한다. 그것은 시민에게 꿈과 희망을 탈취하는 행정이다. 이렇게 되면 관료는 흉기화하고, 관료의 지부는 내림으로 내려오는 관례에서 탈피하지 못하게 된다. 통치의식에 젖어든 관료는 오직 자기의

50) 《한국일보》, 1967년 1월 2일.

51) 《한국일보》, 1970년 4월 3일.

52) 김 시장의 호에 대한 풀이는 그의 수필집 《푸른유산》 중 "錦丁辨"에 잘 나와있다.

주장만이 으뜸이라고 주장하게 된다. 결코 자기를 개선시키려 하지 않고, 시민의 요구를 윽박지르게 된다.[53)]

머슴행정의 요체는 상전인 시민에게 봉사하는 것이고, 시민을 위한 봉사는 시민이 원하는 것을 해주는 것이며, 시민의 편의에 최선을 다하는 것이다. 그러기 위해서는 시장이 직접 시민을 찾아나서야 한다. 김 시장은 "시장실에만 있는 시장은 시장이 아니다"라고 한다. 답답한 시민이 찾아와서 물을 달라고 애원할 때까지 기다리면 그것은 지배의 행정이지 봉사의 행정이 아니다. 기다리지 말고 직접 찾아가서 샘을 파주어야 한다. 김 시장은 문제가 발생한 지역에 찾아가서 거기에서 국장회의를 주재했다. 남산공원, 용두산공원, 동대문시장 등 장소에 가릴 것 없이 국장회의를 열었다. 또한 김 시장은 이동시청제도를 도입하였다. 그 당시 도로사정과 교통사정 때문에 지프를 타고 서울시를 한바퀴 도는 데 꼬박 하루가 걸렸다고 한다. 만일 노원구에 사는 시민이 시청에서 일을 본다면 하루만에 일을 마치고 돌아가기가 힘들었던 시기였다. 원격지에 사는 시민에게도 공정한 서비스를 제공하기 위하여 시청을 원격지에 정기적으로 이동한다는 취지에서 만들어진 것이 이동시청(移動市廳)이다.

뿐만 아니라 김 시장은 시민의 방, 민원봉사실, 야간시청을 개설하여 시민의 편의에 역점을 두었다. 이것은 행정위주의 서비스 제공에서 시민위주의 서비스 제공으로의 전환이었다. 시민의 방(房)은 시장과 시민을 직접적으로 연결하는 의견수렴 채널로써 김 시장이 1966년 4월 8일에 서울시청내에 직접 설치하였다. 김 시장은 이러한 교량적 기구를 통하여 진정, 소원, 청원, 건의, 요망에 관한 시민의 소리를 경청하고 이를 신속 공정하게 처리하거나 시정에 반영하였다. 김 시장은 또한 오늘날 민원봉사실의 효시가 되는 시민봉사실(市民奉仕室)(또는 시민홀)을 처음으로 개설하였다. 김 시장은 "시장실이 시청의 중심부에 있어서는 안된다"라고 한다. 시민들이 제일 많이 찾는 장소가 시

53) 김 시장과의 인터뷰에서.

청의 가장 편리한 장소에 위치해야 한다. 또한 시민들이 일을 보기 위해 2층, 3층을 오르락내리락 하게 해서는 안된다. 시민들이 한 장소에서 여러 연관된 일을 일시에 볼 수 있도록 편의를 제공할 때 시민에게 봉사하게 된다. 종래 각과별로 분산 처리되어온 각종 민원사무를 시민봉사실에 집중시켜 민원업무를 신속하고 효율적으로 처리한다는 것이 시민봉사실 개설의 아이디어였다. 야간시청(夜間市廳)은 시민이 행정의 편의에 맞추기보다는 행정이 시민의 편의에 맞추어야 한다는 발상의 전환에서 나온 산물이었다. 야간시청은 시민이 편리한 시간에 각종 민원서류를 교부받을 수 있도록 야간이나 공휴일에 시청을 설치 운영함으로써 시민에게 시간활용의 자유를 주기 위한 것이었다. 야간시청은 1967년 1월 5일부터 서울시 본청, 각 구청, 각 출장소, 동사무소, 보건소에 이르기까지 시민생활과 직결되는 기관에 모두 설치하였다.

머슴의 행정은 상전인 시민의 협조없이 불가능하다. 서울의 시정은 한 사람의 시장 뜻대로 운영되는 것이 아니고, 각계각층의 의견을 총화해서 운영되는 것이다. 이것은 곧 김 시장의 말대로 "손오공이나 홍길동의 재주를 합쳐도 시민의 협조 없이는" 서울의 근대화는 불가능하다는 것이다. 김 시장은 교수, 언론인 등 각계각층의 사람들을 매주 두세번 100명 내지 200명씩 만났다. 효과적인 의견수렴을 위하여 김 시장은 시정위원회를 설치하였다. 일주일에 한두번씩 시민대표 200명 정도를 초청하여 시정을 설명하고 보고했다. 이 자리에서 시민대표의 건의를 받아들이고 비판을 수용했다. 김 시장은 시민의 지적이 타당하면 솔직히 사과했다. 또한 김 시장은 '시정아이디어 뱅크'를 설치하여 "여러분의 참신한 아이디어를 이 아이디어 뱅크에 예치하십시오. 여러분의 아이디어에 대해 높은 이자를 드리겠습니다"라는 광고를 일간지에 내기도 했다.[54] 뿐만 아니라 김 시장은 4년 동안 한번도 빠짐없이 매주 화요일에 기자회견을 했다고 한다. 기자회견에서 많은 비판과 잔소리를 들었고, 또한 많은 의견을 청취했다고 한다. 언론은

54) 《동아일보》, 1966년 7월 22일.

처음에는 마치 김현옥이 불도저를 가지고 서울을 망치는 듯이 보도하였으며, 김현옥 이야기가 사회면에 나오지 않으면 신문이 재미가 없을 정도였다고 한다. 그러나 시정 후반기에 들어서면서 기자들도 김 시장의 시정에 많은 동감을 하였으며, 많은 협조도 아끼지 않았다고 한다.[55)]

4) 가능성의 행정

김 시장이 서울시장에 취임했던 1966년 당시 서울시 예산은 고작 91억원이었다. 91억원으로 서울시 살림을 꾸려나가기에는 너무나 척박했다. 국고에 재정적 지원을 바랐으나, 다른 도시에 비하여 서울은 많은 지원을 받고 있다는 이유로 거절당했다. 반면 김 시장은 취임 즉시 시민들에게 수많은 공약을 제시했다. 서울의 근대화를 위하여 추진해야 할 사업은 산더미처럼 쌓여 있는데 사용할 수 있는 가용자금의 범위는 한정되어 있었다. 언론은 예산의 뒷받침 없이 일만 저질러 놓는 '졸속행정' 혹은 "김 시장이 서울시 금고를 바닥낸다" 등 맹공을 퍼부었다.

이러한 상황에서 김 시장은 현재의 재정적 어려움을 극복하면서 각종사업을 적극적으로 추진할 수 있는 획기적인 시정운영 방식을 고안하지 않으면 그의 수많은 公約은 空約으로 그칠 수밖에 없는 위기에 몰리게 되었다. 여기에서 그가 도입한 개념은 경영행정(經營行政)이었다. 그는 예산만 바라보는 수동적인 자세에서 보다 적극적이고 능동적인 자세로 서울의 문제들을 해결하기 위하여 '경영'이라는 개념을 서울시정에 도입했다. 경영행정이란 행정을 통하여 필요한 자원을 창출해 내는 적극적인 행정을 말한다. 보다 쉽게 설명하면 '장사하는 행정'으로 시금고의 돈을 그대로 사장시켜 놓지 않고 이것을 사업에 투자하여 나오는 수익을 시정에 재투자하는 행정을 말한다. 예를 들면, 서울시가 유휴지를 개발하고, 그곳에 도로를 내어 그것을 시민이나 다

55) 김 시장과의 인터뷰에서.

른 기관에게 팔고, 그 수익금을 서울시에 재투자하면 서울시의 많은 문제를 해결할 수 있는 재원을 마련할 수 있다는 것이다. 김 시장은 말하기를 "한강주변을 정리하고, 도로를 내니까 한강 양면에 여의도를 포함하여 약 800만평의 땅이 생기더라. 한평에 십만원씩만 잡아도 8,000억이란 어마어마한 돈이 나온다. 이 돈으로 지하철, 주택문제, 학교문제 등을 해결하여 새로운 서울을 만들려고 했다".[56] 김 시장이 말한 보다 구체적인 경영행정의 예는 여의도개발이다. "여의도를 만들 때 그것이 100만평이었다. 평당 십만원씩 하면 얼마냐. 그곳에 지반조성을 하여, 그 중 10만평을 국회부지로 팔았다. 여의도 건설에 사용된 공사비 10억원은 국회의사당 부지 판매대금으로 깨끗이 충당"했다고 한다.[57]

김 시장의 경영행정 이면에는 가능성(可能性)의 행정이라는 철학이 깔려 있었나. 한 시대의 지도적인 행정은 김 시장이 주장하듯이 허수에서 실수를 창조해 내는 모험에서 시작된다. 행정은 모든 것이 완벽하게 갖추어진 상태에서 일을 하는 것이 아니라 갖추어 가면서 일을 하는 것이다. 행정은 주위환경에 수동적·소극적으로 적응하는 것이 아니라 주위환경을 조성해 가는 창조과정이다. 모든 행정에는 항상 장애물과 제약요인이 따라다닌다. 제약요인을 장애물로 생각하고, 그 장애물이 제거될 때까지 기다린다면 그러한 행정은 空의 행정이다. 제약요인을 극복의 기회로 삼고 그것에 도전하면 그것은 가능성을 쟁취하는 행정이다. 성공적인 행정가는 문제를 기회로 전환시킬 줄 알아야 한다.[58] 유능한 행정가는 문제에 직접 도전하는 모험을 해야 한다. 김 시장은 문제에 도전했으며, 문제를 발전의 기회로 전환시킨 행정가이다. 그는 모험을 두려워하지 않았다. 그 이유는 모험은 항상 가능성을

56) 김 시장과의 인터뷰에서.

57) 김 시장과의 인터뷰에서.

58) 이와 유사한 주장은 Giandomenico Majone, "Policy Analysis and Public Deliberation," in Robert B. Reich (ed.), *The Power of Public Ideas*.

제시해 주었기 때문이었다.

6. 김현옥 서울시장 : 그는 구시대의 유물인가?

이 글은 김 시장이 어떻게 짧은 기간 동안 역대 어느 시장보다 훌륭한 업적을 남길 수 있었는가라는 질문을 던지면서 시작했다. 이러한 질문에 답하기 위하여 김 시장의 인생항로, 김 시장이 서울시장으로 기용된 이유와 시대적 배경, 김 시장 특유의 성격적 특징, 마지막으로 김 시장의 행정철학을 서술하였다. 요약하면 박정희 대통령의 절대적인 지지와 보호, 서울의 근대화에 대한 정열, 일을 통한 시민봉사정신, 불도저로 통하는 추진력과 적극성, 한계를 극복하는 정신력 등이 김 시장 시정의 밑바침이 되었음을 밝혔다.

앞에서도 밝힌 바와 같이 김 시장에 대한 시각은 찬사와 비난이 뒤섞여 있다. 이 글은 김 시장이 잘했다고 평해지는 부분만을 중점적으로 다루었다. 그것은 김 시장의 업적을 선전하고자 함은 물론 아니다. 과거의 성공에서 배우고 얻기 위함이었다. 완전한 성공은 신의 소유이지 행정가의 소유는 아니다. 김 시장에 대한 비난은 졸속행정, 전시행정, 비민주적인 행정 등 그의 별명만큼 다양한 것은 사실이다. 성공적인 행정이 가뭄에 콩나듯 귀한 시대이다. 성공에 대한 평가에 인색할 필요가 없다. 성공에 대한 인정없이는 어떠한 배움도 있을 수 없기 때문이다.

혹자는 김현옥 씨와 박 대통령을 분리해서 이야기할 수 없다고 한다. 김현옥 씨는 박 대통령에 의하여 성장하였고, 박 대통령의 보호 아래에서 행정력을 과시했다고 한다. 한 사람의 행정지도자가 마음껏 행정력을 발휘하는 이면에는 항상 대통령의 막강한 지지와 철벽 같은 보호가 있어야 했다. 지극히 당연한 말이다. 그렇다면 누구라도 서울시장에 앉히고 대통령이 적극적으로 지지하고 보호해 준다면 김 시장과 같은 업적을 남길 수 있었을까? 아마 그렇지 않았을 것이다. 박 대통령의 지지와 보호 못지않게 중요했던 것은 김 시장 특유의 성격과 행정철학이었다. 김 시장은 정열을 통하여 업적이라는 열매를 맺었으며, 그 열매를 통하여 시민에게 봉사하였다. 시민에게 보다 나은 행정을 제공하기 위하여 그는 생각했고, 고민했고, 아이디어를 창출해 냈다. 이것은 박 대통령이 가르쳐 주지 않았던 부분이며, 김 시장 자신이 가지고 있었던 특징이었으며 터득한 것이었다.

혹자는 또한 김 시장의 시정운영은 그 시대가 요구했고, 그 시대에 필요했던 것이라고 말한다. 다시 말하면 김 시장의 행정은 1960년대의 개발독재 시대에 걸맞는 행정이지 1990년대의 민주화된 시대에는 불필요한 행정이라는 것이다. 부언한다면, 불도저식의 행정과 정열의 행정은 더 이상 요구되지 않는다는 것이다. 일견 맞는 말이다. 그러나 불도저식 행정과 정열의 행정이 필요하지 않다는 말은 결코 아닐 것이다. 아무리 민주화된 시대라 할지라도 추진력과 적극성이 불필요한 는 것은 아니다.

현재 우리의 공직사회가 안고 있는 문제는 정열과 행정철학이 결여되었다는 점이다. 우리 사회에서는 어느덧 조심성과 신중함이 미덕으로 자리잡게 되었다. 정열이란 마치 구시대의 유물인 양 팽개쳐 버렸다. 정열대신 남은 것은 복지부동이다. 마치 정열이 많으면 많을수록 출세에 지장을 받는다는 생각이 팽배해 있다. 행정을 이끌어갈 방향과 지표도 상실되어 버렸다. 국민의 편의와 복지를 최우선적으로 생각하기보다는 자신의 위치와 권위를 수호하려 한다. 비록 김 시장의 시대처럼 한 사람의 정열이 많은 것을 좌우하는 시대는 지났지만, 정열과 철학이 불필요한 시대는 아니다. 행정이 천더꾸러기가 되어가고 있는 현재 우리가 필요로 하는 것은 바로 행정에 대한 뚜렷한 철학과 실직을 향한 정열이다.

오늘날의 많은 행정가들은 가능성의 행정이 가지고 있는 위력을 감지조차 못하는 듯하다. 가능성의 행정을 몸으로 때우는 단순무식한 행정가나 하는 처신으로 몰아붙이고 있다. 아쉬운 것은 가능성을 너무나 일찍 그리고 너무나 쉽게 포기하는 태도이며, 이것은 모험을 회피하는 태도이다.

이 시대의 행정에서는 추진력, 적극성, 정열, 업적 모두가 낯설어지는 단어들이다. 민주적 절차 운운하면서 주위의 눈치만 살피고 움츠리고 있다. 문민시대가 아무리 고상한 시대정신이라 할지라도 업적이 없는 문민시대는 그 의미가 퇴색된다. 우리의 시대에서 요구되는 것은 민주적 절차와 과거보다 향상된 업적이다. 두 마리의 토끼를 동시에 잡아야 한다. 김현옥 시장의 행정은 이미 해답의 반은 제시해 주었다. 나머지는 이 시대의 행정이 해결해야 할 부분이다. 김 시장의 행정은 이러한 측면에서 우리에게 충분한 교훈을 주었다.

마지막으로 김 시장의 수필집《푸른유산》의 후기 부분의 한 글귀를 소개하면서 끝을 맺고자 한다.

> 우리는 조상으로부터 물려받은 숱한 유산을 지녔다. 그러나 그것들 중에는 당장에라도 팽개쳐 버려야만 후련할 것 같은 부분도 많다. 이 역사를 그대로 이어받은 우리는 후예들에게 자랑스런 것만을 남겨 주어야 할 영광된 의무를 지녔다. 그것은 지금까지 우리가 물려받았던 때묻고 찌든 것이 아니고, 발랄한 생명력과 푸르게 발돋음질할 향일성(向日性)인 것이다. 썩은 연륜을 단죄하여 그 위에 오롯한 푸른 잎을 길러, 그것을 그대로 물려주고 싶은 의욕에서 "푸른유산"이라 題하였다.[59)]

김현옥 서울시장이 씨를 뿌린 정열의 행정은 발랄한 생명력과 푸르름을 갖추고 서울시 곳곳에 만개하고 있다. 김 시장이 역대 최고의 업적을 남긴 것은 그만이 가지고 있는 도깨비방망이 때문이 아니라 김 시장 특유의 성격적 특성과 행정철학 때문이었다. 김 시장의 행정철학은 푸른유산처럼 우리 시대에도 필요하고, 다음 세대에도 물려줄 수 있는 귀중한 것이다.

---

59) 김현옥,《푸른 유산》, p. 215.

참 고 문 헌

《동아일보》.
《산업경제신문》.
《서울경제신문》.
《조선일보》.
《중앙일보》.
《한국경제신문》.
《한국일보》.
MBC 현장인터뷰(김현옥 : 대담자 배병휴).
김현옥 전 서울시장과의 인터뷰.
김정오 전 서울 제1부시장과의 인터뷰.
한국행정연구소 편(1974), 《한국행정사례집》(법문사).
서울특별시사편찬위원회 편(1984), 시사자료 III(1961. 5~1971. 12)(정광산업사).
권오기(1967), "《신동아》 인터뷰 : 서울특별시장 김현옥 씨," 《신동아》 12월호, pp. 100~111.
김현옥(1967), 《푸른유산》(평화출판사).
김형기(1993), "내무부 장관 : 57명의 역대 장관 중에서 꼽힌 김현옥," 《월간조선》 9월호, pp. 232~234.
이기수(1968), 《수도행정의 발전론적 고찰 : 역대시장과 시정》(법문사).
Cohen, Steven(1988), *The Effective Public Manager : Achieving Success in Government*(San Francisco : Jossey-Bass Publishers).
Majone, Giandomenico, "Policy Analysis and Public Deliberation," Robert B. Reich(ed.)(1988), *The Power of Public Ideas* (Cambridge : Ballinger Publishing Company), pp. 157~178.

과학기술의 전도사 : 최형섭 론

최형섭(崔亨燮)

1920년 11월 2일 경남 출생

1944년 9월 일본 와세다대학 이공학부 채광야금과(공학사)

1955년 8월 미국 Notre Dame 대학원 물리야금전공(공학석사)

1958년 7월 미국 Minnesota 대학원 화학야금전공(공학박사)

1962년 4월 원자력연구소 소장

1966년 2월 한국과학기술연구소 소장

1971년 6월 국무위원·과학기술처 장관

1977년 5월 한국과학재단 이사장

1980년 5월 한국과학원 원장

1984년 7월 포항종합제철주식회사 고문

1987년 3월 산업과학기술연구소 고문

1988년 1월 UN 과학기술개발자문위원회 위원

1991년 5월 국가과학기술자문회의 위원

저서 《개발도상국의 과학기술개발전략》 외 11권

논문 120편(금속공학, 과학기술정책 및 연구관리)

과학기술의 전도사 : 최형섭 론[1)]

염 재 호

1. 장관과 리더십

한국의 역대 장관 중 최장수 장관을 지낸 사람은 최형섭 과학기술처 장관이다. 그는 1971년 6월에서 78년 12월까지 7년 6개월의 기간을 과학기술처 장관으로 재임했다. 대부분의 장관의 임기가 평균 2년에 불과한 것에 비추어 보면 이것은 매우 이례적인 경우이다. 또한 이것은 박정희 대통령이 3선개헌으로 집권한 제3공화국 말기로부터 유신기간에 이르기까지 권위주의적 정치행정체제의 대부분의 기간을 각료로 보낸 것을 의미한다. 그러면 무엇이 최형섭 장관으로 하여금 이처럼 최장수 장관이 되게 했는가? 그것은 최형섭 장관만의 독특한 리더십의 특성이 존재해서인가?

한국의 과학기술 발전에 있어 행정의 초석을 다진 사람에 대해 과학기술계에 물어보면 최형섭 장관을 꼽는 데 주저하는 사람은 거의

---

1) '과학기술의 전도사'라는 명칭은 이한빈 전 부총리가 최형섭 장관이 70이 넘은 나이에도 아프리카, 방글라데시, 미얀마, 타이, 중국 등 경제적으로 우리보다 못한 나라들을 방문하여 과학기술 개발을 통한 경제건설을 역설하고 다니는 것을 보고 최형섭 장관에게 붙여준 별명이라고 한다(《한겨레신문》, 1992. 4. 15). 최형섭 장관은 타이, 스리랑카, 미얀마의 〈과학기술진흥법〉을 직접 기초해 주었고, 그가 저술한 3권짜리 《개발도상국의 과학기술개발 전략》은 영어, 일어, 중국어, 이란어 등으로 번역되어 과학기술정책 수립에 참고가 되고 있다고 한다.

없다. 심지어 이 연구의 일환으로 각 부처 고위공무원들을 대상으로 조사한 연구결과를 보더라도(박종민, 1994), 과학기술처의 경우 최형섭 장관을 가장 이상적인 장관으로 꼽고 있다. 최형섭 장관이 과학기술처를 떠난 것이 이미 15년이 지났고 현재의 공무원 가운데에서는 최형섭 장관과 직접 일을 같이해 본 사람이 많지 않음에도 불구하고 이러한 결과가 나온 것은 무엇 때문일까? 아마도 그것은 최형섭 장관의 리더십에 대한 이미지가 아직도 과학기술처 안에 깊게 자리잡고 있는 것을 반영하고 있는 결과일 것이다. 그러면 어떠한 지도자로서의 특성이 과학기술 행정에서 최형섭 장관이 가장 이상적인 지도자로 인식되게 하는가? 이 글의 목적은 한국의 행정관료에게 이상적인 지도자상은 무엇이고 이를 형성하는 요인은 무엇인지를 과학기술처의 최형섭 장관의 예를 통해서 찾아보고자 하는 데 있다.

흔히 영웅이 시대를 낳는다고도 하고 시대가 영웅을 낳는다고도 한다. 두 가지의 상이한 해석은 방법론상으로 절충되기 어려운 한계를 내포하고 있다. 최형섭 장관의 경우에도 국가의 행정기구가 제도화하는 초창기의 과정이 최형섭 장관과 같은 인물이 나올 수 있게 했다고도 볼 수 있고, 다른 한편으로는 최형섭 장관과 같은 인물이 존재했기 때문에 초창기 행정조직의 제도화가 효과적으로 나타났고 과학기술 행정의 효율적 운영이 가능하게 되었다고도 할 수 있다.

이를 바꾸어 말하면 최형섭 장관의 리더십에 대한 두 가지 가설이 가능하다. 즉, 하나는 최형섭 장관의 최장수 과학기술처 장관직 재임이 과학기술처가 초창기의 제도화과정에 있었고, 아울러 과학기술처가 정치적으로 별로 주목을 받지 않는 부처였기 때문에 최형섭 장관이 장수할 수 있었다는 가설이다. 다른 하나는 당시의 환경이나 제도적 특성과는 무관하게 최형섭 장관의 개인적인 자질이나 특성이 과학기술처 장관으로서의 강한 리더십과 역량을 발휘하게 했다는 가설이다. 만약 전자의 입장에 서게 된다면 리더십의 논의는 초창기의 과학기술 행정의 성과와는 직접 인과관계가 없는 아주 지엽적인 에피소드의 나열에 그치고 말며, 후자의 입장에 서게 되면 개인적 특성만이 부각되어 조직 및 제도의 환경적 요인이 무시되는 결과를 낳게 된다.

그러면 이 글의 궁극적인 목적이 최형섭 장관의 과학기술처에서의 리더십을 통해 한국 행정관료의 이상적인 리더십을 밝혀 보는 것이라고 했는데, 과연 한국의 초창기 과학기술 행정의 성과에 대하여 최형섭 장관의 역할은 어떻게 평가되어야 하는가? 바로 이것이 이 글에서 추구하고자 하는 보다 구체적인 문제의식이다.

조직의 성과와 리더십의 특성과의 관계에 대한 논의를 March는 리더십의 세 가지 이론을 통해 제시하고 있다(March, 1981).

첫째는 조직의 리더십을 영웅적인 입장에서 이해하는 것이다. 즉, 조직의 성과에 대한 차이는 대부분이 조직 지도자의 특수한 자질에 기인하는 것으로 인식한다. 따라서 이 경우에는 조직 지도자의 개인적 성격과 전문성 및 조직운영의 능력에 대한 논의가 연구대상이 된다. 하지만 많은 실증적 연구들은 리더십의 특성과 조직의 성과에 대한 직접적이고 객관적인 인과관계를 밝히는 데 그리 성공적이지 못한 것으로 나타나고 있다.

둘째는 조직내의 리더십보다는 조직자체의 특성이 조직의 성과를 결정한다는 입장이다. 즉, 조직은 조직화된 무질서(*organized anarchy*) 상태로 이루어져 있기 때문에 조직내에서 지도자의 역할이 차지하는 비중이 클 수가 없다는 것이다(March & Olsen, 1979; 1986). March 등이 조직내의 의사결정에서 흔히 주장하는 바와 같이 조직의 행위는 정책결정자의 개인적 특성보다는 문제의 성격 및 시간적 요소 등과 같은 상황적 요소가 주요 변인으로 작용한다는 것이다. 이른바 쓰레기통 모형에서의 지도자 역할은 단순히 문제의 흐름 속에 동참하게 되는 소극적 행위자로서의 역할이나 상징적인 문제해결의 주체로서만 인식되게 된다(Cohen & March, 1986).

셋째는 이상의 두 가지 이론적 접근이 지나치게 극단적인 설명이라는 점에서 이를 수정한 것이다. 즉, 조직의 의사결정에서 지도자의 역할이 중요하지만 지도자는 한 개인으로서만 파악되어서는 안되고 지도자 집단과 같이 지도자를 둘러싼 구성원 집단의 특성이 조직의 성과에 영향을 미치게 된다는 것이다. 따라서 이 접근은 조직내의 구성원의 역할을 부정하는 것은 아니나 그렇다고 지도자 한 사람의 개인적 특성에 의해 조직의 성과가 결정된다는 것에 대해서도 소극적인 입장을 취한다(March, 1981).

또 다른 수정이론의 하나는 Doig와 Hargrove에 의해 제시되었는데, 그들은 March의 입장과 다른 측면에서 수정이론을 제시하고 있다(Doig & Hargrove, 1987). March의 설명에 따르면 조직의 성과를 변화시킬 수 있는 것은 조직의 최고 정책결정자 개인의 특성만으로는 설명되기 어렵고 단지 강한 관리능력을 갖고 있는 구성원 집단이 있을 때에만 가능하다는 것으로서 조직에서의 개인의 역할 한계를 강조하고 있다. 하지만 Doig와 Hargrove의 입장은 조직을 구성하고 있는 제도나 규칙 또는 참여자 집단들의 특성이 조직의 성과를 변화시키는 중요한 요인이기는 하지만 보다 결정적인 요인은 조직의 최고관리자의 역할에 달려있다는 것이다. 그들의 주장은 NASA, TVA 등의 미국 행정부처에 대한 사례분석을 하게 되면 지도자의 역할이 조직의 성과에 무엇보다도 중요한 변수로 등장하게 된다는 것이다. 만약 조직의 특성만을 강조하게 되면 지도자의 역할은 단지 에피소드에 근거한 피상적인 설명으로서의 기능밖에 하지 못하게 되고, 이는 지도자의 교체로 인한 조직성격의 변화를 제대로 설명해 주지 못하는 한계를 나타내게 된다는 것이다. 따라서 그들은 조직의 특성이나 구성원 집단의 특성이 조직의 성과에 영향을 미치는 것을 전면적으로 부정하는 것은 아니고 이러한 변수들을 전제로 하되 그럼에도 불구하고 최고 지도자의 역할이 조직의 성과를 좌우하는 가장 중요한 변수라고 주장한다.

이러한 이론적 입장들 가운데 이 글은 Doig와 Hargrove의 입장을 따르려고 한다. 즉, 행정조직에서 리더십의 역할을 행정조직의 성과를 결정하는 중요한 변수로 받아들여 그 특성을 중심으로 분석을 시도하려고 한다. 하지만 이와 동시에 이러한 리더십이 가능하게 된 조직환경적 변수들의 특성도 리더십과 연결되는 부분에 대해서는 간과하지 않는다. 따라서 이 글에서는 먼저 최형섭 장관의 개인적 특성 및 능력을 중심으로 한 리더십의 특성을 밝혀보고자 한다.

다음으로 이 글에서는 최형섭 장관의 리더십의 특성을 최고 통치권자인 대통령과의 관계와 당시의 과학기술처라고 하는 조직의 특성과의 연계하에서 파악하고자 한다. 그 이유는 한국의 행정현상을 분석하는 데 있어 장관의 역할은 한국의 정치체제가 중앙집권적인 구조를 이루고 있기 때문에 조직의 최고 책임자라는 입장보다는 대통령과 행정부처를 연결하는 중간관리자의 입장에 서기 때문이다. 최형섭 장관이 과학기술처의 장관으로 재임한 기간은 제3공화국과 유신시대였고 이 기간은 권위주의적이고 중앙집권적인 정치체제의 특성이 특히 두드러진 시기였다. 따라서 이 기간의 장관으로서의 리더십 성격은 최고 통치권자인 대통령과의 관계하에서 파악되어야 한다. 또한 과학기술처는 설립된 지 얼마 안되는 초창기의 부처였기 때문에 조직의 규칙이나 공무원들의 문제해결 유형들이 정형화되지 않아서 비교적 장관이 역할을 수행하기에 자율성이 보장되었다는 점에서 리더십의 특성을 파악해야 한다는 것이다.

이와 같은 이론적 입장에서 이 글은 다음과 같이 구성되어진다. 먼저 최형섭 장관이 장관이 되기까지의 개인적 성장배경과 경력을 중심으로 그의 행정인으로서의 성격을 파악하고, 다음으로 과학기술처 장관으로서의 업적과 장관으로서의 리더십 스타일을 살펴본 후, 끝으로 그 특성에 대한 분석을 시도해 보고자 한다.

2. 과학자의 길과 연구소 소장시절

최형섭 장관은 1920년 11월 2일 경상남도 진주에서 태어났다. 부친이 관직에 있었기 때문에 최 장관은 여러 군데의 학교를 전전하면서 교육을 받았다. 6세에서 12세까지는 향교에서 교육을 받기도 하고, 충주에서 국민학교에 입학한 다음 대전에서 고등학교 과정을 마칠 때까지 충주, 신의주, 대전 등에서 생활했다.

고등학교를 마친 후 19세가 되던 해에 최형섭 장관은 일본 와세다 대학교 採鑛冶金학과에서 공부를 했다. 1944년에 와세다 대학을 졸업한 다음 46년에 경성대학 이공학부 전임강사로 재직한 후 海士大學(현 해군사관학교) 교수를 기쳐 48년에는 국산자동차주식회사 기술고문으로 취임했다. 그 후 6·25 동란중인 50년에서 53년까지는 공군 항공수리창장을 역임했으며 전쟁이 끝난 다음 다시 도미하여 54년부터 대학원 과정을 밟기 시작했다. 54년에 미국 노틀댐대학의 대학원 과정에 입학해서 물리야금을 전공하고 55년에 공학석사 학위를 받은 그는 다시 미네소타 대학에서 화학야금을 전공하여 58년 7월에 공학박사 학위를 받았다.

최형섭 장관은 학위를 받은 후 미국 내무성 연구관으로 일시 근무한 다음 59년에 국산자동차주식회사의 부사장으로 취임하여 귀국했다. 그 후 원자력연구소 연구관과 상공부 광무국장을 겸임한 후 62년 4월에 원자력연구소 소장으로 취임하면서 과학기술자인 동시에 행정가인 최형섭 장관의 경력은 시작된다.

최형섭 장관의 행정가 이전의 경력은 그의 리더십 특성에 다음과 같은 영향을 끼쳤으리라고 볼 수 있다. 첫째, 일본과 미국에서의 실용주의를 바탕으로 한 학문을 접한 것은 그로 하여금 과학기술 개발에서 경제성장과 연결된 실용주의적 성격을 강조하게 했다.[2] 둘째, 전쟁

---

2) 그는 비록 기초과학 육성에 관심이 없었던 것은 아니나, 국가의 발전 초기에 한정된 재원으로 과학기술을 개발하는 과정에서는 기초과학보다는 산업과 연결된 과학기술 개발이 중요하다고 주장한다. 예를 들어 발전도상국의 과학기술 개발을 통한 산업화의 전략에 대해서 언급한 것을 보면 주로 인재양성을 통한 기반 확충, 외국유학을 통한 기술의 전수, 기능공의 양성, 기술이전, 산업연구를 촉진하기 위한 분위기의 조성 및 제도의 설립 등과 같이 산업화와 연결된 과학기술 개발을 지적하고 있다(Choi, 1975; 1988). 기초과학의 육성에 대해서는 개발도상국의 경우 재원의 한정 등으로 모든 기초과학 분야를 육성할 수는 없고 당분간 목적연구(*oriented research*) 중심으로 추진되어야 한다고 주장하고 있다(《한국일보》, 1979. 1 ;《중앙일보》, 1979. 12).

을 전후하여 학계 및 연구계, 군, 실업계 등 다양한 분야에서 국가의 기초를 다지는 데 참여했었기 때문에 과학기술 개발정책을 국가의 장기적 개발전략과 연결시켜 추진해 나갔다고 볼 수 있다. 특히 인재양성, 연구단지의 건설, 산업과 연구의 연결, 기초과학을 위한 과학재단의 설립, 기능자격제의 도입 등 과학기술 육성을 위한 초석을 장기적 관점에서 보았다.[3] 셋째, 연구자로서의 그의 경력이 연구환경을 연구자 중심으로 만드는 '고객 중심의 행정'을 추진하도록 했다.[4] 즉, 관료주의적 연구지원이 오히려 연구를 방해한다는 입장에서 철저하게 연구자 중심의 행정체제를 고수했다.

과학기술처 장관이 되기 이전까지의 최형섭 장관의 업적을 보다 자세히 살펴보면 다음과 같이 연구자와 연구소장으로서의 업적으로 나누어진다. 먼저 행정가 이전에 과학자로서의 최형섭 장관의 업적도 무시할 수 없다. 결정구조가 계면현상에 미치는 영향에 대한 그의 연구업적은 국제적으로 인정되어 캘리포니아 대학의 피르스테나우 교수가 浮選法 출현 50주년을 기념하여 미국 금속학회에서 출간한 《浮遊選鑛》이라는 교과서 가운데 산화광 부분은 그의 업적으로 대부분 기술되어 있고 피르스테나우 교수가 고댕상 수상식 기념강연에서 최형섭 장관의 업적을 특히 강조한 것만 보아도 알 수 있다(최주선, 1981 : 33). 또한 "지르콘 코우스틱 프릿에서 지르코닐 화합물을 제조하는 방법"은 캐나다 금속학회지에 실려 국제적인 평가를 받았고 그 업적으로 3·1 문화상을 수상하기도 했으며, 금속가공에 이러한 연구를 적용하여 연구한 "지르콘 미분말의 제조법"은 1968년 발명상으로 대통령상을 받기도 했다. 이러한 성과는 금속연료종합연구소가 한국과학기

3) 한편 이러한 정책이 효과적으로 추진될 수 있었던 것은 최형섭 장관의 구상을 전폭적으로 지지한 박 대통령의 역할이 큰 탓이기도 하다. 박 대통령은 그로 하여금 장기간 장관직에 재직하게 함으로써 과학기술 개발에서 장기적이고 일관된 정책수립 및 추진을 가능하게 했다.

4) "고객중심의 행정"에 대해서는 다음 절에서 보다 자세히 논의한다.

술연구소와 합병되기 이전의 10년 간 이 연구소를 중심으로 행한 연구로서 최형섭 박사는 이 연구소의 전체 특허취득 건수 13건 중 9건의 발명특허를 취득했으며, 공동연구를 포함하여 33편의 논문을 발표하고 그 가운데 8편은 저명한 외국 학술지에 발표를 했다(오준석, 1981 : 149~150).

이와 같은 연구업적은 최 장관이 장관이 되고 난 다음에도 과학기술자를 우대하고 자신도 다시 학자로 복귀하고 싶어하는 욕구를 저버리지 못하게 하는 요인이 된 듯하다. 예를 들어 최 장관과의 인터뷰에서 그는 장관직을 약 3년 만 한 다음 다시 KIST로 돌아와 연구를 계속할 계획이었다고 말했다. 그는 당시에 과학기술처 장관으로 행정직을 맡게 된 것이 한국의 과학기술 행정이 초석을 다지는 기간이었기 때문에 국가를 위해 봉사하게 된 것이었다고 말했다. 하지만 개인적으로는 학자로 남아 있었으면 보다 더 나았을 것이라며 인터뷰에서 다소 후회하는 듯한 여운을 남겼다(1992. 4. 20 인터뷰).[5]

다음으로 원자력연구 소장으로서의 최형섭 장관의 업적은 인재의 양성과 본격적인 연구의 기반형성이었다. 이를 수행하기 위한 그의 행정철학은 다음과 같은 세 가지였다고 한다(현경호, 1981). 첫째, 연구소는 장기적인 안목을 가져야 하고, 둘째, 연구의 저력이 있어야 하고, 셋째, 자율적이어야 한다는 것이다.[6] 특히 원자력연구소가 그 당시 최초로 본격적인 연구활동이 가능했던 국립연구소였기 때문에 이러한 최형섭 장관의 운영방침은 후일 자신이 초대 소장으로 취임한

5) 이러한 그의 이야기가 의례적인 것이 아니라는 것은 금속연료종합연구소에서의 연구활동이 그가 원자력연구소에 재임하는 기간 동안이었다는 것에서도 알 수 있다. 최형섭 장관은 낮에는 원자력연구소에서 근무하고 밤에는 금속연료종합연구소에서 자신의 전공에 관한 연구에 몰두했다(《과학신문》, 1989. 5. 15). 이와 같은 사실은 또한 다음 절의 고객중심의 행정이라는 곳에서 보다 구체적인 예를 통해 입증될 것이다.

6) 이러한 그의 철학은 KIST소장 시절과 과학기술처 장관 시절의 행정운영에서 일관되게 나타난다.

KIST뿐 아니라 다른 정부출연 연구소의 운영에도 영향을 주었다고 할 수 있다.

원자력연구소 소장으로서 자신의 행정철학을 구체적으로 실현한 것이 인재의 양성이었다. 당시 취업이 어려웠던 서울대 원자력공학과 1회 졸업생들을 대거 연구원으로 영입했고, 공군 기술하사관 약 40여명을 기능직으로 채용하여 연구소의 기술수준 향상에 기여하게 했다. 또한 취업이 어려운 공대생들을 연구원으로 채용하고, 예산의 부족분을 연구소의 운영비, 예를 들어 수위, 청소비 등의 잡급경비를 줄여서 연구원에 대한 하숙비 등으로 지불하게 했다. 이러한 사실은 후에 원자력원 당국에서 회계법 위반이라고 경고했으나 회계법보다는 인재의 양성이 중요하다는 그의 운영철학이 이를 강행하게 했다(현경호, 1981 : 166~167). 반면에 연구원들에 대해서는 철저한 연구의식을 강요했다. 그는 초창기의 연구소는 24시간 불이 꺼지지 않는 연구소가 되어야 한다면서, 밤에는 실험에 관련된 참고서적을 읽고 생각한 다음 낮에는 실험실에서 실험하는 일에만 매달려야 한다고 했다(조 만, 1981). 또한 매주 수요일과 토요일 오후에 연구소 자체의 연구발표회를 가졌다. 이것은 연구원들이 돌아가면서 연구발표를 하는 것인데, 철저한 연구를 하지 못하면 최형섭 장관의 집요한 질문에 곤혹을 겪었다고 한다. 심지어 한 연구원은 연구발표 도중 최 장관의 끈질긴 공박으로 그 자리에서 기절한 경우도 있었다고 한다(현경호, 1981 : 165).

연구중심의 연구소 운영은 KIST 소장시절 대표적인 행정운영 방식으로 나타났다. 초대 KIST 소장으로 부임한 최형섭 장관은 특히 과학기술 행정의 관료주의적 경향을 혐오하여 연구소의 자율성을 확보하는 데 주력했다. 그는 개발도상국의 경우 연구지원 행정에 있어 관료의 무능력과 부패가 권위주의적인 현상으로 표출될 때 효과적인 연구가 이루어지지 않는다는 확신을 갖고 있었던 듯하다. 즉, 과학기술 행정조직이 연구개발의 지원이라는 목표보다는 연구개발 과정을 관리하고 감독하는 수단에 치중하게 될 때 수단과 목표의 전치(*displacement of goal*) 현상이 나타나 형식적인 연구활동에 그치게 된다는 것이다.

이와 같은 문제를 해결하기 위해서 조직의 운영측면에서 그는 조직 외부의 문제는 환경적 변수를 최소화하고 폐쇄시킴으로써 해결했고, 조직 내부의 문제는 조직 구성원들에게 조직목표 수행을 위한 철저한 동기부여를 통해 조직의 효과성을 추구하고자 했다. 따라서 이를 수행하기 위하여 최형섭 장관의 행정가로서의 행위는 타협이나 절충을 통한 문제해결형이 아니라 원칙론에 입각하여 저돌적으로 추진하는 문제해결형을 따랐다.

그는 조직 외부환경 문제를 최고 정책결정자인 박정희 대통령에게 의존하면서 적극적으로 해결해 나갔다. 대표적인 예로 KIST설립 과정에서 최형섭 장관은 박정희 대통령의 절대적인 신뢰하에 일을 추진해 나갔다. 최형섭 장관이 KIST설립 과정에서 박정희 대통령에게 약속을 받은 일은 두 가지라고 한다.[7] 첫째, 어떠한 인사청탁도 배제한다는 것과 둘째, 예산상 문제가 있으면 대통령이 직접 나서서 해결해 준다는 것이었다(《과학신문》, 1989. 5. 22).

박정희 대통령은 최형섭 장관의 과학자로서의 진실한 태도에 신뢰를 보냈고, 과학기술을 통한 경제발전의 가능성을 확신했던 것 같다. 이와 같은 사실이 KIST와 최형섭 장관에 대한 절대적인 지원 형태로 나타난 것이다. 이것을 구체적으로 증명해 주는 일들은 다음과 같은 사실들이다. 첫째, 박정희 대통령은 1965년 방미에 즈음해 미국의 존슨 대통령이 양국의 발전을 위해 어떠한 비전이 필요한가를 물었을 때 다른 무엇보다도 과학기술 개발을 통한 경제건설을 위해 KIST의 설립을 제안했다고 한다. 둘째, 최형섭 장관의 강력한 건의로 KIST는 독자성을 띤 연구소로 출범하기 위하여 재단법인 형태로 설립되었다. 이때 법인의 등기절차를 위해 재단 이사회의 구성과 설립자를 등록하는 것이 필요한데, 최형섭 장관의 요청에 의해 박정희 대통령이 자신

7) KIST의 설립과정에 대해서는 김근배(1989)와 《한국과학기술연구소 10년사》 참조.

의 사재를 기부함으로써 스스로 KIST의 설립자가 되어 등록을 마쳤다고 한다(최 장관과의 인터뷰, 1992. 4. 20). 셋째, 박정희 대통령은 최형섭 장관의 요청에 의해 이미 국회에서 통과된 〈KIST 육성법〉을 제정해 놓고 시행도 되기 전에 다시 개정하도록 했다. 넷째, KIST의 건설과정에서 박 대통령은 한달에 한두번 이상씩 직접 건설현장을 방문하여 공사를 독려했다. 다섯째, KIST가 설립된 다음 해에 김학렬 재무부 장관이 정부 재정의 한계로 10억원의 예산을 8억원으로 삭감하여 대통령에게 보고하자 박 대통령은 곧 원안대로 10억원으로 계상하도록 수정지시했다(《과학신문》, 1989. 5. 22). 이와 같이 최형섭 장관은 KIST 운영에 있어 조직 외적인 환경문제를 박정희 대통령을 동원하여 해결한 것을 알 수 있다.

최형섭 장관이 KIST의 초대소장으로 임명된 다음 연구소의 기본 운영방침으로 정한 것은 다음과 같은 두 가지였다. 첫째, 연구소의 자율성이 무엇보다도 선행되어야 하고, 둘째 연구원들의 신분이 보장되어야 한다는 것이다. 연구소의 자율성을 보장하기 위한 주요한 요건으로 최 장관은 예산의 독립성을 들었다. 그는 연구가 제대로 되려면 연구과정에서 행정적인 간섭이 배제되어야 한다는 주장을 했다. 연구원이 연구비를 갖고 밥을 사먹든 술을 사먹든 연구결과만 확실하게 나오면 된다고 역설했다(최 장관과의 인터뷰, 1992. 4. 20). 즉, 연구평가는 과정중심의 평가보다는 업적을 중심으로 한 사후평가를 해야 한다는 주장이다.

연구소의 독립성을 고수한 가장 대표적인 사례는 〈KIST 육성법〉의 제정과정에서 잘 나타나고 있다. 최형섭 장관은 연구소 예산은 정부의 보조금이 아니고 출연금의 형태로 구성되어야 하고, 또한 예산집행에 대한 감사를 받아서는 안된다는 입장이었다. 하지만 행정부처나 국회의 입장에서는 정부의 예산을 몇 십억씩 쓰는 연구소가 감사를 받지 않는다는 것은 설득력이 전혀 없었다. 따라서 국회가 〈KIST 육성법〉을 심의하는 과정에서 이와 같은 조항들을 수정하여 감사는 받지 않는다고 하더라도 최소한 사업계획은 정부에서 사전에 심의해야 된다는 조건으로 법안을 통과시켰다. 마침 해외두뇌 유치를 위하여 외국 출장중이던 최형섭 장관은 귀국 후 이와 같은 사실을 당시 신응균 부소장으로부터 보고받고, 곧바로 박정희 대통령에게 달려가 그와 같은 법체제하에서는 연구소 운영이 불가능하다고 진언했다고 한다. 그러자 박 대통령도 이를 수긍하여 이미 국회에서 통과된 법안을 내각에 지시하여 개정을 명했다. 결국 임시국회에서 이 법안 개정이 논의되었고, 당시 각료는 아니나 참고인 자격으로 참석한 최형섭 장관은 다른 여러 가지 법적인 문제에 대한 논의를 하지 않고, 단순히 한국의 과학기술 개발을 위해 과학을 잘 아는 자신을 믿어달라고 역설했다고 한다. 그러자 의외로 야당의원들까지도 이러한 최 장관의 호소를 받아들여 법의 개정이 가능했다고 한다(과학기술자문회의 소위원회의 간담회에서 최 장관의 발언, 1992).

다음으로 연구소 내부조직의 문제를 해결하기 위해서는 연구원들의 신분이 보장되어야 했다. 당시 미국에서 활동하던 재미 과학자들을 유치하기 위해서는 최소한 한국에서 그에 상응하는 대우를 해주어야 한다는 것이 최 장관의 지론이었다. 그는 해외 과학자들을 유치하는 과정에서 그들에게 노벨상을 탈 연구를 하고 있는 것이라면 몰라도 그렇지 않으면 남의 나라에서 일하는 것보다 자기 나라에서 떳떳하게 주인노릇을 하면서 과학기술 및 산업의 발전을 위해 공헌하는 것이 훨씬 보람있는 일이라고 설득했다고 한다(윤용구, 1981 : 232).

하지만 해외 과학자들을 유치하는 것은 그리 간단하지 않았다. 서구식의 합리적인 사고를 갖고 있고, 과학기술이 우대받는 사회에서 생활하던 그들에게 최소한의 동기부여가 없이 단순히 애국심에만 호소하여 그들을 유치하는 것은 매우 어려운 일이었다. 따라서 그들에게 외국에서의 대우에 상응하는 대우를 해주는 것이 필요하다는 것이 최형섭 장관의 소신이었고, 그렇기 때문에 당시로서는 다른 사회분야의 전문직에 비교해 볼 때 파격적인 대우를 제공함으로써 해외 연구인력들을 초치했던 것이다.

최형섭 장관은 우선 연구원의 신분보장으로 안정성을 확보해 주었고, 다음으로 사회적 인식을 높이기 위해 경제적 대우를 파격적으로 했다고 한다. 예를 들어 당시 국립대 교수 봉급의 약 3배 이상을 봉급으로 지급했고, 그들이 거주할 서구식 아파트를 제공했고, 자녀교육을 위해 대학까지 장학금을 지급하도록 했으며, 미국 보험회사와 체결하여 전가족에 대한 건강보험을 제공해 주었다고 한다. 최형섭 장관에게는 이러한 대우가 연구원에 대한 최소한의 물리적 유인이었다(최 장관과의 인터뷰, 1992. 4. 20).

또한 연구소내에서 그는 철저하게 연구원들의 연구활동의 자율성을 강조했다. 언제나 연구소의 주인은 연구원이고 연구소의 행정지원업무를 담당한 사람들은 연구원들의 연구활동을 위해 봉사해야 한다는 입장을 견지했다(천병두, 1981). 대신에 연구원들에게는 철저한 연구활동을 강조했는데, 예를 들어 연구원이 연구 이외의 다른 것에 한눈을 팔면 안된다고 하면서 골프, 도박, 술은 엄격하게 규제했다고 한다. 따라서 연구원은 신성한 업무를 수행하는 사명감으로 자기희생을 바탕으로 연구에 몰입해야 하고, 대신에 이에 대해서는 연구원들이 다른 생각을 하지 못하도록 충분한 보상을 해야 한다는 입장이었다.[8)]

연구소의 연구운영에 대한 최형섭 장관의 방침은 본인이 직접 연구프로젝트의 계약체결을 위해 활발하게 움직였다. 특히 기업의 기술개발을 강조했기 때문에 기업으로부터의 수탁연구 형태의 연구계약 체결에 주력했다. 당시의 기업은 연구개발 능력이 부족했기 때문에 KIST가 필요한 기술을 개발하여 제공해 주거나 외국에서 개발된 기술들을 소화하여 국내의 기업에 맞게 개량하여 제공해 주는 일들을 적극적으로 추진해 나갔다. 이러한 결과로 KIST는 1979년에 약 100억원에 가까운 연구계약고를 기록하게 되었다. 또한 정부와의 연구계

---

8) 당시 최형섭 장관이 연구원들에게 강조한 연구원으로서의 기본자세는 첫째, 시계를 보지 말고 일에 몰두하라. 둘째, 돈 생각을 말라. 셋째, 아는 체 하지 말고 내가 얼마나 모르고 있는지를 알아라. 넷째, 과장하지 말고 솔직하라는 것이었고, 특히 협동정신의 중요성을 강조했다고 한다(천병두, 1981 : 225).

약에서는 일괄계약 방식으로 했는데, 이는 정부가 연구분야 및 방향만을 정하고 필요한 연구비를 정부예산에 반영시켜 출연금의 형태로 지급하게 하는 계약연구 방식이었다(천병두, 1981 : 226~227). 이러한 연구소의 운영이 연구소가 정부로부터 자율성을 확보할 수 있게 만들었고, 연구원들의 연구활동이 연구결과 중심으로 평가되는 체제를 갖추게 했다.

3. 과학기술처 장관

1) 임 명

최형섭 장관은 1971년 6월 3일 미국 시카고에서 과학기술처 장관으로 임명되었다는 통보를 받았다. 개발도상국에 대한 기술이전 파일럿 사업평가 협의를 위해 NASA를 방문하던 중 연락을 받은 것이다.[9] 당시의 일반적인 상식으로는 장관 취임을 위해 급히 귀국해야 하지만 최형섭 장관은 이미 한국을 대표하여 노스 캐롤라이나의 리서치 트라이앵글 파크를 방문하기로 되어 있고, 벨 연구소의 피스크(Fisk) 소장과도 만나기로 사전에 약속이 되어 있어 장관이 되었다고 일정을 취소할 수 없다는 이유로 귀국을 연기했다. 김정렴 당시 청와대 비서실장을 간신히 설득시켜, 미국 상하원의원들과도 협의를 마치고 임명을

9) 최형섭 장관에 의하면 과학기술처 장관직에 대한 제의는 이전부터 있었던 듯하다. 하지만 KIST의 육성에 대한 박 대통령의 남다른 관심과 최형섭 장관의 사명감에 찬 연구소 운영이 이를 지연시켰던 것 같다. 최 장관은 1971년 미국 시찰을 떠나기에 앞서 박 대통령과 만난 자리에서 KIST의 운영에 대한 물음에 대해 이제 한 6년 정도 지나 제 궤도에 올라서 연구가 순조롭게 진행되고 있다고 대답했다고 한다. 아마도 이러한 대화가 대통령으로 하여금 이제는 최 장관에게 과학기술처 장관을 맡겨도 된다는 결심을 가능하게 했던 것 같다(최 장관과의 인터뷰, 1992. 4. 20).

통보받은 지 2주 만에 귀국했다. 최 장관의 입장은 임명장을 받는 것이 중요한 것이 아니라 한국의 과학기술 개발을 위한 협력업무가 더 중요하다는 것이었다(김형기, 1981 : 295 ; 최 장관과의 인터뷰, 1992. 4. 20).

청와대에서 임명장을 받을 때 최 장관은 박 대통령께 어떻게 해서 자신을 과학기술처 장관으로 임명하게 되었는지를 묻고, 드릴 말씀이 있다고 하자 대통령은 그 의미를 간파하고 최 장관은 학자이니까 2~3년만 봉사하다가 다시 연구계로 돌아가면 될 것이라고 했다(《과학신문》, 1989. 5. 29). 하지만 3년이 지나 4년이 되던 해 12월, 대통령께 보고시 연구소로 돌아갈 의향을 비쳤더니 대통령께서는 묵묵부답이었고 할 수 없이 업무를 계속 수행했다고 한다(최 장관과의 인터뷰, 1992. 4. 20). 이는 박정희 대통령이 과학기술 행정이 장기적인 관점에서 일관성을 갖고 운영되어야 한다는 소신과 이를 추진하기 위해서는 장관직에 집착하지 않는 사람이 오히려 적합하다는 판단을 했기 때문이었을 것이다.

2) 주요 정책 및 행정

최형섭 장관은 7년 6개월 간 장관에 재직하면서 과학기술 행정의 기반을 구축했다. 이 기간 동안에 수립된 정책 및 행정 기반은 현재 우리 나라의 과학기술 행정의 근간이 되고 있다.

(1) 정책 기조

최형섭 장관은 취임하자 과학기술 행정의 주요 정책기조로 3대 기본방향을 설정했다. 국가발전의 기초를 과학기술 진흥에 둔다는 신념에서 최형섭 장관이 제시한 정책의 기본방향은 ① 과학기술 기반의 조성 및 강화, ② 산업기술의 전략적 개발, ③ 과학기술 풍토조성이었다.

먼저 과학기술 기반의 조성 및 강화를 위해서는 과학기술 인력의 양성, 과학기술 진흥체계의 정비 및 강화, 기초연구 강화, 국제기술 협력의 증대 등을 기본 시책으로 하여 정책을 추진해 나갔다. 이 가운데 특히 역점을 둔 부분은 고급 과학기술 인력의 양성이었다(《과학기술행정 20년사》: 24).

산업기술의 전략적 개발을 위해서는 기업이 기술개발에 의욕을 가져야 한다고 하며, 재무부와 협의하여 세제 혜택 등 각종 정책지원 사업을 추진하고, 국내기술 개발 제품의 보호, 기술사 제도 등을 통한 기술인과 기능인의 우대, 전략산업 기술개발을 위한 정부출연 연구소의 설립 등을 추진했다.

과학기술 풍토의 소성은 과학기술의 대중화를 위해 전국민의 과학화 운동 등을 통해 사회의 합리적이고 논리적인 사고방식의 정착화를 추진해 나갔다.

이러한 정책기조는 최형섭 장관 재임 7년 반 동안 지속되었고, 모든 정책수립과 집행이 3대 목표를 중심으로 추진되었다. 3대 정책기조에 따른 정책내용을 보다 구체적으로 보면 다음과 같다.

(2) 제도의 정비

국가발전을 산업기술 개발을 기반으로 정부주도로 추진해 나가기 위해서는 각종 제도의 정비가 시급했다. 먼저 산업기술을 지원하기 위해서는 기업의 연구개발 활동을 활성화하기 위한 방안이 필요하기 때문에 이를 위해 1972년에 〈기술개발촉진법〉을 제정했다. 이 법은 기업의 기술개발 투자를 촉진하기 위하여 대기업과 기술도입 업체에 대해 기술개발을 의무화하도록 하고, 기업이 기술개발 투자를 할 경우 이에 대한 금융 및 세제 혜택을 주도록 하고 있다. 이를 위해 최형섭 장관은 재무부 장관과 협의하여 기술개발비 전액에 대해 면세 혜택을 주고, 기술개발 시설자금에 대해서는 80%의 장기 저리융자 혜택을 주도록 했다. 또한 국내에서 기술이 개발되면 일본 등에서 국내의 경쟁업체에 기술을 제공해 주는 수법을 썼는데 이를 막기 위하여 국내기술 개발로 제품이 생산된 후에도 시장성이 확보되기 전까지는 관련기술 도입을 규제하도록 하여 국내기업의 기술개발을 장려했다(《과학신문》, 1989. 5. 29).

1973년에는 〈기술용역육성법〉을 제정하여 국내 기술진이 설계단계에서 제품화까지 적극적으로 참여하도록 함으로써 국내 엔지니어링 산업을 육성시켰다. 즉, 국가가 필요로 하는 용역업무의 위탁은 국내 용역업자에게 우선하기로 규정하고 외국 용역업체가 용역업무를 수행하는 경우에도 국내 기술자를 의무적으로 참여하도록 규정하고 있어 기술용역의 국내 육성을 통한 기술자립을 도모한 것이다(《과학기술행정 20년사》: 25).

과학기술 인력의 육성을 위해서 두 가지 정책이 추진되었는데 하나는 고급인력 양성을 위한 정책이고, 다른 하나는 산업기술 개발을 위한 기술자 및 기능인력의 양성정책이었다. 먼저 고급 과학기술 인력양성을 위해서는 최 장관이 취임하기 이전인 1970년에 제정된 〈한국과학원법〉에 의거하여 1973년 9월에 한국과학원의 정식 개강을 추진했다. 한국과학원은 1975년에 92명의 석사를 배출한 이래 오늘날까지 우리 나라의 고급인력 양성으로 학계 및 산업계에 막대한 영향력을 행사하고 있다.

산업기술 인력의 양성을 위하여 최형섭 장관이 추진한 정책은 국가과학기술 자격제도, 기능대학 설치, 기능장 제도의 설립 등이 있다. 1973년에 제정된 〈국가기술자격법〉은 그 동안 부처별로 자격제도를 추진하는 과정에서 과학기술에 관련된 자격제도만도 무려 26개나 되는 것을 체계화한 것이다. 이와 같은 산업기술 인력을 위한 정책의 시행은 전통적으로 사회적 대우를 받지 못했던 기술 및 기능인력의 사회적 지위를 국가가 제도적으로 보장해 주며, 이를 통해 산업기술 인력을 확보하고자 하는 정책의도를 갖고 있었다.

이외에도 1972년에 〈과학기술진흥법〉을 개정하여 종합과학기술심의회를 설치함으로써 부처 간의 과학기술정책 조정기능을 담당하도록 했다. 이는 각 부처들이 국가이익보다는 부처 간의 할거주의에 의해 자기 부처의 이익만을 주장하기 때문에 비효율적이라는 판단에서 설치한 것이다.[10] 기술협력을 위해서는 1972년에 국제기술협력 5개년 계획을 입안하여 신기술의 도입을 촉진하고 재외 한국인 과학기술자의 유치 등 적극적인 기술협력 방안을 추진하였고, 과학심의관과 전문가들로 구성된 '기술협력 조정위원회'를 설치하여 미국 등과 과학기술 협력에 관한 협정을 체결하는 한편 개발도상국에 대한 기술원조 사업을 실시했다. 아울러 1978년에는 제1차 기술도입 자유화 조치를 단행함으로써 기술이전 및 확산효과를 원활하게 했다.

(3) 조직의 설립

최형섭 장관이 재임중 신설한 조직은 크게 인력양성, 연구개발 그리고 과학기술 풍토조성을 위한 것으로 나누어진다. 먼저 인력양성을 위해서는 앞에서 언급한 한국과학원의 개원과 기능대학의 설립을 들 수 있다.

다음으로 연구개발을 위해서는 다양한 연구소의 설립이 추진되었는데 이는 1973년에 제정된 〈특정연구기관 육성법〉에 의거하여 대대적으로 이루어졌다. 국가의 전략적 산업기술 연구개발을 위하여 기존의 국공립 시험연구기관 형태의 연구소를 재단법인 형태인 정부출연 연구소로 만들어 정부주도의 연구개발 체제를 강화해 나갔다. 최형섭 장관의 재임기간에 설립된 대표적인 연구소들은 한국과학기술연구소의 부설로 1976년에 설립된 한국선박연구소, 한국전자기술연구소, 한국기계금속연구소, 한국화학연구소와 1978년에 설립된 해양개발연구소가 있다. 이외에도 1973년에 원자력청 산하의 3개 연구소를 통폐합하여 한국원자력연구소를 설립하고, 1975년에 한국표준연구소, 1976년에 한국핵연료공단, 자원개발연구소, 한국전기기기시험연구소, 1977년에 한국통신기술연구소와 한국종합에너지연구소, 1978년에 고려인삼

---

10) 하지만 현재의 종합과학기술심의회는 토론의 장으로서의 성격만 갖고 있는 듯하여 원래의 취지를 못살리고 있다고 최형섭 장관은 평가하고 있다(인터뷰, 1992. 4. 20).

연구소와 한국연초연구소를 설립했다(《과학기술행정 20년사》: 26~27).

최형섭 장관의 과학기술개발에 대한 기본 방향은 산업기술을 중심으로 한 것이었는데, 1970년대 중반에 이르러 기업의 연구개발 투자가 총 연구개발 투자의 50%선을 넘게 되자 기초과학 연구의 육성도 필요하다는 판단에서 한국과학재단의 설립을 추진했다(《과학기술행정 20년사》: 26).[11] 최 장관은 1973년 대통령 연두순시 자리에서 과학기술 진흥을 위한 재단 설립의 구상을 건의한 다음, 문교부와 협의를 하다가, 1975년 연두순시에서 과학재단 설립의 필요성을 당시 남덕우 부총리에게 역설하며 재단설립의 지원을 요청했다. 결국 박정희 대통령의 지원으로 1976년 말에 〈한국과학재단법〉이 제정되고 3억 5천만원의 기금이 배정되어 1977년에 과학재단의 설립이 가능하게 되었다[12](《과학신문》, 1989. 6. 5). 이외에도 과학기술개발 기반구축을 위해 우리 나라 과학기술관련 학회와 단체를 총괄하는 '한국과학기술단체총연합회' 설립을 지원한 것도 이 기간중의 주요한 조직설립의 하나라고 할 수 있다.

(4) 대덕 연구학원도시 계획

최형섭 장관이 장관재임중 가장 역점을 둔 사업의 하나가 바로 대덕 연구학원도시 계획이었다. 장관 임명의 소식을 전해 들은 1971년에도 KIST 소장의 자격으로 노스 캐롤라이나의 리서치 트라이앵글

---

11) 당시 백영학 기술진흥국장은 최 장관이 출연연구소만 지원을 한다는 대학교수들의 비판에 대해 과학재단 설립을 추진하기로 하고 기금의 규모에 대한 산정을 지시했다고 한다. 약 250억의 기금이 소요될 것으로 예상되었는데, 그 기금의 이자로 전국의 전임강사급 이상 대학교원의 50% 이상이 매년 연구비를 받는 규모로 추진되었다고 한다. 하지만 예산상의 한계로 난항을 거듭하다가 당시 강경식 경제기획원 예산실장이 재단설립의 의의에 찬동하여 약 4~5억원의 예산을 지원하기로 하고 과학재단이 출범했다고 한다(백영학 당시 기술진흥국장과의 인터뷰, 1993. 7. 24).

12) 최형섭 장관은 1977년 5월에 과학재단 초대 이사장에 취임했다.

파크를 방문할 정도로 대덕 연구학원도시 건설은 최 장관의 과학기술 개발을 위한 장기구상의 하나였다.

최형섭 장관은 1973년 초에 연구학원도시의 계획안을 마련하여 박정희 대통령에게 건의했다. 그가 애초에 구상한 계획은 연구와 교육기능을 중심으로 하고 과학자들이 연구활동을 하는 데 불편함이 없게 도시환경과 생활공간을 동시에 만들어야 한다는 것이었다(《과학신문》, 1989. 5. 29). 박정희 대통령의 재가를 받아 1974년부터 시작된 연구학원도시의 건설은 도로건설 공사를 위시한 도시기반시설 공사와 선박연구소 건설공사로부터 초석이 놓여졌다. 하지만 이러한 계획은 1976년에 변경되어 대덕 전문연구단지의 건설로 바뀌었고 도시의 기능보다는 연구소 기능을 중심으로 한 단지의 조성으로 변모되었다.[13] 최형섭 장관이 재임하던 1978년까지 선박연구소, 표준연구소, 해공단, 화학연구소 등이 입주를 개시했고, 충남대학교도 입주하게 되었다. 또한 통신기술연구소, 아파트단지의 건설 등이 착수되었고, KIST설립 때와 마찬가지로 우수 연구인력의 유치를 위해 단지내에 대덕 국민학교와 대덕 중고등학교 설립인가를 받아 학교설립을 추진했다.[14]

13) 최형섭 장관은 대덕 연구학원도시 부지를 제2의 행정수도 건설을 위해 양보할 것을 요구받았으나 단호히 거절했다. 하지만 박정희 대통령이 건설현장을 방문했을 때 계획에 대한 브리핑을 듣는 가운데 투자계획의 구체성 등에 대한 문제를 들어 추후 이 계획을 청와대에서 주도하도록 했고, 결국은 당시 오원철 경제제2수석비서관에 의해 연구학원도시에서 연구단지로 계획이 변경되었다고 한다(전상근, 1982).

14) 당시에 연구원들의 자녀를 위한 국민학교 시설 가운데 수세식 화장실을 설치하는 것이 문교부의 시설기준에 맞지 않는다고 하여 과학기술처와 문교부 사이에 갈등이 있었다고 한다. 과학기술처에서는 외국에서 생활하던 우수 연구인력을 유치하기 위하여 수세식 화장실의 설치를 요구했으나 문교부에서는 당시만 하더라도 국민학교에 수세식 화장실을 설치하는 것이 다른 국민학교 시설과 형평에 맞지 않는다고 하여 반대했다고 한다. 하지만 KIST설립 때와 마찬가지로 연구원에 대한 우대방침에 따라 결국은 이를 관철시켜 대덕 국민학교에 처음으로 수세식 화장실이 설치되었고, 현재에는 대덕 국민학교에 들어가기 위해 대

3) 정책 및 행정운영의 특성

최형섭 장관이 재직하던 기간중 이룩한 업적들이 과학기술처 초창기의 제도화 과정에서 나타난 것인지 아니면 최형섭 장관의 리더십에 기인한 것인지를 가리는 것은 쉽지 않다. 비록 앞에서 설명한 다양한 과학기술 행정의 초석이 현재 과학기술 발전에 근간이 되었다는 것을 부정하기는 어려우나, 다른 장관이 재직했더라면 그러한 것이 가능하지 않았을까 하는 질문을 우리는 다시 던져보아야 한다. 이러한 질문에 답하기 위해서는 아마 최형섭 장관이 그러한 정책 및 행정운영을 추진했던 리더십의 특성들을 고찰해 보는 것이 필요할 것이다. 왜냐하면 그 특성들을 통해 최형섭 장관만이 그와 같은 초창기의 과학기술 행정의 기반을 구축할 수 있었던 것을 간접적으로나마 밝힐 수 있기 때문이다.

최형섭 장관의 과학기술 행정 및 정책운영의 특성은 장기 비전, 고객중심의 행정, 정치적 역량, 원칙주의, 정책의 일관성 등으로 대별할 수 있다.

(1) 장기 비전

최형섭 장관의 과학기술 행정의 운영은 장기 비전을 바탕으로 이루어져 있다. 과학기술의 개발에서 단기적인 효과를 기대한다는 것은 무리이다. 따라서 비록 산업기술 중심으로 과학기술 개발을 추진했던 최형섭 장관이었지만 정책운영의 시점은 장기적인 안목을 갖고 추진했다. 국가 과학기술 개발의 초석을 다지기 위해서는 단기적인 정책운영만으로는 정책의 효과성을 얻을 수 없다는 것이 그의 지론이다.

대덕 연구학원도시의 계획만도 약 10년 이상의 건설을 목표로 추진했고, 취임한 다음 제3차 경제개발 5개년 계획과 연계시켜 과학기술

전지역에서 위장전입을 할 정도로 우수한 학교로 성장했다고 한다(백영학 당시 기술진흥국장과의 인터뷰, 1993. 7. 24).

진흥 5개년 계획, 국제기술협력 5개년 계획, 원자력발전 15개년 계획 등을 작성했다. 원자력 발전에서도 미국과의 사이에 정치적인 이유로 좌절되기는 했지만 장기적인 관점에서 평화적 이용 목적의 핵연료 재처리시설의 도입을 주장하기도 했다(《한겨레신문》, 1992. 4. 15).

이러한 장기계획들은 자신이 입안한 계획들이 자신의 재임기간중에 달성되는 것과는 상관없이 추진되어야 한다는 최 장관의 소신을 단적으로 보여주고 있는 것이다.

(2) 고객중심의 행정

최형섭 장관의 장관시절 별명은 'KIST 장관'이었다고 한다.[15] KIST 소장에서 장관이 되었기 때문에 KIST와 KIST 연구원들에 대한 애착이 있었을 것이라고 판단되기도 하지만, 최 장관의 지론은 과학기술 행정은 과학기술자를 위한 행정 외에는 아무것도 아니라는 것이다. 그는 KIST소장 시절에도 과학기술처에 와서 인사 한번 하지 않았고, 행정의 역할은 연구원들의 보조역할에 지나지 않는다는 소신을 갖고 있었다.

과학기술처 장관이 된 다음, KIST 연구원들과 대학교수들이 장관실을 무상 출입하는 바람에 과학기술처의 국장이나 과장들의 불평이 많았다고 한다.[16] 심지어 KIST의 직원이 연구장비에 대한 관세 면제 서류를 빨리 처리해 주지 않는다고 과학기술처에 와서 고성으로 항의를 하기도 했는데 이는 KIST의 실장이 장관을 만난 자리에서 빨리 처리해 주겠다고 약속을 받았다는 이유 때문이라는 것이다. 당시 과학기술처 관료들은 하부기관의 직원까지도 행성부처에 와서 큰소리 칠

15) 최형섭 장관 자신이 자신의 별명을 'KIST 장관'과 '곰탕장관'이었다고 자랑스럽게 이야기하고 있다(최형섭 장관과의 인터뷰, 1992. 4. 20).

16) 장관시절의 일화에 대한 내용들은 김형기 당시 기술협력국장과의 인터뷰(1992. 11. 2)와 백영학 당시 기술신흥국장과의 인터뷰(1993. 6. 1 ; 1993. 7. 24)를 중심으로 이루어졌다.

수 있는 상황은 최형섭 장관의 지나친 과학자 우대에서 비롯되었다고 평가하고 있다.

이러한 갈등은 일반 행정직 관료들에게서도 있었는데, 최형섭 장관은 과학기술처 국장을 장관 취임 후 3년내에 모두 기술직 출신으로 교체했던 것이다. 당시에는 국장이 되려면 이사관이어야 하고 이는 일반 행정공무원 출신만이 가능했는데 이를 모두 고쳐서 기술직 출신으로 임명했다. 왜냐하면 기술에 대한 이해가 없으면 관료주의적 행정에 빠지기 쉬우므로, 이공계 출신이 고위공무원을 맡고 대신에 기술직 공무원에게 부족한 경제나 사회에 대한 공부를 하도록 권유했다고 한다. 따라서 최형섭 장관이 취임하고 나서 공대 출신의 백영학 기술진흥국장과 김형기 기술협력국장이 임명되어 과학기술처의 쌍두마차 국장으로 과학기술 행정을 추진했다.

또한 장관이 된 다음에도 자신이 과학자인 것을 잊지 않고, 영국의 맥스웰 원자력청장이 방문했을 때에도 장관의 입장에서의 업무협의보다는 자신이 과학자라는 것을 강조하는 이야기만 했다고 한다.

(3) 정치적 역량

최형섭 장관은 과학기술 행정을 추진하는 과정에서 박정희 대통령의 강력한 지원을 받았음에도 불구하고 자신은 정치적 역량이 부족했다고 판단했던 것 같다.[17] 장관이 되면 업무를 효율적으로 추진하기 위하여 부처 간의 갈등을 만들지말고 욕심을 내지말아야 하며, 장관직에 연연하지 말아야 한다는 것이 최 장관의 지론이었다. 하지만 그런 경우에 정치적 영향력은 감소되는 것이 현실이다. 예산의 확보나 기능의 확대와 같은 것은 정치력의 부족으로는 기대하기 어려운 것이다.

최형섭 장관이 정치적인 힘으로 문제를 풀 수 있었던 것은 박정희 대통령의 적극적인 지원하에서 이루어진 것에 불과하다. 아마도 박정

---

17) 최 장관은 과학기술처 장관으로는 김법인 초대 원자력원 원장 같은 분이 적합하다고 말했다고 한다(백영학 당시 기술진흥국장과의 인터뷰, 1993. 7. 24).

희 대통령은 이러한 최형섭 장관의 비정치적인 성격을 오히려 높이 샀는지도 모른다. 최소한 과학기술 행정만은 과학기술에 전문가인 사람이 장기적인 안목에서 정책을 추진해야 한다는 것이 박정희 대통령의 구상이었던 것 같다.[18)]

따라서 박정희 대통령은 최형섭 장관이 강하게 주장하는 안건에 대해서는 거의 모두 지원을 해주었다. KIST소장 시절에도 외국의 저명한 학자들이 KIST에 자주 방문하였는데 숙소가 조선호텔밖에 없었기 때문에 불편해서 KIST의 영빈관 건립을 제안했는데 당시 경제기획원의 예산담당관이 이를 반대했다. 그러던중 당시 청와대의 한준석 비서

---

18) 최형섭 장관이 회상하는 박정희 대통령과의 만남은 다음과 같다(《과학신문》, 1989. 5. 22). 최형섭 장관이 1963년 캐나다의 앨버나 대학과 앨도라도 금속연구소에서 1년 간 일하고 돌아와 대한화학회지에 기고한 "캐나다 과학기술 개발과 NRC(National Research Council) 역할"이 계기가 되었다고 한다. 당시 박 대통령은 과학기술의 육성을 추진하기 위해 여러 경로로 정책자문을 받던중 이러한 글을 쓴 최형섭 장관을 초청하여 한국의 과학기술 발전방향에 대하여 이야기를 들었다고 한다. 장기영 부총리 등 국무위원들이 배석한 가운데 최형섭 장관은 우리 나라의 과학기술 발전을 위해서는 다음과 같은 세 가지가 필요하다고 건의했다고 한다(《과학신문》, 1989. 5. 22 ; 최 장관과의 인터뷰, 1992. 4. 20). 첫째, 과학교육을 '아는 교육'에서 '하는 교육'으로 추진해야 하고, 양보다는 질을 강조하는 교육이 되어야 한다고 했다. 둘째, 한국에서의 과학기술 개발은 산학을 연결하여 개발하는 것이 필요한데, 무엇보다도 기업이 기술을 제대로 인식하고 이를 활용해야 한다고 강조했다. 하지만 대학과 기업을 연결시키게 되면 대학이 기업에서 원하는 기술을 효과적으로 제공해 주지 못하는 한계가 있기 때문에 기업에서 필요로 하는 기술을 개발해 주는 매개체로서 연구소를 육성하는 것이 필요하고, 이를 통해 기업도 첨단기술을 개발할 수 있는 수준으로 끌어올리는 것이 바람직하다고 건의했다. 셋째, 과학기술을 육성하기 위해서는 과학기술을 이해하는 풍토가 중요한데, 이것은 최고 정책책임자인 대통령의 의지에 달려있다고 역설했다. 이러한 최형섭 장관의 건의는 박 대통령에게 매우 설득력 있는 주장으로 받아들여졌던 것 같다. 왜냐하면 그 당시의 다른 건의들은 과학기술 예산을 확대하여 정부가 막대한 투자를 하도록 제안한 것이 대부분이었기 때문이다.

관의 연락으로 최형섭 장관이 저녁식사를 하러 갔더니 대통령과 장기영 부총리 등 다른 각료들이 여러 명 나와 있었다고 한다. 그 자리에서 영빈관 건립의 어려움을 호소하자 대통령이 앞으로 최 박사가 하는 일을 도와주지 않는 부하직원이 있으면 당장 갈아치우라고 했다고 한다. 그러자 바로 그 다음날 장기영 부총리가 KIST로 전화를 하여 영빈관 기공식 준비가 언제 가능하냐고 묻고는, 사흘 뒤에 기공식을 거행했다고 한다(백영학 당시 기술진흥국장과의 인터뷰, 1993. 7. 24).

또한 철저한 원칙주의자이고 합리주의자인 최형섭 장관은 과학기술처의 정치적 역량을 강화하기 위해 자기 부처의 관할권 확장을 추진하지 않았다. 오히려 다른 부처에서 담당하기에 적절하다고 생각하는 기능이 있으면, 그 부처에서 이를 추진하도록 유도하기도 했다. 대표적인 예가 한국과학재단의 설립을 문교부에서 추진하도록 한 것이다. 최형섭 장관은 기초과학의 육성은 대학교수의 연구능력 향상과 학생교육을 바탕으로 이루어지는 것이기에 당시 민관식 문교부 장관이 정치적 역량이 있으므로 문교부에서 이를 추진해 달라고 했다고 한다. 심지어 민 장관에게 자신을 과학기술처 장관이 아니고 문교부 차관으로 생각하고 이야기를 들어달라고 부탁까지 했다고 한다(《과학신문》, 1989. 6. 5). 결국 학생데모 등으로 민관식 장관이 물러나는 바람에 문교부에서 과학재단을 설치하는 문제는 실현을 보지 못하고 그후에 과학기술처가 과학재단 설립을 맡았지만 최형섭 장관의 입장은 관할권 확장보다는 국가적으로 필요한 기능이 효과적으로 운영되는 것을 보다 선호했던 것이다. 이와 비슷한 또 다른 예가 1973년 과학기술처 산하의 전자계산소를 총무처로 이관하여 행정 전산화를 촉진시킨 것이다.

아울러 현재까지도 관할권의 귀속문제가 대두되는 원자력 행정에 대해서도 최형섭 장관은 원자력의 관리는 이원화가 되어야 한다는 입장을 유지하고 있다. 즉, 과학기술처는 원자력기술 개발과 안전규제를 전담하고, 원전의 건설이나 생산, 영업 등은 한국전력에서 맡아야 한다는 입장이다(《과학신문》, 1989. 6. 26).

(4) 원칙 주의

최형섭 장관은 과학자 출신답게 철저한 원칙주의자였다. 그렇기 때문에 정치적인 소용돌이에 휩쓸리지 않고 박정희 대통령으로부터 인정을 받았다고 할 수 있다. 그는 다른 장관과는 달리 재물이나 개인적 이권과는 무관했다. 원칙주의에 관한 그의 일화는 너무 많다. 그는 장관에 취임하고 나서도 KIST소장 시절에 거처하던 사택에 몇 개월 간 거처했고, 이를 안 박정희 대통령이 나중에 안암동에 집을 마련해 주었다고 한다. 그의 대표적인 별명 중 하나인 '곰탕장관'은 그가 장관 재직시 매일같이 국무위원 식당에서 곰탕을 먹었기 때문에 붙여진 별명이라고 한다. 박정희 대통령까지도 이러한 그의 원칙주의를 알고 있었던 듯하다. KIST소장 시절 건설현장에 자주 들르던 박 대통령이 최형섭 장관에게 공사장의 인부들은 가욋돈을 주는 것이 필요하다고 하면서 돈을 건네 주다가, "최 소장은 과학자니까 그런 것을 잘 못하겠지" 하면서 직접 인부들에게 전해 주었다고 한다.

장관시절에도 그의 원칙주의는 어리석게 보일 정도로 완벽했다. 예를 들어 박 대통령이 KIST를 지금 방문하는데 준비가 다 되었느냐고 묻는 전화를 청와대 비서실로부터 받은 과학기술처의 간부들은 당황하여 허둥지둥 KIST로 달려가 영접준비를 했다고 한다. 간신히 영접을 마치고 최 장관에게 왜 미리 알려주지 않았느냐고 물으면 국가원수의 동정은 일급비밀이라서 국무회의에서 이야기가 있었어도 알려주지 않았다고 한다. 또한 청와대에서 군수산업을 육성하기로 이야기가 된 사실도 장관이 일급비밀이라고 국장에게 알려주지 않아 나중에 일을 추진하는 데 어려움을 겪었다고 한다.

이외에도 재미있는 일화로는 최 장관은 매일 구내식당에서만 식사를 하는데, 당시에 모 국장은 도시락을 싸갖고 다녔다고 한다. 그러던 어느날 같이 식사하러 가자고 하기에 도시락을 싸왔다고 거절하자, "오늘은 수요일이라 분식을 해야 하는데 도시락을 싸오면 어떻게 하느냐"고 호통을 쳤다고 한다. 이처럼 최형섭 장관은 어느 면에서는 답답할 정도로 철저한 원칙주의자였다.

(5) 정책의 일관성

최형섭 장관 재임시절의 과학기술 정책을 자세히 살펴보면, 정책기조로 내세운 방향에 따라 일관성 있는 정책추진을 한 것을 알 수 있다. 먼저 과학기술을 육성하기 위해 각종 법과 제도를 정비했고, 경제성장 전략에 부응하기 위한 과학기술을 육성하기 위하여 기초과학보다는 산업기술을 육성했고, 이를 추진하기 위한 과학기술 풍토조성을 했다.

심지어 정책기조도 7년 반 재임기간 동안 한번도 바뀌지 않았다. 그 당시를 회상하는 한 실무국장은 최형섭 장관이 박 대통령이 초도순시를 한 8년 동안 한번도 기본정책 방향을 바꾸지 않고, 3대 정책기조인 ① 과학기술기반의 조성 및 강화, ② 산업기술의 전략적 개발, ③ 과학기술 풍토조성을 매년 반복하여 보고했다고 한다. 이에 대해 이를 한번 바꾸어서 보고하라고 건의를 하자 이 세 가지가 가장 중요한 것이기에 일부러 바꿀 필요가 없다고 했다 한다.

이것은 최형섭 장관이 취임할 때부터 일정기간 장관직에 재임하면서 과학기술 육성을 위한 기반을 다진다는 생각에서 일관성을 갖고 추진한 것이고, 박정희 대통령도 이를 받아들여 적극적으로 지원했기 때문에 가능했다고 할 수 있다.

4. 맺는 말

최형섭 장관의 리더십을 분석하면서 얻은 결론은 그는 소신을 갖고 원칙에 입각하여 합리적으로 정책 및 행정을 운영한 지도자였다는 것이다. 개발도상국의 경제성장을 도모하기 위하여 과학기술의 개발이 어떠한 역할을 할 수 있는지에 대해 뚜렷한 비전을 갖고 있었고, 그 비전을 실천하기 위하여 어떠한 방법을 택해야 하는지에 대해 확실한 신념을 갖고 있었다. 이러한 그의 신념은 과학기술처 장관직을 떠난 다음 저술한 일련의 저서와 논문에 확연히 언급되어 있고(최형섭,

1981 ; Choi, 1988), 스리랑카 정부 초청으로 〈과학기술기본법〉을 성안해 준 것이나, 파키스탄 및 태국의 과학기술 정책을 입안해 준 것을 통해서도 알 수 있다. 즉, 그는 과학기술 육성을 통한 국가경쟁력 강화를 철저하게 신봉하는 과학기술 신도이고 이에 그치지 않고 이를 다른 국가에도 전하는 전도자인 것이다.

최형섭 장관의 리더십은 일반 행정가의 관점에서 보면 특이하다고 평가할 수 있고, 어느 면에서는 리더십이 없는 것으로 평가될 수도 있다. 우선 그는 부하직원들을 무시하고 오히려 고객집단을 대접했고, 부처 조직의 인화나 사기 같은 것보다는 업무의 추진과 효율성을 우선시했다. 그에게 정치적인 변수에 대한 고려는 이차적인 관심이었다. 그렇기에 과학기술처에 대한 국정감사가 진행되는 동안에도 자신은 기술운용에 관한 국제세미나에 참석하고 국정감사가 끝난 다음에 귀국할 수 있는 소신을 갖고 있었다. 과학기술의 육성이 효과적으로 되는 것이 그의 일차적 관심이지 정치나 행정은 부수적이라는 것이 그의 소신이다.[19] 이와 같은 점에서 그의 리더십은 정치적 리더십이라기보다는 원칙에 입각한 저돌적 리더십이라고 볼 수 있다.

최형섭 장관의 리더십은 과학기술처라는 행정조직의 초기 제도화 과정에서 발현된 것이고, 과학기술 육성을 위한 정책 및 행정의 기반을 다지는 과정에서 이루어진 것이다. 따라서 그의 개인적인 특성보다는 제도적인 상황이 많은 것을 설명해 주었다고 볼 수도 있다. 하지만 앞에서 살펴본 바와 같이 최형섭 장관의 지도자로서의 개인적인 특성이 부각되지 않았다면 과학기술 육성의 제도화 초기에서 어느 정도 효과적인 행정과 정책의 기초적 틀이 형성되었을까 하는 점에서 이문의 여지가 많다. 이에 덧붙여 최형섭 장관이 정치적 환경의 영향으로부터 자유롭게 정책을 구상하고 이를 추진할 수 있도록 뒷받침해 준 박정희 대통령의 역할도 무시할 수 없다. 바로 이 점이 최형섭 장관이 오

19) 이러한 그의 소신은 변함이 없어서, 요즘도 장관들 가운데 소신없이 주사처럼 행동하는 장관들이 있다고 공공연히 이야기하는 것을 접할 때가 있다.

늘도 과학기술의 육성은 현란한 정책의 나열로 이루어지는 것이 아니라 최고 지도자의 신념과 정책의지에 달려있다고 굳게 믿는 이유다.

참 고 문 헌

김근배(1989) “한국과학기술연구소(KIST) 설립과정에 관한 연구 : 미국의 원조와 그 영향을 중심으로”(서울대 대학원 석사학위 논문).

김형기(1981) “信義와 理解,”《과학기술과 더불어 : 최형섭 박사 환력기념 회상록》(서울 : 환력기념집발간회).

박종민(1994) “행정관료들이 기대하는 장관의 역할과 자격조건”

신만교(1981) “과학기술의 기반구축,”《과학기술과 더불어 : 최형섭 박사 환력기념 회상록》(서울 : 환력기념집발간회).

오준석(1981) “최초의 산학협동연구,”《과학기술과 더불어 : 최형섭 박사 환력기념 회상록》(서울 : 환력기념집발간회).

윤용구(1981) “개척자,”《과학기술과 더불어 : 최형섭 박사 환력기념 회상록》(서울 : 환력기념집발간회).

전상근(1982)《한국의 과학기술정책 : 한 정책입안자의 증언》(서울 : 정우사).

조 만(1981) “어색한 만남,”《과학기술과 더불어 : 최형섭 박사 환력기념 회상록》(서울 : 환력기념집발간회).

천병두(1981) “초대소장,”《과학기술과 더불어 : 최형섭 박사 환력기념 회상록》(서울 : 환력기념집발간회).

최주선(1981) “최형섭 박사의 업적,”《과학기술과 더불어 : 최형섭 박사 환력기념 회상록》(서울 : 환력기념집발간회).

최형섭 (1976)《개발도상국의 공업연구》(서울 : 일조각).

______(1981)《개발도상국의 과학기술개발전략 : 한국의 발전과정을 중심으로 : 제3부》(서울 : 한국과학기술원).

현경호(1981) “귀중한 유산,”《과학기술과 더불어 : 최형섭 박사 환력기념 회상록》(서울 : 환력기념집발간회).

Bunce, Valerie(1981) *Do New Leaders Make a Difference?: Executive Succession and Public Policy under Capitalism and Socialism* (Princeton, N. J.: Princeton University Press).

Choi, Hyung Sup(1975) "Industrial Research in the Industrialization of a LDC" (An article in Proceedings of a World Congress, June 10~12, 1975, 〈Educating Engineers for World Development〉, Estes Park, Colorado).

______(1988) "Science Policy Mechanism and Technology Development Strategy in the Developing Countries," *Technological Forecasting and Social Change*, Vol. 33.

Cohen, Michael D. & James G. March(1986) *Leadership and Ambiguity: The American College President*, 2nd ed.(Boston: Harvard Business School Press).

Doig, Jameson W. & Erwin C. Hargrove(eds.) (1987) *Leadership and Innovation: Entrepreneurs in Government*(Baltimore: The Johns Hopkins University Press).

March, James G.(1981) "How We Talk and How We Act," in T. J. Sergiovanni & J. E. Corbally(eds.), *Leadership and Organizational Culture*(Urbana: University of Illinois Press).

March, James G. & Johan P. Olsen(1979) *Ambiguity and Choice in Organizations*(Oslo: Universitetforlaget).

______(1986) "Garbage Can Models of Decision. Making in Organizations," in James G. March & Roger Weissinger-Baylon(eds.), *Ambiguity and Command: Organizational Perspectives on Military Decision Making* (Marschfield, MA: Pit man Publishing Inc.).

《과학기술행정 20년사》(1987)(서울 : 과학기술처).

《과학신문》, 특집 "최형섭 고문에게 듣는다 : 한국 과학기술의 현주소 1-10," (1989. 5. 15~1989. 7. 17).

《중앙일보》, "'과학 70년대'를 되돌아 본다"(1979. 12, 김정흠 교수와의 대담 기사).

《한겨레신문》, "인물탐구 : 최형섭-과학한국 씨뿌려 일군 개척자"(1992. 4. 15).

《한국과학기술연구소 10년사》(1977)(서울 : 한국과학기술연구소 편찬위원회).
《한국일보》 "이젠 모방에서 창조로 옮길 때"(1979. 1, 인터뷰 기사).
KBS I "對話 '91 최형섭 박사 I, II"(1991. 7. 12; 1991. 7. 17).
KBS I "송년대담-내일을 걱정한다(II) : 과학기술 개발이 시급하다(최형섭 박사)"(1991. 12. 27).

새마을운동의 정신적 지주 : 김준 론

김 준(金 準)

1926년 4월 26일 전남 영광군 군남면에서 출생
1944년 12월 이리 농림학교 임학과 졸업
1949년 서울대 농대 임학과 졸업
1954년 전남대 농대 교수
1959년 복음농민의숙 창설 경영
1962년 재건국민운동 경북지부장, 동 중앙교육원 교수
1966년 농협대학 교수
1979년 계명대 명예 교육학 박사
1972년 새마을지도자 연수원 원장
1980년 새마을운동 중앙회 회장
1981년 농수산부 농정자문위원
1988년 새마을중앙본부회장

새마을운동의 정신적 지주 : 김 준 론[1]

박 종 민

1970년대 농촌 새마을운동은 농지개혁 및 벼 다수확 신품종의 보급과 더불어 한국농업사에서 가장 중요한 사건으로 지적되고 있다.[2] 환경개선사업, 정신계발사업, 생산소득사업을 포함하는 종합적 농촌개발운동으로서 새마을운동은 농촌주민의 가치관과 태도를 변화시키고 국가경제와 농촌경제에 긍정적으로 기여하였으며 농촌사회의 근대화에 지대한 영향을 준 것으로 평가되고 있다. 새마을지도자 연수원장으로서 김 준은 바로 이 새마을운동의 중심에 서 있었다. 그는 농촌사회에서 변화를 유도하고 지속하는 데 결정적인 역할을 수행할 새마을지도자를 발굴하고 육성하는 지도자 훈련사업을 지휘하였다. 새마을지도자의 리더십 육성을 통하여 그는 1970년대 새마을운동의 성공에 커다란 기여를 하였던 것이다.

1) 이 논문에서 출처를 밝히지 않은 인용은 김 준, 《은혜로 마음 밭을 갈며》 (서울 : 홍사단출판부, 1986) 및 그와의 면담에서 나온 것이다.

2) 황인정, 《한국의 종합농촌개발》 (서울 : 한국농촌경제연구원, 1980).

1. 그는 누구인가?

무명의 김 준이 세상에 알려지기 시작한 것은 1972년 1월 새마을운동과 만나면서부터다. 새마을운동은 1960년대 농업과 공업 및 도시와 농촌 간의 불균형 성장과 분배가 초래한 문제를 극복하기 위해 1970년 10월 정부주도로 시작되었다. 새마을운동의 첫 해 사업인 '새마을 가꾸기'가 끝난 후 1971년 성과분석을 한 정부는 새마을사업의 성공적 수행이 헌신적이고 능력있는 마을지도자의 존재여부에 크게 의존함을 발견하였다. 이에 따라 박정희 대통령은 농촌지도자의 발굴과 양성계획을 지시하게 된다.[3]

대통령의 지시를 받은 농림부의 김보현 장관은 농촌개발에 대한 철학이 있는 인물로 김 준 농협대학 교수를 생각하였다. 김보현은 농협대학을 방문하여 김 준에게 농촌지도자 교육계획의 작성을 부탁하였다. 그러나 김 준은 농협대학의 교수신분으로는 안을 제출하기 어렵다고 거절하였다. 그는 농협대학안이 되려면 학장에게 제출하여야 하는데 그러면 통과가 안될 것으로 믿었기 때문이었다. 그러나 농림부 국장이 방문하여 간청하자 마침내 김 준은 기본적 아이디어를 구술해 주었고 농림부는 그것을 안으로 만들어 대통령에게 보고하였다. 대통령은 농림부안에 만족해 하였고, 김 준을 연수원장으로 내정하면서 보다 구체적인 농촌지도자 양성계획을 마련하도록 지시하였다. 왜 대통령은 무명의 김 준을 농촌지도자 연수원장으로 발탁하였는가?

김 준, 그는 누구인가? 첫째, 그는 타고난 농촌운동가였다.

부농의 둘째 아들로 태어난 그는 이리 농림학교와 서울 농대의 전신인 수원 농대 임학과를 졸업하였다. 어렸을 때부터 농민의 피폐한 생활을 보면서 자란 그는 농촌과 농민에 대해 남다른 관심을 가졌고 농과대학에 진학하면서 농민문제에 대해 본격적으로 눈뜨기 시작하였

3) 새마을운동 중앙 연수원, 《새마을교육 이십년사》(1992), pp. 11~12.

다. 농대를 졸업한 후 잠시 전남대학에서 교직생활을 하였으나 당시 농대 교육의 비현실성에 실망하면서 농촌운동의 실천가로 살기 위해 교직을 그만두고 직접 농촌운동에 뛰어든다. 그는 농촌 잘살기운동이라는 외길을 걸어온 타고난 농촌운동가였다

서울대 농대에서 만난 은사인 유달영은 그의 농촌운동에 대한 정향에 영향을 주었다. 유달영의 《새 역사를 위하여》는 그가 읽고 또 읽어도 언제나 생생한 감명을 준다는 몇 권의 책 가운데 하나였다. 유달영처럼 농촌문제에 대한 김 준의 접근은 기술적이 아닌 도덕적 접근이었다. 농고와 농대를 졸업하고 임학을 전공하였지만 인생관과 국가관과 같은 주제에 더 관심을 가졌다. 그는 농촌문제를 해결하기 위해서는 '심전개발'(心田開發), 즉 마음 밭을 가는 것이 중요하다고 생각하였다. 그는 "흙과 관련이 있는 책, 또는 사회개조와 꿋꿋한 의지의 맥박이 흐르고 있는 책을 좋아"하였는데 특히 이광수의 《흙》, 심훈의 《상록수》, 슈바이처의 《생애와 사상》, 헤세의 《싯달타》, 부너의 《정의와 사회질서》 및 유달영의 《새 역사를 위하여》 등을 감명깊게 읽었다. 이는 농촌문제에 대한 그의 실천적 정향과 농민에 대한 헌신적 의지를 엿보게 한다.

둘째, 그는 종교성이 강한 계몽가였다.

종교 특히 기독교는 그의 가치관 형성에 큰 영향을 주었다. 아버지가 교회장로였기 때문에 유아세례를 받았던 그는 종교적인 가정 분위기 속에서 성장하였다. 그는 한국전쟁 기간 동안 지주계급 출신성분으로 농군행세를 하면서 도피하여 살아남은 것을 농민을 위해 살라는 하나님의 계시로 받아들였다. 이처럼 그는 종교적이었다.

광주의 기독교 수양단체인 동광원에서의 생활은 그의 청교도적 성향을 강화하였다. '맨발의 성자'로 불렸던 이현필의 동광원은 금욕·고행·안빈·신앙·노동·헌신을 주요한 덕목으로 실천하는 신앙집단이었다. 그곳에서 그는 신앙적 힘을 인식하고 청교도적 정신을 내재화하는데 결정적 영향을 받는다. 특히 동광원에서 만난 유영모는 그에게 지대한 영향을 주었다. 유영모는 동광원이 금욕생활과 근로생활로 협동

하여 사는 것을 좋게 생각하여 그곳에 체류한 적이 있었다. '씨알의 소리'로 유명한 함석헌의 스승이기도 한 유영모는 김 준의 평생의 스승이 된다. 유영모를 아는 사람들은 김 준의 강의에서 그의 영향을 느낄 수 있었다고 한다. 비정통적 신앙을 주창한 유영모는 이상적인 농민생활을 탐구한 톨스토이의 숭배자였다. 그로부터 김 준은 순결·순명·청빈의 가르침을 받았다. 그가 강조한 심전개발은 유영모의 '맘 농사'와 흡사하였다. 여기서 흥미있는 것은 재건국민운동 본부장을 지낸 유달영도 유영모를 사사한 무교회주의자 김교신과 함석헌의 영향을 받았다는 것이다.[4]

김 준은 가나안 농군학교를 참작하여 농촌지도자 교육계획을 구체화하라는 농림부의 지시에 대해 농촌운동과 국민교육을 특정 종교와 연결시킬 수 없다고 거절하였다. 그럼에도 불구하고 그의 사고구조는 기독교적 영향을 반영하고 있었다. 그는 "기독교가 천국건설의 신앙운동이라면 새마을운동은 조국근대화를 통한 민족중흥의 민족적 신앙운동입니다"라고 하였다. 그의 바탕은 성경이었다.

셋째, 그는 농민의 교육자였다.

그는 당시 농대교육이 농촌의 가난극복을 위해 비현실적이라 생각하였다. 대학교육을 통해 배출된 농대 졸업생들은 농촌개발사업을 하려는 대신 직장을 얻기 위해 대도시로 떠나고 있었다. 고답적인 교육내용과 농대출신의 도시지향성으로 농대교육의 한계를 절감한 그는 교수직을 내던지고 농촌운동에 뛰어 들었다.

그러나 덴마크의 그룬투비의 국민정신교육운동을 통해 교육의 중요성을 인식한 그는 교수직을 그만둔 후에도 피난민정착촌의 고등공민학교, 기독교농민학원 등 농민교육기관에서 무보수로 가난하고 무지한 농민들에게 자립농촌으로 발돋움할 수 있는 기틀을 마련해 주려고 하였다. 가르치는 일에 대한 그의 지속적인 관심은 가막골에 '복음농민의숙'을 설립하여 청소년들을 농촌개척의 선도자로 육성하게 하였

4) 박영호, 《씨알-다석 유영모의 생애와 사상-》(서울 : 홍익제, 1985).

다. 5·16 군사쿠데타 후 조직된 재건국민운동의 본부장으로 그의 은사인 유달영이 임명되었고, 우여곡절 끝에 김 준은 재건국민운동 중앙교육원 교수가 되었다. 재건국민운동이 해체된 후에는 1966년 창설된 농협중앙회 산하 농협대학의 교수가 되었고 그곳에서 1972년 독농가연수원(후에 새마을지도자 연수원으로 개칭됨) 원장이 되기까지 약 8년여 동안 임업과 농업경영을 가르쳤다. 그는 농민의 교육자로 외길을 걸어왔다.

넷째, 그는 말보다 행동을 중시한 실천가였다.

농대교육의 비현실성을 인식한 그는 "한 몸 불살라 피폐한 농촌을 살리자는 뜻을 굳게 세우고" 실천을 통해 농촌을 잘살게 하기 위해 안정된 대학교수직을 버리는 결단력과 실천의지를 보여준다. 그는 "과거 우리는 생각과 말을 앞세우고 그것을 행동으로 옮기지 않아 관념과 행동의 간격이 너무 컸으며, 이로 인하여 인격의 분열을 초래하는 모순을 범해왔던 것이다"라고 지적한다. 기독교 구약에서 가축으로 하나님께 제사를 지내는 것처럼 농촌이 잘살게만 되면 자신을 제물로 바치겠다는 결의를 실천하고자 하였다. 여기서 우리는 그의 신앙적 결단을 엿볼 수 있다.

동광원을 나온 그는 처음 기아민 구제사업을 벌였다. 광주 무등산에서 고아 및 걸인 수십명을 모아 자활에 나섰을 때 사람들은 그를 '돈 사람'이라고 하였다. 그후 농민이 배불리 먹고 살 수 있는 농촌경제운동에 전념하기로 하고 광주의 집을 팔아 가막골에 터를 잡았다. 그리하여 '순창의 가막골' 시대가 열린다. 우리 나라 농촌발전의 첩경은 산지의 개발활용과 낙후된 농민의식의 개선 그리고 영농기술의 향상이 급선무임을 절감한 그는 '복음농민의숙'을 설립하고 청소년들을 규합하여 낮에는 유실수 재배와 산지개혁, 밤에는 영농과 정신교육을 실시하여 지역주민을 계몽하고 개척정신, 협동정신 및 자립의지를 배양시키려고 하였다.

그는 행동지향적이어서 상아탑에 안주하면서 지식의 전달과 창출에만 몰두할 수 있는 사람이 아니었다. 적어도 농촌운동에 관한 한 그는 반지식인이었다. 그는 "강당에서 하는 이론, 교수들의 형식적인 이론, 이런 것은 다 틀렸다"고 생각하였다. 그 자신 교수직을 버리고 농촌개발 사업에 뛰어든 것 자체가 지식인으로서 안주할 수 없다는 그의 실천적 성격을 극적으로 보여준다. 그는 "인행의 불일치는 인격분열을 초래하고 이중인격을 형성하며 자기불신, 사회불신으로 확대해 나간다"고 하였다. 그는 "지나치게 관념적이고 사색적인 인간들을 종종 보는데, 행동없는 관념은 어디다 써 먹습니까?"라고 반문하면서 "언제나 행동과 이론, 행동과 관념은 일치되어야 한다"고 하였다. 이와 일치하게 그는 "우리 농촌지도의 요체는 구호나 외식에 있지 않다"고 보았다. 관념과 사유에 몰입하기를 거절한 그는 농민의 마음 밭을 가는 행동하는 농촌의 복음전도자로 나서게 된다.

다섯째, 그는 무조직주의자였다.

제도적 교회가 신앙을 저지한다는 무교회주의자처럼 그는 조직이 본래 목적을 달성하는 데 장애가 될 수 있다고 믿었다. 조직의 도구화를 강조한 그는 조직의 양적 확대는 조직 생리에 따라 권위를 가지고 '엉뚱한 일'을 벌여 본래의 일을 못하게 한다고 생각하였다. 그는 인위적 조직을 만들면 조직을 살리려 하고 조직자체를 위하기 때문에 본래 목적을 성취할 수 없다고 하였다. 형태가 없어도 곤란하나 형태보다 속알(정신)의 중요성을 강조하였다. 그는 반조직주의자는 아니나 제도적 조직이 속알, 즉 본래 목적의 달성을 저해할 수 있다고 믿었다. 그는 대조직보다는 소명의식을 갖춘 정예집단을 더 중요시하였다. 처음 그가 새마을지도자 연수원의 법인화에 소극적이었던 이유는 바로 이러한 그의 조직관과 관련이 있는 것으로 보인다.

그는 '떠돌이 중' 원효대사를 좋아하였나. "본디 내 직업이 떠돌이"라고 한 그는 가정을 가졌으나 가정에 갇히지 않으려고 하였다. 안정된 직장을 포기하고 농촌운동에 뛰어들었던 그는 전국을 떠돌며 참선을 한 그의 스승 유영모처럼 '떠돌이 농촌운동'을 자연스럽게 받아들였다. 가정을 떠나 협동으로 금욕·근로·봉사·신앙생활을 집단으로 하는 동광원을 그가 이상향으로 생각한 것도 그의 조직관과 무관하지 않다.

여섯째, 그는 원칙주의자였다.

그는 고집스럽게 보일 정도로 타협과 절충보다 원칙을 준수하고자 하였고, 중용과 온건보다 열정과 화끈함이 그의 장기였다. 그는 일과 관련하여 저돌적이었다. 독농가연수원의 설립을 지시받고 첫 교육을 실시하기까지 불과 보름의 시간을 받은 그는 초강행군을 한 여파로 졸도해 링게르주사를 꽂아야만 했다. 그는 무모하리만치 저돌적이고 온몸으로 일을 해나가는 스타일이었다. 열정은 그의 강의를 살아있게 하였고 따라서 사람의 마음을 움직이게 하였다. 그는 교수출신으로 지식인이었으나 분석적이기보다는 창조적이었고, 회의적이기보다는 확신적이었다. 하나의 목적에 몰두하는 의지는 그의 대표적 성격이었다.

종합적으로 그는 종교정신이 강한 농촌운동의 실천적 계몽교사였다. 정치조직이 종교정신으로 이끌어질 때 가장 이상적이라는 유영모의 말처럼 그는 새마을운동을 종교정신으로 이끌어갈 수 있는 바탕을 지니고 있었다. 그가 걸어온 농촌운동의 외길은 농촌에 대한 신앙적 애정과 열정을 보여준다. 농민의 아들로서 자신의 농촌개발 철학을 실천하면서 농촌운동의 외길을 걸어온 김 준이 농촌지도자 연수원의 책임자로 발탁된 것은 의외가 아니었다. 시간이 지나면서 시대적 상황과 어우러져 그가 '하늘이 보내준 새마을지도자'로 전국적으로 명성을 떨친 것도 전혀 우연이 아니었다.

2. 농촌개발의 철학

그의 농촌개발 철학은 그의 경험 속에서 자연스럽게 발전되어 왔다. 그는 비록 농고와 농대를 나왔지만 농촌문제에 대한 기술적인 접근에 대해서는 비교적 무관심하였다. 임학을 전공한 그는 그것에 대해 강의하기보다는 농민의 마음을 일구는 일에 관심을 가졌다. 그는 농촌 및 농민문제에 대한 도덕적 접근을 강조하였다. 이것은 그의 '심전개발'(心田開發)과 관련된다. 즉, 마음 밭을 갈아 농민들의 자립정신을 일깨우고 이를 통해 농촌빈곤을 극복하고자 하였던 것이다. 그는 농촌의 가난과 피폐를 없애고 농촌을 회복하기 위해서는 정치나 구제사업으로는 어렵고, 국민 개개인의 정신과 의식이 변화되어야 한다고 믿었다. 그는 개발의지가 없는 전통적인 의식구조를 농촌의 개발을 저해하는 요인으로 보았다.

그는 농촌문제는 경제원리로만 풀 수 없고 여기에 도덕률이 보태져야만 농촌이 살아난다고 믿었다. 따라서 그는 이소성대(以小成大 : 작은 것을 보다 큰 것으로 만들어라), 계입제출(計入制出 : 수입에 맞게 지출하라), 분도추양(分度推讓 : 분수를 지키고 가진 것의 일부를 남에게 도와줘라)이라는 농촌경제 3대원칙을 내세웠고 이를 가르쳤다. 일찍이 재건국민운동 중앙교육원에서도 그는 "우리의 향토개발에 앞서 심전개발에 가일층 노력이 요청된다"고 하여 속알(정신)을 새롭게 하는 일을 강조하였다.

그는 심전개발에 있어 윤리의 정립을 강조하면서 "인간사회는 윤리에 의하여 움직여지고 있다. 윤리는 사람과 사람 사이의 질서이며 이 질서는 양심의 자유에 의하여 유지된다. …우리 인류가 바라는 공동의 이상은 어떻게 사는 것이 진실하고, 착하고, 아름다운 삶이 되도록 하느냐"라고 하였다. 그는 사람이 바로 되어야 한다는 생각을 가지고 있었다. 내가 바로 되어야 주변이 바로 되며, 내가 나의 삶을 통해 남을 가르쳐야 한다고 생각하였다. 그가 정한 새마을지도자를 위한 생활신조, 즉 "첫째, 이상은 높게 현실은 착실하게 살자. 둘째, 빚지기를 두렵게 저축하기를 기쁘게 하자. 셋째, 쉽지네보다 실속있는 생활을 하자"는 것은 그의 농촌운동의 도덕적 방향을 구체적으로 보여준다.

그가 강조한 도덕률 가운데는 성실, 감사, 겸손 및 정직이 포함되어 있다. 그의 '물 철학'은 특히 겸손과 순수를 강조하고 있다. 그는 물[水]을 좋아하는데 그 이유는 "물은 그 가치를 내세우지도 않고 뽐내지도 않으며, 보상을 바라지도 않고 강한 힘을 가지고 있으면서도 온유하며 높은 자리를 피하여 낮은 곳으로 흘러 내려간다. 모든 시내

[川]는 흘러서 바다로 간다. 왜 모든 시내는 바다로 모이는가? 제일 낮은 곳에서 모든 시내를 받아들이기 때문에 결국은 시내의 왕이 되는 것이다". 그가 물을 좋아한 또 다른 이유는 "물은 무색무취하고 본질은 변하지 않으나 형태를 고집하지 않기" 때문이라 하였다. 그는 "병에 담긴 물이나, 주전자에 담긴 물은 그 위치와 담은 그릇의 형태와 크기만 다를 뿐이지 바다에 있는 물과 그 본질은 같은 것"이라고 하였다. 그는 물처럼 겸손한 삶, 순수한 삶, 속알 지향적 삶을 살고 싶어 하였다. 이러한 그의 순수성은 새마을교육의 정치적 동기에 대한 광범한 의심에도 불구하고 사람들의 그에 대한 인간적 신뢰를 유지시켜 준 것으로 보인다.

그에게 새마을운동은 물리적인 것 이상이었다. 그는 "새마을운동 초기에 가난하고 불쌍한 농민의 아들로서 눈물나는 가난 속에서 황량하고 초라한 환경 속에서 살아온 한을 풀어보고자 굳은 결의로 이 부문에 먼저 우리의 땀과 의지를 투자한 것뿐이지 이 자체가 새마을운동의 전부는 아니다"라고 하였다. 그의 생명사상은 새마을운동을 생명운동으로 보게 하였다. "모든 생명의 창조과정에서 처음에는 그 생명을 생성 보존시킬 수 있는 외각의 형태가 먼저 생기고, 다음에 생명의 속알이 생긴다." 그는 이를 새마을운동의 전개과정에 유추하여, 새마을운동의 참뜻은 새 생명의 속알이 생성할 수 있는 외각을 먼저 새롭게 하자는 데 있다고 하였다. 속알이 새로워지는 것은 새로운 가치관, 새로운 사고방식, 새로운 생활신조로 자신을 개조하는 일이었다. 이것을 통해 "자유와 평등 속에서 만민의 복지를 구현시켜, 참되고 착하고 아름다운 사회를 건설하는 것"이 새마을운동의 목표라고 하였다. 그가 생각한 새마을운동은 정부에서 언명한 것보다 더 철학적이고 도덕적이었다.

그가 강조한 농촌 잘살기운동의 요체는 양유분배론에 담겨있다. "하루에 먹을 수 있는 염소 젖이 20홉이 있는데 사람은 50명이다. 어떻게 나누어 주어야 과학적·윤리적·합리적인가? 단, 젖은 매일 먹되 효과가 있는 1인당 2홉 이상이어야 한다. …해답을 요약하면 사람들의 나이, 건강도, 노동강도 등을 감안해 10명까지 순위를 정한다. 그러면 10위 이상 13위까지는 염소를 잘 먹여 젖을 더 생산한다면 자기 몫까지 생긴다는 희망으로 염소에게 가능한 한 먹이를 가져다 준다. 20번 이상의, 당장 희망이 없는 축들은 아예 염소 한 마리를 더 사지며 염소 살 돈을 마련하기에 이른다는 것이다."[5] 이것이 그가 가막골 시절부터 제기해 온 '양유분배론'이다. 그는 파이(*pie*)가 확대될 수 있다는 적극적이고 진취적인 가치관의 배양을 통해 농촌의 발전과 형평을 이룩할 수 있다고 믿었다. 이는 농민의 의식을 일깨우고 새로운 정신을 주입하여 농촌개발을 해나가야 한다는 것을 강조한 것이다. 이것은 "새로운 가치관, 새로운 사고방식, 새로운 생활신조로 마음에 변화를 일으켜 자신을 개조한 새 사람들이 모여사는 새마을을 만들자"라는 그의 생각과 일맥상통하는 것이다.

마음 밭을 가는 방향의 내용은 그가 강조한 농심(農心)에 있다. 그는 '이농심행 무불성사'(以農心行 無不成事)라 하여 농심으로 행하면 안될 일이 없다고 하였다. 농심은 농민의 마음이며 생명을 가꾸어 가며 농사짓는 마음을 말한다. 그는 농심을 "농부가 자연의 이치에 따라 흙과 더불어 생명을 가꾸어 가면서 터득한 농업의 정신"이라고 하였다. 보다 구체적인 농심의 내용은 "'콩 심으면 콩 나고, 팥 심으면 팥 난다'는 소박한 과학적 사고방식, '말대로 행하는 성실한 실천', '참고 견디는 강인한 인내력과 왕성한 생명력', '수고하고 공들인 만큼 결실을 가져다 주는 인과응보의 진리', '거짓과 협잡을 모르는 정직한 순박성', '익으면 익을수록 머리를 숙이는 겸허한 자세', '생명과 가치를 창조하는 적극적 생산성', '생명·생성·발전의 원초적 질서인 자조·협동'"이라고 하였다. 간단히 말하여 "근면·자조·협동의 새마을 정신이 바로 농민의 정신인 농심"이라고 하였다. 그가 강조한 감사, 성실, 겸손 및 정직의 도덕적 가치도 농심의 바탕이었다.

그러나 새마을운동이 농촌에서 도시로 확대되면서 그의 새마을운동

---

5) 《월간조선》, 1988년 5월호, p. 373.

관은 점차 초점을 잃어갔던 것으로 보인다. 그는 "농촌에서 빈곤을 추방하는 것이 첫째 목표였다면, 도시에서는 진·선·미의 이상추구가 새마을운동의 방향"이라고 규정하였다. "마음 속의 환경개선을 위하여 허영심을 버리고 불신풍조를 바로잡고 비정의 사회에 따뜻한 인정의 훈김을 불어넣는 일이 도시 새마을운동이다. 낮은 자와 높은 자 간에, 농민과 도시인 간에, 피고용주와 고용주 간에 서로 깊은 이해와 사랑이 깊어갈 때 인간의 존엄성은 되찾아지는 것이며 이것이 이른바 사랑운동이요, 곧 도시의 새마을운동이다." 그는 새마을운동의 확대를 통해 농심의 속알을 도시에도 심어야 한다고 생각하였다. 그는 점차 새마을운동을 농촌사회의 발전운동으로서가 아니라 사회전체의 도덕적 운동으로 확대하여 재규정하였다. 이러한 그의 성격과 농촌개발의 철학 및 새마을운동관은 시대의 흐름과 맞물려 때로는 열정과 희망을, 때로는 실망과 좌절을 그에게 주었다.

3. 열정과 희망의 시기

1970년대 새마을운동은 환경개선사업, 정신계발사업, 생산소득사업을 포함하였다. 이 가운데서 환경개선 및 소득증대사업은 지방정부를 통제하는 내무부가 주관하였으나, 정신계발사업은 농협중앙회의 산하기구로 설립된 독농가연수원에서 담당하였다.[6] 따라서 초기 새마을운동은 농협운동과 연계될 수 있었다. 농촌지도자 교육과 훈련에 대한 기본적인 아이디어는 김 준에 의해 작성되었다. 실천성을 강조한 그는 종전의 강의실 강의와는 다른 사례발표, 분임토의, 체력단련, 노래 등을 통한 훈련계획을 작성하였다. 새마을교육은 피교육자와 교관요원의 합숙을 통한 생활교육이었다. 이는 가정을 떠나 협동하여 금욕 신

6) 독농가연수원은 1972년 1월 농협협동조합 중앙회의 잠정기구로, 같은 해 3월 상설기구로 설치되었다.

앙생활을 하는 동광원과 유사하였다.

새마을사업이 전국의 마을에서 진행되고 있을 즈음인 1972년 1월 그는 농촌지도자 교육계획을 구체화한다. 이 계획의 기본취지는 마을마다 의지와 능력이 있는 자생적인 독농가를 선발하여 새마을정신을 계발할 수 있는 자조·자립·협동의 철저한 정신개조 교육을 실시하고 이들 정예 독농가를 핵으로 하여 농촌내부에 새바람을 불러일으킴으로써 농촌근대화를 위한 자발적인 협동농촌 건설을 하자는 것이었다. 처음 농촌지도자 교육은 독농가들에게 새로운 영농지식을 습득하게 하여 그들이 독농기술의 보급에 앞장서게 하려는 농촌지도사업의 개념이 강하였다. 따라서 연수원의 명칭도 독농가연수원이라 하였다. 김 준의 독농가연수원은 가치관의 변화와 농업기법의 보급을 통해 농업 생산성을 향상시키고자 하였다.

김 준의 독농가연수원의 교육훈련에 만족한 박 대통령은 내무부가 계획한 새마을지도자 교육도 독농가연수원에서 일원화하여 실시하라고 지시하게 된다. 따라서 독농가교육이 종료되고 1972년 7월 독농가 연수원에서 새마을지도자 교육을 개시하게 되었고 이듬해 5월 독농가 연수원은 새마을지도자 연수원으로 개칭되었다. 독농가연수원에서 새마을지도자 연수원으로 변하면서 교육대상도 확대되었지만 주 교육대상은 농촌지도자였다.

새마을지도자 교육 실시에 따라 교과편성에 변화가 있었다.[7] 독농가교육과 비교할 때 가장 뚜렷한 변화는 영농기술 습득을 위한 과목의 비중이 줄어들고 생활환경을 개선하는 데 필요한 기술정보를 제공하는 시간이 증가되었다는 것이다. 또한 마을주민들의 단합된 힘으로 마을과 마을사람을 새롭게 만든 새마을 성공사례가 강조되었다. 특기할 만한 것으로 국민교양과 국민정신에 관한 과목들이 가장 중요시되었다.[8]

7) 새마을운동 중앙 연수원, 앞의 책, p. 18.

8) 한 실증적 연구에 따르면 연수원에서 훈련받은 새마을지도자들은 교육내용 가운데서 정신교육과 성공사례 발표가 가장 도움을 주었다고 하였다. 황인정, 앞의

교육방법은 피교육자와 교관요원의 합숙을 통한 경험의 공유, 실천을 통한 새마을정신의 배양, 분임토의와 성공사례 발표를 통한 상호학습 및 지속적 사후지도와 지원이었다. 새마을교육의 특징은 정신교육에 그치지 않고 실천교육에도 역점을 두었으며 종래의 비효율적인 강의 위주의 훈련방법을 지양하고 훈련 전기간을 통하여 합숙을 시키면서 훈련내용을 실천에 옮기도록 하는 방법을 채택한 점이다. 이것은 김 준의 독창적인 교육방법이었다.

김 준의 연수원은 그의 성격을 반영하였다. 1972년 1월 연수원 설립을 지시받고 불과 보름 동안 여관을 전전하며 교육계획을 세웠다. 누구의 입김도 없이 단독으로 5명의 교관단을 구성했다. 30여명의 교관단을 구성하라는 농림부 장관의 지시에도 불구하고 실천적 리더십을 강조한 그는 5명의 교관단을 소신있게 구성하였다. 그가 강조한 교관요원의 자격은 학력이나 학식보다는 농촌운동에 대한 헌신적 자세였다. 그는 농촌운동에 열정을 가지고 '몸 공(功)'을 드릴 수 있는 사람들을 교관요원으로 선발하였다. 농협대학의 교실을 빌려 보수하고, 여관방에서 혼자 교육계획을 세우며 교육준비로 밤을 지새고, 청소에서부터 행정업무와 분임토의 지도에 이르기까지 1인 3, 4역을 해냈다. 원장에다 청소부, 잡일까지 해야할 형편이어서 교육받으러 온 사람들은 원장인 그를 잡일 하는 사람인 줄 알았을 정도였다.

김 준은 스스로 강의도 하였다. 1972년에 '협동하는 농업경영자' 과목을 담당하였고 1973년부터 퇴임하기 바로 전인 1983년까지 '새마을운동과 정신혁명'이라는 과목을 담당하였다. 그가 강조한 강의내용은 '농심(農心)철학'이었다. 그의 강의는 살아 있었다. 그의 강의가 살아서 움직인 것은 강의내용과 그의 행동이 일치하였기 때문이었다. 김 준의 열과 성은 교관요원들과 피교육자들 모두를 감동시켰다. 그의 헌신적인 노력과 그의 본을 따르는 교관요원들의 정성은 새마을교육의 성공요인 가운데 하나로 지적되고 있다.

책, pp. 118~120.

1970년대는 오전 2~3시에 취침하고 오전 5시에 기상해도 피로를 몰랐을 정도로 그로서는 소신을 펴볼 수 있는 시기였다. 그는 원장이라 퇴근하면 교육이 제대로 될 수 없다고 하면서 연수원에서의 숙식을 고집하였다. 박 대통령이 "김 원장은 쇳덩이냐?"고 무리하지 말 것을 당부해도, 그는 같이 동고동락해야 교육이 된다고 하였다. 김 준은 그 시기를 농촌과 농민을 위해 하늘이 준 기회로 보았다. 늦은 비에 즉시 모를 심지 않으면 수확에 큰 차이가 있는 것처럼 이 절호의 기회를 놓치면 농촌운동에 차질이 있을 것으로 생각한 그는 "삯꾼은 갈 수 있으나 주인은 갈 수 없는 것처럼 농부가 늦은 비에 모심는 심정으로" 강행군을 하였다. "물고기가 물을 만난 것처럼" 이때는 그가 평생 하고 싶었던 일을 소신대로 할 수 있었던 희망과 열정의 시기였다. 1970년대는 그의 성격과 철학이 상황과 맞아떨어진 시기였다. 대통령의 전폭적인 지원으로 그의 평생의 철학과 소신을 타협과 굴절없이 펼 수 있었다.

입교식이 있기 전 교육 첫날 내무공무원들로 구성된 입교생들은 기상시간이 10분이나 지났는데도 일어나지 않았다.

"이래 가지곤 안 된다. 다들 퇴교하라."

"당신이 뭔데, 오라가라 하는가, 장관 지시로 이곳에 왔는데."

"나도 내무부 장관 지시받고 하는거다."

입교생들은 '더럽다'며 보따리를 싸 나갔다. 그러나 이들은 안되겠는지 다시 돌아와

"우리도 잘못했고 원장도 잘못했다 원장도 사과하라."

"난 잘못한 게 없다. 따라서 사과도 있을 수 없다."

팽팽한 실랑이가 오가던 중 내무부에서 "오전 9시에 입교식 예정인데 잘 돼가느냐"는 전화가 걸려왔다. "오늘 입교식 못한다. 원장이 맘에 안들면 바꾸라"는 전갈을 하자 내무부는 난리가 났다. 우여곡절 끝에 입교생들이 정중한 사과를 한 뒤 입교식이 거행되었다.[9)]

---

9) 《월간조선》, 1988년 5월호, p. 374.

각 부처의 국장급인 고급공무원들이 입교했을 때 농민인 새마을지도자들과 같이 뛰는 것에 불만을 표시했다. 이들은 "명색이 국장급들인데 어떻게 농민들과 함께 교육시키려 하느냐"고 하였으나 김 준은 이를 거절하였다. 고급공무원들은 또한 농민들과 똑같은 유니폼을 입는 것도 불만스러워 했다. 결국 옷은 같되 색깔만 바꾸는 절충식을 받아들였다.[10] 1970년대는 그가 가막골 시절 체득한 모두가 차별없이 동일하게 살아야 협동이 된다는 '공동운명체' 정신을 정부 고위공직자들에게도 소신있게 밀어붙일 수 있었던 시기였다.

처음 새마을운동은 정치적 이유로 출발하지 않았고 초기 새마을교육에는 정치성이 없었다. 그러나 1970년대 중반부터 새마을교육은 학계·경제계·언론계·종교계·노동계 등을 포함하면서 정치적 중립성을 의심받기 시작하였다. 하지만 박 대통령은 적어도 초기엔 새마을운동의 정치화를 경계한 것으로 보인다. 한때 여당인 공화당에서 새마을지도자에게 당원 가입을 권유하는 안이 검토·성안된 바 있었다. 이 안을 보고받은 박 대통령은 새마을운동을 정치화하는 것을 강경하게 반대하였다.[11] 그는 새마을운동이 농민들의 근면·자조·협동 정신을 일깨워서 농민 스스로가 잘살고 마을 주민 모두가 잘살게 하는 운동이지 정부나 여당을 돕는 운동이 아니라는 것이 인식되어야 성공을 거두고 지속적으로 발전할 수 있다고 생각하였다. 이러한 정치중립성은 "새마을운동이란 본래 무색무취한 물과 같아야 한다"고 한 김 준의 순수성과 일치하는 것이었다.[12]

그러나 새마을운동이 농촌에서 도시와 공장으로 확대되면서 새마을운동의 성격은 점차 바뀌어 갔다. 교육대상의 다양화 및 전국화는 농촌지도자 교육에서 출발한 새마을지도자 연수원의 역량을 넘어서는 것이었다. 연수원의 정신개조사업은 소득증대 및 환경개선사업을 통

10) 위의 책.

11) 김정렴, 《한국경제정책 30년사》(서울 : 중앙일보사, 1990), p. 191.

12) 《월간조선》, 1988년 5월호, p. 366.

해 가시적 효과를 산출하고 있었기 때문에 설득력이 있었다. 그러나 "경제적·사회적 여건으로 보아 물량지원 위주의 경제적·가시적 사업으로는 새마을운동을 찾기에는 지극히 어려운" 상황에서 가시적 결과 없이 진행되는 국민정신 개조사업은 한계가 있었다. 농촌운동의 실천적 교사였던 김 준이 국민정신운동으로 변한 새마을운동의 정신적 지주의 역할을 담당하는 것은 농촌 잘살기운동의 외길을 걸어온 그의 경험과 어울리는 것이 아니었다. 농촌운동에 열정을 가진 교관요원들의 역할도 새마을운동이 농촌운동으로서의 성격이 퇴색해 가면서 점차 관련성(*relevance*)을 상실해가고 있었다. 이들 농촌운동가들이 전체 국민을 대상으로 하는 정신개조운동을 이끌어 가기에는 새마을교육의 이념적 기반이 정치한 것도 아니었다.

4. 갈등과 실망의 시기

해를 거듭함에 따라 새마을지도자 연수원이 범국민적 교육기관으로 확대되자 이를 영구화하기 위하여 연수원의 법인화 문제가 거론되었다. 정부는 새마을운동의 심화발전과 영속화를 위하여 항구적인 새마을교육 기관을 육성시켜야 한다는 취지로 1979년 9월 〈새마을지도자 연수원 설치법〉을 마련하였다. 연수원의 법인화는 항구적인 새마을교육 기관으로서 새마을운동의 발전에 부응하는 교육의 지원이 가능하다는 장점도 있었지만 현실적으로 교관요원의 교류를 어렵게 만들어 교육을 경직화시킬 수 있었다. 김 준은 연수원의 생명은 교관요원이 몸 공(功)을 드려야 하는데 이 일은 3년 정도 하면 더 이상 계속하기가 어려워 교관요원의 순환이 절대적으로 중요하다고 생각하였다. 김 준은 연수원이 큰 기관의 산하에 있으면서 교관요원을 수시로 교체해 쓰는 것이 교육의 질을 유지하는 데 긴요하다고 생각하였다. 법인화하여 자격있는 교관요원의 확보나 순환이 어려우면 교육이 경직될 수 있다고 생각한 그는 연수원의 법인화 시도에 소극적이었다.

그러나 정치적 환경의 변화가 새마을연수원의 존립에 주는 영향을 최소화하기 위하여 법인화가 효과적이라고 생각한 그는 결국 이를 추진하여 새마을지도자 연수원은 박 대통령 사후인 1980년 4월 특수법인이 되고 김 준은 그 책임자로 임명된다. 1970년대 농협중앙회의 소속기구로 있었던 연수원이 이제는 전통적으로 그 주요기능이 법·질서 유지인 내무부 산하의 특수법인이 되었다. 새마을운동이 항구적인 국민운동으로 추진됨에 따라 연수원의 성격은 농촌지도자 교육기관에서 국민정신 교육기관으로 바뀌어 갔고, 새마을사업과 농협사업과의 일체화를 통한 농촌 잘살기운동만 지향할 수는 없게 되었다.

1980년대 새마을운동은 1970년대와는 다른 정치사회적 상황에 직면하게 되었다. 새마을운동의 후견인이었던 박 대통령의 죽음은 필연적으로 새마을운동에 대한 정부적 지원과 지지를 약화시켰다. 그의 권위주의 통치시대에 진행되었던 새마을운동은 유신체제적 유산의 청산이라는 시대적 요구로 1970년대와 같은 직접적인 정부지원을 기대하기 어렵게 되었다. 따라서 정부는 새마을운동의 민간화를 추진하였다. 김 준도 정치적 격변기에서 새마을운동을 비정파적으로 순수하게 보존할 수 있는 제도적 장치를 위해 새마을운동의 민간조직화에 적극적이었다. 처음 정부는 순수 새마을운동 출신자들의 주도로 조직을 재편하려고 하였다. 이는 새마을운동의 정치화를 막기 위해 비정파적인 새마을 조직을 만들어야겠다는 김 준의 생각과 일치하였다.

마침내 1980년 12월 새마을운동중앙본부가 창립되었고, 〈새마을운동조직육성법〉에 따라 내무부로부터 사단법인으로 인가를 받았다. 중앙본부는 새마을운동 계획 수립 및 시행, 새마을 국민교육 계획 수립 및 실시 등이 그 주요기능으로 되어 있었다. 독자적 법인체인 새마을연수원은 새마을지도자의 교육과 양성 및 새마을운동의 연구발전에 관한 사항을 담당하였다. 김 준은 연수원장과 본부회장을 겸직하고 있었다. 그러나 기능이 중복된 연수원과 중앙본부의 공존은 이들 간의 갈등을 필연적으로 배태하고 있었다.

초기 새마을교육은 농촌지도자에 국한되었지만 점차 그 대상과 영역이 확대되면서 국민전체를 대상으로 하게 되었다. 특히 1980년 이후 교육대상의 확대는 교육내용의 다양화를 가져와 사회지도층과 기업체 간부직원 등에 대한 교육에서 직업윤리, 시민의식 교육 및 올림픽을 앞두고는 질서·청결·친절 등 선진국민 의식교육까지 담당하면서 농촌지도자 양성을 목적으로 설립된 연수원의 본래 목적과는 다른 방향으로 나아가고 있었다.

국민적 냉소와 저항 속에 출범한 전두환 정권은 새마을연수원을 새 시대를 열기 위한 국민정신혁명의 주도세력을 육성하는 곳으로 만들려고 하였다.[13] 전 대통령은 "새마을운동은 민주복지국가를 건설하는 운동으로 국민정신 개혁운동"이라 재규정하면서 새 정권의 국정지표를 정당화시키는 국민정신교육을 담당하는 역할을 강조하였다. 그는 "새마을운동은 국민조직화의 중추적 역할과 의식개혁운동의 선도적 역할을 담당해야 하며 이제는 사회지도층이 이 운동에 적극 참여하여야 할 단계에 와 있다"고 하여 농촌운동으로서보다도 국민동원 조직화의 도구로서 새마을운동의 성격을 설정하려고 하였다. 민간화에도 불구하고 1980년대 새마을운동은 점차 정치적 중립성을 의심받으면서 국민적 신뢰를 상실하여 갔다.

연수원의 교육대상의 다양화 및 국민정신교육 기관화와 더불어 중앙본부의 인사정책은 새마을운동을 변질시키는 데 결정적인 영향을 주었다. 김 준이 본부회장으로 취임한 지 한달쯤 후 전경환이 사무총장으로 임명되었다. 민간주도 운영이 계속될 경우 자금확보, 업무추진력, 관계기관과의 협조 등에 한계가 있다고 본 정부는 대통령의 실제(實弟)를 사무총장으로 영입하도록 하였다. 그는 부임하자 자기 스타일로 일을 해나가기 시작했다. 친분을 이용해 '새마을'이란 '새'자도 모르는 사람들을 새마을 본부에 끌어들였다.[14] 사무총장이 회장 이상가는 막강한 영향력을 발휘하면서 중앙본부는 점차 사조직화하였고, 새

13) 새마을운동 중앙 연수원, 앞의 책, p. 28.

14) 《월간조선》, 1988년 5월호, p. 375.

마을운동 본류 간부 및 순수 새마을운동 출신들과 갈등이 조성·심화되어 갔다. 본부회장인 김 준에게는 새마을운동조직을 이끌어 갈 수 있는 힘이 없었다. 그는 중앙본부가 국민정신운동 기구에서 사업행사 기구로 변질되어 가는 것을 보고만 있을 수밖에 없었다. 새마을 본부의 정실주의적 인사는 점차 새마을운동의 순수성을 파괴하여 갔다.

새마을운동은 중앙본부가 새마을지도자의 정신적 구심체인 새마을지도자 연수원을 직속 연수원으로 통합하면서 파국에 직면하게 된다. 중앙본부는 1983년에 접어들면서 새마을지도자 연수원을 직속 연수원으로 흡수·통합하려는 움직임을 본격화하였다. 새마을 교육체계의 합리화 및 인력과 예산운영의 효율화를 표면적 이유로 내세운 흡수·통합 시도는 새마을운동의 정신적 본산인 연수원의 역사적 정통성을 탈취하여 새마을운동의 구심체로서 중앙본부의 위상을 공고히 하려는 의도가 숨어 있었다. 일선 새마을지도자들은 새로 설립된 중앙본부보다 1972년부터 농촌개발운동의 구심체였던 연수원에 일체감을 갖고 있었던 것이다.

김 준은 중앙본부와 연수원을 통합하여 인사교류를 하는 것은 일류대학 교수진과 삼류대학 교수진을 교류하는 것과 같은 것으로 있을 수 없는 일이라고 반대하였다. 그러나 그의 반대에도 불구하고 1983년 12월 〈새마을지도자 연수원 설치법〉의 폐지로 연수원은 중앙본부로 통합되었고, 그 명칭도 '새마을운동중앙본부 성남연수원'으로 격하되었다. 이로써 연수원은 단독법인으로 발족된 지 4년 만에 특수법인 성격을 상실하였다. 새마을운동의 영구화를 위해 연수원의 법인화를 추진하였던 김 준은 법에 대한 허무를 느꼈다. 그는 연수원이 흡수·통합된 후 13일 만에 연수원장과 본부회장을 각각 사임하여 15년 간 열정을 불태웠던 새마을운동을 떠나고 말았다.

오랫동안 농협중앙회의 산하기구로 있었던 연수원은 잠시 특수법인으로 있다가 대통령의 실제가 세력을 장악하고 있던 중앙본부 산하 연수원으로 바뀌었다. 연수원의 기본 운영계획은 중앙본부가 수립하게 되었고 기구는 축소되었다. 중앙본부는 새마을운동의 정통성을 지닌 연수원을 산하에 두게 되었다. 그러나 김 준의 염려대로 중앙본부의 인사정책으로 농촌운동에 몸 공(功) 드리는 교관요원들이 연수원을 떠나면서 연수원의 체질은 달라지고 새마을교육의 질은 낮아져 갔다.

사임한 김 준의 뒤를 이어 회장이 된 전경환의 중앙본부는 행사위주의 새마을운동을 하면서 사업확장을 무리하게 추진하였다. 순수 새마을운동 출신자들이 떠나고 새마을운동과 무관한 사람들이 정실주의 인사로 들어오면서 새마을운동은 외형적으로 비대해지는 것과 비례하여 정신적으로도 황폐하여 갔다.

김 준의 새마을운동관은 1980년대 새마을 본부의 행태와 일치할 수 없었다. 중앙본부는 1970년대 새마을운동의 핵심인 정신개조사업의 성과가 교관요원의 열정과 실천에 있었다는 것을 간과하였다. 실천적 리더십이 없는 새마을교육은 효과적일 수 없었다. 농촌문제에 대한 실천성과 도덕성을 강조하는 새마을교육은 행사화와 물량화로 나가는 중앙본부의 방향과는 조화될 수 없었다. 철학이 없는 중앙본부는 이권청탁의 통로와 비리의 온상이 되어갈 수밖에 없었다.

5. 좌절과 실패의 시기

새마을중앙본부의 비리는 새마을운동에 치명타를 가하였다. 노태우 정권이 들어선 1988년 3월부터 일기 시작한 '새마을 비리사건'은 새마을운동의 위상을 뿌리째 흔들었고 새마을지도자 및 조직요원의 사기를 땅으로 떨어뜨렸다. 연수원장과 부장급 교수들의 일괄 사식은 새마을교육의 도덕적 진실성을 손상시켰다. 새마을운동에 대한 국민적 신뢰는 결정적으로 무너져 내려갔고 새마을운동은 표류하고 있었다.

새마을운동을 언론의 공격으로부터 보호할 수 있는 도덕성과 순수성을 갖춘 지도자가 필요하였나. 새마을운동 초기부터 15년 동안 새마을연수원을 이끌어 왔던 김 준이라면 언론의 공격을 막을 수 있나고 생각한 정부는 그를 본부회장으로 영입하려고 하였다. 그러나 처음 그는 이를 완강히 거절하였다. 이미 조직, 구성원 그리고 체질이 바뀌어 자신이 취임해도 새마을운동을 다시 일으킬 수는 없다고 그는 생각하였다. 그의 눈에 비쳐진 새마을조직은 양적으로는 확대되었으나 1970년대와 같은 봉사정신 체질은 아니었다.

그러나 순수 열정을 지닌 일선 새마을지도자들이 "죽어도 같이 죽고 살아도 같이 살아야 한다"고 압력을 넣었고, 정부는 조속히 새마을 비리를 극복하기 위해 그에게 매달렸다. 새마을운동의 비판자들도 김 준의 순수성에 대해서는 의심하지 않았다. 사실상 1970년대 새마을교육이 정부 주도로 이루어졌음에도 불구하고 긍정적 평가를 얻을 수 있었던 것은 연수원장인 그의 순수성 때문이었다. 그는 정치적 색깔이 없는 사람이었다. 이렇게 해서 그는 4년 만에 '타의에 의해' 새마을운동으로 돌아오게 되었고, 1988년 3월 본부회장에 추대되고, 5월에는 연수원장직을 겸임하게 되었다.

'난장판을 수습'하기 위해 다시 돌아온 그의 역할은 상징적이었다. 올림픽을 앞둔 정부는 그가 단지 악화된 여론의 방패막이의 역할을 해주기를 바랬다. 새마을운동의 불을 다시 지피고 싶다는 그의 희망을 실현하기에는 정부의 협력이 너무 없었다. 우선 그가 해야 할 일은 기구축소와 예산감축이었다. 좋게 말하면 조직 재정비, 나쁘게 말하면 사람 목을 치는 일이었다. 조직관리자 역할은 무조직주의자인 그에게 어울리는 것이 아니었다. 조직관리자로서 그가 직면한 기구축소와 인원삭감 문제는 그 당시 민주화과정에서 설립된 노조와 충돌을 일으켰다. 본부를 축소하려니 당연히 노조의 반발이 있었다. 그가 직장알선책을 제시해도 노조는 이를 거부하였다. 일부 노조원은 새마을운동에 대해 적대적·파괴적이었고 김 준은 이러한 노조의 행태를 이해할 수 없었다.

새마을조직내 노조의 존재는 그 자신의 '공동운명체' 철학에 갈등을 주었다. "비동등의 인간들이 상부상조하여 협동을 다져 나가는" 공동운명체에서는 대립과 갈등이 있을 수 없었다. 자신을 사용자가 아닌 새마을지도자로 인식한 그는 일선 새마을지도자를 지원하는 중앙본부에서 노조란 있을 수 없으며 자신이 본부회장으로 있는 한 노조를 인정할 수 없다고 하였다. 그가 그토록 열정을 쏟았던 새마을연수원의 교관들도 노조를 만들어 그를 실망시켰다. "누가 노(勞)고 누가 사(使)입니까?" 자신을 조직관리자가 아니라 농촌운동가로 규정하고 있는 그는 자신이 노조의 협상대상인 사용자 대표라는 사실을 인정할 수 없었다.

'새마을 비리' 이후 노정된 신구 새마을지도자 간의 분열과 반목 및 중앙본부 노조의 적대적 행태는 그에게 결단을 요구하였다. '새마을 비리' 이후 국민의 눈총과 언론의 공격대상이 되어왔던 새마을본부에서의 소요란 그에게는 상상할 수 없는 일이었다. 그는 자신이 장애물이라면 떠나기로 결심하였다. "제가(齊家)도 못하는 주제에, 무슨 새마을운동인가?"라고 생각한 그는 "집안을 조용히 하기 위해" 취임 후 두 달도 안되어 사의를 표하였다. 임박한 올림픽과 국회의 국정감사는 그의 사임을 몇 달 늦추기는 하였지만 그의 정신과 마음은 이미 새마을운동에서 멀리 떠나 있었다. 대립과 반목, 불신과 모함이 난무하는 곳에 서 있기에는 그가 너무 순수한 사람이었다.

6. 상황, 성격 및 리더십

김 준은 새마을운동의 중심에 서서 농촌지도자의 리더십 육성을 통하여 1970년대 새마을운동의 성공에 커다란 기여를 하였다.[15] 새마을 지도자 교육훈련에서 그는 스스로 행동하는 실천적 리더십을 보여주었다. 기독교는 그의 행동지향적 실천성에 큰 영향을 주었다. 그는 "예수는 행(行)치 않고는 말한 일이 없는 것으로 안다. 제자의 발을 씻어 주면서 섬김을 받는 자보다 섬기는 자가 더 높다고 가르쳤다"고 하였다. 기독교 자선단체 동광원에서의 수련은 실천성의 가치에 대한 믿음을 강화하였다. 이러한 신앙적 실천성은 농촌운동에 대한 그의 헌신과 열정의 바탕이 되었다. 새마을운동에 대한 그의 열정은 불과 같았다. "교관은 학벌보다는 농촌운동에 대한 애착과 농민에 대한 관심이 있는 사람으로 몸 공(功)을 드릴 수 있어야 한다"고 한 그는 교관요원의 선발에서도 실천적 열정의 중요성을 강조하였다.

그는 설득보다는 행동, 말의 선전보다는 행위의 사실을 강조하였다. 이러한 실천성은 그의 리더십에 도덕적 우월성을 부여하였고 새마을교육의 성과에 기여하였다. 그의 언행일치는 새마을운동 시절 이전에도 나타나 있다. 가막골에서 복음농민의숙을 설립하여 경영하고 있을 때 그는 실천을 통해 주민들이 자발적으로 따르도록 하였다. 동광원을 나와 잠시 나환자촌에서 생활할 때 자신을 실천하여 나환자들이 의심을 버리도록 하기도 하였다. 그는 지도자에게 가장 중요한 것은 신(信), 즉 믿음이라고 믿었다. 언행이 일치하면 믿음이 생기고 불일치

15) 새마을교육은 새마을지도자 리더십의 역량을 크게 함양한 것으로 평가되고 있다. 예를 들면 한 실증적 연구에 따르면 마을 단위에서 새마을사업을 추진하는데 있어 지도자 연수원을 통해 받은 훈련이 도움이 되었다고 응답한 지도자는 전체 응답자 54명 가운데 85%로 호의적인 반응이 압도적임을 보여준다. 황인정, 앞의 책, p. 119.

하면 불신이 생기게 된다고 하였다. 그의 실천성은 새마을지도자들뿐만 아니라 깊은 잠에 빠져있었던 농민들의 마음을 움직이게 하는 중요한 요인이있다.

그는 지도자의 실천성을 자신뿐만 아니라 교관요원들에게도 강조하였다. 그는 "왜 새마을운동에 전국민이 절대적인 호응을 했느냐 하면 과거는 말이 앞설 뿐 실천이 없었기 때문입니다. 행동하는 실천, 이것이 무엇보다도 중요하지요. 솔선수범한다는 것이 귀한 것입니다. 핵심은 생활, 즉 교육입니다"라고 회고하고 있다. "새마을은 몸 공을 드리는 것입니다. 대학교육?, 실력?, 박사? 천만에 말씀입니다. 무한한 부모의 정(情)-그 원리가 바로 공입니다. 어머니의 몸 공이지요. 그 원리가 새마을교육의 원리입니다. 교관들이 무한히 몸 공을 쏟을 때 새마을교육은 산 교육이 됩니다".[16] 그는 교관요원의 뛰어난 성과는 높은 물질적 유인에서 온 것이 아니라 주로 그들이 개인적으로 소유한 신념과 성취동기에서 온 것이라고 지적하였다.

그는 일선 새마을지도자들에게도 봉사성과 실천성을 교육하였다. 그는 새마을지도자가 마을에서 리더십을 행사하려면 스스로 모범성과 실천성을 보여주어야 한다고 믿고 이를 가르쳤다. 그는 새마을지도자에 대한 보수제공을 반대하면서 봉사성을 강조하였다. 주민들로부터 자발적인 지지를 받기 위해서는 새마을지도자는 자기희생적 태도를 나타내야 한다고 믿었다. 그의 행동과 관념의 일치에 대한 강조는 새마을교육의 성공에 기여하였다.

물론 그의 성격 못지않게 상황적 요인들도 중요한 것으로 보인다. 특히 박정희 없는 김 준은 생각할 수 없다. 박 대통령 사후의 새마을운동 전개과정은 바로 이 점을 극적으로 예증한다. 실천적 리디십을 갖춘 연수원장이 있어도 박 대통령과 같이 전폭적으로 지원해 주는 최고 통치자가 없었다면 새마을교육은 그렇게 지속적이거나 성공적일 수 없었을 것이다. 박 대통령은 연수원의 교무과장이라 할 만큼 하나

16) 새마을운동 중앙 연수원, 앞의 책, p. 261.

하나 챙기며 지원을 하였다. 대통령은 처음 김 준이 교육시간표를 제출하였을 때 이를 일일이 수정할 정도였다. 박 대통령은 불시에 연수원을 방문하여 강의실과 기숙사 등을 살펴보고 불편사항을 지적하며 개인적 관심을 나타냈다.[17] 그는 박 대통령의 절대적 지지가 없었다면 모가지가 백 개라도 절단이 났을 것이라고 하였다. 새마을운동은 대통령의 개인적 관심과 추진력을 업고 강력히 추진되었다. 자신의 발상과 주도로 시작된 새마을운동에 대해 대통령은 전국 새마을지도자대회, 월간 경제동향 보고 등을 통하여 적극적으로 지원하였고 직접적인 관심을 표시하였다. 최고 정치지도자의 지대한 관심은 새마을운동에 대한 사회일반의 인식을 높이고 적절한 행정적·사회적 지원을 가져 왔으며 자원의 배분에 있어 우선순위를 부여할 수 있었다. 1970년대 새마을운동에 대한 최고통치자의 지원은 다른 시기와 비교할 수 없을 만큼 강하였다. 이것이 1970년대 새마을운동 성공의 가장 중요한 요인의 하나로 최고 통치자의 지원과 관심이 지적되는 이유이다.

그러나 김 준 없는 새마을운동을 상상할 수 없는 것도 사실이다. 재건국민운동 본부장이었던 유달영은 "그가 없었다면 새마을교육은 그렇게 (성공적이지) 못했을 것"으로 평가하였다. 새마을에 관한 한 김 준 없는 박 대통령은 생각할 수 없을 것이다. 대통령의 적극적인 후원과 지원이 새마을교육 성공의 필수조건이었지만 충분조건은 아니었다. 바로 여기에 김 준과 같은 농민의 마음을 움직일 수 있는 행동지향적 리더십을 가진 지도자가 필요하였다. 정신교육에서 실천만큼 결정적인 것은 없는데 바로 이것을 해준 이가 김 준이었다. 박 대통령 자신도 김 준이 쓰러지면 새마을운동에 큰 차질이 온다고 믿을 정도였다.[18] 박 대통령과 김 준 간에는 공감대가 있었다. 끊임없는 모함과 압력 속에서도 박 대통령은 그를 믿었고 지원하였다. 한편 김 준은 대통령이 '농민의 아버지'라 생각하였고 대통령의 농촌과 농민에 대한

17) 김 준 "박 대통령과 새마을운동,"《민족중흥》(1991년 10월 26일).

18) 김정렴, 앞의 책, p. 202.

사랑을 의심하지 않았다. 통치자의 강력한 지원과 연수원장의 실천적 리더십의 결합은 1970년대 새마을교육을 성공적으로 이끌 수 있었다.

리더십의 기본적 임무는 다른 이들을 목표를 향하여 움직이게 하는 것이다. 따라서 리더십의 성과는 목표가 무엇이고 또 다른 이들이 누구인가에 따라 달라질 수 있다. 새마을연수원의 과업은 처음 농촌주민의 정신개조교육에서 집권정부의 국정지표를 정당화시키는 국민정신교육으로 변하여 갔다. 연수원의 구성원도 처음 몸 공 드리는 농촌운동가에서 직업적 교육요원으로 바뀌어 갔다. 교육대상도 처음 농촌지도자에서 사회지도층으로 그리고 택시기사를 포함한 일반국민에 이르기까지 확대되었다. 연수원 조직도 처음 농협중앙회의 산하 기구에서 내무부 산하 특별법인으로, 그리고 새마을운동 중앙본부 산하 연수원으로 변해갔다. 이러한 집단조직, 목표, 구성원의 변화 및 교육대상의 다양화는 농촌운동가로 출발했던 김 준의 실천적 리더십의 효과적 행사에 한계를 주었다. 그의 성장과정, 경험, 문제의식 및 가치관은 이러한 변화와 때로는 조화되고 때로는 갈등을 이루었던 것이다.

처음 새마을운동이 농촌운동으로 출발하였을 때 그의 리더십은 연수원을 이끌고 가기에 적합하였다. 농민의 마음을 움직이기 위해서는 농민의 아들로 농촌운동에 일생을 바친 지도자가 요구되었다. 정신개조를 위한 연수원에서는 조직관리적 능력보다도 언행일치의 실천성을 가진 지도자가 요구되었다. 이런 점에서 김 준은 없어서는 안되는 인물이었다. 그러나 1980년 연수원이 특수법인화하고 중앙본부가 창설되면서 조직관리적 역할이 점차 중요하게 되었다. 행사기구화한 새마을 조직은 도덕적 특성보다는 조직관리적 능력을 소유한 관리자를 더 필요로 하였다. 이러한 역할은 무소직주의자로 조직의 해악성을 강조하는 김 준의 성격과 어울리는 것이 아니었다.

새마을 연수원은 본래 근대화의 기초적 작업이 농촌 근대화에 있으며 새마을운동의 성패의 관건이 지도자의 자질, 특히 정신적 자세의 확립에 있다는 취지에 의해 설립되었다. 교육을 통해 체념과 허탈이 쌓인 농민에게 희망과 용기를 주고 '하면 된다'는 자신과 신념을 주고

자 하였다. 그러나 교육대상이 농촌지도자에서 사회지도층을 포함한 전체 국민으로 확대되면서 필연적으로 교육내용에도 변화가 요구되었다. 교육대상의 다양화로 연수원은 농협의 산하기구로 존속하기가 곤란하였고 따라서 특수법인화하였으나 이는 교관요원의 정기적 순환을 막아 몸 공을 드려야 하는 교원확보가 어려웠다. 또한 국민정신교육은 새마을교육처럼 소득증대와 환경개선과 같은 현시적 결과를 보여 줄 수 없었고 특히 국민정신교육을 담당할 수 있는 자격있는 교원확보가 어려웠던 것이다.

새마을교육 20년을 회고하면서 김 준은 "새마을교육은 농촌과 도시, 농민과 상공인 간, 공무원과 국민 간, 지역과 계층 및 직종 간에 국민화합으로 승화시키고 일체감을 갖도록 하는 것이 중요하며 '하면 된다'는 신념으로 선도적 역량집결의 구심체라고 생각"한다고 하여 새마을교육의 국민통합의 기여를 강조하였다. 그럼에도 불구하고 그는 "교관요원 선발에 있어 제일로 중요한 것은 누가 농촌운동에 제일 애착을 가지고 전심전력으로 성실, 지성으로 움직여 주느냐에 있습니다, 학벌? 똑똑한 사람? 무슨 대학 박사·석사 이런 것 다 소용없습니다. 그 사람이 가지고 있는 농촌운동에 대한 신념과 사상이 가장 큰 기본 여건입니다"라고 하였다.[19] 그러나 이는 역설적으로 새마을교육의 한계를 시사한다. 지도자의 성격특성의 관련성이 상황에 달려있음을 생각할 때 농촌운동가들이 국민정신교육을 주도해야 한다는 것은 고도 산업사회에서는 비효과적이거나 시대착오적일 수 있다.

리더십은 어디서나 모든 지도자들이 갖추고 있는 혹은 갖추려고 하는 고정된 일단의 특성이 아니라는 Barber의 지적은 적절하다.[20] 리더십의 보편적 특성이 있는 것이 아니라 그 특성이 상황에 따라 변한

19) 새마을운동 중앙 연수원, 앞의 책, p. 265.

20) James D. Barber "The Meanings of Leadership," in James D. Barber, (ed.), *Political Leadership in American Government* (Boston : Little Brown, 1964).

다는 것이다. Gibb은 "어느 개인이 지도자가 되는 것은 특정한 유형의 성격특성을 가지고 있기 때문이 아니라 그가 가진 어떤 특성이 상황과 관련성이 있고 다른 이들이 그렇게 평가하기 때문이다"라고 지적하였다.[21] 이것은 새마을교육을 이끌어 왔던 김 준에게 적용되는 것으로 보인다.

그럼에도 불구하고 1970년대 새마을운동의 중심에 서서 김 준이 보여주었던 실천적 리더십은 농촌변화에 기여하였다. 박정희 대통령의 공적으로는 우선 근대화를 언급하게 되고, 그러면 자연히 농촌 근대화 운동이었던 새마을운동을 이야기하게 된다.[22] 1970년대 새마을운동은 짧은 기간 동안 농촌사회에 엄청난 변화를 주었다. 환경개선사업과 소득증대사업을 통해 농촌의 삶의 질을 개선하였고, 농민에게 "우리도 하면 된다", "우리도 잘살 수 있다"는 사신과 용기를 주었다. 이 같은 성과의 요인은 새마을운동이 관념과 이론이 아닌 행동과 실천이었기 때문이었다. 이렇게 새마을운동을 평가하면 우리는 또 자연스럽게 김 준을 떠올린다. 김 준의 순수성과 열정은 농촌개발의 주역이었던 새마을지도자들뿐만 아니라 1970년대 농촌사회의 변화를 목격한 우리 모두에게 깊은 인상을 남겼다. 그렇기 때문에 새마을운동의 열기가 사라진 지금도 그는 '새마을지도자의 지도자'로 혹은 '새마을운동의 교주'로 불리고 있다.

21) Cecil A. Gibb, "Leadership : Psychological Aspects," in David L. Sills (cd.) *International Encyclopedia of the Social Sciences* (New York : Macmillan and the Free Press, 1974), p. 93.

22) 새마을운동의 평가에 대한 보다 자세한 분석은 황인정, 앞의 책 참조.

2 경제안정기의 행정가 : 설득형 행정가

경제자율화의 기수 : 김재익 론
권위주의 시대의 반권위주의 행정가 : 고 건 론
80년대 통신혁명의 지휘자 : 오 명 론

경제자율화의 기수 : 김재익 론

김재익(金在益)

1938년 11월 26일 충남 연기군 전의면 소정리에서 부친 金應默 씨와 모친 姜炳周 여사 사이에서 9남매의 막내로 출생

1956년 경기고등학교 2년 수료

1960년 서울대 정치학과 졸업(외교학 전공)

1964년 서울대에서 석사취득(국제관계 전공)

1968년 하와이대에서 경제학 석사 취득

1968~1973년 스탠포드대에서 통계학 석사와 경제학 박사 취득

1973년 한국은행 복직(조사 1부 근무)

1973년 9월~1974년 9월 대통령 비서실 파견근무

1974년 10월 남덕우 경제기획원 장관 비서실장

1967년 1980년 5월 경제기획원 기획국장

1980년 6월 국보위 경제학분과위원장

1980년 9월 청와대 경제수석비서관

1983년 10월 9일 버마 아웅산 묘소에서 순직(45세)

경제자율화의 기수 : 김재익 론

백 완 기

1. 머 리 말

이 글을 시작하면서 한 가지 망설여지던 것이 있었는데, 그것은 김재익이라는 이 깨끗한 영혼을 필자의 능력으로 어떻게 그릴 수 있는가였다. 그래도 이 글을 착수하게 된 것은 그를 오랫동안 겪은 필자로서(그가 1956년 대학에 입학해서 1983년 버마 랑군에서 순직할 때까지) 앞으로 그의 본격적인 연구를 위해서 자료 하나, 해석 하나라도 보태야 한다는 일념에서였다. 여기서 다루는 그의 모습은 정책을 입안하고 실천하는 행정가로서의 모습이다. 그는 흔히 이야기하는 행정가의 체질은 전혀 없었다. 아마 성직자나 순수한 학자가 그의 체질에 맞았으리라. 그래도 그는 국가의 소명에 의해 행정가로 일생을 마치게 된다. 아마 어려웠던 국가 현실이 그를 그냥 놓아두지 않았으리라. 전 총리인 남덕우는 《김재익 추모논문집》[1] 발간식 축사에서 다음과 같이 이야기하고 있다.

1) Lawrence B. Krause & Kim Kihwan(eds.), *Liberalization in the process of Economic Development*(Berkeley: University of California Press, 1991).

> 나는 김재익 박사와 그의 가족을 생각하고 볼 때마다 항상 미안하고 마음이 무거워짐을 느낀다. 나로 인해 官界에 들어 왔고 그로 인해 壽를 다하지 못하고 비명에 가지 않았나 하는 생각에서다. 그러나 내가 아니었더라도 이 희대의 천재를 그냥 놓아두지는 않았을 것이다.

남덕우의 말대로 그의 천재성·고결성·순수성이 국가의 부름을 받게 한 것이다. 그의 관계진출은 그의 의사라기보다는 국가의 소명에 의해서 이루어진 것이다. 아마 그를 아는 사람들은 그가 관료로서 일생을 마치리라고는 아무도 생각하지 못했을 것이다. 그는 늘 순수했고, 욕심이 없었기 때문에 자유를 누리면서 살았고 소신대로 살다 갔다. 또 권력이나 명예나 부에 욕심이 없었기 때문에 어려움과 고독과 수모 속에서도 항상 자기의 모습과 정체성(*identity*)을 지켰다. 그는 빼어난 이론가였지만, 그의 이론을 알아주지 않는다고 해서 섭섭하게 생각하는 법이 없었다. 그러나 그의 이론이 현실을 모르는 탁상공론이나 이상론에 불과하다고 사면초가에 휩싸였을 때에도 그는 그의 이론적 입장을 굳건히 지켰다. 그는 솜털같이 부드러웠고 한없이 겸손한 사람이었지만 경제자율화에 대해서는 그의 신념과 의지를 굽힌 적이 없었다.

그는 이론이나 사상 자체에 도취되어 아집을 부리는 현학적인 이론가와는 거리가 멀었으며 현실을 희망적으로 보는 몽상가는 더욱 아니었다. 그를 비판하는 사람들은 그가 현실을 모르는 이상주의자라고 몰아붙였지만, 그처럼 현실감각이 뛰어난 사람도 없었을 것이다. 본래 천재는 현실감각이 떨어나는 법이다. 김재익도 예외는 아니다. 그는 현실을 냉혹하리 만큼 있는 그대로 직시하는 사람이었고, 그의 이론과 처방은 현실을 토대로 이루어졌다. 단지, 그는 현실을 호도하거나 순간적으로 대응하기 위해서 미봉책을 쓰는 그러한 사람은 아니었다. 문제를 근원적으로 해결하려고 하였기 때문에 고통과 아픔의 세월이 필요하였고, 그 세월을 참지 못하는 사람들은 그를 현실을 모르는 이상주의자라고 매도하였다. 미국의 시무엘슨 교수는 김재익의 생각을 합리적이고 현실적이라고 평가하고 있다. 그를 이상적이라고 비판하는 것은 합리론과 이상론을 구별하지 못하는 것이라고 지적하고 있다.[2] 그가 내린 한국경제에 대한 자율화 처방은 위기의 경제현실 속에서 내려진 것이었다. 경제의 자율화만이 한국경제를 근원적으로 살릴 수 있다고 믿었기 때문에 그는 그의 이론적 입장을 철저하게 견지하였다. 그가 자율화를 추진할 때 주위의 냉소, 비판, 그리고 심지어 위협과 공갈에 휩싸이게 되었지만, 그는 흐트러짐이 없었다. 그가 단순한 이론이나 이상만을 내세웠다면 이렇게까지 굳세게 버티지는 못했을 것이다.

필자는 그의 이론이 옳은지 그른지 모른다. 단지 흥미를 끈 것은 그가 행정가로서 개혁의지를 어떻게 추진하고 실천하였는가에 있다. 흔히 그를 한국경제를 성장위주에서 안정과 자율화 위주로 방향을 바꾸어 놓은 조타수 역할을 하였다고 하지만, 자율화를 정착시킬 때까지 어려운 시련을 많이 겪었다. 한 가지 아이러니컬한 것은 그의 자유주의가 독재권력의 비호 아래 날개를 달고 펼쳐질 수 있었다는 것이다. 다시 말해서 경제의 자율화가 독재권력 아래서 터를 닦았다는 것이다. 아이러니치고는 엄청난 아이러니라고 아니할 수 없다.

2. 김재익의 프로필

행정가로서 그의 역할을 살펴보기 전에 그가 자라온 과정을 잠깐 살펴보자. 그는 충남 연기군 전의읍 소정리에서 小地主의 집안에서 태어난다. 그러나 6·25는 그와 그의 가정에 치명타를 입힌다. 아버지를 잃게 되고 형제들은 풍지박산된다. 서울대에서 강의를 하던 형과 당시 대학에 다녔던 두 형들 모두 행방불명이 된다. 6·25는 모든 국민에게 고통을 주었지만, 김재익의 가정에 유달리 가혹한 시련을 안겨 주었다. 서울로 이사와 홀어머니 밑에서 어렵게 산다. 그래도 그는 밝고 명랑하고 구김살 없이 소년시절을 보낸다. 종교적으로는 독실한 가톨

2) 이계일, "김재익이 남긴 육성," 《정경문화》 1984년 10월호, p. 185.

릭 가정이었다. 그의 누님 두 분이 수녀였다. 큰 누님 김재순은 수녀로서 성심여대 학장을 지냈고, 둘째 누님 김재숙은 성심수녀원 원장을 지냈다. 독실한 천주교인이어서 그랬는지 그는 성직자의 인상을 강하게 풍겼다.

대학시절의 그의 모습을 보면 지식욕구에 불타는 학구파 청년이었다. 그는 전공인 정치학뿐만 아니라 경제학·철학·문학 심지어 자연과학에까지 심취하였다. 이러한 지적 배경은 후에 그로 하여금 종합적인 시각에서 깊게 사고하는 사람으로 키웠던 것 같다. 그는 문리과대학이란 자유스러운 분위기에서 마음껏 날개를 펼치면서 여러 방면의 지식을 섭렵하였다. 그 당시 그를 아는 사람들은 그가 뛰어난 사상가나 학자로서 아니면 기껏해야 전문 외교관으로 일생을 마칠 줄 알았지 관료로서 마칠 줄이야 꿈에도 생각하지 못하였다. 그러나 인간의 운명이란 자기만의 의지로 되는 것은 아닌 것 같다. 그런데 묘하게도 그의 입학동기들의 관계진출은 두드러지게 나타났다. 어느 대학이나 입학기수별로 사회진출의 특징이 나타나는데 문리대 정치학과의 경우도 예외는 아니다. 1954년 입학 기수들이 언론계에 많이 진출할 때, 55년 입학자들은 학계에 많이 진출하였다. 김재익이 입학한 56년 기수들은 관계에 많이 진출하여 두각을 나타낸 사람들이 적지 않았다.[3)]

그는 처음부터 관료가 될 생각은 추호도 없었다. 그러나 그도 살기 위해서 직업을 갖지 않을 수 없었다. 여기서 한국은행을 택하게 되는데 入行시험에서 수석을 차지한다. 그래도 그는 학문에 대한 미련을 버리지 못해 入行과 동시에 대학원에 진학한다. 대학원에서는 국제정치를 전공한다. 한국은행에 근무하면서 한국경제를 섭렵하는 기회를 갖게 된다. 이때 그는 정치와 경제를 연결시킬 수 있는 능력을 키운

3) 예컨대 김재익과 같이 아웅산에서 순직한 서석준 부총리와 이기욱 재무부 차관도 그의 동기다. 이외에도 몇몇의 얼굴을 보면 고 건(내무부 장관·서울시장), 윤양덕(농림수산부 차관보·국회의원), 유종탁(농림수산부 차관·산림청장), 문희화(KIET 원장) 등이 있다.

다. 한국은행은 그에게 정치학에서 경제학으로 전공을 바꾸는 계기를 마련하여 준다. 아마 그 시대의 사람으로서 가난문제의 해결이 무엇보다도 절박하였다고 생각하여 경제학을 택했을 것이다.

하여튼 그는 1966년에 East-West 센터 프로그램으로 하와이 대학에 유학하여 경제학을 본격적으로 공부하기 시작한다. 경제학을 더욱 깊이 철저하게 연구하기 위해 2년 후 다시 스탠퍼드 대학으로 떠난다. 여기서 그는 경제학과 통계학을 동시에 공부한다. 경제학을 보다 철저히 연구하기 위한 도구를 마련하기 위해서 통계학을 택하였으리라. 김재익다운 행동이었다. 그는 매사에 특히 학문연구에 철저하고 완벽하였다. 스탠퍼드 시절에 그의 재능은 유감없이 발휘되었고, 그의 才名은 널리 퍼졌다. 그가 얼마나 뛰어났으면 스탠퍼드 대학원에서 그를 기리기 위해 세미나 룸 하나를 김재익 룸으로 명명하였겠는가. 한국의 천재로 모두가 칭송하였지만, 그는 지극히 겸손하였고 학문에 대해서는 철저하게 진지하였다.

이때 남덕우와의 두번째 만남은 훗날 그의 인생행로 전환의 계기가 된다. 그는 인생행로에서 두 사람의 중요한 사람을 만나는데 하나가 남덕우 총리요, 또 하나가 전두환 대통령이다. 남덕우와는 시종 철학을 같이하지는 않았지만,[4] 남덕우로 인해서 본격적인 관계진출의 문이 열린다. 남덕우는 그의 학문과 사람됨에 깊이 심취하고 있었다. 그의 김재익에 대한 평가를 잠깐 살펴보기로 한다.

> … 그 후 美 스탠퍼드 대학에서 다시 만나는 인연을 갖게 되었습니다. 당시 스탠퍼드 대학에서도 그의 실력은 출중한 것이어서, 그곳 학생들이나 교수들 모두가 '한국의 천재'라고 높이 평가했던 일이 기억납니다. 이런 인연으로 김재익을 비서실장으로 발탁하여 자주 경제정책 수립에 관한 의견을 들었습니다. …국제경제계에서도 한국의 닥터 金이라고 하면 모르는 사람이 없을 정도였지요. 그의 정책이론은

4) 김재익이 철저하게 자율화와 안정화를 추구할 때 남덕우는 성장 쪽으로 기울어지고 있었다.

> 한국실정에 맞게끔 나름대로 화인튜닝(微調整)의 과정을 거친 것이며 특별히 통화론자나 공급중시 학파 등 어느 하나의 학설에도 얽매이지 않았던 것으로 평가받고 있습니다. 우리 나라에서 둘도 없는 청렴하고 강직한 공무원이었고, 어느 누구도 경제이론에 대한 논쟁에서 그를 꺾지 못했습니다.[5)]

또 한 사람인 전두환은 그에게 그의 뜻을 펼 수 있는 기회를 제공하여 준다. 그는 전 대통령을 만남으로써 그가 오래도록 구상해 왔던 정책을 과감하게 실천할 수 있는 기회를 갖게 된다. 전 대통령은 "경제에는 당신이 대통령이야" 할 정도로 그를 전적으로 믿고 그에게 거의 절대적인 권한을 주었다.[6)] 전 대통령은 김재익을 사람됨이나 경제이론면에서 나라의 보배로 생각하고 있었다. 그가 문상차 미망인 李淳子 여사를 만났을 때 국보적 존재를 잃었다고 하면서 애도의 정을 표시하였다.

김재익은 국내보다도 외국에 더욱 알려졌다. 폴 사무엘슨(MIT 교수)을 비롯해서 아사르 린백(노벨상 심사위원), 로렌스 크라우스(캘리포니아대 교수), 로저 포터(하버드대 교수) 등이 김재익의 이론과 정책을 높이 평가하고 있다. 특히 로저 포터(하버드대 교수로 있다가 후에 백악관 국내정책 비서관) 같은 사람은 김재익의 정치적 감각(*political sense*)에 깊이 감동을 받았다고 술회하고 있다.[7)] 김재익이 번득이는 정치적 감각을 가졌다는 것은 여러 사람들에 의해서 확인된다. 이 문제는 나중에 별도의 장에서 다루기로 한다. 여하간 그의 능력이 널리 퍼지자 외국에서 그를 스카웃하려는 움직임이 있었다. 예컨대 1970년

---

5) 고승철, "全 대통령과 김재익"《월간경향》, 1988년 2월호, p. 227.

6) 이장규, "경제는 당신이 대통령이야," (중앙일보사, 1991), p. 8.

7) 서울대 행정대학원 최병선 교수로부터 들었음. 그는 "Institutionalizing A Liberal Economic Order in Korea : The Strategic Management of Economic Change"로 1987년에 하바드 대학에서 박사학위를 취득하였는데 이 논문은 주로 김재익의 역할을 다루고 있음.

대 중반 사우디아라비아가 개발계획을 추진할 때 엄청난 급여를 제공하면서 김재익을 끌어가려고 하였다. 덴마크 같은 나라에서도 김재익을 수입하겠다고 야단이었다.[8)]

그의 머리는 명석하였고 성격은 정갈하였지만, 한없이 겸손하고 부드러웠다. 그의 겸손은 타고난 겸손이었다. 흔히 머리가 명석하면 경솔하거나 오만하기 쉬운데 그에게는 그러한 것이 전혀 없었다. 누구에게나 겸손하였다. 부하에게도 겸손하였고, 수위에게도 겸손하였다. 그가 세상을 떠났을 때 그를 아는 많은 사람들이 그렇게 슬퍼하고 비통하게 여겼던 것은 그의 인간됨에 더욱 감복되어서 그랬으리라고 생각된다. 그렇게 겸손한 그였지만 자기의 순수성과 청결성을 지키는 데에는 냉혹하리 만큼 단호하였다. 그가 해외출장을 떠날 때 그의 가까운 친구들이 여비를 보조해 주고 싶어했다. 그러나 그는 많든 적든 간에 한결같이 거절하였다. 상대방의 호의를 거절하기가 어려울 때에는 "공직자로서 긍지를 가지고 살려는 자세를 이해해 달라"고 오히려 사정하였다고 한다. 하여간 작은 호의마저 거절하여 친구들에게 마음의 상처를 안겨준 것도 한두 번이 아닌 모양이다.

그가 공직자로서 외부 강의를 나갔을 때 강사료를 받지 않아 강사료 때문에 강의초빙 기관에서 어려움을 겪는 일이 한두 번이 아니었다. 꼭 받아야 할 경우에는 누님이 있는 수녀원으로 보내게 하였다고 한다. 그가 연세대 대학원에서 계량경제학 강의를 하였을 때 강사료를 받아가지 않아 당시 이학용 교수(고려대 경제학과)는 애를 먹었다고 이야기하고 있다. 결국 그는 그 돈으로 교수들을 초빙해서 식사대접을 하였다고 한다. 그는 다른 사람들에게는 한없이 너그럽고 관대하였지만, 자신에게는 엄격하고 혹독하였다.

---

8) 고승철, 앞의 책, pp. 214~215.

3. 김재익의 이론적 입장

필자는 여기서 김재익의 이론이나 사상을 다룰 생각은 없다. 단지 그가 정책입안가로서 어떠한 이론적 입장을 취하였는가를 살펴볼 뿐이다. 그가 주장하고 추구한 것은 경제의 자율화와 안정화였다. 보다 본질적이고 궁극적인 것은 자율화였고, 안정화는 자율화를 위한 수단으로 내세웠던 것 같다. 이것은 보통사람의 눈으로는 쉽게 파악하지 못하는 그의 고도의 전략이었다. 그 당시 대부분의 국민이나 정책담당자들은 수입 개방을 반대하였다. 그러나 김재익으로서는 수입 개방이나 자유화는 경제자율화의 핵심 중 하나였다. 그는 수입자유화가 국민의 호응도 얻기 어렵고 인기도 없다는 것을 알았다. 그래서 국민에게 '어필'할 수 있는 물가안정을 들고 나온다. 물가등귀는 투기업자나 은행 빚을 많이 쓰는 생산업자들을 제외하고는 모두가 싫어한다. 여기서 김재익은 자율화로 가기 위한 수단으로 '인플레이션' 억제에 최대의 역점을 둔다. 물가를 잡겠다는 경제안정화 정책은 수입자유화와 직결된다. 다시 말해서 값싸고 질 좋은 외국제품의 수입은 가격을 안정시킴으로써 국민이 열망하는 인플레를 잡을 수 있다는 것이다.

한국경제가 살아남고 발전하기 위해서는 기업들이 국제경쟁력을 키워야 한다는 것이다. 그런데 이러한 경쟁력은 국가가 산업보호라는 이름하에 키워 주는 경쟁력이 아니라 수입개방을 통해서 기업들이 스스로 키운 경쟁력이어야 한다는 것이다. 그가 주장하는 경쟁력은 자생적인 경쟁력이지 정부보호하에서 키워진 가공적인 경쟁력이 아니었다. 그는 개인이나 기업이나 국가나 모두가 힘이 있어야 하는데 그 힘은 스스로 키워야 한다는 것이다. 자생적인 힘을 배양한 기업만이 경쟁 속에서 살아남을 수 있고 外風에도 견딜 수 있다는 것이다. 산업보호라는 미명 아래 국가의 특혜 속에서 자란 기업은 국제경쟁력이 없어 결국 도태된다는 것이다. 기업의 경쟁력은 수입자유화 속에서 자라고 이것을 키우기 위해서는 빨리 수입자유화를 서둘러야 한다는 것이 그의 지론이었다.

모두가 수출 지상주의를 내세울 때 수입개방을 들고 나온다는 것은 여간한 확신과 용기가 없고서는 불가능한 일이었다. 여기서 그는 현실을 모르는 이상주의자로 사면초가에 휩싸인다. 특히 고도성장의 지배적인 분위기 속에서 자율화와 안정화를 들고 나온다는 것은 여간한 용기를 가지지 않고는 불가능한 일이었다. 아마 그가 직업관료 출신이었다면 이러한 위험이 따른 주장과 행동을 하지는 못하였을 것이다. 그는 앞에서 지적한 대로 자기 일신에 대한 욕심이 전혀 없었기 때문에 자기의 소신을 반듯하게 펼 수 있었을 것이다.

그는 철저한 시장경제의 신봉자였다. 자원의 효율적 배분과 사용은 시장경제를 통해서만 가능하다고 생각하였다. 국가 주도아래 이루어진 정책금융, 수출지원금, 금융지원, 세제혜택, 차별관세, 이중곡가제 등은 결국 경제질서를 왜곡시켜 경제를 파국으로 이끈다는 것이다. 예컨대 박정희 대통령 시대의 중화학공업 육성책은 모든 자원을 이 분야로 동원시켜 산업 간의 불균형을 초래하여 경공업 분야를 餓死 직전으로 몰고 갔다. 이처럼 국가간섭으로 인한 과잉투자와 과소투자의 발생은 자원의 효율적 배분을 방해하고 자율적 경쟁력을 약화시킴으로써 경제를 파국으로 몰고간다는 것이다.

그는 시장경제를 다지고 경쟁력을 제고시키기 위해서 여러 가지를 내세우고 구상한다. 그는 앞에서 이야기한 수입개방을 서두르고 독과점을 막기 위한 공정거래제도의 채택을 주장한다. 이어서 기업 간, 산업 간의 경쟁력을 위축시키는 차별금융이나 세제혜택의 철폐를 주장하였다. 그는 금융자율화를 내세움으로써 은행의 민영화, 한국은행의 독립성, 金利의 자율화, 은행인사의 독자성을 주장한다. 그는 한국이 언젠가는 아시아의 금융센터가 되어야 한다고 마음먹고 있었다.[9)]

그는 인플레를 동반하는 성장보다 경제안정을 먼저 강조하였다. 물

9) 이러한 상황 속에서 외국과의 합작은행인 한미은행과 신한은행이 탄생되는데 이때 김재익은 결정적인 역할을 한다.

론 그도 궁극적으로 추구하는 것은 성장이었다. 그러나 그 성장은 안정 속에서 이루어져야 한다는 것이다. 안정을 토대로 하지않은 성장은 물거품이라는 것이다. 그는 한국경제를 살리기 위해서는 무엇보다도 먼저 물가부터 잡아야 한다고 생각했다. 그는 그의 정책의지를 실천할 때에 무엇보다도 인플레 억제에 최대의 역점을 두었다. 그는 긴축정책을 줄기차게 펴나갔고 인플레의 요인이 되는 것을 단호히 배격하였다. 그는 돈을 달라고 아우성치는 기업인, 정치인, 상인, 서민들에게 "살기 위해서 죽어야 한다"는 자세로 긴축을 펴나갔다.[10] 인플레로 重病을 앓고 있는 국민경제에 돈을 풀어준다는 것은 마치 아편중독자에게 아편을 한 대 더 주는 것과 마찬가지라고 생각하였다. 1980년 8월 그는 國保委 상임분과위원장에게 〈우리경제의 과제와 대책〉이라는 긴급보고서를 제출하는데 여기서 가장 강조한 것이 만성적인 인플레의 제거였다. 그는 인플레의 제거를 위해서는 근로자의 임금인상 억제와 예산동결까지도 생각하였다.

그는 재정안정에도 크게 관심을 기울였다. 기업이나 국민이 절약하듯이 정부도 절약해야 한다는 것이다. 아니 정부부터 솔선수범해서 아끼고 절약해야 한다는 것이다. 정부는 되도록이면 돈을 안찍어 내야 한다는 것이 그의 주장이었다. 그래야 흑자정부가 된다는 것이었다. 그는 재정적자의 요인이요, 나아가서는 인플레의 요인인 이중곡가제의 점진적인 폐지를 주장하였다. 그는 정부의 가격보조 정책을 좋아하지 않았다. 이러한 지원정책은 우선은 좋지만, 장기적으로는 피지원자의 체질을 약화시키고 나아가서는 인플레를 유발하여 결국은 국민경제를 취약하게 만든다는 것이다. 그는 돈을 찍어 문제를 푸는 것이 아니라 돈을 찍지 않음으로써 문제를 풀려고 하였다. 그는 개발도상국의 경제가 한번 인플레의 중독에 걸리면 빠져 나오기가 거의 불가능하다는 것을 알고 "살기 위해서는 죽어야 한다"는 자세로 인플레 퇴치에 심혈을 기울인다.

10) 이계일, 앞의 책, pp. 186~187.

세제에 대한 그의 입장을 잠깐 살펴보자. 그는 단순하고 간편한 세제를 좋아하였다. 이른바 3稅論이다. 소득이 발생하는 곳에 소득세, 소비하는 곳에 소비세, 보유재산에 매기는 재산세(상속세, 증여세)면 된다는 것이었다. 따라서 법인세나 관세 같은 것은 부가가치세에 흡수시켜 부가세율만 올리면 된다고 생각하였다.[11] 세율은 되도록이면 낮추어야 하고 모든 세금은 다 걷어야 한다는 것이 그의 주장이었다. 그의 이러한 주장 때문에 세제를 다루는 사람들로부터 '정신나간 친구'라고까지 혹평을 받았다. 여하간 그는 이러한 맥락 속에서 부가가치세와 금융실명제의 채택에 앞장섰던 것이다.

그는 과학기술의 진흥에 비상한 관심을 보였다. 국가의 모든 발전은 물론 경제의 지속적인 성장과 발전도 과학기술의 진흥에 달렸다고 생각하였다. 따라서 연구개발에 보다 많은 예산을 할당하려고 하였고, 중소기업 진흥재단의 기술향상과 공급 및 모험자본(*venture capital*)을 강조하였고 대통령 직속의 과학기술진흥위원회를 설치하는 데 중요한 역할을 한다.

그는 원자력발전소의 설치에 비상한 관심을 가졌다. 1978년에 당시 뉴욕 공과대학 교수로 있던 친구 정근모 박사에게 원자력발전소의 설치가능성을 문의한다. 그의 아이디어는 造船공업과 전력사업을 결합시켜서 동시에 운영하는 것이었다. 즉, 15만톤의 바지(*barge*) 위에 원자력발전소를 설치할 수 있지 않을까 하는 생각이었다. 여하간 그는 1982년에 정근모 박사를 국내로 끌어들여 Korea Power Engineering 사장으로 취임시키고 원자력발전소의 설계 및 설치에 전념토록 한다. 그는 원자력발전소 7·8·9·10호기의 설치에 결정적인 역할을 한다. 김재익은 1차, 2차 '오일 쇼크'를 거치면서 대체 에너지로 원자력의 사용을 적극 권장하였다. 이러한 결과로 한국은 1974년까지만 해도 원자력발전이 전체 전력산출량에서 차지하는 비중이 0%였는데, 1981년에 와서는 14%가 되었다.[12] 그는 이외에도 전화기의 기계식에서 전자식

---

11) 이장규, 앞의 책, p. 182.

으로의 전환 등 과학의 실용화에 적지않은 관심을 기울였다.

끝으로 그의 사회복지에 대한 입장을 살펴보자. 그는 복지문제를 경제의 자율화처럼 외치지는 않았지만 그것은 그의 마음 속에 깊이 깔려 있었다. 그가 수입자유화를 주장한 것도 대다수 국민의 복지와 직결된다. 수입자유화는 경제의 국제경쟁력도 키워 주지만, 소비자인 일반국민에게는 값싸고 품질 좋은 상품을 사용할 기회를 준다. 산업보호는 악용되면 기업을 보호한답시고 일반 소비자에게 희생을 강요하게 한다. 뒤에 이야기할 전자식 전화기의 도입도 국민의 복지 때문에 관계기업가로부터 협박을 받으면서 추진한다. 그는 저소득층에게 염가의 주택을 공급하기 위해서 무던히 애를 썼다. 결국 그는 서울시를 설득하는 데 성공해서 염가의 소규모 주택들을 지을 수 있는 대단위 택지를 개발하게 된다. 그는 서민들에게 제 집을 마련하여 주고 보건·교통·통신·교육 등의 시설을 늘리고 식료품 가격을 안정시킴으로써 근로자가 생계비 때문에 고통받는 일이 없도록 여러 가지 정책을 구상하고 건의한다. 그는 이러한 시각에서 지하철을 추진할 것을 건의하고 공원·위락시설 등의 설치에 기여하였다.

그가 제4차 경제사회개발 5개년 계획의 수립에 실질적 책임자로 일하고 있을 때 거기에 참여했던 徐周錫은 "경제개발 5개년 계획"이 "경제·사회개발 5개년 계획"으로 바뀐 것도 김재익 국장 때문이라고 지적하고 있다.[13] 그는 소득분배 문제에 대해 남다른 관심을 보여 그가 한국경제를 주도했던 1980~84년 사이의 소득분배는 균등성 면에서 많이 개선되었다. 즉, 1980년 이전까지는 하위층의 40%가 차지한 소득은 16.1%밖에 안되었는데, 1980~84년 사이에는 18.9%로 향상되었다. 그런가 하면 상위층 20%가 차지한 소득이 45.4%에서 42.3%

12) Kim Jae-Ik, "Need for the Developing Countries to Play their Part in the GATT," *The World Economy* Vol. 6 No. 3(London: Trade Policy Research Center, 1983), p. 247.

13) 고승철, 앞의 책, p. 223.

로 줄어들었다.[14] 김재익의 복지개념은 가난한 자에게 돈 몇 푼 던져 주는 그러한 개념이 아니었다. 그의 복지개념은 보통사람들이 건강하고 편리하게 살며 스스로 노력을 해서 자립하는 것이었다.

4. 경제기획원과 김재익

김재익이 자기의 생각을 다지고 펼치는 데 경제기획원은 비교적 우호적인 기관이었다. 그는 여기서 1974년부터 80년까지 6년의 세월을 보낸다. 여기서 그는 경제자율화로 가는 길을 닦는 데 핵심적인 역할을 한다. 그는 자기의 입장을 내세우고 펼치는 데 경제기획원의 덕을 보았지만, 경제기획원 역시 그 때문에 경제자율화를 추진하는 기관으로 그 위상을 더욱 다지게 되었다. 이러한 점에서 양자는 서로 보완적인 역할을 하였다. 아마 김재익이 재무부와 상공부에서 일을 하게 되었다면 시장경제의 원리를 감히 펼칠 생각을 못했을 것이다. 그래도 그가 경제기획원에서 일을 했기 때문에 자기의 생각을 주장할 수 있었고 살아남을 수 있었다. 아마 다른 기관에서 관료생활을 시작하였더라면 일찍 관계를 떠났을 것이다. 경제기획원은 경제부처의 수석기관이요, 조정기관이었다. 재무부나 상공자원부, 농림수산부처럼 구체적 고객이 없었기 때문에 비교적 자율성을 향유할 수 있었다.[15]

경제기획원이 다른 경제부처보다 자율성을 가지고 있었기 때문에 김재익은 자기의 생각을 펼칠 수 있었다. 특히 그가 몸담고 있는 기획국은 더욱 그러하였다. 재무부에서 일하다가 경제기획원으로 자리를 옮긴 강경식(재무부 장관·대통령 비서실장)은 경제기획원을 전혀 관청 냄새가 나지 않는 기관이었다고 술회하고 있다.[16] 대민관계에서도 그

14) Kim Kihwan, 앞의 책, p. xxii.

15) 최병선, 앞의 책, pp. 40~50

16) 강경식, "가난구제는 나라가 한다,"《삶과 꿈》(1991), pp. 11~12.

러했고 조직내에서도 상하 간에 위계질서가 거의 없었다. 그 만큼 경제기획원의 분위기는 자유스러웠다. 거기에다 위에서 잠깐 언급한 대로 경제기획원은 구체적인 압력단체들로부터 벗어나 독자성을 향유할 수 있었다. 이러한 제도적 독자성을 지니고 있었기 때문에 비교적 종합적이고 객관적인 정책을 개발하고 추진할 수 있었다. 만약에 경제기획원이 다른 경제부처들처럼 구체적인 압력집단들의 압력에 휘말리게 되었더라면 국민경제의 올바른 방향을 제시하기가 어려웠을 것이다. 상공자원부는 기업인의 압력에 시달렸고, 농림수산부는 농민의 압력에서 헤어나기가 어려웠다. 경제기획원의 이러한 분위기는 김재익의 생존과 그의 자율화 추진을 가능하게 하였다.

이러한 제도적 분위기에 맞추어 김재익은 중요한 인물 두 사람을 만난다. 강경식과 김기환이다. 김재익이 기획국장일 때 강경식은 기획차관보였고, 김기환은 경제기획원 장관의 보좌역이었다. 이들은 경제자율화의 삼총사라고 할 수 있다. 강경식이 팀장으로 실무에 명수였다면 김재익은 이론의 명수였다. 김재익은 자율화의 이론과 논거를 힘차게 다졌다. 이들 셋은 적어도 정책적인 시각에서는 同心一體였다. 그리고 끝까지 자율화의 정착을 위해서 힘을 합쳐 필사의 노력을 기울인다. 김재익으로서는 이처럼 다행한 일이 없었다. 김재익은 외롭게 싸우면서도 이들의 후원과 정신적 이해가 있었기 때문에 버티고 견딜 수 있었다. 경제기획원이라고 해서 김재익을 다 이해하고 지지하는 것은 아니었다. 物價局 사람들은 김재익의 주장에 냉소적이었고, 서석준까지도 그의 이론은 한국의 현실을 모르는 소리라고 귀를 기울이지 않았다.[17] 그러나 강경식, 김기환 이외에도 이형구, 박유광 등이 그의 호흡을 같이하면서 열심히 도와 주었다.

경제기획원 시절 빼놓을 수 없는 인물이 신현확 장관이었다. 역대 장관들은 자율화의 필요성을 인정하면서도 적극적으로 추진하려는 자

17) 서석준은 김재익과 대학 동기로서 김재익의 사람됨과 이론의 빼어남에는 누구보다도 잘 이해하고 있었다.

세는 취하지 않았다. 신현확은 총대를 매고 자율화를 추진하려고 한다. 신현확의 이러한 자세는 개혁 주도자들에게는 신바람난 일이었다. 이때 김재익은 신현확의 지시에 의해 종합적인 안정화 계획을 수립한다. 계획의 주요 골자는 네 가지인데 첫째, 금융자율화를 추진하고 통화량을 줄이는 것, 둘째, 중화학공업 확장을 위한 투자를 중지하고 경공업을 활성화시키는 것, 셋째, 인위적인 가격통제를 지양하는 것, 넷째, 수입자유화였다. 이러한 계획들은 제2차 오일쇼크와 전세계적인 경기침체 및 박 대통령의 시해사건으로 인한 극심한 정치적 혼란 때문에 성공적으로 추진되지 못한다. 그리고 이러한 계획들은 박 대통령에 의해서 긍정적으로 받아들여지지도 않았다.

김재익에게 경제기획원 6년의 세월은 꿈과 좌절의 세월이었다. 그는 이 기간에 경제현실을 진단하고 여기에 대해서 처방을 준비한다. 그러나 그의 생각을 알아주고 받아주는 사람은 많지 않았다. 그래도 이때 준비하고 다져놓은 생각이기에 후에 그에게 기회가 왔을 때에 그는 야무지게 그리고 빈틈없이 정책의지를 실천해 나간다. 그리고 좌절의 세월을 맛보았기에 그 만큼 대처하는 힘도 키웠다. 그래도 그는 기획원 시절에 두 가지의 정책결실에 결정적으로 기여함으로써 보람을 맛보았다. 하나는 기계식 전화기(*mechanical switching system*)에서 전자식 전화기(*electronic digital telephone*)로 바꾸는 것이었다. 이것을 추진할 때 관계업자들로부터 협박을 받았다. 이것은 가히 전화혁명이었다(이 문제에 대해서는 다시 언급하겠음). 또 하나는 부가가치세의 채택이었다. 그는 청와대 파견시절부터 부가가치세의 도입에 앞장섰고 기획원에 와서는 남덕우 장관을 설득하여 이것을 채택하도록 한다. 물론 이 세제 역시 업계로부터 엄청난 반발을 샀다. 이 부가가치세는 전체 세수입의 25%를 점함으로써 가장 큰 稅源이 되었다.[18)]

---

18) Kim Kihwan, "Kim Jae-Ik: His Life and Contribution," in L. B. Krause and Kim Kihwan(eds.), *op. cit.*, pp. xv~xvi.

5. 전두환 대통령과의 만남

김재익의 전 대통령과의 만남은 가히 운명적이었다. 그가 관료생활을 청산하고 KDI의 객원위원으로 돌아가기로 결정한 다음 갑작스럽게 일방적인 명에 의해 국보위 경제과학위원장에 취임하게 된다. 그는 앞에서도 지적하였지만 경제기획원에서 관료생활을 하면서도 자기의 뜻이 제대로 펴지지 않음으로써 실의와 좌절 속에 빠진 것이 한두 번이 아니었다. 수입자유화, 금융자율화, 임금억제, 물가안정, 정책금융의 축소, 중화학공업에 대한 투자조정 등 그의 생각이 전혀 먹혀 들어가지 않았다. 그러다보니 주위의 몇 사람을 제외하고는 실정모르는 교과서 위주라는 따돌림을 당하게 되었고, 건강상태도 좋지 않아 경제기획원을 떠나기로 마음먹고 몇 차례 사의를 표명한다.

그러던중에 80년 5월 하순쯤 드디어 사표가 수리되자 그는 몹시 기뻐하였다. 아마도 실의와 좌절 속에서 벗어나 연구생활에 몰두할 수 있게 되어 기뻐하였으리라. 그러나 그것도 한 순간이었다. 그가 사표를 제출한 날 오후 부총리를 통해서 국보위에 참여하라는 지시를 받는다. 그는 어두운 마음으로 국보위에 참석해서 상임위원장 전두환에게 자기는 경제기획원을 그만두었고, 또 건강상태도 좋지않아 여기서 일할 사람이 되지 못한다고 간곡하게 이야기한다. 그러나 전두환은 막무가내였다. 김재익으로서는 피흘리며 탄생한 5공의 군부세력들이 불안하고 부담스럽게만 생각되었으리라. 그리고 이들이 나라를 어디로 끌고 가려는지 그것도 의심스럽고 불안하기만 하였다. 가족들은 미국으로 가서 살자고 제안하기도 한다. 여하튼 전두환과의 만남은 훗날 한국경제를 생각해서 너무나 극적이요, 운명적이었다. 우선 순수한 자유주의자와 절대권력자가 만나 일을 꾸몄다는 것이 극적이었다. 극과 극은 통한다더니 이를 두고 하는 말인가! 인간사나 국가사가 이런 식으로도 이루어지는 경우가 더러 있었으니 사람의 논리로서는 생각하기 어려운 일이다.

여하튼 김재익은 국보위 경제·과학위원장을 거쳐 청와대 경제수석으로 들어간다. 들어가기 전에 전두환 대통령에게 다짐을 받아낸다. "제가 생각하는 경제정책은 인기도 없고 또 기존의 세력들이 환영하지도 않습니다. 그러나 누군가는 이 일을 해내야만 합니다. 그래도 저를 쓰겠습니까?" 하고 다짐하는 것이었다. 전두환은 김재익의 다짐을 받아들이고 경제에 관해서는 절대에 가까운 권력을 준다. 김재익으로서는 청와대 경제수석 자리가 중요한 것이 아니었다. 앞에서도 잠깐 이야기한 바 있지만, 그는 지위에 대해서 신경을 쓰는 사람이 아니었다. 단지, 그가 소신을 가지고 자기의 뜻을 펼 수 있느냐가 중요하였다. 자기의 뜻을 펼 수 있는 기회를 주면 한번 해보고 그렇지 않으면 그만두겠다는 것이 그의 자세였다. 그가 경제기획원 기획국장을 그만두고 KDI로 가려고 하였던 것도 같은 맥락이었다. 기획국장으로서 5년 동안 신명을 다해서 개혁의 기틀을 잡아보려고 했지만, 뜻대로 되지 않아 사표를 내게 된 것이다.

김재익은 전두환과 만나면서부터 가정교사 역할도 같이한다. 그는 백지에 경제 자율화와 안정화의 그림을 그려 전두환의 머리에 심는 데 심혈을 기울인다. 또한 그는 물가를 잡는 데 전두환의 관심을 불러일으킨다. 나라를 강건하게 하려면 인플레를 잡고 소득분배를 고르게 하고 공무원의 부패를 막아야 하는데 소득분배의 逆進이나 공무원의 부패도 따지고 보면 인플레에서 나온다고 하여 전두환으로 하여금 물가를 잡는 데 최대한의 관심을 기울이게 한다. 이러한 결과로 5공의 치적 중 제일 큰 것이 물가안정이었다. 김재익의 경제강의는 그 만큼 깊게 전두환의 머리에 박히게 되었다. 그는 아무리 복잡하고 어려운 경제문제라도 쉽게 정리해서 상대방에게 전달하는 데 빼어난 재주를 지니고 있었다. 팔십노인인 자기 어머니에게도 경제를 쉽게 가르쳤다. 하루는 자기 어머니가 인플레가 뭐냐고 물었을 때 그는 "돈에 물탄 것"이라고 가르쳐 주었다. 이렇게 간결하고 논리적이고 명쾌한 강의는 전두환을 매료시킨다. 전두환은 김재익의 강의에 빨려 들어간다. 전두환은 시도때도 없이 김재익에게 질문을 해서 경제문제를 익혀나가고 몰랐던 것은 때와 장소를 가리지 않고 질문을 했다. 그래서 김재익은 퇴근길에 전화로 질문을 받아 다방에 들어가서 답변하는 경우도 있었다. 전두환이 "아까 당신이 설명할 때에는 알 것 같았는데 조금 애매해서 전화로 급히 묻게 되었다"고 하면 김재익은 정성을 다해서 설명을 하여 준다. 이러한 결과로 전두환은 경제에 대해서 자기 나름대로 一家見을 갖게 된다. 그래서 전두환은 기자들 모임이나 각료회의에서 곧잘 경제강의를 하였다.

김재익은 전두환에게 강의를 할 때 세 가지를 강조하였다. 하나는 경제질서란 강제적 힘으로 이루어지는 것이 아니라 수요와 공급에 의해서 자생적으로 이루어져야 한다는 것이다. 둘째는 경제의 實物性을 강조하였다. 아무리 임금이 올라가도 물가가 올라가면 소용이 없다는 것이다. 세번째는 가계나 정부나 적자운영을 해서는 안된다는 것이다.[19] 이러한 학습과정을 밟아 온 전두환은 자기 나름대로의 경제관을 세운다. 그는 물가안정의 중요성을 자기 나름대로 구상해서 김재익에게 검토해 보라고 하기도 한다. 그러면 김재익은 틀린 데가 없다고 확인하여 주기도 하였다. 김재익은 자기의 정책의지를 고스란히 받아 주고 또 자기를 거의 절대적으로 신뢰하여 주는 전두환이 고맙기만 하였다. 처음에는 두려움의 대상이었지만 나중에는 인간적으로까지 호감을 갖게 된다. 그래서 그는 전두환이 단순하고 질박한 사람이라고 생각하게 된다. 인간이란 누구를 막론하고 자기를 알아 주는 사람을 싫어할 수 없다. 김재익도 마찬가지였다. 나라의 보배로 아껴주는 전두환에게 열과 성을 다해서 도와주고 싶었다. 여하간 전두환으로 하여금 무엇보다도 경제문제에 흥미를 갖게 하였고 그것도 안정화 쪽으로 마음을 굳히게 한 것은 김재익으로서는 크나큰 보람이었다.

다시 이야기하지만, 두 사람의 만남은 운명적인 만남이었으며 경제자율화와 안정을 다지는 중요한 계기가 되었고 극과 극의 만남이었지만, 善을 이루는 협력의 관계였다. 이 만남은 역사적인 시각에서도 홍

19) 이장규, 앞의 책, p. 13.

미있는 사건이었지만 사회과학을 연구하는 학도에게도 연구의 대상이 될 만한 사건이었다.

6. 김재익의 정책 추진 전략

역대 경제각료나 경제수석 중 김재익처럼 한국경제의 방향 변화에 크게 영향을 끼친 사람이 없다고 지적되고 있다. 그러면 그러한 힘이 어디서 나왔을까? 그는 策略이 있는 사람도 아니었고 밀어붙이는 強性의 인품을 가진 사람도 아니었다. 누가 보아도 잔잔하고 부드럽고 清雅하기만 한 사람이었다. 그와 정책적 시각을 같이하며 가까이 지냈던 김기환의 이야기를 들어보자. “그는 경제수석으로 3년 간 있으면서 엄청난 영향력을 끼쳤는데 그 힘은 그의 빼어난 인품과 역할에 대한 정확한 이해에서 나왔다”고 지적하고 있다.[20] 순수함은 그 자체로 엄청난 힘을 지니는 법이다. 그의 순수함은 이미 강한 실천력과 추진력을 내포하고 있었다. 우선 그가 주장을 펼 때 그 이면에 사심이나 사욕이 깔려있다고 의심하는 사람은 거의 없었다.

그는 정책을 추진할 때 장애요인이 나타나면 힘을 동원하거나 위압적 자세를 취해서 그것을 제거하려고 하지 않았다. 그 장애요인이 사람일 때에는 객관적인 사실을 동원해서 그 특유의 쉬운 방법으로 설득하려고 하였다. 그는 상대방을 설득할 때 항상 메모지 위에 요점을 적으면서 쉽게 설명한다. 그의 설명을 듣다보면 어느새 메모지가 수북히 쌓인다. 그가 남긴 메모지는 수없이 많다. 그는 설득 대상이 중요한 인물이라고 생각할 때에는 밤중에 집으로까지 찾아가서 설득하려고 하였다. 그는 그의 의견이 받아들여지지 않았다고 해서 섭섭해 하거나 언짢게 생각하는 법이 없었다. 그러나 그의 의견을 펴고 상대방을 설득하는 데 집요한 자세를 취한 것만은 사실이다.

---

20) Kim Kihwan, *op. cit.*, pp. xxii~xxiii.

그의 추진전략 중에서 특징적인 요소들을 살펴보면 다음과 같다. 첫째, 그는 순수했기 때문에 상대방의 협박이나 위압에 굴하는 법도 없었고 이권공세에 휘말리는 법도 없었다. 그는 사심이나 사욕이 없었기 때문에 자기의 주장이니 의견을 포기하는 일이 없었다. 여기에 대해서 두 가지 사건을 실례로 들기로 한다. 하나는 전화기 교환사건이요, 또 하나는 그 당시 실력자였던 許氏들과의 관계였다. 우선 전화기 교환사건을 살펴보기로 한다. 김재익은 1976년에 기계식 전화를 전자식으로 바꾸는 것을 추진한다. 그는 이 작업을 추진하면서 좌절, 협박, 회유, 모략 등 여러 가지 시련을 겪는다. 관련업체는[21] 물론 관계 공무원, 기술자 모두가 이 작업의 추진을 줄기차게 반대하였다. 모두가 다 이해관계로 얽혀 반대하였다. 이러한 官産유착 구조를 깨뜨린 장본인이 김재익이었다. 그는 이 유착구조를 깨뜨리는 과정 속에서 모략과 구설수에 오르고 끝내는 협박까지 받는다. 또 집으로까지 협박전화가 걸려와 가족들까지 놀라게 하였다. 그는 이 사업이 여러 가지 관점에서 꼭 필요하다고 생각했기 때문에 어떠한 세력에도 굽히지 않고 밀고나갔다.

이야기가 난 김에 이 추진사업을 좀더 구체적으로 살펴보기로 한다. 왜냐하면 이는 통신혁명의 핵을 이루고 있기 때문이다. 1970년대 우리는 기계식 전화기를 사용하고 있었는데, 이는 폭발적으로 증가하는 전화수요를 충족시킬 수가 없었다. 그래서 전화적체 현상은 사회문제로까지 대두되었다. 김재익은 전자식 교환기를 쓰는 나라들을 다니면서 실태를 파악하고 전자식 교환기의 도입만이 전화의 적체현상을 해결하고 정보사회의 기반이 되는 대량공급을 가능하게 한다고 확신하였다. 김재익의 발의에 따라 1976년 2월 경제장관회의에서는 한국과학기술연구소(KIST)에 전자식 교환기 도입의 타당성 검토를 의뢰하기로 결의한다. 과학기술연구소는 도입가격, 시설비, 유지보수비 등

21) 당시 관련업체는 금성사와 동양정밀이었다. 이들은 독점공급업체로 로비활동을 하면서 반대하였다.

기술적 성능면에서 전자식이 기계식보다 월등하다고 결론을 내린다.[22] 이것을 토대로 정부는 半 전자교환기의 국제 경쟁입찰을 시행한다. 이 입찰에서 벨기에의 BTM사의 M10 CN 교환기가 선정됨으로써 서독 지맨스사의 독과점체제는 막을 내리게 된다. 그는 단순한 도입에 만족하지 않고 그 시스템의 생리를 우리 것으로 소화한 다음에 그것을 바탕으로 전자교환기를 자체 개발한다는 계획을 세운다. 이 계획을 위해 체신부 산하에 한국통신기술연구소를 세운다. 체신부는 248억원의 연구비를 들여 세계에서 열번째로 全 전자교환기 TDX-1의 개발에 성공하여 1985년부터 납품하기 시작하였고, 최근에는 해외로 수출하기까지에 이르렀다.[23]

그 당시 김재익의 개혁적 발상에 반대한 관료들도 나중에 술회하기를 그때 전자식으로 바꾼 것이 통신혁명을 이룩하는 데 결정적인 역할을 하였다고 보았다. 1976년의 통계에 의하면 한국의 전화 가입자는 127만에 불과하였는데, 1989년에는 무려 1,300만을 돌파하였다. 이는 세계 10위의 전화 가입자수 국가가 되는 결과를 가져왔다. 그리고 세계적으로도 희귀한 전화기를 신청하는 즉시 가설할 수 있는 국가가 되었다.[24] 전화기의 확대로 정보가 자유스럽게 유통됨에 따라 사회는 민주화·개방화·자율화 쪽으로 줄달음치게 되었다. 국가발전에 이렇게 중요한 사업이고 보니 김재익으로서는 어느 누구의 압력이나 협박에도 굴할 수가 없었다. 그 당시 경제기획원 차관보였던 강경식은 학자 출신인 김재익이 아니고는 생각할 수도 없는 일이었다고 술회하고 있다.

---

22) 유지보수 인력면에서 半 전자식과 全 전자식은 기계식에 비해 각각 31%와 29%만 필요하였고, 시설·면적면에서는 39.6%와 17.5%만 필요하였다.

23) 조갑제, "실록·제5공화국 6 : 정권의 설계," 《월간조선》, 1990년 11월호, p. 438.

24) 조갑제, 위의 책, p. 438.

또 다른 하나의 사건은 당시 실력자였던 허씨들과의 관계이다.[25] 김재익은 5공 창출의 주도세력이라고 일컬어지는 허화평 정무수석과 허삼수 사정수석과는 국보위 시절부터 불편한 관계를 지닌다. 그들은 김재익을 백면서생 아니면 돈키호테 같은 인물로 취급하려 했다. 각하 옆에 붙어 앉아서 어려운 경제를 더욱 어렵게 만드는 인물이 김재익이라고 생각하였다. 우선 그들은 대통령이 김재익에게 푹 빠져 있는 것이 싫었다. 김재익은 공개 석상에서 그들에게 온갖 모욕을 다 당했다.

> 이것 보시오. 당신이 경제학자인 데도 불구하고 얼마전에 국제경제학회에서 당신의 경제정책이 틀렸다는 비판이 자자했다고 하니 도대체 어떻게 된거요? 당신의 말이 옳다면 최소한 당신과 의견이 같은 학자들이라도 당신 편을 들어야 할 거 아니요. 그런 소리나 계속하려면 더 이상 앉아 있지 말고 이 방에서 당장 나가시오.

허화평 정무수석이 주재하는 주간 정례수석회의에서 회의도중에 쫓겨나는가 하면 아예 정례회의에 참석하지 못하는 경우도 있었다. 이처럼 수모를 당하였지만 김재익은 전혀 내색을 하지 않았다. 그는 인내로 그들을 대하였을 뿐 굽히는 법은 없었다. 그는 국가의 중요 정책을 추진하는 데 그들의 모욕쯤이야 얼마든지 감내할 수 있었다. 이것도 김재익이 순수했기 때문에 속으로 삭이면서 감당할 수 있었다. 전두환은 김재익이 두 허씨들로부터 괴로움을 당하는 것을 알고 격노한다. 결국 두 허씨들은 청와대를 떠난다.

두번째로 지적할 수 있는 것은 그는 정부의 성공적인 역할에 대해서 정확하게 이해하고 있었다. 아무리 정부가 하는 일이지만 강제력이나 물리적 힘만으로는 성공하지 못한다는 것을 잘 알고 있었다. 그는 자주 국민의 지지와 이해만 있으면 성공할 수 있다고 하였다. 그래서 그는 정책을 추진하기 전에 국민부터 이해시키려고 노력하였다. 경제

25) 이 대목은 이장규의 글을 인용하면서 살펴보기로 한다. 이장규, 앞의 책, pp. 303~310.

자율화보다 물가안정을 먼저 내세웠던 것은 국민의 관심을 불러일으키기 위해서였다. 물가안정은 모든 국민의 생활과 직결되기 때문에 국민의 관심을 불러모으기에 충분하였다.

그는 국민과 접촉하고 그들의 이해와 지지를 얻기 위해서 언론매체인 신문과 방송국을 적극적으로 활용하려고 하였다. 그는 경제기자들을 자기 방으로 초청하거나 끌어들여 정부의 정책이나 자기의 구상을 소상히 설명하여 기사화시킴으로써 국민에게 알리려고 하였다. 그는 이론이나 철학보다 객관적인 사실이나 정보를 유포시킴으로써 일반 국민의 관심과 호응을 얻으려고 하였다. 예컨대 캘리포니아産 쌀은 그 값이 한국 쌀값의 1/3에 불과하다고 정보를 흘린다. 이러한 정보는 일반 소비자의 관심을 일으켜 무엇인가 생각하게 한다. 이러한 정보는 생산자에게도 자극을 준다.

김재익은 물가안정과 경제자율화 정책을 추진하기 위해서 텔레비전을 통해서 대대적인 대국민 경제교육을 실시한다. 전두환 대통령도 전적으로 여기에 동조한다. 이러한 경제교육을 통해서 국민의 공감대를 형성하려고 하였다. 그는 경제교육을 정책을 추진하는 수단으로 여겼다. 경제교육의 내용은 주로 김재익의 아이디어였다. 1981년 11월에는 경제기획원 안에 대국민 경제홍보기획단이 생기고 1년 뒤에는 경제교육기획관실이라는 별도의 부서가 생겼다. 이 부서는 경제기획원 안에 있었지만 실재 업무추진은 청와대 김재익 경제수석의 지시를 받았다. KBS와 MBC 텔레비전은 대국민 경제교육을 위해서 본격적으로 활용되었다. KBS 텔레비전의 경제교육은 이계일이 맡았고, MBC 텔레비전은 사공일이 맡았다. 경제기자 출신인 이계일은 김재익 수석의 추천으로 청와대 경제비서관으로 내정되었으나 경제교육의 중요성이 부각되면서 KBS 경제교육 해설위원으로 들어간다. 그는 5공 시절 경제교육방송을 전담하면서 대국민 경제교육에 전념한다. 사공일은 KDI 부원장으로 MBC에서 세계적인 경제석학들과 대담을 하면서 국민들의 경제에 대한 관심을 끌어낸다. 여하간 이러한 경제교육이 효과를 발휘해 국민들의 이해 속에서 임금억제정책, 예산동결, 추곡수매가

억제정책 등을 추진하는 데 결정적인 역할을 하였다.

세번째로 김재익은 정책을 추진하는 데 있어 사람이 중요하다는 것을 깊이 인식한다. 그는 경제수석으로 취임하고 나서 자율화와 안정화 정책을 본격적으로 추진하기 위해 경제부문에 한해서 인사문제에 깊이 개입한다. 다시 말해서 적합한 인물을 적합한 장소에 앉히는 데 최선을 다한다. 어떤 경우는 약간 무리인 경우도 있었다. 예컨대 경제기획원 관료들로 하여금 재무부를 점령하게 하는 경우이다. 그러나 그는 사적인 문제로 인사에 개입한 일은 없었다. 인사청탁을 해 본 일도 없었고 외부의 청탁에 응해 본 일도 없었다. 그가 인사문제에 대해서 얼마나 깨끗하였는가는 다음의 이야기로 짐작할 수 있다.

그가 세상을 떠나고 이어서 그의 노모가 세상을 떠나게 되었다. 그의 부인 이순자 교수가 시어머니 장롱을 정리하다가 한 보따리의 이력서를 발견하였다. 그 이력서들은 어머니를 통해서 김 수석에게 전달되고자 한 이력서였다. 그런데 그 이력서는 김 수석에게 한 통도 전달되지 않고 장롱 속에서 잠자고 있었다. 어머니는 아들의 마음을 잘 알고 있었다. 그 중에는 꼭 부탁하고 싶었던 이력서도 하나 있었다. 다름 아닌 6·25 때 학살당한 남편의 시신을 찾아 염을 해주고 장례를 잘 치러주고 김재익의 가정을 돌보아 준 사람이 보낸 이력서였다. 어머니는 그 이력서마저 전달하지 않았다. 이순자 교수가 이 이야기를 들려주었을 때 그 어머니에 그 아들이요, 그 아들에 그 어머니라는 것을 절감하지 않을 수 없었다. 그러한 그였지만 공적인 면에서 정책을 성공적으로 추진하기 위해서는 과감하게 인사에 개입한다. 그러나 개입이라고 해서 그가 마음대로 인사권을 휘둘렀냐는 이야기는 아니다. 대통령의 신임을 받는 터라 그는 누가 적합한 사람이냐고 문의받을 때에만 적극적으로 추천하였다는 이야기다. 단지, 경제기획원과 재무부의 전면적인 인사교류는 예외였다. 경제기획원과 재무부는 전통적으로 체질이 달랐다. 같은 경제부처지만 경제기획원은 자유스러운 분위기였고, 재무부는 보수적이고 경직적인 분위기였다. 김재익은 자율화와 안정화 정책을 추진하는 데 있어 여타의 경제부처 때문에 고통을 당했는데 특히 재무부 때문에 더욱 그러하였다. 재무부는 특히 금융자율화에 대해서 반대입장을 취하였다. 김재익은 재무부를 대대적으로 물갈이하기 전에는 자율화의 추진이 불가능하다는 것을 알게 된다. 김재익은 재무부의 아성을 깨뜨리기 위해서 기회를 노린다.

이러한 분위기 속에서 경제기획원 기획차관보였던 강경식이 승진해서 재무부 차관으로 들어 앉는다. 기획원의 재무부 점령작전이 시작된 것이다. 이어서 이진설 공정거래실장이 재무부 제2차관보로, 이형구 기획국장이 재무부 이재국장으로 옮겨 앉는다. 반면에 정인용 재무부 차관은 경제기획원 차관으로, 하동선 재무부 차관보는 기획원 차관보로 정영의 기획관리실장은 공정거래실의 상임위원으로 옮겨 앉는다. 그리고 재무부의 간판국장인 이수휴 이재국장은 국제금융국 재무협력관으로 좌천된다. 그는 개혁파들의 주장에 맞서 싸운 재무부의 대변인 격이었다. 이 무렵 李·張사건이 터지면서 나웅배 장관이 물러난다. 차관인 강경식이 차관승진 6개월 만에 다시 장관으로 올라 앉는다. 강경식의 장관승진은 김재익의 강력한 추천으로 이루어진 것이다. 강경식이 장관이 되었을 때 김재익이 그렇게 좋아하였다. 재무부의 체질을 개선하고 자율화를 정착시키기 위해서는 강경식의 재무부 장관 취임은 개혁파로서는 절대절명의 호재였다. 김재익이 그렇게 좋아했던 것은 강경식과의 인간적인 관계에서라기보다는 개혁의 정책을 본격적으로 추진할 수 있었기 때문이다. 강경식이 장관이 되면서 재무부는 기획원 출신으로 더욱 다져진다. 기획원 출신인 김흥기 전매청장을 차관에 앉히고 이형구 이재국장을 금융담당 차관보로 승진시키고 역시 기획원 출신인 강현욱 사우디아라비아 재무관을 이재국장으로 앉힌다. 심지어 금융정책 과장까지 기획원 출신으로 바꾼다. 그런가 하면 마지막 보루였던 이규성 금융담당 차관보까지 형식적으로 승진시켜 전매청장으로 내보낸다. 이로써 재무부는 6·28 금리인하 조치와 금융실명제를 추진한다.

김재익은 통신혁명을 구상하고 있었다. 여기에 적합한 인물이 吳明이라고 생각하였다. 그래서 그를 체신부 차관으로 추천하고 통신사업을 주관하도록 한다. 김재익은 오 명을 체신부 차관으로 앉히기 전에 청와대로 끌어들여 또 하나의 공학박사인 洪性源과 더불어 통신혁명작업을 추진한다. 이들은 전자·반도체·통신 등이 미래의 산업을 주도할 것이라고 확신하고 이 사업을 본격적으로 추진하기 위해서 오 명을 체신부 차관으로 내보낸다. 오 명은 맡은 사업을 성공적으로 수행했고 김재익은 뒤에서 전폭적으로 지원하였다. 오 명은 계속해서 체신부에서 장·차관으로 8년여를 근무하면서 통신사업을 주관한다. 김재익이 오 명으로 하여금 통신혁명을 주도하도록 한 것은 명쾌한 처사라고 아니할 수 없다. 결국 이 사람들이 오늘의 통신혁명을 이룩한 장본인들이기 때문이다.

김재익은 원자력발전사업 연구를 위해서 뉴욕공대 교수로 있는 鄭根謨(후에 과학기술처 장관)를 끌어들이려고 노력한다. 그 둘은 고등학교 동기로 오래된 친구 사이이다. 김재익은 81년 12월에 정근모에게 편지를 보내 Korea Nuclear Engineering 사장으로 취임하여 줄 것을 부탁한다. 당시 정근모는 개인사정, 가정사정으로 나올 형편이 못된다는 뜻을 전한다. 김재익은 화를 내면서 나올 것을 거듭 간청한다. 정근모는 그 당시를 회고하면서 "그렇게 오래 사귀었지만, 그처럼 화를 내는 것은 처음 보았다"고 이야기하고 있다. 김재익은 이 연구사업의 책임자로 정근모가 꼭 필요하였다. 이들은 한국의 과학기술개발에 대해서 의견도 많이 나누고 토론도 많이 하였다. 정근모가 과학원에 기술사회연구실을 설치한 바 있었다. 이때 김재익은 조경목(후에 과학기술처 차관)과 더불어 정부파견 위촉위원이었다. 김재익의 과학기술 개발을 통한 국가발전의 꿈은 오랜 세월을 두고 잉태된 것이었다. 결국 정근모는 김재익의 간청에 못이겨 귀국하게 된다. 그가 사장에 취임하면서 Korea Power Engineering으로 회사명이 바뀐다.

김재익은 적자예산을 흑자예산으로 전환시키는 데 최대의 관심을 기울인다. 여기에도 사람이 필요하다고 생각하여 文喜甲(후에 경제기획원 차관·경제수석)을 약간 무리를 하면서 예산실장으로 앉힌다. 문희갑은 경제문제를 다루는 데 있어 김재익과 시각과 입장을 같이했다.

문희갑은 김재익의 예산동결정책의 구상을 실천에 옮긴 사람이다. 이들은 경제기획원에서부터 국보위원회에 이르기까지 같이 일을 하였으나, 특별히 친하게 지내는 사이는 아니었다. 그러나 김재익은 안정화정책을 추진하는 데 그 사람이 예산실장의 적임자라고 생각되어 인사의 무리까지 빚으면서 그를 예산실장으로 추천한다.[26] 그들은 성격, 체질, 추진방법에서 달랐지만[27] 서로가 상대방을 높이 평가하고 있었던 것 같다. 문희갑은 89년 7월 《한국일보》와의 인터뷰에서 "경제관료로서 존경하는 사람이 누구냐?"고 물었을 때 서슴지 않고 김재익을 들었다. 그 내용을 인용해 보기로 한다.

> 존경하는 분들이 많아서 일일이 열거하지 않겠습니다. 다만 잊을 수 없는 사람으로 김재익 씨를 들고 싶습니다. 그는 성장위주·인기위주의 경제정책에 젖어 있던 80년대 초에 청와대 경제수석비서관으로서 안정을 주장하여 5공 경제의 안정기틀을 잡았던 사람입니다. 그는 성장에 길들여진 공직자와 여론을 설득하면서 어떻게든 인플레이션을 퇴치해야 한다는 대통령의 결심을 얻어냈습니다. 당시로서는 그의 작업이 지금 우리가 해내려는 개혁 못지않게 어려운 것이었습니다. 그는 안정화 시책을 펴도록 하는 데 성공했으나 성공의 결과를 못 본 채 고인이 되었습니다.

김재익은 문희갑을 통해서 그 당시 상상하기도 어려운 예산동결정책을 얻어낸다. 김재익은 일을 추진하기 위해서 사람을 찾았고 적합한 인물이라고 생각되면 무리를 하면서 추천하였다. 그는 사람의 중요성을 철저하게 인식하고 있었다.

---

26) 문희갑은 79년 2월 부이사관으로 승진하고 3년 뒤 82년 4월에 이사관으로 승진했다. 그는 이사관 승진 6개월 만에 1급 자리인 예산실장에 직무 대행으로 취임했다. 이것은 상당히 무리한 인사였다.

27) 김재익과 문희갑을 비교한 글로 민병문, "5공과 6공의 경제수석 : 김재익과 문희갑," 《신동아》, 1989. 9, pp. 241~255 참조.

네번째 김재익은 정책을 추진하는 데 있어 상황포착이 뛰어났다. 그는 정책을 추진하다가 벽에 부딪치면 인내를 가지고 기회를 기다린다. 기다리다가 상황이 전개되면 이를 놓치지 않는다. 그의 금융실명제 추진과정을 살펴보기로 한다. 금융실명제는 재무부 장관인 강경식과 더불어 면밀하게 추진한다. 다시 말해서 재무부 장관과 청와대 경제수석이 대통령을 설득해서 추진하였기에 어려울 것이 없을 것 같았다. 김재익과 강경식은 앞에서도 여러 번 지적하였지만 경제 자율화와 안정화를 다지는 데 쌍기둥 역할을 하였다. 한 사람은 이론가로 또 한 사람은 실천가로서 손을 맞잡고 경제 자율화를 다지는 데 심혈을 기울인다. 이들은 이전부터 금융실명제의 필요성을 절감했다. 이들에게 금융자율화나 금융실명제는 꼭 이루어져야 할 지상과제였다. 지하경제를 청산하고 깨끗한 경제질서를 형성하기 위해서는 금융실명제의 실시는 당연지사였다. 그러나 함부로 추진할 수 없었다. 당연히 추진해야 할 일이었지만, 너무나도 엄청난 사건이라 함부로 추진을 못했다. 이는 기존의 경제질서를 뒤엎음으로써 엄청난 혼란을 가져올 것이 예측되었다. 이는 비단 경제뿐만 아니라 정치 및 사회에도 큰 충격을 줄 것이 예상되었다. 특히 정치자금을 주무르는 사람들에게는 용인할 수 없는 제도였다.

이러한 혁명적 사건이니－적어도 경제적인 면에서－아무리 주무장관이요 막강한 경제수석이라도 함부로 추진할 수 없었다. 이때 이철희·장영자 사채사건이 터진다. 이 사건은 사회에 큰 파문을 주고 은행장들이 해임되고 당시 재무부 장관인 나웅배가 자리에서 물러나게 된다. 정의사회 구현을 외쳤던 5공에 먹칠을 한 사건이었다. 강경식은 차관에서 장관으로 직접 올라 앉는다. 이들은 이때를 놓치지 않고 금융실명제를 추진한다. 이 사채사건은 금융실명제와 직결된 사건이었다. 금융실명제가 실시되면 이러한 사건은 터질 수가 없었다. 당시 정부로서는 이 사건으로 인한 상처를 치료하고 만회할 무엇인가를 찾아야 할 때였다. 이때 김재익은 전두환 대통령을 설득하여 금융실명제의 실시허가를 받아낸다. 김재익과 강경식은 뛸듯이 기뻐했다. 1982년 6·28

금리인하 조치에 이어 강경식 재무부 장관은 금융실명제를 실시한다는 7·3 조치를 발표한다.

그러면 여기서 금융실명제를 이야기하기 전에 6·28 금리인하 조치에 대해서 잠깐 살펴보기로 하자. 6·28 금리인하 조치는 당시 경제계에 충격적인 사건이었다. 금리인하 조치는 당시 경제기획원 장관인 김준성 씨나 주무장관인 나웅배 씨도 모르게 김재익에 의해서 주도된다. 금리조치의 내용은 금리를 4%나 내리고 법인세율을 20%로 낮춘다는 것이었다. 이 조치는 김재익이 이니셔티브를 쥐었고, 강경식이 이에 동조했고, 이형구가 실무책임을 맡으면서 은밀히 추진된다. 이 조치가 취해진 동기에는 세 가지가 있었다. 하나는 물가안정에 대한 자신이었다. 82년의 소비자물가 상승률이 7.1%를 기록, 81년의 21.6%에서 크게 낮아졌다. 물가를 감안한 실질금리 차원에서 볼 때 현행금리를 한 자리 숫자로 내릴 수 있다고 생각하였다.[28] 둘째는 당시 경기침체가 계속되어 경기부양책이 필요하였는데 부양책의 일환으로 금리인하를 생각하게 되었다. 뿐만 아니라 李·張의 사채사건으로 사회가 어두운 그림자 속에 휘말려 있었기에 이러한 분위기를 쇄신하는 방책의 하나로 이자율과 세금을 내리는 것을 생각하였다. 셋째는 이자율을 대폭 낮춤으로써 정책금융의 금리와 실질적으로 같게 하여 특혜 금융제도를 없애려는 것이었다. 한 마디로 6·28 금리인하 조치도 분위기에 맞춘 자율화 추진의 일환이었다.

다시 금융실명제로 돌아가서 이야기하기로 한다. 강경식은 재무부 장관이 되어 6·28조치 닷새 만에 금융실명제를 실시한다는 7·3조치를 발표한다. 발표와 더불어 기업인들은 물론 정치권에서도 여야를 막론하고 어리둥절하였다. 그도 그럴 것이 외부에 전혀 알리지 않고 몇 사람이 은밀히 추진하여 어느날 갑자기 터뜨렸기 때문이었다. 각 신문들은 금융실명제에 대해서 비판기사를 싣지 못하게 통제를 받았고, 각

---

28) 이것은 1980년에 안정화정책을 발표하면서 인플레를 감안한 실질금리 운운하면서 금리를 5.5% 올린 1·12조치와 같은 논리라고 볼 수 있다.

방송사는 경쟁적으로 실명제의 타당성을 홍보한다. 전국경제인연합회까지도 지지성명을 발표한다.

김재익 수석의 설득이 얼마나 주효했는지 전 대통령은 결의를 가지고 실명제 추진에 앞장선다. 7·3조치 이후 처음 열리는 7월 5일의 청와대 수석회의에서 전두환은 이렇게 지시하고 있다.

> 83년부터 실시되는 실명거래는 혁명적이다. 이것이 성공하면 선진국 대열의 의식구조를 갖추게 된다. 7·3조치에 따른 충격을 최소화할 수 있도록 각종 정보보고와 도출되는 문제점들은 경제수석에게 주어라. 이미 취해진 조치는 긍정적으로 이해시켜야 하며 반드시 추진해서 성공시켜야 한다.[29)]

처음에는 어리벙벙하던 여당의 정치권에서 반대의 기치를 올리기 시작했다. 이들은 우선 당정 협의회를 거치지 않은 것에 불쾌감을 가지고 있었다. 우선 재무위원들을 중심으로 반대의견이 집약되었고 당시 원내총무 이종찬, 사무총장 권익현, 정책위 의장 진위종 등이 앞장섰다. 여기에 김종인(후에 경제수석) 등이 이론적인 시각에서 금융실명제를 반대하였다. 김종인은 부가가치세 도입 때부터 김재익과 반대 입장을 취하였다. 민정당은 이재형 대표위원을 위시해서 모두가 이 제도를 반대하였다. 전 대통령은 반대 의사를 듣고 고개를 끄덕이다가도 그래도 실시해야 한다는 입장이었다. 당뿐만 아니라 대통령의 측근인 허화평, 허삼수 수석들도 반대 입장을 취하였다. 허씨들은 당시 내무부 장관이었던 노태우(후에 대통령)를 찾아가 읍소를 청한다. 이들은 실명제 실시로 정권이 무너진다고 생각하였다. 반대세력은 이 뿐만이 아니었다. 당시 금융가의 황제라고 불리던 석유개발공사 사장 이원조도 반대한다. 반대에 시달리던 전 대통령은 흔들리기도 하였으나 그때마다 김재익의 설득으로 돌아서기도 하였다. 이 무렵 소극적인 자세를

29) 이장규, 앞의 책, pp. 174~175.

취하였던 부총리 김준성까지도 적극적으로 반대 입장을 취한다. 막판에 몰린 전 대통령은 김재익 수석을 불러 도저히 안되겠다고 통고한다. 김재익의 얼굴은 창백해지고 엄청난 좌절감을 맞본다. 거의 다 자기의 구상이 실천되었는데 실명제의 추진은 벽에 부딪쳤다. 낙심천만의 강경식은 그렇다면 법만이라도 통과시켜 달라고 대통령에게 청하여 〈금융실명거래에 관한 법률〉이 만들어지게 되었다.

금융실명제는 발표 5개월 만에 진통에 진통을 거듭하면서 결국 도중하차 하고 만다. 그러나 이러한 과정을 통해서 국민들은 이 제도를 이해하게 되었고 언젠가는 실시되어야 이 나라 경제질서가 제대로 선다는 것도 알게 되었다. 오늘에 와서는 경제인들이 금융실명제를 지지하게 되고 경제인연합회는 자발적으로 다시 지지 성명을 발표하고 있다. 비록 도중하차 하였지만 깨끗한 경제질서를 형성해야 한다는 국민의 공감대 형성에 크게 이바지한 것이 사실이다.

다음에 부가가치세에 대해서 잠깐 언급하겠는데 이 제도 역시 추진과정에서 어려움이 많았다. 김재익이 이 제도의 정착화에 처음부터 깊이 개입한 것이 사실이다. 그런데 힘겹게 뿌리를 내리기 시작한 이 제도가 국보위 시절에 들어와서 폐지될 뻔하였다. 이때 김재익이 상황판단을 정확하게 하면서 기민하게 움직임으로써 이 제도를 존속시킨다. 부가가치세를 없애야 한다는 이야기는 박정희 대통령이 시해되는 1979년 10·26사건 이전부터였다. 그러던 차에 10·26이 터지니까 부가가치세에 대한 공격이 노골화되었다. 3공이 망한 것은 부가세 때문이었다고 하는 이야기가 나올 정도였다. 군인들은 국민의 환심을 사야 할 처지에 있었기에 그들이 싫어하는 제도를 전두환 상임위원장이 주재하는 회의에서 없애기로 결의를 하였다. 이때 분위기가 너무 살벌하고 험해서 김재익은 입을 다물고 있지 않을 수 없었다. 그도 그럴 것이 김재익은 명에 의해서 불려왔고, 또 전두환의 신임 전이라 자기가 추진한 제도가 죽는 것을 보고도 어찌 할 수가 없었다.

당시 심유희 재무위원장은 부가세를 없애는 것을 전제로 거기에 대한 보완조치를 마련하기 위해서 재무부 세제국의 강만수 과장을 부른다. 이때 강만수 과장은 부가세를 없애면 세수가 줄어들고 특히 방위비 세수에 구멍이 뚫린다고 당돌한 자세로 맞선다. 방위비에 차질이 온다니까 이들도 다시 신중하게 생각해야 한다고 하고 부가세 폐지문제를 국보위 전체회의에 다시 상정한다. 김재익은 이때 기민하게 움직이면서 폐지불가론을 적극적으로 펴 결국 부가세는 살아 남게 된다.

다섯번째의 특징은 상명하달식의 문제해결이 아니라 관계자들이 스스로 문제를 해결하도록 유도하는 것이었다. 그는 명령식이나 위압적으로 문제를 해결하는 정책 추진을 싫어하였다. 물론 예외가 없었던 것은 아니었다. 예산동결 정책을 추진할 때는 거의 명령식이었다. 그는 물가를 잡는 방법의 하나로 재정적자를 줄이는 것을 생각하였다. 1981년 김재익은 당시 예산실장 조경식, 물가국장 진 임, 물가총괄과장 김인호를 청와대로 불러 회의를 소집한다. 이들이 81년의 물가억제 목표를 20%선으로 잡고 있다고 보고하자 김재익은 단호히 물가를 한자리수로 잡으라고 명령하였다. 이들은 현실적인 어려움을 설명하였으나 김재익은 막무가내였다. 김재익은 물가안정의 마지막 처방으로 예산동결을 생각하였다. 정부는 81년부터 영기준예산제(*zero-base budget*)의 도입을 생각하여 82년 예산안부터는 이 제도를 적용하여 15개 비목에 걸쳐 660억원을 줄일 수 있었다. 82년부터 예산실은 문희갑을 사령관으로 130여명의 직원들이 신명을 다하여 예산동결정책에 앞장선다. 이들은 질풍노도처럼 밀려오는 온갖 외압을 있는 힘을 다해서 막는다. 문희갑은 예산동결정책을 추진하면서 여러 사람과 충돌을 빚는다. 방위비 문제로 군 장성들과도 싸운다. 드디어 84년도 예산안은 세출을 동결시킴으로써 5천 5백억원의 흑자를 내도록 편성되었다. 김재익은 이를 위해서 뒤에서 주도면밀하게 지휘하고 조종하였다. 그는 정부로부터 돈을 아껴 써야 한다는 것을 절박하게 느끼고 있었기 때문에 대통령의 양해하에(때로는 대통령을 앞세우기도 하면서) 소신껏 밀어붙였다. 당시 85년의 총선을 앞두고 이러한 예산동결을 추진할 때 민정당의 저항과 반발은 이루 말할 수 없었다. 김재익의 강인한 의지, 문희갑의 물러서지 않는 진두지휘, 전두환의 후원 등이 결합해서 거의 불가능한 일을 해냈다.

김재익의 예산동결 추진방법은 위에서 지적한 대로 예외적인 모습을 보여주는 사건이었다. 그는 되도록이면 모든 사업을 자발적으로 추진하도록 유도하였다. 그는 늘 우리 기업이 국제경쟁력을 키워야 한다고 주장한 바 있다. 그런데 국제경쟁력은 정부가 키워주는 것이 아니라 기업 스스로 키워야 한다는 것이었다. 여기서 그는 경제인연합회로 하여금 국제경쟁력강화긴급정책화사업을 추진하도록 한다.[30] 1980년 7월 25일에 전경련 주최로 국제경쟁력강화추진위원회를 개최케 하여 김재익은 여기에 참석하여 이 사업의 취지를 설명한다. 이 사업의 기본 취지는 다음과 같다.

(1) 산업의 성장성에 입각한 국제경쟁력의 전략적 강화대책 절실.
(2) 업종별·품목별 긴급대책을 마련 기업경영의 활성화를 기함.
(3) 국제경쟁력의 요인별 분석을 통한 성장 잠재력의 배양과 국제수지 방어.
(4) 기업의 자체 경영합리화를 통한 생산성 제고 및 품질고급화와 기술혁신 도모.
(5) 정부당국과의 긴밀한 협조하에 장·단기 개별 및 종합 산업정책을 제시.

전경련은 국제경쟁력강화사업추진체제를 만들고 2단계의 계획을 수립한다. 이어서 대상업종 및 품목선정 기준을 마련하고 조사내용을 확정한다.[31] 계속해서 정부는 기업체질강화대책사업을 위해서 9·27조치를 발표하고 기업 스스로 추진하도록 한다. 9·27조치의 기본내용은 기업은 비사무용 부동산을 과감히 처분하고 능력에 넘치는 계열법인을 정리하여 재무구조를 개선하고 법정관리제도의 악용을 방지하고

---

30) 여기에 대한 자세한 설명은 〈全經聯 事業報告書〉 (전경련, 1980) 참조.
31) 여기에 대한 보다 자세한 내용은 위의 책, p. 278 참조

구제 금융억제 대책을 마련한다는 것이다. 9·27조치와 더불어 경제4개 단체(대한상의, 전경련, 무역협회, 기업중앙회)는 기업체질강화대책협의회를 구성하고 그 조직과 운영계획을 마련한다.

김재익의 아이디어는 이제는 기업들이 스스로 경쟁력을 키우고 체질도 개선하라는 것이었다. 특히 9·27조치에 주목할 것은 기업 스스로 자진해서 비업무용 부동산을 과감히 처분하고 계열법인을 정리해서 재무구조를 튼튼히 함으로써 기업윤리를 확립하고 사회적 책임을 다하라는 것이었다.

당사자 스스로 하게 한 또 하나의 사례는 은행의 지로 시스템 도입·채택이다. 김재익은 이러한 제도를 통해서 금융 신용제도를 확립하려고 하였다. 아이디어는 그가 주었지만 은행들이 스스로 추진하도록 유도하였다. 결국 이 제도는 성공적으로 뿌리를 내리게 되었다.

마지막으로 지적할 수 있는 것은 유익한 정보이면 이것을 확산해서 공유하려는 것이었다. 그는 사람에 대한 정보든 지식에 대한 정보든 정책을 추진하고 결실을 맺게 하는 데 필요하다고 생각하면 그것을 확산시켜 모두가 공유하도록 하였다. 그는 청와대 경제수석으로 있을 때 되도록이면 일과 관계된 전문가들을 많이 동원해서 대통령이 직접 접촉하게 하였다. 대개 수석 정도 되면 자기가 정보를 수렴해서 대통령에게 알리는 것이 고작이다. 이것이 심하게 되면 대통령은 인의 장막에 가리게 된다. 김재익은 되도록이면 대통령이 관계 전문가들을 많이 만나도록 주선한다. 김재익을 통해서 대통령을 만나 정부와 인연을 맺게 된 경제학자도 적지 않다.[32] 이러한 자세도 김재익의 순수성을 볼 수 있는 좋은 일면이라고 생각된다. 대개 권력의 주변에 있으면 자기가 정보를 독점하고 윗사람과의 접촉을 차단하려고 하는 것이 우리네의 실정인데 그는 전혀 다른 사람이었다.

경제안정화를 추진하는 데 가장 값진 책 하나는 루드비히 폰 미제

---

32) 예컨대, 사공일(경제수석·재무부 장관), 송희연(KDI 원장) 등도 그런 사람들이라고 생각된다.

스의 《자본주의 정신과 反자본주의 심리》였다. 그는 복사본을 만들어 부하직원들에게 나누어주면서 일독을 권하였고 출입기자들에게도 책의 요점을 설명하면서 나누어 주었다. 좋은 지식도 나누어 가져야 한다는 것이 그의 지론이었다. 후에 이 책은 김진현(전 과학기술처 장관)에 의해 번역되어 김재익에게 바쳐진다.

7. 김재익과 민주화

김재익이 5공에 참여한 기본적 동기의 하나가 민주화의 추진이라고 이야기할 수는 없다. 그러나 참여과정에서 시장경제를 골격으로 한 경제의 자율화는 정치의 민주화에 직접적으로 기여한다는 것을 깊이 인식한다. 그는 정치의 실체와 생리를 누구 못지않게 정확하게 파악하고 있었다. 그는 경제학도이기 전에 정치학도였다. 정치학에서 석사까지 받고 대학에서 강의까지 하였다.[33] 이러한 이유로 정치적 감각이 뛰어났고 정치현실에 대해서 깊은 통찰력을 지니고 있었다. 특히 외국인들은 김재익의 이러한 모습을 기민하게 포착하였다. 서두에서 이야기한 대로 당시 하버드대 교수였던 로저 포터는 김재익의 정치적 감각에 더욱 감명을 받았다고 술회하고 있다. 그는 외국인과의 접촉 속에서 정치적 의미가 담긴 대화를 많이 나누었다. 그래서 그와 접촉한 외국인들은 그가 정치의 민주화에도 깊은 철학을 지니고 있다는 것을 알았다. 그가 단순한 경제학자가 아니라는 것을 워커 미국대사도 알았다. 어느 파티석상에서 워커대사는 부인 이순자 교수에게 "당신의 남편을 어떻게 생각하느냐?"고 물었다. 이 교수가 이코노미스트라고 답변하자 그는 'Shrewd Politician'(기민한 정치인)이라고 이야기했다. 이때 워커가 쓴 'Shrewd'란 말은 일의 추진과정에서 높은 차원의 정

33) 그는 한국은행 재직시 서울대에서 국제정치학분야 석사를 취득하고 동시에 강의도 담당하였다.

치력을 발휘한다는 의미로 사용하였다고 생각한다.

그는 확실히 정치력을 발휘할 줄 알았다. 그는 일을 추진할 때 자기를 내세우지 않았고 공도 다른 사람에게 돌렸다. 그래야만 일이 차질 없이 잘 되어간다는 것을 알았다. 김재익은 일의 추진과정에서 되도록이면 자기를 드러내려고 하지 않았다. 이러한 점에서 그를 정치적이라고 하면 그렇게 생각할 수 있다.

그는 워커뿐만 아니라 하비브 슈나이더 등 다른 대사들과도 가까이 지냈고 이들은 김재익을 통해서 한국의 실정을 자세히 알게 된다. 당시 김재익은 한국을 찾는 외국의 중요한 손님들에게 한국의 문 역할을 하였기 때문에 외국인과 많은 접촉을 갖지 않을 수 없었다. 이때 외국인들은 김재익의 인품과 지식에 감복하였고 그가 단순한 경제학자가 아니라는 것을 간파한다.

그가 경제개혁뿐만 아니라 정치의 민주화에도 뜻이 강하다는 것은 여러 곳에서 나타난다. 그의 사상의 핵은 시장경제를 토대로 경제의 자율화가 일어나고 이에 따라 국가가 개방화·국제화로 나가게 되면 결국 독재체제는 사라지게 된다는 것이다. 다시 말해서 경제의 자율화는 정치의 민주화를 반드시 가져온다는 것이다.

그가 5공에 참여하기로 하고 강경식, 김기환과 더불어 경제의 자율화를 통한 정치의 민주화를 구상하게 된다. 이들은 시장경제는 자원의 효율적인 배분뿐만 아니라 장기적인 면에서 민주주의 발전에 기여한다고 확신하고 있었다. 강경식은 그 당시의 사정을 다음과 같이 회고하고 있다.

> 시장경제와 자유민주주의의 체제가 서로 뗄래야 뗄 수 없는 동전의 양면과 같다는 것은 누구도 부인할 수 없을 것입니다. 이제 와서 하는 이야기지만 당시 김 수석은 全 상임위원장에게 새로운 경제체제의 채택을 설득하면서 경제가 자율·개방·안정을 추구해 나가면 뒤따라 정치와 사회도 자유민주주의 체제로 이행할 수밖에 없다는 점을 분명히 염두에 두고 있었어요. 실제로 국보위에 들어간 직후 김 수석은 우리와 그 같은 이야기를 많이 나누었어요. 단 그때는 우리끼리만 이

야기를 할 수 있었지 겉으로는 어디가서도 말을 할 수가 없었어요. 그런 이야기가 나가면 우리가 생각하던 경제정책의 줄기가 받아들여지지 않았을 테니까[34)]

다음에는 김기환의 회고를 보기로 한다.

그때 우리에겐 일종의 밀약 같은 것이 있었습니다. 경제만 생각하던 게 아니라 김 수석은 경제가 되고 나면 정치의 민주화는 자연히 따라오게 되어있다는 확고한 신념이 있었어요. 한번 보세요. 국보위 때 모든 게 묶여가는 상황에서 유독 경제만이 자율로 가지 않았습니까? 사실 김 수석은 국보위에 들어가면서 그들이 다른 나라의 군사정권처럼 폐쇄적이고 對內지향적인 경제체제를 채택할까봐 큰 걱정을 했습니다. 그는 밖으로 트여있는 경제체제가 유지되는 한 권위주의는 오래가지 않아 무너진다는 신념을 갖고 있었어요. 다만 그때 우리는 그걸 공공연히 거론할 수 없었습니다. 그러면 우리의 생각이 채택이 안 되니까.[35)]

그가 경제자율화를 통한 민주주의로의 길을 얼마나 생각하였는가는 당시 서강대학교에 다녔던 큰 아들과의 대화에서도 나타난다. 당시의 상황을 부인 이순자 교수는 이렇게 알려 준다.

당시 학교의 분위기는 데모만 하던 때라 학교에서 돌아온 아들은 아버지가 독재정치에 협력하는 일을 하고 있다고 항의하는 자세였습니다. 이때 아버지는 경제의 개방화와 국제화는 결국 독재체제를 어렵게 한다고 일러 주었습니다. 시장경제가 자리를 잡으면 정치의 민주화도 자연히 따라온다는 것이 설득 내용이었습니다. 이어서 나라가 우선 잘 살아야 하는데 이러한 일은 독재체제에서도 누군가는 해야 한다는 것이었습니다.

---

34) 김수길, "김재익과 문희갑,"《월간중앙》, 1989. 9, p. 261 ; 비슷한 내용으로 이장규, 앞의 책, p. 180 ; 조갑제, 앞의 책, p. 441.

35) 김수길, 위의 책, pp. 261~262.

김재익은 애써 정치에 무관심한 자세를 보였다. 그는 자기가 정치에 관심을 가지면 경제개혁마저 다룰 수 없게 된다는 것을 너무도 잘 알고 있었다. 그러나 그는 속으로는 경제의 자율화를 통한 정치의 민주화를 확신하고 있었다. 경제의 자생적 질서는 정치의 자생적 질서로 유도된다고 믿고 있었다.

민주주의는 경제력을 바탕으로 자란다는 것은 상식이다. 경제력의 뒷받침 없는 민주정치란 상상할 수 없다. 일찍이 박정희는 독재권력으로 경제력을 키워 그것이 민주화를 가져오는 데 원동력이 된다고 생각했다. 독재권력은 자기 권력의 정당화를 위해서 경제력을 키우고 그 경제력은 독재의 종식을 가져오게 한다.[36] 박정희 체제는 이러한 맥락에서 설명되어야 한다고 생각한다.

전두환의 권력도 탄생과정부터 공포와 위협으로 기득찬 독재권력의 전형이었다. 다행히 김재익이라는 자유주의자를 통해서 그 권력이 순화될 수 있었고 민주화로 가는 通風의 문을 지닐 수 있었다. 전두환이 김재익을 통해서 경제문제에 큰 관심을 갖게 되었고 그것도 자율화·개방화·국제화를 위해서 앞장서게 되었으니 이는 자신을 위해서는 말할 것도 없고, 국가전체를 위해서도 다행한 일이었다. 물가를 한 자리 숫자로 잡고 국제수지에서 사상 처음으로 흑자를 내게 한 것은 국민에게 희망을 주는 사건이었다.

앞에서도 지적하였지만, 김재익이 민주화를 위해서 5공에 참여한 것은 아니다. 또 정치의 민주화를 직접적으로 노리고 경제의 자율화나 안정화를 추진한 것도 아니었다. 그는 벼랑에 떨어지려는 경제를 구하기 위해서 자율화와 안정화를 힘차게 추진하였다. 이러한 과정 속에서 경제의 민주화는 정치의 민주화를 약속한다는 것을 절감하고 그의 정책이 정치적 파급효과까지 가져올 것이라고 확신한다. 그를 통해서 이루어진 전화의 전면적 보급은 민주사회를 이룩하는 데 크게 기여하고

36) 여기에 대한 반론도 없지 않다. 즉, 독재권력은 기득권의 세력과 결탁하여 계속 민주화 세력을 억압하여 더욱 강한 독재체제를 구축한다는 것이다.

있는 것이 사실이다. 전화의 보급은 정보의 유통과 공개를 촉진함으로써 폐쇄사회를 개방사회로 유도케 한다. 정보의 확산은 독재체제의 유지를 어렵게 한다.

여하간 민주화란 것이 여러 분야에서 다각적으로 추진된다고 본다면 김재익은 경제분야에서 민주화과정에 기여한 것이 사실이다.

8. 글을 맺으며

행정가로서 김재익을 그리려고 노력하였지만 역시 필자 능력의 한계로 제대로 그렸다고 할 수는 없다. 그를 더욱 정확하게 그리려면 그와 같이 일했던 사람들을 폭넓게 만나고 심도있게 의견을 들었어야 했을 것이다. 서두에서 밝힌 대로 그의 본격적인 연구를 위해서 자료 하나 해석 하나라도 보탠다는 의미로 이 글을 시작하였다. 이러한 의미에서 필자가 개인적으로 겪은 것도 기억을 더듬어가며 첨가하였다. 그는 앞으로 더욱더 깊이 본격적으로 연구되어야 한다. 그를 위해서가 아니라 우리 사회의 밝은 미래를 약속받기 위해서 더욱 폭넓게 연구해서 널리 보급시켜야 한다. 우리에게도 이러한 사람이 있었다는 것을 官界에는 물론 모든 사회 분야에 알림으로써 이러한 사람이 자꾸 나오도록 격려하고 사회분위기를 조성해야 한다고 생각한다.

끝으로 어설프게 그려진 그의 모습을 그의 영혼이 용서하여 주리라고 믿으며 글을 맺는다.

부 록 필자가 겪은 김재익

필자가 김재익 박사를 처음 만난 것은 1956년이나. 당시 필자는 서울대 정치학과 2학년에 재학중이었고 그는 신입생으로 갓 입학하였다. 그는 검정고시를 거쳐 대학에 들어왔기 때문에 머리가 유달리 짧았고 거기에다 키가 커서 눈에 쉽게 띄었다. 그 당시에는 수강하는 데 학년의 제한이 없었기 때문에 그와 나는 같은 강의를 많이 들었다. 그는 생김새부터가 천진스러웠고 순결무구하였다. 키는 크고 얼굴은 해맑고 거기에다 겸손과 인자함이 깃들어 얼핏 성직자의 인상을 풍겼다. 그러면서도 얼굴이 밝고 천진스러우면서 명랑하였다. 필자의 기억으로는 그가 월반을 해서 들어왔기 때문에 자기 동기들과 폭넓게 트고 지내는 사이는 아니었던 것 같다. 그의 행동반경은 삼각형이었다. 집에서 학교로, 학교의 강의실에서 도서관으로, 도서관에서 집으로 가는 삼각형이었다.

어떤 인연이었는지는 몰라도 필자는 그와 가까이 지내게 되었다. 접근은 그가 먼저 하였다. 필자는 그가 너무도 귀하게 생겨 감히 먼저 접근할 생각을 가질 수가 없었다. 단지 필자를 가까이 하려는 그가 고맙고 감사할 뿐이었다. 하루는 도서관으로 향하는 필자를 명륜동 뒷산으로 끌고 가 하루종일 이야기를 한 일이 있었다. 그는 남달리 지식욕이 강하다는 것을 느꼈고 미래에 대한 파란 꿈을 지녔고 소녀에 대한 그리움도 지닌 낭만적인 청년이라는 것을 알게 되었다. 그는 매사에 진지하였고 정갈하였으며 아무리 급하고 어려워도 흐트러짐이 없었다. 필자는 그를 통해서 스스로의 추한 모습을 너무 많이 발견하였다. 그와 가까이 지냈던 이계일이 '김재익은 나의 스승이다'라고 한 말은 필자에게도 적용되는 정말 실감나는 이야기였다.

그 시절 그의 모습을 엿볼 수 있는 일화 하나를 소개하기로 한다. 그와 나는 한태연 교수의 行政法을 같이 들었다. 중간시험인지 기말시험인지를 보는데 한태연 교수는 배우지도 않고 교과서에도 없는 문제를 내놓고 그냥 나가버렸다. 학생들 모두가 참고자료를 내고 썼다. 마침 필자에게 참고될 만한 자료가 있어 옆에 앉은 그에게 건네 주었다. 그는 고맙다는 자세로 정중하게 받았다. 그런데 그는 끝까지 그 자료를 들추지 않고 그냥 답안을 쓰고나서 고맙다고 하면서 그 자료를 돌려주었다. 필자는 몹시 부끄러움을 느꼈다. 그는 잘난 척 하는 선배의 호의를 겸손하게 받아들이면서도 자기의 순수성을 지키고 있었다.

은행생활을 하던 어느날－1966년 4월쯤－그는 필자를 찾아와 미국유학을 계획하고 있다고 이야기하였다. 그 당시 돈이 있고 배경이 있는 사람은 미국유학을 자기들만의 특권으로 생각하였다. 김재익은 그런 식의 유학은 좋아하지 않았다. 어떻게 갑자기 그런 계획을 하게 되었느냐고 물었을 때 다음과 같이 이야기하였다. 미국의 어느 대학 교수팀(예일대학 교수팀으로 기억됨)이 한국경제를 진단하기 위해서 한국은행을 내방한 일이 있었는데 자기가 그들을 접대하는 책임을 맡았다고 하였다. 그들이 요구하는 자료들을 챙겨주고 얼마 있다가 그들로부터 연구결과를 받아보았는데 그는 결과를 보고 크게 감명을 받았다고 하였다. 어떻게 한국에 온 지 얼마 안되어 한국경제를 이렇게 정확하게 진단할 수 있을까 하고 놀랐다고 하면서 이 사건을 계기로 미국에 가서 공부를 좀더 깊이 하기로 마음먹었다고 하였다. 그는 유학을 가서는 경제학을 하겠노라고 하였다. 그의 유학동기에는 허세적인 요소는 전혀 없었다. 일신의 영달을 위해서 아니면 화려한 이력을 위해서 떠나는 유학이 아니었다.

그는 한국경제의 본질을 파악하고 잘 사는 비결이 무엇인가를 알고자 유학을 가게 되었다. 그가 경제학으로 전공을 바꾼 것은 충분히 이해될 수 있는 일이었다. 그는 정치학도이면서 경제학에 대한 지식을 튼튼히 쌓았다. 그러길래 당시 꽤나 어려웠던 한국은행을 수석 입행하였다. 한국은행은 그로 하여금 한국경제를 깊이 이해하는 데 좋은 계기를 마련하여 주었다. 그러나 미국 교수들의 진단능력을 보고 자기능력의 한계를 절감하고 미국유학을 결심하게 된다. 그는 어린시절부터 한국사회가 잘 살고 부강해지는 것에 대해서 골똘히 생각하고 있었다. 이것이 그로 하여금 늘 공부를 열심히 하게 하고 깊은 사색에 빠지게 하였다고 생각된다. 그가 스탠퍼드에서 공부할 때 그와 같이 공부한 서상목(경제학자·국회의원)은 회고하기를 그가 단순히 직업을 얻기 위해서 공부하는 것이 아니라 한국경제의 앞날과 그 발전을 위해서 사명감을 가지고 공부하는 것을 보고 늘 존경하였다고 술회하고 있다. 필자가 기억하기로 그의 이러한 국가에 대한 의식은 어린시절부터 깊이 새겨져 있었다. 그는 어린시절부터 타고 난 애국자였다. 그러나 그가 애국이라는 것을 말하는 것을 본 일도 들어 본 일도 없다.

1975년 5월쯤 경제기획원으로 그를 방문한 일이 있었다. 오랜만의 만남이었다. 필자 역시 그 해 귀국해서 그럴 수밖에 없는 만남이었다. 그때 그는 장관 비서실장으로 있었다. 얼마 후에 다시 방문하였더니 기획국에 있는 경제분석관으로 자리를 내려 앉았었다. 비서실장 자리는 2급이요, 경제분석관 자리는 3급이었다. 남들은 올라가려고 하는데 왜 김 박사는 내려갔느냐고 물었더니 이 자리가 자기에게 꼭 맞는다고 하였다. 자리의 높고 낮음보다 역할에 더욱 중요성을 둔 그로서는 당연한 이야기였다. 사람 접대하는 일보다 연구하고 분석하는 일이 더욱 마음에 들어 본인이 원해서 한 단계 낮추어 자리를 옮겼다고 하였다. 후에 남덕우 장관의 특별배려로 기획국장 자리를 별정직으로 만들어 그를 거기에 앉혔다.

그가 기획국장과 경제수석으로 있을 때 필자를 통해서 그를 만나려는 사람들이 더러 있었다. 그의 체질을 아는 필자는 어느 누구도 그를 만나게 해준 일이 없었다. 단 한 가지 예외가 있었다. 필자가 오래 전부터 잘 아는 사람이었는데 해외의 상업차관 도입문제로 김재익 국장을 만나게 해달라고 여러 차례 찾아와서 졸라대었다. 필자는 김 국장에게 전화를 걸어 "김 박사를 만나게 해 달라고 졸라대는 사람이 있는데 어떻게 하면 좋으냐?"고 물었더니 흔쾌히 기획국장실로 보내달라고 하였다. 후에 그 기업인은 "일은 안되었지만, 그처럼 훌륭한 사람은 처음 보았다"고 이야기하여 주었다.

또 한번 그에게 부탁할 일이 있었다. 국보위가 설치될 때 많은 교수들이 일방적으로 출두하라는 통고를 받은 일이 있었다. 상당수의 교수들이 참여를 꺼리고 회피하려고 하였다. 마침 필자와 같이 근무한 김형배 교수(고대 법대 : 노동법)가 김 박사가 책임지는 경제·과학위원회 위원으로 임명호출을 받았다. 김 교수는 필자에게 찾아와 김재익 위원장에게 이야기해서 자기를 빼달라고 사정하였다. 가깝게 지내는 동료 교수의 부탁이라 밤중에 김 박사에게 전화를 걸어 전후사정을 이야기하였다. 그는 충분히 이해할 수 있는 일이라고 하며 걱정말라고 하였다. 동시에 자기의 경우는 선택의 여지가 없다고 부연하면서 참석 안 해도 좋다고 거듭 이야기하였다. 다음날 김형배 교수는 필자를 찾아와 "김재익 박사가 학교에 전화를 걸어 없으니까 자기 집에까지 친히 전화를 걸어 안나오셔도 좋다"고 이야기하더라면서 김 박사의 인품을 이야기하였다.

1979년 김 박사가 기획국장으로 있을 때 필자는 행정개혁 문제로 그를 자주 만나게 되었다. 필자는 그때 경제부처를 책임맡고 있었다. 필자는 그 당시 수출확장을 위해서 정부는 어떤 지원체제를 가져야 하며 또 어떻게 개편되어야 하는가의 문제로 골머리를 앓고 있었다. 그때 김 국장은 "수출보다는 수입을 해야 합니다"라고 하였다. 나는 너무 놀라 귀를 의심하였다. "아니 김재익 씨가 어떻게 저런 말을 할 수 있을까!" 하며 필자는 몹시 당황하였다. 그도 그럴 것이 그때는 모든 국민이 수출만이 살 길이라고 생각했기 때문이다. 다른 사람의 말 같았으면 정신나간 소리라고 일축해 버렸겠지만, 김재익의 소리였기 때문에 혼란에 빠질 수밖에 없었다. 대학원의 發展論 세미나에서 학생들에게 필자는 이렇게 이야기한 일이 있다. "세상에서 제일 높이 평가하는 김재익 박사가 수출보다는 수입을 해야한다고 하니 여러분은 이 말을 어떻게 받아들입니까? 다른 사람의 말이 아닌 김재익의 말이기 때문에 내가 이렇게 괴로워합니다"라고 하였다. 지금 생각하니 그의 말뜻을 어느 정도는 알 것 같다. 그는 그때 수입자유화를 부르짖고 있었다.

그는 生에 대해서 남달리 애착이 강하였다. 건강에 대해서도 남달리 신경을 썼다. 서울시민의 건강 때문에 한강 수질오염을 그렇게 걱정하였다. 건강에 너무 신경을 쓰니까 친구들은 그를 보고 "너 혼자 백살 살아라"라고 놀려댔다. 어느 날인가 점심식사를 같이하자고 하니까 그가 학교로 오겠다고 하였다. 도시락을 들고 왔다. 필자는 식당밥을 먹고 그는 도시락을 먹었다. 그는 도시락을 먹으면서 여러 가지 건강비결을 이야기하였다. 우선 3白을 조심하라고 하였다. 3白이 무엇이냐고 물었더니 소금, 설탕, 조미료라고 하였다. 그처럼 건강에 유의하면서 生에 대한 애착이 강했던 그가 그렇게 일찍 세상을 떠나다니 비통하기 짝이 없는 일이었다. 그가 세상을 떠났다는 뉴스를 접했을 때 필자는 다리가 떨리고 전신이 마비되는 것을 느꼈다. 그의 갑작스러운 죽음은 필자에게 너무나도 큰 충격을 주었다. 그런 인재가 또 쉽게 나올 수 있을까 생각하니 막막하기만 하였다. 그를 아는 사람들은 필자처럼 그의 죽음에 대해서 몹시 슬퍼하였을 것이다.

필자는 몇년 전에 孔子學會에서 율곡의 정치·행정사상에 대해 논문을 하나 발표한 일이 있었다. 율곡과 김재익이 너무도 흡사하다는 것을 느꼈다. 둘 다 수재요, 빼어난 이론가였다. 그리고 둘 다 실천을 강조한 이론가였다. 경제로 나라발전의 기틀을 삼으려는 것도 같았다. 순수하게 나라를 위해서 살다가 40대에 생을 마친 것도 같았다. 고독 속에서 자기 주장을 지킨 것도 같았다. 둘 다 훌륭한 어머니를 둔 것도 비슷하였다. 김재익의 자당은 사임당처럼 삼절은 아니었지만, 忍從으로 일관한 개결한 성품의 소유자였다. 한 가지 차이가 있다면 김재익은 자기의 주장을 전폭적으로 받아주는 주인을 만났지만, 율곡은 그런 주인을 만나지 못하였다는 것이다. 선조는 우유부단한 인물로 율곡을 총애하였지만, 그의 주장을 받아주지 않았다. 율곡이 오죽하면 자기의 주장을 3년 만 실천해 보고 그래도 효과가 없으면 신의 목을 베어도 좋다고까지 역청을 해도 선조는 주위를 의식해서 들어주지 않았다. 또 하나의 차이는 율곡은 자기의 생각을 기록으로 남겼지만 김재익은 그의 깊은 이론을 기록으로 남기지 못하였다는 것이다. 참으로 안타까운 일이다. 그의 이론의 寶庫를 남겨놓고 갔어야 하는데 그냥

간 것이 참으로 애석한 일이다.

김재익은 대학에서 가르치면서 연구사업에 몰두하는 것을 좋아하였다. 강경식은 이야기하기를 1983년 10월 아웅산 사건이 일어나지 않았더라도 그가 청와대에 오래 남아 있지는 않았을 것이라고 이야기하였다. 자율화의 터전만 잡히면 자기의 소임은 끝났다고 생각하였다. 또 건강 때문에도 청와대에 오래 있지 않으려고 하였다는 것이다. 그는 청와대를 떠나서 지방대학이라도 가서 대학에 몸담으면서 자기 생각을 정리하려고 하였다. 그의 생각을 기록으로 남기지 못한 것이 한스러운 일이다. 그러나 그는 그의 이론을 실천에 옮기면서 자율화라는 큰 자취를 한국경제에 남겨놓고 갔다.

권위주의 시대의 반권위주의 행정가 : 고건 론

고 건(高 建)
1938년 1월 2일 서울 출생.
1953년 2월 경기고등학교 입학
1960년 2월 서울대 문리대 정치학과 졸업
1961년 12월 고등고시 행정과 합격
1965년 5월 내무부 행정과 기획계장
1968년 2월 서울대 환경대학원 졸업(지역계획학 석사)
1968년 6월 전라북도청 식산국장, 내무국장
1971년~1973년 내무부 새마을 담당관, 지방행정 담당관, 강원도 부지사
1975년 11월 전라남도 도지사
1979년 1월 대통령 비서실 정무수석 비서관
1980년 9월 교통부 장관
1981년 3월 농수산부 장관
1985년 제12대 국회의원(민정당, 군산 옥구)
1987년 5월 내무부 장관
1988년 12월 서울특별시장
1992년 2월 원광대 명예 법학박사
1994년 명지대학교 총장

권위주의 시대의 반권위주의 행정가 : 고 건 론

김 영 평

1. 고 건의 역설적 지도력에 관한 질문

인물이 시대를 만드는가? 시대가 인물을 만드는가? 이 질문은 진부하기 그지 없지만, 한 지도자 개인을 평가하는 데 언제나 불가피하게 제기되는 질문이다. 고 건은 한 시대를 주름잡았던 지도자는 아니다. 그가 지금까지 중요한 활동을 하였던 연대는 우리 나라에서 특이한 연대이다. 개발연대라고 부를 수도 있고 권위주의 시대라고 지칭할 수도 있다. 군인 정치가들이 시대를 이끌어 갔던 시기이고, 그래서 정통성이 결핍된 정치체제를 유지하기에 힘겨웠던 시기이기도 하다.

고 건은 1961년 고등고시 행정과를 합격함으로써 관직을 시작하여 1990년 서울시장직에서 물러나면서 거의 30년을 행정부에서 일하였다.[1] 그가 정부에서 일한 동안은 이른바 권위주의 정권이 유지되었던 시대였다. 권위주의 정권에서 어쩌면 가장 반권위주의적인 지도력을 발휘하면서 어느 신문기자의 표현대로 "대한민국에서 가장 관운 좋은

1) 30년 사이에 그는 잠깐 행정부를 떠난 적이 있다. 1984년부터 1985년에 미국 MIT 대학 국제문제연구소 초청연구원으로 생활하였고, 그후 1985년에 군산·옥구에서 12대 국회의원에 당선되어 정치활동을 전개하였다. 그러나 그 기간에도 1987년에는 잠시 내무부 장관으로 행정부에 봉직하였다.

사람"[2]이라고 할 만큼 승승장구했던 인물이 고 건이다. 고 건이 권위주의 시대를 만드는 데 기여했다는 증거는 거의 보이지 않는다. 그러나 그는 이상할 정도로 권위주의를 주도하였던 집권자들에게 발탁되어 시대의 각광을 받았다. 권위주의 시대였기 때문에 반권위주의적 지도력을 보여 주었던 그의 인물됨이 더 돋보였는지 모른다. 관운이 좋다고 할 만큼 현세적인 출세도 하였지만, 일반 국민들의 어려움을 제거하고 민중의 편에서 사업을 추진하였다. 그러면서도 권위주의 정치지도자들의 시기와 견제를 받지 않았다.

고 건은 마치 시대를 거스르고 반역한 듯이 보이면서도 시대의 옹호를 받았고, 몸담았던 체제에 반발하는 듯한 철학을 실행하면서도 체제 안에서 체제의 비호를 받은 인물이다. 대부분의 행정지도자들이 토목사업이나 조형물과 같은 하드웨어의 건설로 업적을 앞세울 때, 고 건은 문제해결 방식의 변환과 같은 소프트웨어의 개선에 관심을 쏟았다. 그 시대에는 시대를 거역하거나 체제에 반발한 인물들은 거의 대부분 희생의 제물이 되었거나 핍박의 대상이 되었다. 그러나 그는 희생되기보다 등용되었고 배척되기보다 엄호되었다. 그의 무엇이 독특한 행정가로서의 입지를 확보할 수 있게 만들었을까? 그는 권위주의 정부를 받쳐준 인물인가? 아니면 권위주의 시대에 그것의 효과를 조금이라도 감소시키려고 노력한 인물인가? 복잡한 시대적 맥락과 조직적 여건 속에서 한 행정가의 업적을 어떻게 평가해야 할까?

이 글은 고 건이라는 한 행정가의 경력을 통하여 지도자가 택할 수 있는 입지와 철학을 추적하고자 한다.

---

2) 《한국일보》, 1989년 8월 9일 장명수 편집부국장 인터뷰.

2. 냉소적 시대에 냉소받지 않은 지도자

고 건은 권위주의 정권의 총애를 받은 인물이라 해도 과언이 아니다. 그는 약관 37세에 전라남도 지사에 발탁되었다. 이것은 하나의 기록이었다. 전남지사로 임명된 이래 청와대 정무 제2수석, 교통부 장관, 농수산부 장관, 내무부 장관, 12대 국회의원 등을 두루 거친 후, 13대 국회의원 선거에서 낙선의 쓴맛이 가시기도 전에 서울시장으로 발탁되었다. 이러한 묘사는 그의 경력이 얼마나 휘황찬란한 것인가를 한 마디로 보여주고 있다. 그의 이 경력은 박정희, 전두환, 노태우 세 대통령의 임기에 걸쳐 쌓인 것이다.

이 시대에는 정권이 바뀌어도 좋은 관직에 발탁되는 사람들을 '해바라기성' 인물로 비하시키거나 '줏대없이 아첨 잘하는' 사람쯤으로 냉소하는 것이 세평이거나 언론의 비아냥이었다. 고속 승진을 하는 사람은 으레 대통령의 '처조카사위'라거나 권력자의 '인척'이라는 혈연의 훈장이 달려 있기 마련이었다. 아주 실력 있는 사람도 TK 사단이거나 안기부의 보호를 받는 인물로 알려졌었다. 이것은 하나의 냉소를 보내는 방식이었다. 정당한 평가나 공정한 실력대결이었으면, 그와 같은 고속 승진이나 계속적인 중용이 불가능할 것이라는 함축을 암시하는 문맥이었다. 그러나 고속 승진과 계속 중용에도 불구하고 고 건에게는 이러한 냉소가 거의 없었다. 언론도 유례없이 호의적인 표현을 그에게 보내고 있다. 전남지사 발령을 받았을 때 "갖출 것 다 갖춘 사람"[3], 청와대 정무 제2수석에 발탁되었을 때 "젊은 나이답지 않게 침착, 치밀한 성격과 기민한 판단력으로 관운을 다독거려온 내무행정의 베테랑"[4]이라는 평을 받고 있다.

그는 자기가 관장하는 사무에 대해 무엇인가 알고 일을 추진하려는

---

3) 《한국일보》, 1975년 11월 12일.

4) 《한국일보》, 1979년 1월 11일.

사람으로 비쳐졌다. 《전남일보》는 "고 건 지사 10일간 초도순시의 의의"라는 기사에서 "고 지사는 소득을 위한 방법으로 지역의 특성에 맞는 수자원개발, 관광진흥은 물론, 권장할 만한 특용작물, 가축사육 등을 그때그때 제시하여 의외로 군정을 깊이 안다는 인상을 남기기도 했다"[5]고 보도하고 있다. 김문진 기자는 "교통부 장관 취임 첫 휴일에 경춘선 완행열차를 타고 차내 실태를 점검할 만큼 확인행정이 몸에 밴 고 건 교통부 장관은 시민의 입장, 승객의 입장에서 국민들의 불편과 불만을 덜어주는 서민위주의 교통행정을 펴나가겠다고 다짐한다"라고 보도하고 있다.[6]

그에 대한 언론의 호감은 세월을 누고 계속된다. 1985년의 《주간조선》은 다음과 같은 기사를 싣고 있다. "장관을 그만둔 뒤 버스를 타고 다니기도 했다든지, 83년 명성사건 때 당시 모 장관은 뇌물을 먹은 사실로 화제가 됐지만, 바로 전임자였던 고씨에게는 '몇번이나 뇌물공세를 벌였으나 실패했다'는 명성측 피고들의 증언 등은 그의 청렴강직을 말해주는 일화이기도 하다."[7] 그 밖에도 "치밀하고도 빈틈없는 內性을 지닌"[8], "날카로운 판단력과 인화가 돋보이는"[9] 인물로 묘사되고 있다.

그의 청렴과 성실은 기자와 부하들의 눈에 그대로 투영되어 호의적으로 받아들여졌다. 그리고 그러한 세평은 그의 자산이 되었다. 냉소가 아닌 존경이 서려 있었다. 어려운 시대에 하소연할 길 없는 막막한 시대에 서민들이 조금은 기대해 볼 만한 지도자로 인식되었다. 냉소의 대상이던 정치행정 지도자들 중 고 건은 소수의 친근하고 신뢰할 만한 지도자로 비저졌던 인물임에 틀림없다.

---

5) 《전남일보》, 1977년 12월 3일.

6) 《중앙일보》, 1980년 9월 15일.

7) 《주간조선》, 1985년 1월 20일 (이영덕 기자).

8) 《동아일보》, 1987년 5월 26일 내무부 장관 임용시의 인물소개.

9) 《동아일보》, 1988년 12월 7일 서울시장 임용시 인물소개.

고 건이 뉴스메이커로 신문지상에 보도된 최근의 기사는 "그가 서울시립대학교 총장 후보에 선출되었다가 총장 후보를 사퇴한" 일과 관련된 것이었다. 이 사건에서도 그가 냉소의 대상이 아닌 지도자였음이 분명히 나타난다. 그 당시 사회와 대학의 분위기로 보아 세칭 5공화국과 6공화국에서 중책을 맡았던 인물이 대학의 총장 후보에 선출된다는 것은 극히 이례적인 사건이었다. 학생들의 극렬한 반대운동은 그 어느 누구도 말릴 수 없을 정도였다. 학생회는 거의 거부권을 가진 것이나 마찬가지였다. 그리고 사회의 자유화 민주화의 열기에 힘입어 이 대학 저 대학에서 총장 후보를 대학교수 협의회에서 직선으로 선출하였다. 그것은 국립대학 사립대학 가릴 것 없이 일어난 현상이었다. 공립대학인 서울시립대학교도 예외는 아니었다.

서울시장을 사퇴한 직후에 학자 출신도 아닌 고 건이 서울 시립대학 교수들의 압도적인 지지를 받아 총장 후보에 선출되었다. 학생회에서도 논란이 일다가 학교를 위하여 가장 적임자라는 결론에 도달하였다. 이런 도중에 "水西지구 특혜공급 문제"가 터져나왔고, 박세직 신임 시장이 "수서문제는 전임시장이 결재한 것을 본인은 추인만 한 것"이라고 발설하였다. 고 건은 이 사실을 정면으로 부인하였다. 그리고 청와대에서 고 건의 서울시립대학 총장 임명을 승인하지 않자, 스스로 총장 후보를 사퇴하였다.[10] 그의 총장 후보 사퇴에 대하여, "총

---

10) 고 건 자신은 청와대의 승인 여부와 무관하게 총장 후보를 사퇴하였다고 말하고 있다. 서울시립대학 총장 후보를 승인하였던 이유는 자신의 도움으로 그 대학의 중흥을 이루는 데 도움을 줄 수 있다고 믿었기 때문이라고 한다. 같은 논리로 수서사건 이후에는 정부와 불편한 관계 때문에 총장에 취임한다고 하더라도 대학발전에 큰 도움을 줄 수 없을 것이라는 스스로의 한계를 판단하여 후보를 사퇴한 것이라고 말한다. 시간을 끌고 후보사퇴를 하지 않았다면 정부에서 그를 총장으로 임명할 수밖에 없었을 것이라는 것이 당시 서울시립대학 교수들의 권고였다고 전하고 있다. 그러나 청와대에서 승인이 있었더라도 그가 총장 후보 사퇴를 결행했을 것으로 보기는 어렵다. 고 건 자신의 판단에 의한 사퇴이더라도, 결과적으로 청와대의 승인 지연이 그의 사퇴를 유도하였다는 것이 당시 언론의 보도였다.

학생회에선 고씨 아니면 거부투쟁"을 벌이겠다고 선언하였다. 결국 그는 서울시립대학 총장으로의 변신에 이르지 못했다. 그러나 교수들의 압도적 지지와 학생회의 수용은 그의 도덕성과 성실성을 받아들인 것이었다. 특히 세칭 5공화국과 6공화국에서 국무위원과 서울시장이라는 중책을 맡았음에도 불구하고 그 시대에 이러한 추앙을 받았다는 것은 파격적이었다.

3. 관리철학으로서의 청렴과 지성(至誠)

고 건은 경기고등학교, 서울대학교 문리과대학 정치학과 그리고 고등고시 행정과 합격 등 우리 나라에서 말하는 전형적인 수재의 길을 걷고 있다. 더구나 남달리 유복하고 명망 있는 가정에서 성장하였다. 그는 고형곤(高亨坤)의 차남으로 태어났다. 그의 부친은 서울대학교 철학교수였으며, 전북대학교 총장을 역임하기도 하였고, 그가 고등고시에 합격했을 때에는 야당 국회의원으로 민정당 사무총장과 정책위의장을 지냈다. 고 건은 대학시절에 총학생회장에 피선되었다. 대학졸업 후에는 정치가의 비서관으로 정치에 입문하는 길이 있었으나, "공부를 안한" 사람으로 비치기 싫어서 고시를 준비하였다고 말한다. 그는 1961년 5·16 쿠데타가 일어나던 해에 고시에 합격하였다. 그가 정치학과를 지원한 것이나 학생회장에 피선된 것으로 보아 정치에 상당한 관심을 가졌던 것이 분명하다. 그러나 고시를 합격하고 난 다음에 그의 진로는 약간의 궤도수정을 하였던 것으로 보인다.

그의 공무원 생활의 출발은 독특하다. 그 당시에 고시를 합격한 사람은 1년반 수습을 마치고 중앙부처의 계장으로 보직을 받는 것이 정상적인 공직의 시작이었다. 그런데 고 건은 수습을 마친 후 한참동안 보직을 부여받지 못했다. 고시를 합격한 지 3년 반 이후에야 내무부

지방국에 첫 보직을 받았다. 그의 추리로는 가친인 고형곤이 야당의 사무총장과 정책위 의장을 지내고 있었기 때문인 것으로 보고 있다. 그래서 언제나 사표를 써서 호주머니에 넣고 다녔다. 공직의 시작이 불리한 여건에서 출발하였다는 점을 항상 의식하였다. 그렇기 때문에 매사에 근신하고 조신해야 했다. 그러나 보직을 받지 못하는 3년 반 사이에 공부를 많이 할 수 있었다. 그리고 인격적인 수양을 할 수 있었다고 말한다.

그의 첫 보직은 내무부 지방국 행정과 기획계장이었다. 주로 지방행정제도를 기획입안하는 것이 주업무였다. 그가 보기에 행정은 헛점투성이였다. 그는 지방행정의 헛점들을 찾아서 대응책을 마련하는 것으로 공직의 보람을 찾았다. 그때에 지방 행정구역에 관한 조사를 하여 총 249개 면의 실태와 문제점 그리고 개선과제를 제시하는 〈행정구역 조사보고서〉를 1967년에 발간하였다. 1968년에 내무부에서 〈지방자치백서〉를 발간, 1952년부터 시행되어 1961년 5·16 쿠데타로 중단된 우리 나라 지방자치제도의 실태와 문제점 그리고 제약요건들을 분석하고, 그 제도의 과제와 육성방안을 제시한 것은 그의 노력의 소산이었다.

그는 1968년에 서기관 승진과 함께 전라북도 식산국장으로 부임하였다. 그 당시로서 그의 서기관 승진은 빠른 것도 늦은 것도 아닌 중간정도였다. 대부분은 내무부에서 승진하여 일선군수로 나갔으나, 고건은 오히려 식산국장을 지원했다. 그 당시 농가에 소를 입식시키는 것이 지방정부의 중요한 정책과제였고, 식산국의 업무였다. 그는 운동화 신고, 시골 마을마다 다니면서 현장확인 행정을 추진하였다. 마을마다 다니면서 소를 보고 다녀 소의 얼굴을 알아볼 수 있을 정도였다. 그 당시에 군마다 소의 입식 실적을 올리려고 윗마을 소를 아래마을에 데려다 놓고 입식이 많이 된 것처럼 보이려 했다. 하도 소를 보고 다녀서 소의 얼굴을 알아보게 되니 각 군에서 이런 일을 하기 어렵게 되었다. 이런 식으로 조심스럽고 근신하는 자세로 공직을 시작하였고, 여기에서 그의 관리철학은 배태되었다.

고 건이 내세우는 자신의 관리철학은 청렴(淸廉)과 지성(至誠)이다.[11] 청렴과 지성은 그의 직업관이기도 하다. 시련으로 시작된 그의 공직생활의 출발은 특이한 공직관을 형성하는 토양을 제공하였지만, 그 시기를 독서와 사색으로 채운 그의 풍모는 다산 정약용(茶山 丁若鏞)의 저술을 접하면서 이 철학을 자기 공직생활의 길잡이로 맞이한다. 젊은날 아름다운 철학을 생활의 좌우명으로 받아들이기는 쉬워도, 그것을 일생 동안 짊어지고 나아가는 사람은 그리 많지 않다. 청렴과 지성은 선택하기 어려운 철학이 아니라 실천하고 견지하기가 어려운 철학이다. 그러나 그는 이 관리철학을 공직생활을 통하여 과업수행에서 구체적으로 구현해 나간다. 그가 관직생활을 영위한 61년부터 90년에 이르는 개발연대의 풍상은 그의 관리철학을 지키기에 너무나 거친 파도였다. 그런 관리철학은 좌초하기 십상이었다. 좌초할 수밖에 없는 관리철학을 좌초시키지 않은 그의 행적은 행정을 연구하는 분들에게 충분히 논구할 만한 가치가 있는 대상이다.

그의 청렴과 지성의 관리철학은 행정운영의 실제에서 여러 가지 형태로 나타났다. 부하직원들과 동고동락하며 일을 추진하였고, 정책의 문제를 현장위주로 선택하였고, 서민의 숙원을 확인하여 해결하는 데 노력을 기울였으며, 정책의 결정을 가능한 한 공개적인 토론을 통하여 도출된 결론에 의존하였다. 그리고 그의 관심은 대단위 토목사업보다 시민들의 불편을 해소하는 행정운영 방식의 개선에 모아졌다. 청렴은 공직자로서의 그의 상표(商標)라고 할 만큼 널리 알려져 있다. 그의 청렴은 소극적으로 부정부패가 만연하던 시절에 그것에 물들지 않았다는 사실에 머물지 않고, 행정관리의 초점을 문제해결 방식의 개선에 모았다. 문제해결 방식의 개선은 행정관행에 새로운 소망을 제공하였다. 그것은 대규모 재정지출과 인력의 동원 없이도 행정관리를 통하여 시민에게 공공서비스를 개선할 수 있음을 보여 주었다.

11) 《중앙일보》, 1989년 10월 26일. 임홍수 기자와의 인터뷰. 이러한 그의 철학은 필자와의 면담에서도 언급되었다.

4. 새마을 운동의 설계자

고 건의 행정가로서의 입신은 그가 새마을 담당관으로 일하면서, '새마을운동'이라는 우리 나라의 지역사회 개발운동이 성공적으로 추진되는 과정에서, 그 운동의 기획가로서 중요한 역할을 수행하는 데서 시작되었다. 농어촌 지역사회개발은 어느 나라에서나 어려운 과제였고, 성공을 거둔 예가 거의 없다. 1970년대의 한국 새마을운동은 많은 실무자들이나 이론가들로부터 '성공적'이라는 평가를 받았다. 이 새마을운동을 설계하고 주관한 부서가 내무부 새마을 담당관이었다. 고 건은 새마을운동이 시작되는 1971년부터 새마을 담당관을 맡았으며, 그 이후 1975년 전라남도 지사로 발령될 때까지 5년 동안 지방행정 담당관과 지방국장으로 보임되면서 실질적으로 새마을운동의 설계자 역할을 수행하였다.[12)]

지역개발 담당관에 부임한 것은 박정희 대통령이 발탁해서 된 일이 아니었다. 그 직위에 보임되면서 새마을운동이 시작되었다. 새마을운동을 추진하면서 두 사람 간에 서로 교감이 이루어졌다. 고 건은 스스로 박정희 대통령이 제시하는 방향에 따라 새마을운동을 설계하였다고 진술한다. 스스로의 관리철학대로 지성을 다하여 새마을운동이 성공하도록 정성을 다하였다고 술회한다. 다음은 새마을운동의 설계자로서 고 건과의 대담을 요약한 것이다.

농촌 근대화는 박정희 대통령의 집념이었다. 그러나 대통령은 "재건국민운동"과 "농어촌 소득증대 특별사업"이라는 새마을운동 이전의 농촌근대화 사업에서 별로 큰 성공을 거두지 못했다. 새마을운동은 두번의 실패에서 얻은 교훈을 바탕으로 새로운 방향의 농촌 근대화를

12) 그가 강원도 부지사로 발령된 동안은 예외이다. 그러나 그 기간은 길지 않았다. 그가 강원도 부지사를 지낸 기간은 1973년 11월 1일부터 12월 10일의 40여 일간이다.

제창한 것이었다. 처음에는 새마을 가꾸기로 시작하였다. 그 사업의 일환으로 각 마을마다 시멘트 335부대씩을 나누어 주었다. 다음 해인 1972년부터 새로운 농촌 근대화운동을 '새마을운동'이라 불렀다.

새마을운동의 큰 정책 흐름은 대통령의 발상에서 나온 것이다. 고 건은 새마을운동이 성공할 수 있었던 중요한 이유를 그 운동의 방향 제시의 적절성에서 찾고 있다. 적절한 방향의 제시가 쉬운 일만은 아니며, 대통령이 적절한 방향을 제시할 수 있었던 것은 두번의 실패에서 배운 교훈의 덕택이었다고 그는 말한다.

새마을운동은 우리 나라 실정에 적합한 개발모형을 찾으려고 노력한 결과로서 나타난 정책이었다. 새마을운동은 권위주의 정부에서 추진한 지역사회 개발정책이었지만, 강압적 개발방식이 아니었다. 경제의 원리에 따라 비강압적인 방법으로 유인을 제공하였다. 마을단위로 경쟁이 가능하도록 설계되었으며, 마을단위로 업적에 따라 정부의 지원이 제공되었다. 마을 주민의 자율적 참여에 의한 공동노력으로 지역개발을 도출하려는 것이 새마을운동의 중요한 방향이었다. 자율성을 확보하는 방편으로 군 단위별로 분권적 사업추진이 가능하도록 행정운영 방법을 변화시켰다.

고 건은 우리 나라의 농촌개발 전략으로 '부락공동체'를 통한 개발방식을 생각하였다. 이 무렵 UN에서 지역사회개발(*community development*)에 관련된 여러 가지 서적이 발간되었고, 이들을 참고삼아 마을을 지역공동체의 기본단위로 보았다. 우리 나라의 시골마을에 대한 특성을 이해하기 위하여 일본 식민지 시절에 발간된 《조선의 부락》이라는 책을 찾아냈다. 이 책은 상·중·하로 나누어져서 우리 나라 각 지역 부락의 특성을 충실히 조사하여 두었다. 이만갑 교수의 《한국농촌의 사회구조》라는 책도 참조하였다.[13] 그리고 고 건이 1968년 대만과

13) 고 건은 우리 나라의 전통적인 부락에서 공동체의식이 형성된 것은 '두레'와 '향약'에서 기원하였다고 보고 있다. 새마을운동에서도 두레와 향약의 공동체의식을 반영하였다고 말한다. 그러나 두레나 향약의 어떤 측면과 새마을운동의

이스라엘의 농촌을 시찰하여 배운 것이 도움이 되었다. 그 중에서도 이스라엘의 키부츠와 모샤브의 부락공동체에 의한 지역개발에서 영감을 많이 얻었다.

지역사회 개발이론을 보면 점화, 자극, 가시적 결과의 전파 등의 전략이 제시되어 있어 이를 참고하였다. 그러나 지역사회 개발 역군은 외부인사를 내세우기보다 지역사회 내부에서 나와야 한다고 보았다. 그래서 새마을 지도자를 양성할 필요를 느꼈고, 새마을 지도자 훈련을 실시하였다. 그들에게는 성공사례를 보여주는 것이 훈련의 가장 중요한 내용이었다. 눈으로 확인하고 가능성과 방법을 인식시키는 것이 가장 좋은 방법이라고 보았다.

새마을 사업의 선택방법은 새마을 담당관실에서 고안하였다. 새마을 사업들이 개별적으로 한국 농촌사회에 적합한 것인지의 판단을 얻기는 쉽지 않았다. 적합성 판단을 위하여 학자와 새마을 지도자들과 많은 토론을 거친 후에 실태를 파악하였고, 그 근거 위에서 사업을 선정하고 추진방법을 고안하였다. 사업선정을 위해 기술지원단이 편성되었다. 대부분의 개별적인 새마을 사업들은 시작하기 전에 현지실험과 비슷한 절차를 거쳤다. 어느 마을을 정하여 실제로 실행하는 경우에 문제가 무엇이 있으며 어떤 지원이 필요한가를 점검하였다. 새마을 사업을 선정하기 전에 현장에서의 유사(*simulated*) 사회실험을 통하여 성공 가능성을 검토·선별하였다.

새마을 사업은 크게 (1) 생산기반 시설사업, (2) 소득증대사업, (3) 환경개선사업, (4) 정신계몽사업 등으로 분류되었으며, 각 사업에는 10여 가지의 세부사업이 들어 있었다. 예컨대 소득증대사업에는 협동축산사업, 특용작물 재배, 유기비료 생산, 마을조림사업, 마을묘목 재

어떤 측면을 연결시켰는지는 분명치 않다. 당시의 새마을 관련 문헌에서도 두레와 향약을 자주 거명하였었다. 그러나 그 문헌들에도 막연한 공동체의식 이외에 시대를 건너뛸 수 있는 공통성을 구체적 사업이나 활동으로 전환시켜 준 표징을 보여주지 못하고 있다.

배 사업 등이 포함되어 있다. 각 마을에서는 자기들에게 필요하거나 적합한 세부사업을 선정한다. 각 세부사업을 추진하는 방법과 조건이 미리 정해져 있었나. 예를 들면, 마을묘목 재배를 위해서는 마을에서 묘포가 될 전답과 노동력을 제공하여 묘목을 재배한다. 그러나 원하는 모든 마을이 아니라, 군청과 묘목재배를 계약한 마을만이 정부의 지원을 받을 수 있다. 마을묘목 재배에서는 기술적 지원과 융자가 알선된다. 그리고 생산된 묘목을 정부가 책임지고 수매하였다. 군청과 계약을 하지 않고도 묘목재배는 할 수 있으나, 그런 사업에 대해서는 정부의 지원을 받을 수 없었다. 정부의 선택은 각 마을의 새마을운동의 업적과 사업 성공가능성을 기준으로 하였다.[14)]

새마을 사업의 추진에서 가장 특징적인 것은 사업의 선정권이 마을사람들에게 부여되었다는 점이다. 일종의 발상의 전환이었다. 그러나 마을사람들의 선택에 지침을 주기 위하여 각 사업별로 세부사업의 추진방법을 제공하였다. 고 건의 용어로는 메뉴(*menu*)를 제시하였다.[15)] 재미있게도 이 메뉴에 있는 사업의 범위를 벗어난 사업을 선택한 마

---

14) 새마을운동의 제도적 특성은 김영평, 《불확실성과 정책의 정당성》(서울 : 고려대학교 출판부, 1991), 제5장 ; Kim, Hae-Dong, et al., *An Evaluation and Field Experimentation of Saemaul Movement in the Republic of Korea* (Seoul : Graduate School of Public Administration, Seoul National University, 1970) ; *Korean Government, Saemaul Undong : Korean Background Series* (Seoul : Korean Oversea Information Service, 1977) 등 참조.

15) 이 새마을 사업의 구조는 SPSS나 SAS와 같은 컴퓨터의 통계 프로그램 패키지(*program package*)와 같은 방식이었다. 이것은 통계를 잘 모르는 사람들도 통계를 사용하는 데 어려움이 없도록 준비된 프로그램과 비슷하게, 농촌 지역사회 개발사업에 대해 충분한 지식을 갖추지 못한 마을 사람들이 스스로 사업을 선택하여 개발노력을 조직화하는 방안을 제공한다. 그러나 이 새로운 구조는 고 건이 컴퓨터 프로그램을 알고 설계한 것은 아니었다. 단지 평소에 그가 생각했던 정책 수요자에게 선택의 기회를 제공하려는 노력으로서 여러 가지 메뉴를 제공하는 방식이었다.

을은 거의 없었다. 이전의 재건국민운동이나 농촌 소득증대 특별사업에서는 마을에서 원하든 원치 않든 정부에서 지정하는 사업을 강요하였다. 이 실패를 거울삼아 농어촌 주민들에게 받아들여질 수 있는 사업이어야 성공할 수 있다고 보았다. 박정희 대통령의 방향 제시도 이러한 교훈에서 얻어진 것이었고, 정부의 관리가 가능하도록 하기 위하여 사업별 메뉴를 제공한 것이었다.

다양한 세부사업들이 모두 새마을 담당관실에서 설계된 것은 아니다. 당시의 새마을운동은 모든 정부 부처가 동원된 정책이었다. 각 부처에서 적절한 사업을 구상하여 제시하면, 새마을 담당관실에서 이들을 수합하여 최종적으로 조직화하는 일을 하였다. 부처 간의 새마을 사업에 관한 협의를 위하여 각 부처 차관급을 중심으로 '새마을운동 중앙협의회'가 구성되었고, 이 협의회를 뒷받침하기 위하여 각 부처의 국장급들로 '새마을운동 실무협의회'가 구성되었다. 새마을 사업의 구상은 바로 이 실무협의회에서 실질적으로 결정되었다. 이 실무협의회의 의장을 고 건이 맡았었다. 실무협의회에 제출되는 새마을 사업 추진방향의 골격은 고 건이 실장이었던 내무부 새마을 담당관실에서 초안을 작성하였다. 각 부처에서 제시된 세부사업들도 대부분 이 골격에 맞추어서 제출된 것이었다.

이 당시 새마을 담당관실은 거의 개인의 사생활과 공직생활의 구분이 없다시피 담당관실원들은 밤낮 없이 함께 생활하였다. 함께 먹고, 자고, 일하였다. 새마을 담당관인 고 건도 예외는 아니었다. 문자 그대로 실원들과 동고동락하였다. 그렇기 때문에 공식적인 품의나 결제가 특별한 의미를 갖지 못했다. 서로 언제나 생각들을 교환하고 토론을 거쳐 발상이 정리되었다. 이러한 구상은 청와대의 지방행정담당 비서실인 정무 제2수석실과 협의하였다. 그 구상을 현장상황에 실험해 보고, 결함이 없으면 새마을 사업으로 제안하였다. 새마을 사업의 기획과 점검은 실질적으로 새마을 담당관실에서 관장하였다.

새마을운동에 의한 새로운 역학관계가 정부 안에 형성되었다. 내무부로의 권한집중, 일선 지방정부로의 분권화, 그리고 정책적 시각의 협소화 등이 일어났다. 새로운 역학관계의 설정은 부처 간의 갈등을 야기하기 마련이다. 특히 경제부처들로부터 내무부가 새마을운동을 빌미로 경제문제에 너무 깊숙이 간여하는 것이 아닌가 하는 의심을 받았다. 그러나 이러한 갈등은 청와대의 강력한 후원으로 극복할 수 있었다고 고 건은 회고한다.

새마을운동은 박정희 대통령의 가장 중요한 관심사였다. 새마을운동은 박정희 대통령이 유신헌법에 의한 독재정부를 이끄는 과정의 방편으로 농어촌지역으로부터 지지를 얻기 위한 정략적 정책이었다는 평가를 받을 정도였다. 그 만큼 전정부적으로 일사불란하게 새마을운동에 관심이 집중되었다. 고 건이 지방국장일 때에는 새마을 국무회의가 한 달에 한 번씩 열렸다. 그 국무회의에는 대통령이 꼭 참석하였다. 새마을 사업 담당국장인 지방국장이 새마을 사업의 추진에 대하여 40여 분간 보고를 하면서, 어느 부처에서는 새마을 사업을 어떻게 추진하고, 다른 부서에서는 어떤 업적을 성취했다는 보고를 하였다. 그 당시 대통령의 관심에 비추어 보면, 지방국장의 보고는 각부 장관의 새마을 사업에 관한 대통령의 평점에 영향을 주었다. 이렇게 볼 때 내무부의 새마을 사업 추진강도에 대하여 다른 부처의 특별한 저항이 크게 나타날 수 없었다.

새마을 사업의 설계를 고 건 혼자서 완성한 것은 물론 아니다. 조직적 노력이었고, 대통령에서부터 거의 모든 정부 부처의 공무원, 지방자치단체의 공무원 그리고 가장 중요하게는 새마을 지도자를 비롯한 농어촌 주민들이 협동으로 이룩한 것이 새마을운동이다. 그러나 이러한 활동을 제도화하는 데에 고 건의 발상이 중요하게 작용하였다는 점을 부인하기 어렵다. 특히 새마을운동 초창기의 초석을 다지는 데 그의 관리능력은 큰 공헌을 하였다.

새마을운동에 관한 다양한 활동 중에서 고 건이 특별히 중요하게 다루었던 입장을 세 가지로 요약할 수 있다. 첫째는 농어촌 주민들에게 자율적 사업선택권을 부여하면서 사업의 메뉴를 제공한 점, 둘째 가시적인 결과를 보여주는 사업에 새마을운동의 우선순위를 부여한 점, 셋째로 새마을 추진조직이 거대한 중앙기구에 의해 집권화·관료화·이권화하는 것을 방어하려 하였다.[16] 새마을운동에서 가장 두드러진 특징은 가장 권위주의적인 정치체제에서 지역주민의 자율적 결정에 의한 정책을 추진하였다는 점이다. 고 건은 필자와의 인터뷰에서 새마을운동을 지방자치의 형태로 끌어올려 보고 싶었다고 언급하였다. 한 마을을 단위로 하는 자치가 가장 순수한 형태의 공동체를 기반으로 하는 자치의 형태라고 보았다.

5. 권위주의 시대의 반권위주의 행정가

고 건은 1975년 11월 전라남도 지사로 부임하면서 기관장으로 행정지도자의 길을 걷게 된다. 그는 37세의 젊은 나이에 지사가 되었다. 이 사실은 그 당시에 세상을 떠들썩하게 만들었다. 이 파격적인 인사는 박정희 대통령이 고 건의 새마을운동에 대한 기여와 업적을 보상하기 위한 조치였다는 것이 당시의 지배적인 세평이었다. 새마을운동의 설계자로서 그를 인정하여 준 증표였다. 그러나 그 인사조치는 많은 사람들에게 의구심을 자아내게 만들었다. 그는 과연 37세의 나이로 도백(道伯)의 역할을 성공적으로 수행할 것인가? 동시에 동료들의 질시의 대상이 되기도 하였다. 어쩌면 그의 실수나 실책을 많은 사람들이 기대하고 있었는지 모른다. 그러나 이러한 의구와 질시에도 불구하고, 그는 상당히 성공적으로 도지사직을 수행하였다. 뿐만 아니라 그 이후에도 교통부 장관, 농림수산부 장관, 내무부 장관 그리고 서울

16) 고 건은 국민운동본부와 같은 중앙조직이 있으면, 그 조직은 거의 필연적으로 관료화하고 집권화하기 때문에 농촌을 발전시키는 데 주력하기보다 조직의 논리 때문에, 중앙조직에서 일하는 사람들의 이익을 도모하게 될 것으로 보았다. 그는 세칭 제5공화국 시절의 새마을운동본부가 이 모형을 따르고 있다고 보고 있다.

시장으로 기용되어, 기관을 이끄는 행정 지도자의 위치에 계속 머물러 있었다.

그의 장관 재임기간은 상당히 짧았기 때문에 행정지도자로서의 능력을 발휘할 여유가 충분하지 않았다. 그의 재임기간이 짧았던 것은 그 당시 정권의 특성 때문이었지 고 건의 실책 때문은 아니었다. 그가 교통부 장관에 부임할 때는 42세였고, 서울시장에 부임할 때는 49세였다. 어느 기준으로 보아도 상당히 젊은 나이에 중책을 맡았었다. 그러함에도 그의 지도력은 인상적인 것이었다. 인상적이라고 말하는 이유는 고려대 행정문제연구소에서 행한 한 비공식 조사에 의하면 서울시 공무원인 피조사자의 절대다수(피면접자 13명 중 9명)가 가장 이상적인 서울시장으로 고 건을 꼽고 있다.[17] 교통부에서도 두번째로 많은 사람들(피면접자 14명 중 3명)이 그를 이상적인 장관이었다고 지적하고 있다. 그의 교통부 장관 재임기간이 겨우 6개월 정도인 점을 감안한다면, 이것은 놀라운 사실이다. 거명된 인물들 중 가장 많은 공무원들로부터 이상적인 지도자로 지목된 사람 중 하나이다.

고 건을 이상적인 서울시장이라고 보는 이유로 밝힌 내용을 보면 (1) 합리적 정책결정, 순리적 업무처리, (2) 미래지향적 정책결정, 종합적 안목, (3) 청렴, 공명정대, (4) 정확한 업무파악 능력, 전문성,

17) 고려대학교 행정문제연구소의 연구내용과 비슷한 조사가 《월간조선》, 1993년 9월호에 발표되었다. 《월간조선》에서는 각 부처의 역대 장관들 중 가장 높게 평가하는 장관을 그 부처의 국장급 이상 공무원 10여명에게 질문한 결과를 보고하고 있다. "서울시장 중 가장 높게 평가하는 시장을 1~2명 든다면 누구인가"라는 질문에 응답한 10명 전원이 고 건을 빠뜨리지 않았다고 이 기사는 보도하고 있다. 그리고 "한 명만 꼽는다면 누구인가"라는 질문에 8명이 고 건을 선택하였다고 보도하였다. 이것은 "서울시와 고 건"에 관한 한 고려대학교의 연구결과와 일치한다. 서로 다른 연구에서 같은 결과가 나왔다는 것은 그 만큼 타당한 조사라고 추리할 수 있다. 이동한, "재임중 난제 풀어낸 '행정의 달인'" 〈기획 : 현직 국장급 이상들이 뽑은 각 부처 역대 최고의 장관들〉 《월간조선》, 1993년 9월, pp. 285~288 참조.

경험, (5) 조직관리 능력, 인사와 예산의 조정능력, 인화단결, 행정능력, (6) 추진력, 확고한 신념, (7) 업무추진상의 균형감각, (8) 현실개선 의지, (9) 민주적 설득력 등이 포함되어 있다. 그리고 고 건을 이상적 교통부 장관으로 보는 이유는 (1) 창의성, (2) 부하사랑, (3) 외압으로부터 조직구성원의 보호 등을 제시하고 있다. 그러나 모든 공무원이 그를 이상적인 지도자로 보는 것은 아니다. 필자가 만난 몇몇 공무원들 중에는 그가 우유부단하고 추진력이 부족하다고 평가하는 사람도 있었다. 한 사람의 지도자를 모든 사람이 동일하게 평가하지 않을 것이라는 점은 당연하다. 그러나 상당히 많은 사람들이 그를 훌륭한 행정지도자로 보고 있음은 숨길 수 없는 사실이다.

필자가 만난 한 정보기관 종사자의 고 건에 대한 평가는 인상적이었다. 그는 고 건이 전남지사로 부임할 때 광주에 파견되어 있어 그를 충분히 관찰할 수 있었다고 말하였다. 그리고 정보기관의 성격상 기관장의 결함을 발견하는 것이 그의 중요한 직무였다고 고백하였다. 대부분의 엘리트들이 유능하지만 부정직하고, 정직하면 근면치 못하고, 근면하면 교만하다. 그러나 고 건은 이 경계를 넘은 인물이었다. 그는 우선 청렴하였다. 청렴한 사람은 대부분 인정이 적다. 그래서인지 고 건은 인정이 없었다. 그것은 그의 결함이면서 장점이었다. 인정이 없는 대신 고 건은 자신의 이익을 위해 남에게 부탁도 하지 않았다(말의 맥락으로 보아 당시의 대부분 지방관서장들은 정보기관 종사자들에게 자기에게 유리한 보고서를 작성해 줄 것을 부탁했었던 것같다). 민심(民心)은 천심(天心)이다. 지사가 돈을 먹고 인사를 하면 소문이 돈다. 어떤 소문은 잠시 나타났다 사라진다. 그러나 사실에 기반을 둔 소문은 나타났다 사라지지 않고 오랫동안 떠돌기 마련이다. 전남지역의 공무원 인사 때에는 돈먹고 승진시켰다는 소문이 없어 본 적이 없었다. 오직 고 건이 지사일 때에만 예외였다. 대충 이러한 내용이었다. 이러한 관찰은 어느 정도 그의 행정 지도력이 성공할 수 있었던 원인을 짐작하게 만든다.

고 건이 조직을 관리할 때 의식적으로 강조한 원칙 하나는 신상필

벌(信賞必罰)이었다. 부하들의 경력발전에서 자신이 노력한 대가를 받도록 만들었다. 일과 인사는 따라가는 것이라는 믿음을 심어주었다. 고 건은 인사에 관한 한 외부의 압력에 타협해 본 적이 없다고 단언한다. 인사권이 없는 경우에도 자기의 추천에 의하여 부하들의 업적이 정확하게 반영될 수 있도록 최대한의 노력을 기울였다. 그의 인사관리의 기준은 청렴도와 성취도였다. 그리고 그 기준을 엄정하게 지키려고 노력하였다.

이러한 증거는 여러 곳에서 볼 수 있다. 《전남일보》는 〈실질적 '고지사 체제' 구축〉 제하의 기사에서 "첫 도백으로서의 인사에 비교적 무난하다는 평을 받고 있다. 고 지사를 비롯한 인사참모들의 끈질긴 노력으로 단 한 사람도 중앙에서 밀고 내려오지 않고 모두 지방에서 근무한 공무원들에게 승진 또는 영진의 기회가 돌아가도록 하였다. 이로 인하여 지방공무원들의 사기앙양에 절대적인 활력소를 주었다"고 보도하고 있다.[18] 그가 서울시장으로 부임할 때의 기자회견에서도 "앞으로 청렴도와 성취도를 기준으로 엄정한 인사제도를 정착시키겠습니다. 특히 이권과 인사에 관련된 청탁이나 '외풍', '외압'을 철저히 막겠습니다"[19]는 대목이 눈에 띈다. 위에서 살펴본 고 건을 이상적인 서울시장으로 보는 이유에서도 청렴, 공명정대, 인사의 조정능력, 인화단결 등 인사와 관련된 내용이 가장 많다.

고 건의 지도력을 특징짓는 다른 하나의 요인은 그가 업무를 추진하는 동안 부하들과 고락을 같이하려고 애썼다는 점이다. 최소한 그러한 인상을 남기려고 애를 썼다고 말할 수 있다. 그는 조직을 가족에 비유하기를 좋아하였다. 조직을 대가족으로 개념화시킨 논리에 귀결이 조직구성원들과 고락을 같이하는 것이었다. 이러한 논리는 그의 직원 훈화에서도 자주 나타났다. 먹을 때 같이 먹고, 어려울 때 어려움을 함께 나누는 것이 가족이라고 강조하였다. 새마을 담당관으로 지낼

18) 《전남일보》, 1976년 9월 1일.

19) 《동아일보》, 1988년 12월 7일 ; 《서울경제신문》, 1988년 12월 8일 참조.

때 거의 반은 집에 들어가지 못했다. 부하들과 함께 먹고 함께 지냈다고 술회한다. 그가 도지사로 있을 때 야근하는 부하들에게 어느 대포집으로 모이라고 하여 대포를 함께 나누었다거나, 과 단위로 돌아가면서 말단직원들과 회식을 하였다는 일화는 유명하다. 이러한 말단직원들과의 만남은 서울시장을 그만둔 후에 동사무소 직원들과의 회식이 마련된 것을 보아도 그의 특징을 알 만하다.

말단직원들과의 만남은 고 건의 관리전략에도 도움을 주었다. 말단직원들도 이런 비공식적 회식에서는 그들의 느낌과 의견을 비교적 솔직하게 말하였다. 그러므로 직속부하들로부터 얻지 못하는 정보손실을 메울 수 있었다. 부수적으로 '도지사'가 또는 '시장'이 말단직원들과 회식을 하였다는 소문이 돌고, 이러한 소문으로 그는 조직구성원들에게 친근감이 가는 지도자로 지각될 수 있었다. 조직구성원들은 고 건을 말단직원들의 말에도 귀를 기울여 주는 기관장이라고 평가하였다. 그렇기 때문에 그들은 기관장의 시책에 협조적이었다고 고 건은 스스로 평가하였다.

그는 부하들이 일하는 보람을 느낄 수 있도록 신경을 많이 썼다. 새로운 아이디어가 있으면 넌지시 암시하여 주고 부하들이 그것을 자신의 아이디어로 추진하도록 유도하였다고 진술한다. 그는 탁상행정을 싫어하였고, 현장을 확인하는 행정과 현실에 적합한 행정을 강조하였다. 그렇기 때문에 그 스스로 달동네와 읍·면·동을 자주 찾아다니며 현지 주민들과 대화를 나누었고, 부하들에게도 그러한 것을 요구하였다. 이러한 그의 지도자로서의 특성은 권위주의 정권에서는 보기 어려운 사례였고, 따라서 부하들과 일반 시민들이 친밀하게 접근할 수 있는 민중주의적 지도자(*populist leader*)로 비쳐졌다. 권위주의 시대의 반권위주의적 지도자라는 말이 그에게 적합한 이름이었다.

그가 권위주의 정부에서 집권자들로부터 견제를 받지 않고 민중주의적 지도력을 발휘할 수 있었다면, 그 지도력의 원천은 무엇인가? 그는 군사정권의 정치적 계보를 가진 것도 아니고, 이른바 집권자의 측근도 아니었다. 그럼에도 불구하고 고 건 나름의 독특한 지도력을 행사할 수 있었던 것은 그의 설득력과 맥락을 이해하는 능력에서 근원을 찾을 수 있다. 그의 설득력은 현상에 대한 이해에 기반을 두고 있다. 그가 내무부 장관으로 재직하던 1987년 6월 10일을 전후하여 명동성당에 농성중인 데모대를 강경 진압하려던 것을 저지하였던 일화에서 그의 설득력을 뚜렷이 볼 수 있다.[20)]

1987년 6월 10일에 전두환 대통령을 필두로 민정당 전당대회에서 노태우를 민정당 대통령 후보로 선출하였다. 체육관 선거로 대통령을 선출하려는 음모에 반대하는 시위가 전국에서 일어났다. 전국 곳곳에서 자정이 넘는 시각까지 시위는 계속되었다. 이날 경찰의 최루탄에 쫓기던 학생 시위대 1000여명 정도가 명동성당에 집결하였다. 이들은 반새 성당 구내에서 농성을 벌이면서 정국을 긴장상태로 몰아 넣었다. 정부에서는 이들을 어떻게 해산시킬 것인가 하는 문제를 놓고 강경론과 온건론이 대립되었다. 12일 저녁 청와대 안가에서 공안관계 당정회의가 열렸다. 이 회의는 대책을 논의하기보다 이미 결정된 대통령의 방침을 참석자들에게 통고하는 자리였다. 그 내용은 앞으로 24시간 여유를 주어 자진해산을 유도하되, 여의치 않을 경우 다음날 저녁에 경찰병력을 투입하여 강제해산을 감행한다는 것이었다.

이 자리에서 주무부처장관인 고 건에게 "경찰병력을 투입할 경우 구체적인 집행계획은 어떻게 수립하고 있느냐?"는 질문이 떨어졌다. 그 때에 고 건은 다음과 같은 견해를 밝혔다.

"경찰투입 계획을 세우기 전에 과연 명동성당에 경찰을 투입해야 하느냐? 하지 말아야 하느냐? 하는 기본 방침에 대한 토론이 선행되어야 한다. 나는 경찰투입에 반대한다. 첫째는 천주교는 살인 범법자라 하더라도 일단 성당 구내에 들어온 사람에 대해선 보호하는 게 원칙이다. 경찰을 투입해서 농성자들을 해산하고 연행하려다 보면 필연적으로 수녀들 방에도 들어가는 불상사가 생길 것이고, 유혈사태가 발

20) 이 일화는 권영기, "비사 : 6·29 전야의 권부," 《월간조선》, 1993년 6월호, pp. 196~237 참조.

생하여, 자칫 계엄령까지 가게 될 것이 뻔하다. 두번째는 그렇게 되면 올림픽을 치를 수 없게끔 사태가 악화된다. 마지막으로 국제여론이 나빠져 바티칸이 앞장서 한국상품 불매운동이라도 벌이면 우리 경제는 큰 타격을 받을 것이다. 이런 이유로 나는 물리력보다 대화로 해결해야 한다는 점을 강조하고 싶다."

결국 이 회의의 분위기는 그의 발언으로 강경진압에서 "상황을 보아가며 대응책을 모색하자"는 데로 의견을 모아 대통령에게 보고하기로 결론을 맺었다. 이러한 의견이 계기가 되어 명동성당 농성에 경찰의 강경진압은 없었고, 결국 노태우 민정당 대통령 후보의 세칭 6·29 선언을 낳게 하였다.

이 일화에서 보듯이 다른 "공안관계 고위 당정회의" 참석자들이 미처 생각지 못한 점을 고 건이 지적하여 정책노선을 반전시키고 있다. 물론 고 건 한 사람의 의견만으로 결론이 도출된 것은 아니겠지만, 그의 지도력이 설득력에 기반을 두고 있다는 사실을 밝히기에 충분한 사건이다. 더구나 그는 내무부 장관으로 임명된 지도 일천하였기 때문에 특별히 권력기반을 구축하고 있었다고 말하기 어렵다. 그의 설득력이 그의 권력의 원천이었다면, 그는 설득력을 전개하기 위하여 위원회와 같은 많은 사람의 공감으로 결정이 유도될 수 있는 결정과정을 중시하였다.

정책결정에서의 이러한 특성은 고 건이 서울시장일 때 잘 드러난다. 그가 서울 지하철 2기 공사를 추진하던 초기에 조 순 부총리와 공사비의 30%를 국고보조로 충당하기로 합의하였으나, 개각으로 새로 들어선 이승윤 부총리팀이 국고보조에 난색을 표시하였다. 고 건은 강영훈 총리에게 관련부처 장관이 모두 참여하는 "대도시 교통 대책 위원회"를 만들 것을 제의하였고, 이 위원회에서 지하철사업의 중요성을 역설하여 위원회의 결의사항으로 국고보조 25%를 얻어냈다. 그가 시장으로 취임하면서 민원인들의 시위가 사라진 이유는 시민과의 대화 시간을 마련하였기 때문이다. 시민과의 대화에는 언론인, 변호사, 시민단체 대표들을 합석시켰다. 이들이 중립적인 입장에서 시장의 입장을 이해하고 민원인들을 설득하였다. 이러한 대화의 방법으로 여러 사람의 이성적 판단을 유도함으로써 그의 설득력에 의한 지도력을 발휘할 수 있었다.[21]

6. 고 건이 추구한 정책의 정당성

고 건의 정책에 대한 지향은 크게 두 가지로 요약될 수 있다. 내용적으로 서민위주의 생활 행정을 중시하였고, 절차적으로 토론과 참여와 공개에 의한 과정을 정책결정의 근본으로 삼았다. 이러한 그의 정책지향은 그의 여러 가지 행적에서 드러난다. 전남지사 시절의 신문 인터뷰나 서울시장 시절의 신문 인터뷰에서 아주 분명하게 드러난다. 그에 관한 기사도 이러한 결론을 뒷받침한다. 그리고 그를 경험한 공무원들의 평가를 요약해도 비슷한 결론을 얻을 수 있다.

서민행정을 강조한 시장이나 지사는 비단 고 건 혼자만은 아니다. 시장이나 지사에 취임하면 으레 그들은 보통시민들의 생활에 정책의 우선순위를 둔다고 강조하였다. 서민행정에 신경을 쓴다는 의미에서는 그들의 강조가 이상할 것이 없다. 그러나 서민 생활행정에 대한 고 건의 우선순위와 다른 지도자들의 우선순위는 의미상 약간의 차이가 있다.

고 건은 서울시장 부임 이후 약 6개월 동안 서울에 있는 약 100여 개의 달동네 중 30여 곳을 방문해 주민과 직접 의견을 나누고 서민생활행정의 방향을 기초생활 환경을 개선하는 것으로 정하였다. 예컨대, 상하수도, 소방시설, 탁아소, 공부방 등을 늘리는 것이었다. 그는 시장 취임 기자회견에서도 시민의 불편을 덜어주는 생활행정과 시민과 함께하는 대화행정에 최대의 역점을 두겠다고 밝혔다. 달동네의 주

21) 이러한 일화는 《한겨레신문》 임 범 기자의 "인물탐구 고 건" 1993년 7월 26일 참조.

택문제에 대한 접근방법도 과거와 달랐다. 과거에는 달동네를 싹밀어 내고 고층 아파트를 짓는 방법을 택하였기 때문에 언제나 세입자들의 주거문제가 부작용으로 나타났다. 그러나 고 건 서울시장은 달동네에 임대아파트를 지어 세입자들을 현지에 수용하는 재개발 방식으로 변화를 모색하였다.[22)]

그의 서민 생활행정에 대한 우선순위는 시장이나 행정당국이 일방적으로 알아서 서민의 생활을 개선시켜 주는 방식이 아니다. 그의 방식은 주민들의 의견을 수렴하여 주민이 필요로 하는 사업, 즉 주민 숙원사업을 해결해 주는 방식이다. 주민들이 원하는 사업을 수행하기 때문에 사업시행에 따르는 부작용이나 반발이 최소화되고, 사업수행에 주민들의 참여를 유도할 수 있으며, 사업의 성과에 대한 평가에 시민들의 우호적 반응을 얻을 수 있었다. 그의 주민 숙원사업에 대한 강조는 비단 서울시장 재직시에만 관찰되는 정책지향이 아니다. 새마을 사업의 설계에서도 볼 수 있는 경향이고, 전남지사 시절에도 보여준 정책 접근방법이었다. 예컨대 국도와 고속도로가 새로 개통되어 새로운 버스노선의 책정이 불가피한데도 10여 년 동안 방치되어 오던 것을 그가 도지사로 재임하는 동안 주민의 편의에 맞게 재조정하였다. 이권이 걸린 문제에 대부분의 행정가들은 손을 대려하지 않았으나, 그는 주민 숙원사업의 차원에서 정책의 방향을 변화시켰다. 그러나 이러한 변화가 독단과 부정에 연루되지 않았기 때문에 거의 반발없이 진행될 수 있었다.

고 건은 서민 생활행정이라는 내용보다 정책결정의 절차를 더 중시하였다. 그는 공개행정, 유리알 행정, 참여행정, 자율행정 등을 강조하면서, 정책결정 절차에서 정책의 정당성을 확보하려고 노력한 흔적이 뚜렷하다. 그가 결정절차의 정당성을 중요시하는 가장 전형적인 예가 서울시의 노점상 정비정책에서 드러난다.[23)] 노점상 정비문제는 그

---

22) 《경향신문》 1989년 6월 1일 김용술 편집부국장 인터뷰.

23) 이 사례는 당시의 여러 신문을 참조하였으며, 고 건과의 면담에서 자세한 내용

동안 서울시가 상당히 골머리를 앓던 사안이었다. 인도를 점유하고 노점을 열고 있는 사실은 불법임에도 그들에 대한 조치는 재야세력들로부터 비난을 받아왔다. 더 큰 불법을 묵인하는 정부가 서민들의 생활터전을 짓밟는다는 것이 그들의 비판의 요지이다. 더 심각하게는 규제의 대상이 되는 노점상들이 무한저항을 할 뿐만 아니라 단속할 때만 피하고 다시 나타나기 때문에 노점상 정비정책은 전시행정의 표본으로 알려졌었다. 고 건 시장은 이 문제를 단순한 불법의 처리로 다루지 않고, 다른 시민의 생활권과 통행권의 보호를 내세우면서 당사자들의 이해를 구하는 데 노력하였다. 노점상 관리규칙을 만들기 위하여 노점상, 일반시민, 전문가 등이 참여하는 위원회를 만들었고, 그 규칙은 입법예고를 거쳐 〈노점관리조례〉로 제정되었다. 노점상을 철거하는 결과보다 시민적 합의를 노출하는 데 더 중요성을 두었다. 노점상들에게 노점상 철거의 불가피성을 설명하며, 생업대책으로 시에서 노상매점을 설치하여 임대하여 주었기 때문에 물리적 충돌을 줄이는 결과를 얻었다.

그의 정책결정은 민원심사위원회, 수질검사위원회, 시정개혁연구위원회 등 여러 위원회에 시민단체 대표, 변호사, 학자, 주부, 이해당사자 등을 참여시켜 다양한 세력이 함께 문제를 해결하는 과정에 의존하는 방식이었다. 그리고 그들이 제시한 해결책을 시장은 가능한 한 존중하여 주었다. 시청이라는 관료제 조직의 결정에서도 그는 외부의 압력이나 상급자의 청탁보다 부하직원들의 전문적 판단을 더 중시하였다는 점은 널리 알려져 있는 사실이다.[24)]

을 추적하였다.

24) 고 건이 서울시장으로 재임하는 동안에 거의 매주 1회씩 정례적으로 관련 공무원들이 참석하는 '정책회의'를 개최하였다. 이 회의는 학술적으로는 브레인 스토밍(*brain storming*)에 해당하는 방식을 채택하고 있다. 즉, 논의되는 정책에 관심이 있는 공무원들은 거의 제한없이 참석하였으며, 담당 주사까지도 정책에 관한 의견을 발표할 수 있었다. 그리고 그 회의에서 모아지는 결론이 그가 재임하는 동안의 서울시 중심정책을 이루었다고 고 건은 회고하고 있다.

그가 이렇게 공개적인 결정절차를 중시한 것이 그 자신을 함정으로부터 구제하는 경우도 있었다. 그 유명한 "수서지구 택지특별분양 사건"에서도 그는 자기 부하들의 조언을 받아들여, 결과적으로 '외부압력'을 받아들이지 않았다. 《조선일보》는 고 건의 말을 다음과 같이 인용하는 기사를 싣고 있다.[25] "지난 1월 초순 사무를 인수인계하는 자리에서 박 시장에게 '수서지구 문제는 국회 건설위가 청원을 심사해 그 결과를 통보했으므로 한번 더 검토를 하고 있던중이었지만 시장으로서는 아직 결심을 못한 상태였고, 통보를 받은 뒤 주택조합의 구성시기, 조합원의 적격여부, 택지취득 시기와 경위 등에 대해 정밀 실사토록 지시를 해놓았으며, 그 결과가 나오면 민간인 5명으로 구성된 민원심사위원회를 열어 최종결정할 예정이었다'라고 말했다. 민원심사위원회에 회부키로 했던 것은 민원심사위원회에서 두 차례 '공급불가'로 판정되었기 때문이었다고 덧붙였다." 이 기사에서 고 건과 박세직의 진실성을 파헤칠 수는 없다. 우리가 읽을 수 있는 것은 고 건이 상당히 절차를 중시하고 있으며, 그것에 의존하여 자신의(정책)판단을 형성하고 있다는 점이다.

고 건은 결정과정에서 토론과 공개성과 참여를 중시하였다는 점에서 그 당시의 사회적·정치적 분위기 속에서는 상당히 특이한 존재였다. 권위주의 정부에서 중요한 직무를 수행하였지만, 그 자신의 정책성향은 민주주의에 기초하고 있다는 점을 보여주고 있다. 그는 필자와의 인터뷰에서 중요한 정책을 결정할 때에는 간부직원들이 아무나 참여할 수 있는 정책토론회를 종종 가졌다고 말하고 있다. 당시의 폐쇄적이고 계층적이던 결정양식에 비추어 보면 파격적인 방식이었다. 그가 지사나 시장으로 재임하고 있는 동안에 주민의 커다란 반발이나 저항으로 곤란을 받은 기록이 없는 것을 보면, 그가 민주적 절차를 중시한 탓으로 돌려도 무리한 추리는 아닌 것 같다.

---

25) 《조선일보》, 1991년 2월 8일.

7. 결 론

행정지도자로서 고 건의 업적은 새마을운동의 성공적 설계자로서 뚜렷한 자취를 남기고 있다. 그러나 그는 일반인들에게 뚜렷한 개성을 가진 지도자로 부각되지 않고, 관리들에게 뚜렷한 업적을 남긴 기관장으로 인지되지 않고 있다.[26] 왜 행정가로서는 새로운 발상을 가지고 지역사회 개발사업이라는 지난한 정책을 성공으로 이끄는 데 결정적인 공헌을 할 수 있었던 그가 기관장으로서는 큰 업적을 남기지 못한 인물로 비쳐질까?

권위주의 시대에 업적을 많이 남긴 것으로 알려진 대부분의 기관장들은 불도저형이니 탱크형이니 대통령의 측근이니 하는 별명이 하나씩 있었다. 그들은 순리보다 독단을, 이성보다는 뚝심을, 그리고 사리보다는 능률을 강조하였다. 그래서 웃지 못할 일화를 한두 개쯤 남기고 있다. 그들이 남긴 업적이란 대부분 거창한 토목사업이나 조직의 신설이나 파격적 조치에 의존한 것들이었다. 한 마디로 하드웨어를 통

---

26) 위에서 예를 든 고려대학교 행정문제연구소에서 행한 비공식적 연구에서 고 건을 이상적 지도자로 지적하는 공무원은 가장 많은 데 비하여, 그를 커다란 업적을 남긴 기관장으로 지적한 공무원은 서울시에서 단 두명뿐이었다. 이것은 다른 사람들에 비하여 뚜렷한 대조를 보여주고 있다. 그의 업적에 대한 일반인들의 평가를 필자가 그대로 받아들이는 것은 아니다. 그러나 그가 업적을 많이 남긴 지도자로 일반인들에게 지각되지 않고 있다는 사실을 인정하는 것이다. 한 인물이 남긴 업적에 대한 평가는 보는 사람마다 서로 다를 수밖에 없다. 그의 측근들 중에는 고 건이 어느 누구보다 많은 업적을 남긴 기관장이었다고 주장하는 사람도 있다. 이원종이 서울시장으로 취임한 직후의 기자회견에서 "전임 시장들 중 누구를 가장 존경하느냐?"는 질문에 고 건을 거명하면서, 그를 '행정의 달인'이라고 극찬하였다는 보도는 단적으로 그의 업적을 평가하는 좋은 사례이나. 그에 대한 일반인의 인상과 함께 이러한 평가의 불일치는 전적으로 무엇을 업적으로 보느냐에 따라 나타나는 것이다. 《한겨레신문》, 임 범기자의 "인물탐구 고 건" 참조.

한 업적이 주류를 이루고, 기존 운영방식을 개선하거나 사업을 순조롭게 다듬는 소프트웨어에는 별 관심을 두지 않았다. 시민의 편의를 증진하고 생활의 불편을 해소하는 일은 업적으로 치지도 않았다. 사회에서도 이러한 소프트웨어의 개선을 중요한 업적으로 보지 않는 경향이 뚜렷하였다. 그런데 고 건은 서민들을 찾아가 그들에게 필요한 것이 무엇인지 알아내고, 그것을 고치는 데 관심을 쏟았다. 행정운영에 부정과 부패가 없는 것을 더 중시하였다. 시민적 합의와 합법적 절차를 중시하다 보니 사업의 진행은 관심의 초점이 아니었다. 그는 거창한 사업을 밀어붙이지는 않았지만, 관행을 변화시키는 데는 관심을 쏟았다. 이성적 방법에 의한 토론과 참여와 공개행정을 내세웠다. 결과적으로 하드웨어는 그대로 있고 그것을 운영하는 방식만 바꾸었다. 그런 그의 노력을 시민들도 관리들도 업적으로 인식하지 않고 있다.

그는 권위주의 시대에 반권위주의적 지도력을 보였고, 전제적 정권에서 민주적 결정절차에 따라 정책을 선택하였다. 그는 개발연대에 공공서비스의 개선과 소프트웨어의 증진에 관심을 보였다. 정부와 재계가 유착되어 부정한 거래가 정상적인 데에서 청렴을 치적으로 내세웠다. 고도로 집권적인 정부에서 분권적·공개적·참여적 행정을 중시하였다. 무엇인가 그가 소속된 풍토와 어울리지 못하는 방식으로 행정관리를 시도하였다. 그것이 시대를 앞서 간 것인지 아니면 시대를 거스른 것인지는 분명치 않다. 분명한 점은 그의 행정관리 방식이 하나의 실험이었다는 것이다. 행정은 하드웨어의 설치가 아니라 그것을 운행하는 소프트웨어의 개발에 있다는 것이 그의 행정관리의 가설이다.

고 건은 업적 때문에 칭송받는 지도자는 아니지만, 시민들로부터 불평의 표적이 되어 본 적은 없다. 그가 이룩한 것은 질서와 관행과 운영방식과 같은 행정문화의 변화였다. 여기에서 그가 권위주의 시대에 반권위주의적 지도력을 행사하면서 체제의 옹호를 받았던 이유를 엿볼 수 있다. 그는 치적을 앞세우지 않았고, 그러면서도 가장 까다로운 행정문제들은 해결하였다. 그는 시민들이 접근할 수 있는 공직자였지만, 정치적 야심을 보이지 않았다. 권위주의 정부의 중심인물들로부터 경계의 대상으로 지목되지 않았다. 행정적 문제해결만이 그의 관심인 듯하였다.

불행하게도 행정문화는 깨어지기 쉬운 대상이다. 폭력과 편견과 강변(強辯)에 무너지기 쉬운 대상이 문화이다. 행성의 관리자들이 지속적으로 보살피고 애지중지하지 않으면 행정문화에도 열역학 제2법칙에서 말하는 엔트로피(*entropy*)가 증대한다. 전임자가 쌓은 전통을 후임자가 살리지 못하면 무위로 돌아가기 마련이다. 아무리 좋은 자동차라도 운행하지 않으면 고철덩어리와 같듯이, 하드웨어가 비치되어 있더라도 그것이 순조롭게 시민들의 이익에 합당하도록 운영되지 못하면 역사의 뒤안에 버려진 조형물이 되고 만다. 그는 이러한 점을 남보다 먼저 인식하여, 두드러지게 보이지 않고 작지만 일상을 지배하는 것들에 관심을 보냈다. 그들을 권위적 규제가 아니라 질서의 조성으로 유도하려고 노력하였다. 행정의 궁극이 의미를 창출하는 데 있다는 것을 보여주려 하였다.

행정문화가 세련되고 정교해지지 않으면 시민에게 필요한 서비스의 개선은 공염불에 불과하다. 그러한 의미에서 행정업적에 대한 안목과 기준이 시대의 변화와 함께 다시 한번 검토되어야 할 것으로 보인다. 만일 행정을 보는 안목과 기준이 변화하면, 고 건의 업적도 새롭게 비쳐질는지 모른다. 행정문화를 정교하게 만들려던 그의 노력이 새로운 조명을 받게 될는지 모른다. 한 인물에 대한 평가는 당대의 평가만이 유일한 평가는 아니다. 미래의 시간에 씌어질 평가의 여백은 아직 충분히 남겨져 있다.

80년대 통신혁명의 지휘자 : 오명 론

오 명(吳 明)

1940년 3월 21일 서울 출생
1958년 경기고등학교 졸업
1962년 육군사관학교 졸업
1966년 서울대 공과대학 전자공학과 졸업
1972년 뉴욕주립대 대학원 졸업(공학박사)
1966년 3월 육군사관학교 교수(전자공학)
1980년 10월 대통령 경제과학 비서관
1987년 7월 체신부 장관
1989년 1월 통신개발연구원 연구자문위원
1989년 2월 대통령 교육정책자문회의 자문위원
1989년 5월 뉴욕주립대 석학교수(University Professor)
1989년 11월 대전 세계박람회 조직위원회 위원장
1992년 3월 한국원자력안전기술원 이사장
1993년 12월 교통부 장관
저서《정보화사회 그 두의 얼굴》,《레이저 응용》,
《전기전자공학》,《엑스포와 미래이야기》

80년대 통신혁명의 지휘자 : 오 명 론

김 정 수

> 지도자를 비평하는 것은 쉬운 일이다. 무슨 일이든지 끝난 뒤에는 누구나 현명해질 수 있다. 그 일을 어떻게 했어야 했는지 누구나 알 수 있다. 그러나 일을 시작하기 전에는 아무도 어떻게 해야 될지 모른다. 바로 이런 때 지도자는 행동하지 않으면 안되는 것이다.
>
> — O. 할레스비

1. 들어가는 말

정부 각 부처별로 역대 최고장관으로 꼽히는 인물들에 대한 특집기획조사가 있다. 이 조사는 정부 23개 부처 국장급 이상의 고급공무원 3백여명을 대상으로 한 것이었는데, 역대 최고로 꼽힌 장관들 중 2개 공화국에 걸쳐서 재임했던 인물이 딱 한명 있다. 바로 제36대(1987. 7. 14~1988. 12. 5) 체신부 장관을 역임하였던 오 명(吳明)이다. 체신부 고급공무원들이 오 명을 최고장관으로 선정한 이유는 한 마디로 "어려운 여건하에서 그가 이룩한 업적" 때문인 것으로 요약된다.[1)]

체신부 리더로서 오 명의 업적은 그야말로 눈부시다고 아니할 수 없다. 후진성을 면치못하던 우리 나라 통신을 지금의 선진국 수준으로

---

1) 김형근, "역대 최고 장관 23명 — 체신부 장관 : 15명 중 8명이 선정한 오 명, 체신부 위상 한 단계 높여," 《월간조선》, 1993년 9월호.

끌어올렸으며, 정보화사회로의 진입을 주도함으로써 체신부의 위상을 높이는 데 결정적인 공헌을 하였다는 것이 일반적인 평가이다. 그리하여 혹자는 80년대 통신분야의 발전상을 가히 '혁명적인 변화'라고도 부르고 있다.[2)]

체신부 재임시 오 명의 지휘하에 이룩된 성과는 6공화국의 출범 직후 터져나왔던 5공화국의 공과에 대한 호된 비판에서 간접적으로 엿볼 수 있다. 왜냐하면 5공화국의 정치적·경제적 실정을 아무리 심하게 질타하는 사람들이라도 5공화국 시절 이룩하였던 통신분야의 비약적인 발전에 대해서만큼은 그 공을 인정하지 않을 수 없었기 때문이다. 특히 최근 도로나 항만 등 사회간접자본의 부족에 대해서 심각한 우려와 불만이 제기되고 있음에 비하여 통신과 관련해서는 별다른 애로가 없음을 볼 때 통신부문의 발전이 5공화국 정부의 가장 대표적인 업석의 하나로 꼽히는 것은 당연하다고 할 수 있다. 사실 우리 나라가 만년 통신후진국에서 단 몇년 사이에 세계 10위권내에 드는 통신대국으로 급성장하리라고는 어느 누구도 상상하지 못했었다. 어느 면에서 이는 6,70년대에 이룩하였던 한국경제의 고도성장 이상으로 세계에서 유례를 찾기 힘든 기적이라고 해도 과언이 아니다.

이와 같이 통신부문에서의 혁명적인 발전이 가능하였던 원인으로서 많은 사람들은 오 명의 지대한 역할을 들고 있다. 특히 앞에서 인용한 조사에서도 보듯이 대부분의 전·현직 체신부 관료들은 우리 나라 통신혁명이 성공하였던 가장 중요한 이유의 하나로 주저없이 오 명의 리더십을 강조하고 있다. 이것은 통신혁명과 오 명과의 객관적 인과관계가 과연 어느 정도인가 하는 것에 관계없이 그가 우리 나라 정보통신 행정에서 얼마나 중요한 인물이었는지를 잘 말해주는 증거이다. 물론 80년대 한국 정보통신 부문의 비약적 발전이 반드시 오 명 한 사람의 공이었다고 단정지을 수는 없을 것이다. 그러나 오늘날 고도정보

2) 이장규, 《경제는 당신이 대통령이야 : 전두환 시대의 경제비사》(중앙일보사, 1991), p. 263.

화사회의 밑거름이 되는 중대한 업적이 체신부의 주도하에 이룩되었다는 점을 부인할 수 없는 만큼 그 당시 체신부를 지휘했던 리더를 연구하는 것은 대단히 큰 의의가 있다고 본다.

이 글에서는 80년대의 통신혁명이 성공적인 행정의 열매였다는 전제하에 그 산파역할을 하였던 오 명 전 체신부 장관의 리더십에 관해 살펴보고자 한다.

다음 절에서는 먼저 1980년대를 통하여 이루어진 통신혁명의 구체적인 내용에 대하여 살펴본다. 행정 리더로서의 오 명의 리더십을 분석하기 위해서는 먼저 그의 재임기간중 이룩하였던 행정성과를 살펴볼 필요가 있다. 과연 어떠한 성과를 거두었는지 먼저 알아야만 비로소 리더로서의 자질을 분석하는 연구의 의의가 있기 때문이다. 특히 오 명의 경우, 체신부를 지휘하면서 통신혁명이라 불릴 정도로 지대한 업적을 남겼던 만큼 당시 체신부 주도로 시행되었던 주요 정책들과 그에 따른 우리 나라 통신부문의 비약적인 발전상에 대하여 알아보기로 한다.

2. 80년대의 한국 통신혁명

우리 나라에서 근대적인 의미의 통신이 시작된 것은 약 100여년 전으로 거슬러 올라간다. 1885년 9월 28일 서울과 인천 간에 개통된 전신망은 우리 나라 전기통신의 효시로 기록되며, 따라서 한국은 이제 1세기가 넘는 전기통신의 역사를 지니고 있는 셈이다. 그러나 이러한 긴 역사에도 불구하고 사실 1970년대까지 우리 나라의 통신사정은 후진성을 면치 못하였던 것이 사실이었다.

한편 1980년대는 그야말로 통신혁명을 이룩한 도약발전기로 기록된다. 체신부는 80년대 초반부터 통신의 2대 숙원목표인 '전화적체의 완전해소'와 '전국 전화의 자동화'를 조기에 달성하고 전국 동시생활권 및 1가구 1전화 시대를 실현한다는 정책의 기본목표를 수립하고 각

부문별 발전전략을 적극 추진하였으며 그 결과 많은 성과를 거두었다. 아래에서는 이 기간 동안에 시행된 주요 정책 및 그 성과에 대하여 개략적으로 살펴보기로 한다.

1) 통신관리 체제의 개편

80년대 초반에는 우리 나라 통신관리 체제의 근간이 개편·확립되었다. 그 기본 골격은 정책수립, 사업운영 그리고 연구개발업무가 각기 전담 조직을 중심으로 기능적으로 분리된 분업체계라고 할 수 있다. 특히 그동안 전기통신사업이 오로지 체신부에 의하여 독점적으로 운영되어 왔었음에 비추어 보면 정책과 사업의 분리는 가히 획기적인 변화라 아니할 수 없다.

(1) 성책수립 : 체신부 통신정책국 발족

먼저 정책수립과 관련하여 체신부는 1982년 1월 1일 통신정책국을 새로이 발족하였다. 통신정책국은 전기통신정책을 국가이익 및 국민편익 증진 방향에서 설정·추진하고 공중통신사업체 및 생산업체, 공사업체를 지도, 감독, 지원, 육성함을 그 임무로 하고 있다. 출범 당시에는 통신기획과, 통신기술과, 사업관리과, 특수통신과 등 4개 부서로 되어 있었으나, 1984년 1월 1일 직제변경에 따라 통신기획과, 통신진흥과, 통신업무과, 정보통신과로 명칭이 바뀌면서 정보통신 분야가 강화되었다.

(2) 사업운영 : 한국전기통신공사, 한국데이타통신주식회사 설립

사업운영면에서는 공공성에 입각한 기업성 추구로 통신부문의 발전을 촉진하기 위하여 전기통신 운영전담조직인 한국전기통신공사(Korea Telecommunications Authority, KTA, 현 한국통신)가 1982년 1월 1일자로 설립되었다. 이때 자본금 2조 5천억원은 전액 정부에서 출자하였다. 이 당시 체신부에서 통신공사로 이관된 인원은 153기관 35,225명이었으며, 이는 대한민국 정부수립 이후 최대규모의 조직이관으로 기록되었다.[3] 그럼에도 불구하고 인사이동에 따른 별다른 잡음이나 무리가 없었으며 후일 전매공사 설립시에 좋은 선례로 활용되었다.

또한 당시만 해도 낙후성을 면치 못하고 있었던 정보통신(*Data Communication*)을 육성시키기 위한 시책의 하나로 정보통신을 전담할 순수 민간기업을 설립하기로 하였다. 그리하여 체신부 차관을 위원장으로 하는 전담회사 설립추진위원회의 활동을 거쳐 1982년 3월 29일 자본금 59억 8천만원으로 한국데이타통신주식회사(Data Communication Corporation of Korea, 현재 DACOM)가 설립되었다. 같은 해 4월 정보통신역무를 허가받아 한국 최초의 부가가치 통신업자 지위를 획득한 한국데이타통신주식회사는 공중정보 전송, 정보처리 및 데이타뱅크 서비스를 담당하는 정보통신 전문운영업체로 육성되었다. 이밖에 차량전화와 무선호출(삐삐)사업을 담당하는 한국이동통신주식회사가 1984년 설립되었으며, 항만통신에 관련된 유·무선 통신사업을 운영하는 한국항만통신주식회사가 1985년에 설립되었다.

(3) 연구개발 : 전자통신연구소, 통신개발연구원 발족

한편 전기통신에 관한 연구 및 기술개발을 담당하기 위한 연구기관을 확보하기 위한 조치들이 취해졌다. 1985년 3월 26일 기존의 전기통신연구소와 한국전자통신기술연구소를 확대 개편하여 한국전자통신연구소(Electronics and Telecommunications Research Institute, ETRI)를 발족시켰다. 한편 같은 해 2월에는 정책수립을 위한 아이디어 뱅크로서 통신정책연구소를 설립했는데, 1988년 1월 30일을 기하여 통신개발연구원(Korea Information Society Development Institute, KISDI)으로 개편되었다.

---

3) 체신부의 가장 막강한 부분을 독립시킨 결단에 대해서 오 명은 이렇게 설명한다. "책임소재를 분명히 하기 위해서였습니다. 사람이나 조직이 동시에 두 가지 일을 할 수 없습니다. 체신부는 정보통신에 관한 정책을 짜고 한국통신은 전화국 운영을 전담하는 식으로 업무를 갈라놓아야 서로가 자유로워지고 맡은 일에 대해 분명히 책임을 집니다." 이정훈, "인물연구 : 오 명 대전 엑스포 조직위원장의 대야망,"《월간조선》, 1993년 8월호, p. 334.

2) 전화 적체 해소 및 전국 자동화

6,70년대의 고도 경제성장을 겪으면서 대표적인 사회문제의 하나로 부각되었던 것이 전화의 만성 적체현상이었던 사실은 누구나 주지하고 있는 바이다. 60년대의 연간 공급규모는 고작 1만 회선 정도였으며 1973년 이후에야 겨우 10만 회선 수준을 넘은 상태였기 때문에 전화의 수급불균형 문제는 갈수록 고질화되어 갔다. 우리 나라 전화보급상태를 되돌아 보면 1961년에는 고작 12만 회선에 불과했고, 1975년에 겨우 100만 회선을 넘었으며, 1980년에는 약 280만 회선이 총 공급규모였다. 반면 전화수요는 폭증하여 실수요만을 반영하는 적체건수가 1972년에 1만건이었던 것이 계속 누증되어 1980년에는 60만건에 이르게 되었다.[4] 뿐만 아니라 수도 서울에서도 국제자동통화를 이용할 수 없었을 정도로 당시 전기통신 사정은 낙후되어 있었다.

그러나 1981년부터 해마다 1조원 이상을 투자하여 매년 100만 회선 이상 증설한 결과 1987년 10월에는 드디어 전화 1,000만 회선을 돌파하게 되었다. 이로써 세계 10위권의 전화보유국으로 부상하였으며 1가구 1전화 시대를 열게 되었다. 그후 계속적인 회선 증설 결과 1992년 9월 국내 총 전화시설은 1,852만 회선에 달하였으며,[5] 1993년에는 총 2,000만 회선을 넘게 되었다. 그리하여 100인당 전화보급률이 1980년의 7.2대에서 1991년에는 무려 33.7대로 크게 증가하게 되었다.[6] 한편 1984년에는 세계 최초로 디지탈 시외교환망을 완성하였으

---

4) 잠재수요까지 포함한다면 1978년 이후 연간 100만 내시 130만명이 전화가입을 기다리고 있는 실정이었다. 한편 당시 가입자 상호간 양도가 가능했던 백색전화의 거래가격이 정부 공식가격의 10배나 되는 250만원 수준에 달할 정도로 전화적체 현상은 심각하였다. 《한국의 통신 : 80년대 발전전략과 성과》(체신부, 1988).

5) "TDX 5백만 회선 돌파," 《국민일보》, 1992년 9월 8일 12면 보도.

6) 신윤식, 《정보사회와 정보산업의 발전방향》 (고려대학교 행정문제연구소, 1993), 정책논문시리즈 No. 93-02, p. 16.

며, 또한 1987년을 기점으로 해서 전국 모든 전화국을 즉시가설체제로 만들어 전화적체 문제를 완전히 해결하게 되었다. 그리하여 80년대 초반까지만 해도 신청한 후 몇 달을 기다려야만 했었으나 이제는 세계에서 유일하게 신청만 하면 그날로 즉시 전화가 가설되는 선진 서비스를 실현하였다.

한편 1987년은 전화적체를 완전히 해결했을 뿐 아니라 전국전화를 완전 자동화하는 자동통화 체제를 완성했다는 점에서 우리 나라 전기통신 역사상 획기적인 해로 기록된다. 그동안 추진해 온 통화권 광역 자동화사업, 자연마을 가입 구역화사업 그리고 섬마을 전화 자동화사업 등이 1987년 6월 말 모두 마무리됨에 따라 드디어 전국 자동통화 체제가 실현되었다. 그리하여 모든 전화가입자는 시내·외 통화를 즉시에 할 수 있을 뿐만 아니라 전세계 100여개 국가와도 국제자동즉시 통화(ISD)를 할 수 있게 되었다. 아울러 농어촌 지역의 광역 자동화 사업을 통해 전국의 10호 이상이 되는 산간오지의 약 2만5천개의 마을과 약 500개 섬마을에도 자동전화가 설치되었다.

3) 全전자교환기의 개발

국산 全전자교환기인 TDX의 개발은 우리 나라 통신기술 발전에서 신기원을 이룩한 획기적인 성공사례로 평가되고 있다.[7] 70년대를 지나면서 이미 기존의 기계식·공간분할식 전자교환기로는 누적되어온 전화적체를 도저히 감당할 수 없었기 때문에 全전자식 교환기의 도입이 시급하였다. 이에 체신부는 외국산 교환기를 도입하는 대신 국내기

7) 특히 당시 수동식 및 기계식 교환기밖에 없었던 시골지역에 국산 全전자교환기가 보급되었던 것은 4세대에 걸친 기술을 뛰어넘는 것이었다. 한편 저명한 미래학자인 다니엘 벨도 한국이 디지탈 교환원리를 그토록 조기에 습득하고 개발한 데 대해 감탄한 바 있다. "Daniel Bell과의 미래좌담," 이한빈, 《한 나라의 앞날》(박영사, 1991).

술로 全전자교환기를 개발할 것을 제5차 5개년 계획의 체신부 중점과제로 선정하고 1982년부터 국산화 계획을 적극 추진하였다. 당시 많은 우려와 반대가 있었으나 체신부는 강력한 정책의지를 가지고 단일 프로젝트로서는 사상 최대규모인 총 240억원의 자금과 1,000여 명의 인력을 투입하기로 결정하였다.

全전자교환기의 기술개발 업무는 한국전기통신연구소(현 한국전자통신연구소)에 의하여 종합적으로 수행되었는데, 1984년 4월 실용시험 인증기를 서대전과 유성전화국에 최초로 설치하여 시험·평가를 거쳤다. 1985년에는 기술을 전수받은 생산업체들이[8] 제작한 TDX-1 시험 생산기를 가평, 전곡, 고령 그리고 무주에 각 6천 회선씩 모두 2만4천 회선을 설치하였으며, 1986년에는 24개 지역에 18만 9천 회선의 TDX-1A 양산기를 설치하였다. 그후 1987년부터 560억원을 투입하여 10만 회선 규모의 TDX-10을 개발하여 1991년부터 상용화하였으며, 1992년 9월 현재 총 500여만 회선을 국산 全전자교환기가 담당하고 있다.[9]

TDX 개발에 성공함으로써 우리 나라는 기계식 전자교환기와 반전자식 교환기의 제작과정을 거치지 않고 곧바로 全전자교환기를 생산하게 된 세계에서 유일한 나라가 되었다. 또한 일본에 이어 세계에서 열번째로 全전자교환기 개발에 성공한 나라가 되었으며, 여섯번째의 全전자교환기 수출국으로 부상하였다. 현재 TDX는 필리핀, 베트남, 이란, 니카라구아 등 4개국에 이미 수출되고 있으며 그 밖에 중국, 동남아 및 동구권 40여 개국들과 수출상담이 활발하게 진행되고 있다.[10] 이와 같이 全전자교환기의 개발에 성공함으로써 국내 정보통신기술 발달의 기폭제가 되었음은 물론 수입대체 효과로 막대한 예산을 절감하게 되었다.

8) 금성반도체(주), 대우통신(주), 동양전자통신(주), 삼성반도체통신(주).

9) 《국민일보》, 앞의 기사.

10) 문영환, "우리가 개발한 全전자교환기 수출," 《나라경제》, 1992년 11월.

4) 단말기 자급제(자유화) 시행

70년대까지만 해도 전화가입자는 전화기를 소유할 수도 없었으며 자기 마음대로 선택할 자유도 없었다. 왜냐하면 체신부에서 일괄적으로 단말기를 공급해 왔었기 때문이었다. 그러나 80년대 초부터 기존의 정책을 바꾸어 단말기 자유화 정책을 추진하였다. 1981년 1월부터 신규 전화가입자들로 하여금 시장에서 마음대로 전화기를 구입하여 사용할 수 있도록 허용하였으며, 1985년 9월 1일자로 종전 통신공사의 소유였던 227만여대의 전화기도 모두 가입자 소유로 바꾸어 줌으로써 완전한 전화기 자급제를 시행하였다. 그 결과 제조업체들도 기능 및 디자인 면에서 다양한 기종을 생산하게 되었으며 소비자들도 자기 취향에 맞는 선택을 할 수 있게 되었다. 한편 차량 전화기 및 가입전신기 등의 단말기에 대해서도 자급제를 실시함으로써 전면적인 단말기 자유화를 이룩하였다.

5) 공중 통신망 및 전파이용의 개방

정보통신기술의 발달과 함께 80년대 초 팩시밀리, 모뎀, 개인용 컴퓨터가 활발하게 보급되기 시작하였으나 1982년까지만 해도 일반 전화망에 접속할 수 없었으며 따로 전용회선을 이용해야만 했었다. 그러나 1983년 3월부터 가입전화망에 팩시밀리, 모뎀, 개인용 컴퓨터 등 비음성(非音聲)통신기기의 접속·사용을 허용함으로써 공중전화망(Public Switched Telephone Network, PSTN)을 완전 개방하였다.

한편 그동안 보안상의 취약점 때문에 가정 및 개인용 전파이용을 억제하여 왔었으나, 점진적으로 전파이용 개방정책을 추진하기 시작하였다. 1982년 12월에는 무선호출(삐삐) 서비스를 개시하였고, 1983년 9월에는 코드 없는 전화기(*Cordless Phone*)의 사용을 허가하였으며, 1984년 5월에는 가입 이동 무선전화(차량전화) 서비스를 수도권 지역부터 도입하였다. 한편 방송부문에서는 1986년 말 방송망 통합운영을 통하여 송신·중계소의 운영을 합리화하고 전파자원의 활용도를 높임에 따라 가시청 지역이 1980년의 66%에서 1987년에는 94%로 향상되었다.

6) 기　타

(1) 컬러 텔레비전 방영

우리 나라에서는 1956년 6월 1일 최초로 텔레비전 방송이 시작된 이래 14년 간 줄곧 흑백 텔레비전만 볼 수밖에 없었다. 그러나 1980년 10월 여러 반대에도 불구하고 컬러 텔레비전 방영을 결정하였으며, 그 해 12월 1일부터 방송이 시작됨으로써 우리 나라도 드디어 컬러 텔레비전 시대에 들어가게 되었다. 이것은 미국보다는 29년, 일본보다는 20년이 늦은 셈이었다.

(2) 투자 재원의 안정적 확보

통신부문의 발전을 위해서는 당연히 막대한 규모의 자금이 필요하였다.[11] 80년대 초반 통신발전을 위한 기본계획의 수립과 아울러 이에 소요될 안정적인 투자재원을 확보하기 위한 조치가 취해졌었다. 첫째, 1979년에 제정되었던 〈공중전기통신시설확장에 관한 임시조치법〉을 1981년에 개정하여 전화 신규설치시 가입자가 일정액의 채권(서울의 경우 20만원)을 매입하도록 하였다. 둘째, 당시 지나치게 낮게 책정되었던 전화요금을 현실화하여 시내 도수료를 12원에서 20원으로 상향 조정하였다.[12] 이는 70년대 말 이후 극심한 물가상승으로 인하여[13] 통

11) 1980년 이후 1987년까지 통신분야에 투입된 총 재원은 9조 6,874억원에 이른다. 한편 82년부터 시행된 제5차 5개년 계획에서는 정부 총투자 중 통신부문이 차지하는 비중이 과거의 3% 수준에서 약 7% 정도 수준으로 증가하였다. 《한국의 통신》, p. 105.

12) 시내 도수료는 1980년 1월 8원에서 12원으로 인상된 바 있으며, 1981년 6월, 12원에서 15원으로, 같은 해 12월에는 다시 15원에서 20원으로 인상되었다.

신부문에 대한 투자가 위축되는 것을 막기 위한 조치였다.

(3) 법령 체계의 개편

또한 체신부의 정책기능을 강화하고 체계적인 통신발전을 유도하기 위하여 1983년 12월 30일 기존의 〈전기통신법〉을 개정하여 〈전기통신기본법〉과 〈공중전기통신사업법〉으로 분리·개편하였다. 이 법 개정에 의하여 체신부가 국가적 입장에서 통신자원의 효율적인 통합관리와 통신산업의 육성 및 기술진흥 분야까지 관장하게 되었다. 그리하여 정보화사회를 위한 통신정책의 수립, 산업육성, 기술진흥 등 제반업무를 체신부가 종합적이고 일괄적으로 추진할 수 있게 되었던 것이다.

3. 구조적 접근방법 대 엘리트 중심 접근방법

앞절에서 살펴본 바와 같이 80년대를 통하여 이룩한 통신부문의 급속한 발전은 외국의 전문가들로부터 '기적'이라고 불릴 정도로 대단한 업적이었다.[14] 1970년대만 해도 상상조차 할 수 없었던 텔레토피아(*Teletopia*)의 기반이 이 시기에 구축되었던 것이다. 그와 함께 이를 정책적으로 주도하였던 체신부의 위상이 현저하게 높아진 것 역시 사실이다. 80년대의 통신혁명과 그에 따른 체신부의 현격한 위상 제고, 이는 과거를 돌이켜 볼 때 참으로 엄청난 변화가 아닐 수 없다.

그렇다면 여기서 당연히 중요한 질문이 제기된다. 이러한 대단한 변화의 원인은 무엇인가? 우리 나라가 세계에서 유례를 찾기 힘들 만큼 단시일내에 이룩한 통신발전은 어떻게 해서 이루어지게 되었는가?

---

13) 당시 도매물가지수를 보면 1980년의 경우 42.2%, 1981년도의 경우 21.6% 상승하였다.

14) 趙甲濟, "吳 明 : 情報通信革命を推進する技術官僚," 《韓國の ニューリーダー》(講談社 現代新書, 1990), p. 120.

어떻게 이러한 획기적인 성과를 낳은 정책들이 나오게 되었는가? 과거에는 그저 "편지나 배달하고 전화나 달아주는 별볼일 없는 부서"에 불과했던 체신부가 80년대를 거치면서 "정보화사회를 선도하는 첨단부서"로 변모하게 되었던 동인은 무엇인가? 특히 80년대에 들어와 과거와는 다른 획기적인 정책들이 수립·집행되었던 것은 어떻게 해서 가능했는가?

일반적으로 정책 또는 사회현상의 변화를 설명함에 있어 두가지 대조적인 접근방법을 생각해 볼 수 있다. 하나는 구조적 접근방법이며 또 하나는 엘리트 중심 접근방법이다.[15] 구조적 접근방법은 거시적 시각에서 상황맥락 또는 사회 및 조직구조에 의하여 정책이 변화가 초래되었다고 설명하는 방법이다. 반면 엘리트 중심 접근방법은 실제 행위주체, 특히 리더십의 역할에 초점을 두는 설명방식이다.

최근 많은 논의가 이루어지고 있는 국가론적 설명은 구조적 접근방법의 한 예라고 할 수 있다. 국가론적 설명에서는 국가자율성 및 국가능력이 중요한 개념으로 쓰인다.[16] 일반적으로 국가자율성이라 함은 국가와 사회와의 상대적 관계를 나타내는 개념으로써, 정책결정 과정에서 국가가 독자적 행위주체로 어느 정도나 독립성을 발휘할 수 있는가 하는 것을 의미한다. 한편 국가능력이란 결정된 정책을 실효성 있게 추진할 수 있는 정도를 나타낸다. 국가론적 시각에서 볼 때, 80년대 이룩한 통신혁명은 우리 나라의 강력한 국가자율성 및 효과적인 국가능력의 탓이었던 것으로 해석할 수 있을 것이다.

그러나 이 경우 두 가지 질문이 곧 제기된다. 첫째, 통신혁명이라는

---

15) Valeri Bunce, *Do New Leaders Make a Difference?*(Princeton: Princeton University Press, 1981), p. 4.

16) Theda Skocpol, "Bringing the State Back In : Strategies of Analysis in Current Research," in Peter B. Evans, Dietrich Rueschemeyer and Theda Skocpol (eds.), *Bringing the State Back In* (Cambridge: Cambridge University Press, 1985).

대단한 정책 성공이 왜 하필이면 80년대에 일어나게 되었는가? 국가론적 입장에서 이 질문에 답하기 위해서는 80년대 한국의 국가자율성 및 국가능력이 6,70년대에 비하여 월등히 높아졌기 때문이라고 보아야 할 것이다. 그러나 역대 정권들을 돌이켜 볼 때, 이러한 변화가 실제로 있었다고 단언하기는 어려울 것이다. 둘째, 다른 분야의 정책 성과들과 비교해 볼 때, 과거 별볼일 없었던 체신부가 그토록 눈부신 업적을 남길 수 있었던 이유는 무엇인가? 국가를 마치 하나의 행위주체로 파악하는 국가론적 시각에서 이 질문을 다루기 위해서는 국가자율성 및 국가능력이 의제영역(*issue area*)마다 다르다는 것을 전제해야만 한다. 즉, 다른 부문에 비해 특히 통신부문에서는 국가자율성 및 국가능력이 대단히 높았기 때문에 그러한 훌륭한 업적을 남길 수 있었다고 보아야 한다는 것이다. 그러나 이 경우에도 역시 국가론적 시각에서는 대답하기 어려운 문제들이 발생한다. 왜냐하면 80년대 초반 정책변화를 처음 시도할 때만 해도 사실 체신부는 정부내에서도 힘없고 별볼일 없는 부서였으며, 통신혁명의 성과가 가시적으로 나타남으로써 비로소 체신부의 지위가 높아졌기 때문이다. 결국 국가론과 같은 전체주의적(*holistic*) 혹은 구조적 시각은 80년대 체신부 주도로 이룩한 통신혁명을 설명하기에 적합하지 않은 것이다.

국가 전체 수준에서 답변을 찾을 수 없다면 우리의 시선은 당연히 국가의 하위체계 수준, 즉 개별 정부기관으로 향하게 된다. 앞에서 제기한 질문을 이런 관점에서 다시 제기하면 다음과 같다. 동일한 대통령하에서, 그리고 동일한 정치경제적 상황하에서 왜 체신부는 그렇게 획기적인 업적을 남길 수 있었는가? 이 질문을 각도를 약간 달리하여 시간적 요소를 고려한다면 다음과 같다. 체신부가 왜 과거에는 못하다가(혹은 안하다가) 하필이면 80년대에 그러한 업적을 이룩하게 되었는가? 이러한 질문에 답하기 위해서는 필연적으로 80년대의 체신부가 도대체 어떠한 특성을 가지고 어떻게 행동하였는지에 대하여 살펴보아야만 할 것이다.

5공화국 당시의 체신부를 되돌아 보면 한 가지 독특한 점을 발견할 수 있다. 즉, 80년대 거의 대부분의 기간 동안 한 사람의 리더가 차관 및 장관으로서 꾸준히 체신부를 지휘했었다는 점이다. 애당초 체신부가 통신혁명이라는 거대한 변혁을 향해 첫 걸음을 내딛게 된 것도 사실 그 리더가 체신부 차관으로 부임하면서부터였다. 그의 체신부 재임기간은 약 8년 가까이 되었는데, 이 기간중에 우리 나라 정보 통신 정책의 거의 모든 기반이 확립되었을 뿐만 아니라 2절에서 살펴 본 각종 성과들을 거두었다. 80년대를 통하여 엄청난 변화를 총지휘하였던 이 리더가 바로 오 명 전 체신부 장관이다. 다음 절에서는 한국의 통신혁명을 추진했던 장본인 오 명은 어떤 인물인가에 대하여 살펴보기로 한다.

4. 리더 오 명

1) 개인적 배경

오 명에게는 많은 별명이 따라다닌다. '한국 통신혁명의 산파'라는 일반적 평가 외에 '한국의 대표적인 기술관료', '움직이는 컴퓨터', '정보사회의 귀재', 'Miracle Man' 등[17] 80년대를 통하여 우리 나라 정보통신혁명을 선두 지휘하였던 장본인다운 별명들이 그에게 붙어 있다. 체신부 장·차관이라는 행정리더로서의 오 명을 이해하기 위해서 먼저 그의 개인적 배경에 대해 살펴보도록 한다.

오 명은 1940년 3월 21일 서울 종로구 명륜동에서 부친 오재성 씨와 모친 신금자 씨의 2남 5녀 중 장남으로 태어났다. 제약회사 사장으로서 관청에 근무한 적도 있는 그의 부친은 오 명의 국민학교 시절에

17) 허두영, "'텔리투피아의 주체세력' 유사출신 '첨단 박사'들," 《뉴스메이커》, 1992년 8월호, p. 67 ; "'A Miracle Man' : Oh's at It Again," *The Korea Post*, June 1992, p. 39.

이미 피아노, 전화는 물론 자동차도 두대나 있을 정도로 재력가였다. 부친이 독실한 기독교 신자였던 관계로 오 명도 일찍부터 혜화동의 혜명교회에 다녔으며, 당시의 교회친구들과 지금도 가깝게 지내고 있는 것으로 알려져 있다. 어린 시절 같은 동네에 살았던 한 교회친구의 회고에 의하면 소년 오 명은 "비교적 완벽주의자였으며 남에게 지기 싫어하는 성격"이었다고 한다.[18)]

혜화 국민학교를 졸업하고 경기 중·고등학교를 졸업한 오 명은 고3 때 육군사관학교를 지원할 것을 혼자서 결정하였다. 당시 경기고교 교장은 육사가 앞으로 한국을 짊어질 많은 지도자를 배출할 요람이 될 것이라고 학생들에게 조언하였다고 한다. 사실 오 명은 군인이라는 직업 그 자체보다는 "지도자를 양성하는 학교"라는 이미지에 이끌려 육사를 선택하였다. 고3 때 담임선생님의 회고에 의하면 "수학에 뛰어났고 집안도 부유했던 오 명 학생이 육사를 지원하겠다는 말에 처음에는 당황했었으나 그는 자신의 인생항로에 대한 확실한 신념에 가득 차 있었다"고 한다. 한편 국민학교, 중·고등학교를 같이 다녔던 한 동창생은 "학창시절 오 명은 남의 눈에 띄지 않았으며 비교적 조용한 편이었으나 자기 주관이 뚜렷했다"고 말한다.[19)]

1958년 오 명은 육사 18기로 입학하였다. 당시 예년에 비해 두배 이상이나 많은 지원자가 몰렸는데, 신체검사에서 절반 정도가 탈락하고도 최종시험에서 40 : 1의 어려운 관문을 통과하였던 것이다. 재학기간중 비교적 우수한 성적을 유지하였던 오 명은 4학년 1학기 때는 전체 1등을 차지하기도 하였다.[20)] 그는 특히 기계·전자·토목 등 공학

---

18) "한국 통신혁명의 산파 : 오 명 대전 EXPO 조직위원장," 《매일경제신문》, 1992년 3월 23일 제9면.

19) 앞의 자료.

20) 오 명의 형제들은 모두 두뇌가 명석한 것으로 알려져 있다. 그의 바로 밑 남동생의 경우 보성고등학교 1학년 때 검정고시를 거쳐 2년 먼저 서울대 법대에 입학하기도 하였다. 이정훈, 앞의 책, p. 330.

분야의 과목에 단연 두각을 나타냈다. 만일 육사에 떨어졌다면 차선책으로 자신에 맞는 공과대학에 진학했을 것이라고 말할 정도로 그는 공학분야에 관심이 많았다. 62년 육사를 졸업하고 1년 반 가까이 포병장교로 일선에서 복무하던 오 명은 과학자로서의 꿈을 포기하지 못하고 64년 서울대학교 공과대학 전자공학과 3학년에 편입하였다.

1966년 서울대를 졸업한 오 명은 그후 육사에서 2년 6개월 간 전자공학을 강의하고 68년 장학금을 받고 미국 유학길에 오르게 되었다. 뉴욕주립대 유학 직전 당시 이화여대 미술대학 4학년에 재학중이던 지금의 부인 이정희 씨를 만나 같이 미국으로 떠났다. 오 명의 부친도 제약회사 사장으로서 부유한 편이었고 장인 역시 꽤 규모가 큰 철강회사를 운영하고 있었으나 이들 부부는 오 명의 고집으로 월 240달러의 장학금만으로 지냈다고 한다.[21] 유학시절의 한 동료는 그를 "관광한 뒤 반드시 사진을 슬라이드 형태로 만들어줄 정도로 끝마무리를 철저히 하는 성격이었다"라고 회상하였다.[22]

뉴욕주립대에서 전자공학 박사학위를 취득한 오 명은 1972년에 귀국하여 육사에서 전임강사, 조교수, 부교수 등을 거치면서 78년까지 재직하였다. 79년 1월부터는 국방과학연구소에서 책임연구원으로 일하였으며 80년 대령으로 예편하였다. 그후 국보위 상공자원분과위원과 대통령 경제과학비서관직을 역임하였던 그는 5·6공화국 시절 체신부 차관·장관을 거쳐 89년 11월부터는 93년 대전 세계박람회(EXPO) 조직위원회의 위원장으로 활약하였다. 대전 엑스포의 폐회 직후 한국야구위원회 위원장에 임명되었다가, 곧이어 93년 12월 교통부 장관으로서 다시 각료로 발탁되었다. 그 밖에 대통령 교육정책자문회의 자문위원, 대통령 과학기술자문회의 자문위원, 통신개발연구원 연구자문위원직을 역임한 바 있는 오 명은 89년 5월에는 우리 나라에서 최초로 그의 모교인 뉴욕주립대학의 석학교수(*University Professor*)로 임명되

21) "오 명 · 이정희 부부," 《여성중앙》, 1991년 4월호, p. 311.
22) 《매일경제신문》, 앞의 기사.

기도 하였다.

인간 오 명에 대한 평가는 대체로 '외유내강'형이라는 것이 일반적인 중론이다. 그가 체신부 차관으로 임명될 당시 1981년 5월 28일자 각 일간신문에 보도된 인물평을 보면 다음과 같다.[23]

· 조용하고 차분하면서도 치밀한 성격으로 일처리가 컴퓨터 같다.
· 공사가 분명하고 동료부하 직원 간에 대인관계가 원만하다.
· 전문지식과 소신있는 업무처리 능력이 높이 평가돼 차관으로 발탁되었다.

이러한 인물평에 걸맞게 오 명은 비록 육사출신이기는 하지만 특유의 부드럽고 온유한 웃음탓에 군인이라기보다는 사실 인자한 학자타입의 인상이 짙게 풍긴다. 그러나 그의 온화한 외모 뒤에는 일에 대한 불타는 정열과 한번 옳다고 결심한 것은 끝까지 밀고 나가는 강인한 추진력이 있다. 뒤에서 보겠지만 오 명의 이러한 성격은 체신부 장·차관 시절 보여준 그의 리더십 스타일에서도 그대로 나타난다.

2) 관계 입문

1980년은 사회적으로 우리 나라의 대변혁기였던 동시에 오 명 개인으로서도 과학자에서 행정인으로 변신하게 된 시기였다. 그가 최초로 관계(官界)와 연을 맺게 된 것은 80년 '국가보위비상대책위원회'의 상공자원분과위원에 임명되면서부터이다. 국보위에 발탁된 배경은 그가 육사출신이었다는 점과 아울러 공학박사이자 당시 국방과학연구원 책임연구원이라는 전문성이 고려되었을 것으로 짐작된다. 이에 대해 오 명은 특별한 사항은 없었으며 "그냥 부름을 받았을 뿐"이라고 한다.[24] 상공자원분과에서 그가 역점을 두고 추진하였던 업무는 산업

---

23) 박현태, "박현태의 인물연구 : 오 명 그는 누구인가?," 《경영과 컴퓨터》, 1987년 1월, p. 68.

24) 위의 책.

정책 문제, 교환기 정책, 수출입절차 간소화 작업 등이었다.

그러나 오 명이 본격적으로 관계에 진출하게 된 직접적인 계기는 당시 청와대 경제수석이었던 고 김재익과의 만남에서 비롯된다. 경기고등학교 1년 선배이기도 한 김재익은 1980년 9월 어느날 국보위에서 안면이 있던 오 명을 불러 저녁을 같이하였다. 이 자리에서 김재익은 오 명에게 전자, 반도체, 통신 등 미래산업 기술개발에 대한 자문을 구하며 두 사람은 밤늦도록 허심탄회한 논의를 나누었다. 이날 만남에서 서로 생각이 통한다고 느낀 김재익은 오 명에게 자기를 도와서 기술개발업무를 직접 맡아줄 것을 제의하였다. 오 명은 이 제의를 '연구관' 정도의 자리로 생각하고 응낙했는데 국방과학연구원 책임연구원이라는 직책이 고려되어 다른 사람들과는 달리 청와대 정식 비서관으로 발령이 되었다.

1980년 10월 국보위가 해체되면서 대통령 경제과학 비서관에 임명된 오 명은 그후 8개월 간 재직하였는데, 관장업무는 과학기술, 전자공업, 체신업무, 방위산업 분야 등이었다. 그후 이룩된 통신기술 발전 전략의 기본 골격은 그 당시에 이루어졌다고 한다. "돌이켜 보면, 짧은 기간이었지만 그 당시가 가장 훌륭한 과학기술정책에 대한 구상을 했던 때였다"라고 그는 피력한다.[25]

이 시절에 입안된 것이 바로 '전자공업육성을 위한 장기정책'이었는데, 정부·학계·업계의 실무그룹 20인으로 구성된 전자산업 육성대책반에 의하여 3개월 만에 작성되었다. 이 계획의 기본구상은 반도체·컴퓨터·전자교환기를 3대 전략산업화하고 5년 이내에 전자부문의 생산 및 수출을 2.5배 늘림으로써 전자산업을 기계산업과 맞서는 주력산업으로 육성한다는 것이었다.[26] 한편 국내수요 창출을 통해 전자산

25) 趙甲濟, 앞의 책, p. 124.

26) 이정규, 앞의 책 p. 265. 이 계획은 실제로 수출 실적뿐만 아니라 기술개발면에서도 반도체 부분에서는 4메가 D RAM의 개발, 컴퓨터는 국산 중형컴퓨터 TICOM의 개발, 전자교환기는 TDX의 개발에 의하여 모두 구현되었다.

업 육성에 기여하기 위하여 컬러 텔레비전 방영을 시작한 것도 바로 이때부터였다. 한편 이 계획에 대하여 정부관료를 포함한 많은 사람들이 말도 안되는 소리라고 비웃었다고 한다. 당시 경제관료들은 기술개발 속도가 빠른 전자산업은 우리 나라에 적합치 않은 것으로 보았다. 특히 5공화국 초기의 정치경제적 위기상황에서 무모하게 첨단 기술분야에 손을 대기보다는 값싼 노동력을 강점으로 삼아 경쟁해야만 한다는 것이었다. 그러나 실제로 5년이 지난 1986년부터는 전자산업이 기계·섬유 등의 기존 주력산업을 앞질러 한국경제를 주도하는 산업으로 부상하게 되었다. 전자산업 육성계획의 성공은 80년대에 이룩한 전자통신혁명의 기술적 토대를 마련하는 계기가 되었다.[27]

3) 체신부 리더

1981년 5월 28일 체신부 차관으로 임명된 오 명은 통신분야 육성에 관한 청와대 시절의 야심찬 구상을 본격적으로 실행할 수 있는 지휘봉을 잡게 된다. 그가 체신부 차관으로 발탁된 것은 김재익은 물론 최광수 당시 체신부 장관의 강력한 요청에 의해 이루어졌다고 한다.[28] 오 명이 차관으로 재직하는 동안 체신부가 이룩한 주요 업적들은 앞에서도 살펴본 바와 같이 무선호출 서비스 개시(1982년), 공중통신망에 데이타통신과 팩시밀리통신 접속(1983년), 패키지 교환방식을 이용한 공중 정보통신전용망 개통(1984년), 단말기 완전자유화(1985년),

27) 80년대 초반 전자업계 대표들은 정부가 기계부문만 지원한다고 불평하였다. 이에 대해 오 명은 이들에게 불평만 하고 있지말고 전자산업에 대한 사회전반의 관심을 제고시킬 것을 충고하고 심지어 구체적인 조언까지도 해주었다. 예를 들면, 반도체를 소개하는 책자를 만들되 반드시 만화와 그림을 이용하여 재미있게 만들라든가, 간단하지만 반도체를 집어넣은 자그마한 기념품을 만들어 관료들에게 선물할 것 등을 제안하였다. 요컨대 정부관료들에게 전자산업이 무엇인가를 깨우쳐 주고 그 중요성에 대해 설득시키라는 것이었다.

28) 趙甲濟, 앞의 책, p. 125.

국산 全전자교환기 개발(1986), 전국 전화자동화 및 전화 1,000만 회선 돌파(1987년) 등 숱하게 들 수 있다.

그후 1987년 7월 오 명은 제36대 체신부 장관으로 취임하였다. 그의 장관 취임은 세가지 기록을 남겼다. 첫번째는 최장수 차관 기록이다. 오 명은 체신부 차관으로서 무려 6년 2개월 간이나 재직하였다. 두번째로 그는 체신부 차관에서 체신부 장관으로 승진한 최초의 경우였다. 차관에서 장관으로 수직적인 승진인사가 이루어진 것은 체신부가 설립된 이래 처음 있는 일이었다.[29] 세번째로 오 명은 전문지식을 갖춘 최초의 체신부 장관이었다. 과거 체신부 장관은 주로 정권변혁에 따른 논공행상이나 지역안배 또는 요직으로 가기 위한 경력관리 차원에서 기용되었다.[30] 따라서 대개 전문지식이 없는 이른바 '정치장관' 들이 가는 자리에 이론적으로뿐만 아니라 실무적으로도 전문가인 오 명이 장관으로 임명되었다는 사실은 매우 중요한 의미를 갖고 있다.

한편 오 명의 장관 승진은 특히 체신부 내부에서 크게 환영받았다. 당시 신문에도 보도가 되었듯이 그가 체신부 장관에 취임한다는 소식이 전해지자 체신부 청사에는 직원들의 환호성이 울려퍼졌다고 한다. 이는 곧 그가 체신부 직원들에게 어느 정도의 신임을 얻고 있었는가를 말해 준다. 이를 증명하듯 그 당시 체신부 노조위원장직을 맡고 있었던 한 인사는 "장·차관의 생활이 8년이나 되는데도 오 장관은 인맥을 만들지 않았다"고 회고한다.[31]

1988년 12월 체신부 장관에서 물러날 때까지 오 명은 무려 8년에 가까운 세월 동안 체신부의 리더로서 한국 통신혁명을 향한 작업을

29) 이 승진에 대해 오 명 자신은 다음과 같이 말하였다. "장관이라는 직책이 외부적으로 정책적인 역할을 담당하는 것이라면, 차관이라는 직책은 내부적으로 실무적인 역할을 담당하는 것이다. 양자는 상대적인 위치에 있다. 그러므로 두 포스트를 차례로 경험한다고 하는 것은 실로 어렵고 드문 일이다." 趙甲濟, 앞의 책, p. 125.

30) 허두영, 앞의 글.

31) 趙甲濟, 앞의 책, pp. 125~126.

진두지휘하였다. 사실 한 부처의 수장으로 8년여의 기간 동안 일한다는 것은 여간 드문 일이 아니다. 특히 체신부의 경우, 48년부터 최근의 송언종 장관에 이르기까지 역대 장관들의 평균 재임기간은 고작 12개월 정도에 불과하였으며, 1년도 채우지 못한 장관도 무려 19명이나 된다.[32] 이 글의 첫머리에서도 언급되었듯이 6공화국의 출범 직후에는 오 명이 체신부를 이끌던 시절인 5공화국에 대한 청문회와 각종 비리고발이 연이어 터져나왔다. 그러나 그 와중에서도 체신부에 관해서만큼은 별다른 흠이 발견되지 않았다는 사실은 체신부 리더로서의 오 명의 업적을 평가함에 있어 시사하는 바가 대단히 크다고 할 것이다.

5. 오 명의 리더십 분석

이 절에서는 체신부 장·차관 시절 오 명이 보여준 리더십과 그것이 어떻게 80년대 통신혁명을 낳은 정책결정 및 집행에 영향을 미쳤는가에 대해서 살펴보기로 한다. 여기서 미리 분명히 밝혀둘 것은 비록 오 명이라는 리더의 역할이 매우 중요했던 것은 사실이나 그렇다고 해서 한국 통신혁명의 공을 오로지 그의 리더십에만 돌릴 수는 없다는 점이다. 오 명 자신도 인정하듯이 어떤 정책의 결정, 집행 그리고 그 성과에 실제로 영향을 미치는 변수는 한두 가지가 아니다. 예를 들어 국장이나 부장 등 중간 관리층의 이해와 협조, 다른 부처와의 협력관계 그리고 특히 청와대로부터의 강력한 지지 등이 없었다면 아무리 오 명의 개인적 능력이 뛰어났다고 하더라도 그토록 눈부신 업적을 이루지는 못했을 것이다. 그럼에도 불구하고 오 명이라는 리더가 보여준 조직을 이끌어가는 내부적 관리능력과 타부서 및 청와대와 매끄러운 관계를 유지하는 외부적 관리능력이 가장 중요한 요인 중 하나였다는

32) 허두영, 앞의 글.

점은 부인할 수 없다. 다음에서는 정책성공 요인으로서 그의 리더십에 대하여 몇 가지 측면에서 살펴보기로 한다.

1) 정보화사회에 대한 비전과 집념

오 명 하면 먼저 떠오르는 이미지는 '정보화사회의 열렬한 신봉자'라는 것이다.[33] 사실 그는 공직에 발을 들여놓기 이전부터 이미 정보화사회에 대한 확고한 비전을 가지고 있었다. 정보화사회에 대한 그의 신념은 단순히 기술적 차원에 머무른 것이 아니었으며, 정치경제적 차원에서의 중요성에 대해서도 확고한 인식을 가지고 있었다. 즉, 정보통신은 "생활의 편의를 가져다 주는 제 1차적인 차원에서뿐만 아니라 경제발전의 원동력이 된다"는 일관된 신념과 "통신의 현대화와 정보의 대중화를 통해 참된 민주화가 이룩되리라"는 확신을 소유하고 있었던 것이다.[34] 정보화사회에 대한 그의 비전은 그가 체신부 장관으로 재직하면서 출간한 저서 《정보화사회 그 천의 얼굴》(한국경제신문사, 1988)에 평이하면서도 흥미있게 제시되어 있다.

오 명은 그의 전 공직생활을 통하여 정보화사회라는 일관된 소신을 가지고 업무를 추진하였다. 1980년 이후 전자산업의 육성과 정보통신혁명을 위해 입안한 모든 정책들은 사실 정보화사회에 대한 그의 선구자적 비전에 기인하였던 것이다. 예를 들면, 1980년 수많은 반대를 무릅쓰고 컬러 텔레비전 방영을 성사시켰던 것은 컬러 텔레비전에 대한 수요를 진작시킴으로써 반도체를 비롯, 관련된 제반 전자기술을 발전시키고 또 이를 통해 정보화사회의 여건을 조기에 조성시킬 수 있다는 그의 확신에서 비롯되었다. 결국 그의 계산은 맞아떨어졌으며, 나아가 이를 통해 통신혁명의 수행을 위한 기술적 밑바탕이 마련되었던 것이다.

33) 박현태, 앞의 책, p. 66.

34) 《여성중앙》, 앞의 기사, pp. 312~313.

한편 1981년 체신부 차관으로 부임하면서 오 명은 체신부를 정보화사회의 기수로 변신시키기 시작하였다. 아직 다른 부서에서는 정보화사회에 대한 개념조차 가지고 있지 않던 때에 그들보다 앞서 정보화사회라는 새로운 정책의제를 개발, 체신부의 영역으로 확보함으로써 오 명은 체신부를 정보화사회를 선도하는 최첨단 부서로 부상시키는데 결정적으로 기여하였다.[35) 뿐만 아니라 체신부 재임시절 입안되었던 각종 정책들도 한결같이 정보화사회를 위한 장기적 목표하에 일관성 있고 조화롭게 추진되었으며, 이것이 바로 80년대 통신혁명의 밑그림이 되었던 것이다.

사실 아직 정보화라는 단어조차 생소한 시절에 정보화사회에 대한 인식을 확산시키기 위해 오 명이 쏟았던 열정과 노력은 대단한 것이었다. 예를 들어 서울시내 거의 모든 특수 대학원들을 빠짐없이 다니며 정보화사회에 대한 특강을 하며 계몽에 앞장서기도 하였다. 87년도 초에 있었던 한 인터뷰에서 그는 그동안 '우리 앞에 필연적인 시대적 조류로 밀려오고 있는 정보화사회에 대한 흐름을 놓치지 않기 위해서 "정보화사회란 이런 것이다', '왜 정보화사회로 가야만 하는가'를 교육하고 계몽하기 위해서 동분서주했던 6년 간이었다"고 감회를 밝혔다.[36)]

---

35) 80년대 초반까지만 해도 상공부는 물론 심지어 과학기술처에서조차도 정보화사회에 대한 인식이 확립되어 있지 않은 상태였다. 그러한 시점이었으니 만큼 정보화사회에 대한 그의 계몽활동은 가히 선구자적이었다고도 할 수 있을 것이다.

36) 박현태, 앞의 책, p. 71.

2) 전 문 성

오 명은 단지 정보화사회에 대한 비전만 가지고 있었던 것이 아니라 기술적이고 세부적인 사항들에 대한 전문지식까지 겸비한 리더였다. 뉴욕주립대학에서 공학박사 학위를 취득하고 육사에서 강의를 맡기도 했던 그는 공직생활을 시작하기 전에 《전기전자공학》, 《레이저 응용》 등 공학관계 교과서를 집필하였던 전문가였다. 또 국방과학연구소 책임연구원으로 재직할 때에는 복잡한 포술을 간단히 계산할 수 있는 포병용 컴퓨터 개발업무에 직접 참여하기도 하였는데, 이때 개발되었던 컴퓨터는 지금도 육군에서 사용되고 있다고 한다. 정식명칭이 사격제원 계산용 컴퓨터인 이 컴퓨터는 007가방 정도 크기의 휴대용으로 미군의 것보다 작고 계산속도가 빠른 것으로 당시로서는 세계 제일의 성능을 가진 것이었다.[37] 이러한 전문지식과 실제 경험 등 전문 기술관료로서의 재질은 훗날 TDX 개발정책 등과 같이 고도로 기술적인 내용을 다룸에 있어 진가를 발휘하게 되었다. 특히 실무적인 정보에 밝은 부하관료들에게 끌려다니지 않고 적극적으로 앞장서서 지휘하는 것이 가능했던 것은 그의 전문지식에 힘입은 바가 크다고 할 수 있다.

3) 결단력과 추진력

오 명이 가지고 있던 정보화사회에 대한 비전과 전문지식은 체신부 리더로서 그의 결단력과 추진력에 힘입어 정책으로 구현될 수 있었다. 아무리 훌륭한 비전과 전문적 식견을 갖추고 있다고 하더라도 실제 정책으로 입안되고 집행되기 위해서는 아이디어를 실천에 옮길 수 있는 실행력에 의하여 뒷받침되어야만 한다. 오 명의 경우, 무수한 정책안들이 단순히 머리 속이나 서류상의 구상에서 머물지 않고 실제 사

37) 이정훈, 앞의 책, p. 333.

업으로 이어질 수 있었던 것은 그가 가진 단호한 결단력과 강력한 추진력 덕분이라고 할 수 있다. 최종결정을 내리기까지는 충분한 시간을 갖고 심사숙고하지만 일단 한번 작정한 것은 끈질기게 밀고 나가는 것이 그의 특징이었다.

정책결정과정에서 오 명이 그의 소신을 굽히지 않고 관철시킨 결과 성공을 거둔 경우가 적지 않다. 예를 들어 1981년 11월 15일 단행된 컬러 텔레비전 방영 결정의 경우, 그는 "가전(家電) 3사의 앞잡이"라는 비판을 받아가면서까지 컬러 텔레비전의 국내시판 및 방영을 주장하였다. 왜냐하면 당시 가전 3사들마저 1차 부도에 직면할 정도의 어려운 상황에서 컬러 텔레비전 시판·방영이 이루어져야만 관련 부품산업들이 일어서고 그 파급효과로 전체 전자산업이 부흥될 수 있다고 굳게 믿었기 때문이었다. 오 명의 이러한 판단은 김재익, 허화평 등의 지지를 받아서 마침내 실시되게 되었으며, 이 결정은 우리 나라 전자산업의 일대 전환기를 기록한 계기가 되었다. 그 밖에 청와대 경제과학비서관 시절 거의 모든 사람들의 반대와 회의를 무릅쓰고 전자산업을 80년대의 주력산업으로 육성하기로 한 '전자공업 육성을 위한 장기정책'이라든가, 3만 5천여 명의 인사이동을 수반했던 한국전기통신공사의 분리 결정, 그리고 단일 프로젝트로는 사상 최대규모의 자금을 투입하였던 전전자교환기 국내개발 결정 등 굵직굵직한 정책들은 리더 오 명의 과감한 결단력의 산물이라고 할 수 있다.

그런데 그의 과감한 결단력 뒤에는 항상 오랜 기간 동안의 자료수집과 면밀한 검토가 선행되었다. 예를 들어 국산 전전자교환기 개발 프로젝트의 경우에도 그는 전전자교환기 개발에 성공한 다른 나라들에 대한 사례를 비롯하여 각종 자료를 미리 수집하여 여러 각도로 비교·검토하였다. 이렇게 충분한 사전검토를 마친 끝에 오 명은 그것이 충분히 승산 있는 게임이라고 판단하고 굳세게 밀고 나가기로 결심하였던 것이다. 당시 대부분의 사람들은 이 계획에 대하여 회의적이고 소극적이었으며, 일부에서는 젊은 차관이 멋모르고 겁도 없이 덤벼든다고 비판하였다. 예를 들어 업계의 경우, 국산화 자체를 거부하지는 않았으나 고도의 기술을 요하는 全전자교환기 개발은 우리 힘으로는 되지도 않을 일이라고 비난하였었다.

TDX 프로젝트의 투자비용이 240억원으로 책정된 이면에는 재미있는 일화가 있다. 오 명은 기술 개발업무를 전자통신연구소(ETRI)에 맡기기로 하고 연구소장을 불러 "다른 것은 다 안해도 좋으니 全전자교환기 하나만 만들라"고 주문하였다. 그런데 전자통신연구소 소장의 반응은 한 마디로 자신이 없다는 것이었다. 그는 오 명의 주문에 대해 "연구비가 적어도 100억원은 있어야 할텐데 누가 그렇게 엄청난 돈을 주겠는가"하고 주저하였다. 사실 당시만 해도 10억원짜리 연구 프로젝트도 없었던 만큼 이는 실제 소요경비가 100억원이 될 것이라기보다는 오 명의 생각이 턱없이 무모한 계획이라는 것을 간접적으로 지적한 것이었다. 이때 오 명은 선뜻 "100억원을 주면 해보겠는가" 하고 되물었다. 전자통신연구소 소장은 좀 생각해 보겠다고 했으며 1주일 후 그 두배인 200억원 정도가 필요할 것 같다고 보고하였다. 그후 정식으로 작성한 예산서에는 40억원을 추가하여 총 240억원의 예상비용을 계산하였다. 오 명의 회고에 의하면 전자통신연구소측에서는 정말로 그 많은 돈을 들여가면서 국산화계획을 추진할 것인지 회의적이었으며 어차피 되지도 않을 것이니 그냥 이것저것 액수를 불려나간 것 같았다고 한다. 그런데 그가 미리 수집했던 자료에 의하면 240억원이라는 액수는 사실 다른 나라들의 개발비용에 비하면 10분의 1도 안되는 수준이었다. 결국 전자통신연구소측의 예상과는 달리 즉각 예산승인을 받게 되었던 것이다.[38]

---

38) 오 명 차관이 이처럼 막대한 자금을 쏟아부을 수 있었던 것은 한국전기통신공사가 체신부로부터 분리되어 발족하였기 때문에 가능하였다. 과거에는 통신부문 예산과 우편사업 예산이 통신사업 특별회계에 의하여 통합운영되어 왔기 때문에 우편사업 적자보전과 일반회계로의 재정전입 등의 부담을 하고 나면 통신부문에 대한 투자여력은 크게 제한될 수밖에 없었다. 그러나 한국전기통신공사의 분리·발족으로 전기통신 예산이 완전히 독립적으로 분리됨으로써 일반회계로의 재정전입 부담이 완전 해소되는 한편 전화요금 현실화 등에 의한 추가수

오 명이 많은 반대에도 불구하고 일견 도박을 하듯 240억원이라는 엄청난 개발비용을 투자하여 全전자교환기를 국내 개발하겠다는 결단을 내린 데에는 다음과 같은 점들에 대한 고려가 있었기 때문이었다. 첫째, 과거 범용컴퓨터 개발에 참여해 본 경험에 비추어 볼 때 교환기 기능 자체는 별로 어려운 문제가 아니라는 점이다. 다만 全전자교환기의 경우 고장났을 때 스스로 문제부위를 찾아내는 자체 진단기능 또는 자동으로 전화요금을 산정하는 요금계산 기능 등이 어려운 과제였으나 이는 국내기술력으로 개발이 가능할 것으로 믿었다. 둘째, 일단 全전자교환기의 국내개발이 성공하면 낙후되어 있던 우리의 기술수준을 일거에 선진국 수준으로 끌어올릴 수 있다는 점이었다. 또 설사 완전한 개발에는 실패한다고 해도 그 자체만으로도 상당한 기술축적 효과가 될 것이라고 판단하였다. 셋째, 당시에는 교환기 수입을 전량 해외에 의존하고 있던 상황이었기 때문에 가격협상에서 불리한 입장에 있었는데, 全전자교환기가 적어도 일부나마 국산화하기만 하면 이를 흥정의 지렛대로 삼아 수입가격을 대폭 깎을 수 있다는 점이었다. 당시 교환기수입에 들어가는 돈이 약 5천억원 가량이었는데, 이 중 10%만 깎아도 개발비용을 훨씬 초과하는 500억원이라는 막대한 예산을 절약할 수 있었다는 계산이었다.[39] 마지막으로, 全전자교환기개발 프로젝트의 발주, 평가 및 제품구입 등 주요사안은 모두 오 명 차관이 결정하게 되어 있었으므로 이 계획은 "결코 실패할 수 없었다"는 점이다. 만약, 예를 들어, 요금계산 기능의 개발이 실패한다면 아예 농어촌의 전화요금을 일정액으로 통일하고 국산기종은 농어촌에서 사용하게 하고 비싼 외제는 도시지역에서만 쓰면 되는 것이었다.

입 전액이 통신부문을 위한 투자재원으로 확보되는 길이 마련되었다. 한편 당시 최광수 체신부 장관은 오 명의 계획에 대해 전폭적인 신뢰를 주었으며, 김재익 경제수석 역시 운을 걸고 도전해볼 만한 일이라면서 적극 지원해 주었다.

39) 동일한 기종이라 해도 국제교환기시장에서의 실제 매매가격은 수입국에 따라 대단히 큰 격차가 난다. 우리 나라는 TDX 개발계획의 성공에 따라 교환기를 가장 싸게 구입한 나라라고 한다.

이와 같이 여러 측면에서의 주도면밀한 사전검토는 오 명으로 하여금 확신을 가지고 단안을 내리게 하였다. 결국 全전자교환기 개발계획을 대체로 대단히 모험적이고 겁없는 용단으로 보는 외부시각과는 달리 오 명의 입장에서는 설사 완전히 개발하지 못해도 손해보다는 이익이 훨씬 더 큰 "100% 확실한 장사"였던 것이다.[40]

한편 행정업무의 추진에서 그가 특히 강조하는 것은 "때를 맞추는" 것이었다. 즉, 어떤 일을 언제 터뜨려야 하는가 하는 타이밍이 절대적으로 중요한 문제라는 것이다.[41] 예를 들면 1983년 단행된 체신부의 금융보험업무 재개조치의 경우, 우체국에서 예금과 보험업무를 취급하게 한다는 체신부의 안에 대해 당시 재무부, 농수산부, 은행 및 보험회사들은 극구 반대했었다. 이 안건을 처리함에 있어 오 명은 속전속결을 원칙으로 하였다. 즉, 각 부처마다 협조를 구하러 다니면 시간만 끌게되고 또 그럴수록 저항만 커지게 될 것이므로 최단기간에 법률안을 통과시키고자 여러모로 조치를 취하였다. 예를 들면 국회사무처에 미리 협조를 구하여 체신부의 법안이 접수되자마자 재무위원회가 아닌 교통체신위원회로 곧장 회부되도록 하였으며, 여기서 호의적인 심의를 받고 곧이어 법사위원회에서 법안이 통과되었던 것이다. 이때 체신부측에서 얼마나 빨리 일을 추진하였던지 법안이 이미 통과되고 나서야 뒤늦게 은행 등에서 반대로비를 벌일 정도였다고 한다.

40) 오 명은 당시 "ETRI 쪽에서 500억원을 요구해 왔더라도 받아들일 생각"이었을 만큼 강한 자신감을 가지고 있었다. 이정규, 앞의 책, p. 266.

41) 업무추진의 타이밍 문제에 대해서 오 명은 그가 차관시절 모시고 있던 최광수 전 체신부 장관으로부터 많은 것을 배웠다고 술회한다.

4) 대내적 조직관리

오 명의 강력한 추진력은 그러나 단순히 불도저식으로 밀어붙이는 스타일은 결코 아니었다. 그가 약 8년 동안이나 체신부를 지휘하며 굵직굵직한 정책들을 많이 시행하는 동안 내외적으로 별다른 잡음이나 무리가 없었다는 것은 그의 조직관리 능력이 뛰어남을 단적으로 증명한다. 사실 아무리 뛰어난 리더라도 그 자신의 능력만 가지고 정책을 성공시킬 수는 없다. 공조직이든 사조직이든 조직에서의 성공적인 과업완수를 위해서는 내부 구성원들을 효과적으로 동원해야만 한다. 이런 측면에서 볼 때 오 명은 자기의 조직을 관리하는 능력이 매우 탁월한 리더였다.

오 명의 대내적 조직관리의 핵심은 한 마디로 아랫사람들로 하여금 모든 업무를 자기자신의 일로 알고 능동적으로 뛰게 만드는 것이었다. 물론 리더로서 그 자신의 계획을 가지고는 있었으나 이를 절대로 부하들에게 강제적으로 주입하려고 하지는 않았다. 비록 시간이 좀 걸리더라도 부하들이 자기의 의견에 맞는 생각을 가지고 기안할 때까지 기다리곤 하였으며, 때로는 힌트도 제공하면서 결국 부하들로 하여금 스스로 연구하게 하여 마침내 자기 자신들의 아이디어라는 생각을 갖도록 유도하였다. 결국 오 명이 가지고 있던 아이디어에 부하들 각자가 스스로 접근해 오도록 만들었던 것이다. 한편 부하들 입장에서는 어찌됐든 자기가 공부하여 만든 정책안이니만큼 주체적으로 열심히 뛰지 않을 수 없었던 것이다. 이와 같이 오 명 본인의 아이디어에 대해 먼저 부하들의 "공감대를 형성한 뒤 자연스럽게 정책으로 이끌어 가는 솜씨는 일품이었다"고 한다.[42]

오 명의 이러한 조직관리 스타일은 1981년 그가 체신부 차관으로 처음 부임할 때부터 유감없이 발휘된다. 당시만 해도 체신부는 정부내에서 별볼일 없었고 낙후되어 있었던 부서였는데, 오 명은 정보화사회

---

42) 김형근, 앞의 책, p. 267.

라는 새로운 바람으로 체신부를 일신시키는 작업에 우선적으로 착수하였다. 이를 위해서 오 명 차관은 일주일에 두번 있었던 차관주재 국장회의를 적극 활용하였다. 즉, 일주일에 한번은 단순한 회의가 아닌 정보화사회에 관한 강의와 세미나로 진행히였던 것이었다.[43] 이때 오 명은 "지금은 비록 체신부가 힘이 없으나 앞으로 정보화사회가 되면 체신부의 위상이 크게 달라질 것"이라며 국장들을 독려하였다. 그가 이러한 세미나를 강행한 이유는 실무진인 국장들이 먼저 자기 머리로 확실히 이해하고 스스로 그 필요성을 인정해야만 어떤 업무든지 끝까지 추진하는 것이 가능하다고 판단하였기 때문이었다. 한편 특수한 경우 외에는 차트나 브리핑 대신 차를 마시며 5~10분 정도 개별적으로 대화를 나누는 방식을 취했다. 이것은 국장들로 하여금 겁이 나서라도 공부를 하지 않을 수 없게 만들었으며 또한 오 명 입장에서는 자연스럽게 자신의 아이디어를 흘릴 수 있는 시간이기도 하였다.

요컨대 그는 국장들이 자기 스스로 공부하지 않을 수 없게끔 만듦으로써 정보화사회를 이해하고 그에 대한 비전을 확립하도록 유도하였던 것이었다. 일단 국장들이 정보화사회에 대한 감각을 갖게되자 그 다음 모든 정책수립은 자연 원활하게 진행될 수 있었다. 왜냐하면 그들이 입안한 정책은 상부에서 명령한 것이 아니라 그들 스스로가 연구·터득하고 제기한 아이디어였기 때문이었다. 그러나 오 명의 입장에서 본다면 국장들의 아이디어는 비록 그들 자신들의 생각인 것처럼 여기지만 사실은 그가 설정해 준 기본방향으로 따라온 것이었다. 즉, 그는 국장들에게 자신의 생각을 강요하지 않으면서도 그들로 하여금 자신의 의도대로 따르되 그것이 그들 자신이 생각해낸 아이디어라고 생각하도록 '세뇌공작'을 하였던 것이다. 그러다 보니 시간은 오래 걸리기 마련이었다. 자신의 의도에 맞지 않는 기안이 올라왔을 경우 오

43) 그의 회고에 의하면 대략 1년 정도가 지나면서 체신부 관리들 사이에 정보화사회에 대한 의식이 자리잡기 시작하였다. 또 간혹 막히는 대목이 있으면 국장들 스스로 책을 보고 연구할 수밖에 없는 분위기가 점차 조성되어 나갔다고 한다.

명은 그 자리에서 반박을 주기보다는 약간의 암시를 주거나 혹은 마음에 맞는 기안이 올라올 때까지 계속 보류시키면서 기다리곤 하였기 때문이다. 그러나 일단 결재가 된 정책은 매우 효과적으로 추진되었는데, 왜냐하면 국장들 자신이 연구·기안한 정책이므로 책임지고 추진하였기 때문이다. 오 명의 이러한 리더십은 그들에게 체신부의 진짜 주인은 당신들이라는 인식을 갖게 함으로써[44] '신바람'나게 일을 추진하도록 분위기를 북돋아주었다.

한편 오 명은 조직내 모든 구성원들로부터 절대적인 신임을 얻는데 성공하였다. 그 이유는 그가 원칙과 절차에 따라 일관되고 공평무사한 태도를 견지하였을 뿐 아니라 아랫사람들의 업무추진을 전폭적인 신뢰와 지지로 밀어주었으며 그 공로를 인정하는 일에도 전혀 인색하지 않았기 때문이었다. 특히 어떤 과업이 완수되고 나면 오 명은 그 일을 입안·추진했던 부하들에 대해서 칭찬과 보상을 아끼지 않았다. 예를 들어 기분풀이로 회식을 베푸는 것을 잊지않았음은 물론이며, 반드시 많은 사람들 앞에서 그 업무담당자에 대한 칭찬을 함으로써 그 공을 공개적으로 확실하게 인정하여 주었다. 때로는 훈장이나 표창을 상신하는 등 세운 공에 따라 부하들에게 충분한 보상을 제공하려고 노력하였다. 요컨대 자신감을 갖고 일을 추진하도록 뒤를 밀어주는 한편 철저하게 모든 공을 그 과업을 책임졌던 사람에게 돌려줌으로써 조직구성원들의 성취감과 사기를 더욱 높였던 것이다.

---

44) 오 명은 "내가 떠나도 계속 굴러가도록" 조직의 업무 분위기를 조성하려고 했다고 회상한다. 이를 위해 그는 틈나는 대로 중간 관리들에게 "어차피 장관이나 차관은 얼마 있다가 이 자리를 떠날 사람이지만 여러분들은 체신부에 끝까지 남아서 일을 계속할 사람들"이라고 말하면서 주체의식을 가질 것을 당부하곤 하였다.

5) 대외적 조직관리

성공적인 과업완수를 위해서는 대내적인 조직관리도 중요하지만 그에 못지않게 대외적인 조직관리 역시 대단히 중요한 비중을 차지한다. 어떤 조직이든지 외부환경과의 교류가 없이는 그 생존이 사실상 불가능하므로 원만한 조직-환경 관계를 유지하는 것은 조직의 기본적인 필수기능이라고 할 수 있다. 따라서 조직의 리더는 조직의 업무수행과 관련하여 외부로부터의 지지를 확보하는 한편 방해요인들을 제거해야 할 필요가 있다.

이러한 점에서 볼 때 오 명은 대외적 조직관리 차원에서도 탁월한 수완을 발휘하였다. 리더는 조직구성원들의 활동을 외부의 방해로부터 보호하고 나아갈 길을 미리 터놓는 방패역할을 해야한다는 것이 오 명의 지론이었다. 실제로 체신부가 별볼일 없는 부서였던 시절 차관으로 부임한 이후 그는 다른 부서들의 견제를 무마하는 한편 청와대의 지지를 얻어내어 여러 가지 획기적인 정책들을 시행하는 데 최선을 다하였다. 이 글의 앞부분에서 열거한 바와 같이 굵직한 정책들을 많이 추진하면서도 억지로 밀어붙였다는 소리를 거의 듣지 않았던 것은 결국 그만큼 그가 다른 부서들과 무리한 마찰을 빚지 않고 원만한 관계를 유지하는 데 성공하였음을 증명한다. 예를 들어 체신부가 주도했던 사업이라도 준공식 등의 행사를 할 때면 다른 부서의 사람들을 주빈으로 초대하곤 하였는데 이는 타부서와의 쓸 데 없는 알력이나 갈등을 미리 예방하기 위한 것이었다.

오 명이 다른 부서들 틈에서 미약했던 체신부의 입지를 나름대로 확보하면서도 별다른 잡음이나 심한 갈등을 표출시키지 않았던 비결은 무엇이었는가? 얼핏 생각하면 그가 5공하구의 구보위 멤버였으며 당시 실세였던 이른바 신군부세력과 마찬가지로 육사 출신이었다는 점이 다른 부서들로 하여금 그가 추진하려는 업무에 심한 반대를 하지 못하도록 작용하였으리라고 볼 수도 있다. 그러나 주위 사람들의 의견을 들어보면 실상 오 명 자신은 그러한 배경을 절대로 내세우지 않았으며 또한 '육사 출신'이라는 티를 전혀 내지 않았다고 한다. 대신 그는 철저한 사전준비로 대외적인 마찰의 소지를 찾아서 문제가 심각해지기 전에 미리 무마시켜 놓곤 하였다. 즉, 어떤 사안처리에서 문제가 될 만한 것들을 사전에 충분히 고려하여 미리미리 조용하게 손을 써놓았던 것이다. 요컨대 오 명의 대외적 조직관리의 핵심은 "문제가 될 만한 곳에는 미리 약을 쳐 놓는다"는 것이었다. 그 결과 대외적으로 심각한 마찰을 빚으면서까지 억지로 일을 추진하였다는 비판을 듣지 않을 수 있었다.

오 명의 이러한 스타일은 앞에서 잠시 언급되었던 체신부의 금융보험업무 재개 안건을 처리할 때에도 십분 발휘되었다. 당시 체신부의 안에 대해 재무부 및 농수산부에서 반발하여 진통을 겪게 되자 오 명은 각 부처의 이견조정이 어려우니 청와대에 가서 최종조정을 받자고 제안하였다. 이에 대하여 다른 부처들은 다 자신의 입장에 대해 자신이 있었으므로 승낙을 하였다. 그런데 청와대에서 회의가 시작되자마자 당시 전두환 대통령은 "우리 나라에는 산골짜기에도 다 우체국이 있는데 그것을 이용하면 아무리 시골에 있는 사람들이라도 다 예금도 할 수 있고 좋지 않겠습니까?" 하고 먼저 이야기를 꺼냈다. 그렇게 되자 체신부 안에 대해 반대의견을 가지고 있었던 재무부와 농수산부측에서는 주눅이 들 수밖에 없었다. 5공화국 당시 서슬이 시퍼렇던 전두환 대통령의 의견에 대해 그 면전에서 별다른 이의를 제기할 수가 없었기 때문이다. 결국 청와대 회의 결과 체신부의 안이 정부안으로 확정되게 되었다. 그런데 전두환 대통령이 그러한 말을 하였던 것은 이미 오 명이 김재익을 통해서 사전에 대통령을 설득시켜 놓았기 때문이었다. 그의 논지는 명쾌했다. 은행과는 달리 전국적으로 읍면단위까지 산재해 있는 우체국에서 금융보험업무를 취급하도록 하고 산골짜기라도 찾아가는 배달부들에게 약간의 수당을 지급하여 수금원 역할을 하게 하면 그야말로 모든 국민들에게 좋은 서비스를 제공할 수 있으며 이는 곧 국민복지향상이라는 것이었다. 결국 오 명은 김재익을 통해 전두환 대통령의 '귀'를 선점함으로써 자연스럽게 대통령이 체신

부의 팔을 들어주게 만들었던 것이다.[45]

6. 평 가

이상으로 체신부 리더로서의 오 명의 자질과 리더십 스타일에 관하여 여러 각도로 조명해 보았다. 이 연구에서 주장하는 기본 논지는 명확하다. 한국정부는 통신혁명이라는 대단한 업적을 성취했으며, 그 뒤에는 여러 가지 어려운 과업들을 성공적으로 총지휘한 훌륭한 행정리더가 있었다는 점이다. 오 명의 지휘하에 성취된 통신혁명은 성공적인 행정을 위한 전제조건인 훌륭한 자질을 갖춘 리더의 중요성을 보여주는 좋은 실례라고 할 수 있다. 다시 말해서 오 명은 한 사람의 지도자에 의해 조직전체의 기능 및 위상이 변화될 수 있으며, 국가전체적으로도 큰 성과를 얻을 수 있음을 보여주는 대표적인 표본인 것이다.

행정리더로서 오 명이 발휘하였던 자질은 ① 정보화사회에 대한 선구자적 비전과 집념, ② 통신분야에 관한 전문지식, ③ 주도면밀한 사전검토에 바탕을 둔 결단력과 추진력, ④ 원만한 조직내부관리능력, ⑤ 청와대 및 타부서와의 매끄러운 관계를 유지하였던 대외적 조직관리 능력으로 요약할 수 있다. 이는 《월간조선》(1993년 9월호)의 특별기획조사에서 최고장관의 3대 조건으로 파악된 추진력, 부처 위상강화 그리고 공정한 인사라는 요건과도 부합된다.

물론 앞에서도 밝힌 바와 같이 80년대 우리 나라가 이룩하였던 통신혁명이라는 업적이 전적으로 오 명 한 개인 때문에 가능했다고는

---

45) 여기서 한 가지 흥미있는 점은 그가 청와대에 미리 손을 써놓은 사실을 체신부 국장들에게조차 숨겼었다는 사실이다. 보안유지라는 이유도 있었겠지만 보다 중요한 것은 국장들에게 그 사실을 미리 알릴 경우 그들이 나너만 믿고 최신을 다해 뛰려고 하지 않을 것이기 때문이었다.

말할 수 없을 것이다. 사실 그 자신도 인정하듯 오 명이라는 리더 이외에도 많은 요소들이 통신혁명의 수행에 직·간접적으로 큰 도움을 주었음을 부인할 수 없다. 그럼에도 불구하고 우리는 그가 이 거대한 프로그램을 총지휘하여 훌륭한 업적을 남겼다는 점 또한 부인해서는 안될 것이다. 이러한 점에서 "통신혁명을 이끈 테크노크라트의 수장", "한국 통신혁명의 산파", "오 명 주도, 청와대 지원으로 이룩한 통신혁명" 등 그에 대한 세간의 여러 가지 평가들은 매우 정확한 지적이다. 즉, 오 명 혼자서 모든 공을 세운 것은 분명 아니지만 통신혁명의 꿈을 제시하고 조직내외적으로 관련된 세력들을 그가 목표하는 방향으로 원만하게 몰고 나감으로써 마침내 엄청난 성공으로 이끌었다는 것이다. 요컨대 정치경제적 상황 혹은 조직맥락 등 거시적 요인들의 중요성을 아무리 강조한다고 해도 리더의 역할을 결코 무시할 수는 없는 것이며, 특히 오 명이라는 체신부 리더의 활약은 가시적으로 분명히 드러난 것이라고 생각된다.

7. 연구의 의의 : '절망의 행정학'에서 '희망의 행정학'으로

이 연구가 시사하는 바는 무엇인가? 필자의 생각에 이 연구의 의의는 그동안 우리가 알게 모르게 젖어 있었던 '절망의 행정학'에서 탈피하여 '희망의 행정학', '성공의 행정학'으로의 가능성을 제시하는 데 있다고 본다.

우리말에 "잘되면 술이 석잔, 못되면 빰이 석대"라는 말이 있다. 중매쟁이가 중매를 잘 서서 혼인이 잘 성사되면 융숭한 대접을 받지만, 반대로 잘 이루어지지 않는 경우 크게 혼줄이 나게 되는 것을 빗대어서 하는 말이다. 빰을 석대 맞을 위험이 있는 데도 불구하고 중매쟁이가 중매에 나서는 것은 바로 혼인이 무사히 이루어졌을 때 얻게 되는 술 석잔이라는 보상이 있기 때문일 것이다. 잘하면 상을 푸짐하게 주고 못하면 사정없이 혼나게 된다는 것은 어떤 일의 추진에서 사실 매우 공정한 평가지침이라고 할 수 있다.

그런데 세상에는 뭔가 잘못했을 때는 무지막지한 비난과 벌을 받게 되는 반면 아무리 잘하더라도 별 보답이나 인정을 받지 못하는 경우가 종종 있다. 가장 대표적인 예가 바로 공공행정이라고 할 수 있다. 특히 우리 나라의 경우 사회적으로 조금이라도 문제가 되는 것은 곧 바로 정부가 무능하고 부패했기 때문이라고 몰아치는 반면 정부가 훌륭한 정책을 시행하여 좋은 성과를 거둔 것에 대해서는 칭찬에 매우 인색한 것이 사실이다. 이는 마치 외며느리를 가진 시어머니가 며느리의 잘못한 일은 물론 잘한 일에 대해서도 갖은 구실을 붙여가며 구박만 하는 경우와 비슷하다고 할 수 있다.

우리 사회에 널리 만연되어 있는 이러한 '시어머니 신드롬'은 학계에서도 쉽게 찾아볼 수 있다. 그동안 한국행정에 대한 행정학, 정치학, 경제학 등 사회과학 연구들을 보면 그 중 대다수는 정부정책의 미진하거나 잘못된 점에 대한 비판에만 치중하고 있으며, 정부에 의해 사회문제가 성공적으로 해결된 사례에 대한 연구는 사실 매우 빈약한 형편이다. 학자들이 가지고 있는 '시어머니 신드롬'은 결과적으로 '절망의 행정학'을 쌓아갔으며, '절망의 행정학'은 또 모든 것을 비관적으로 보게 하는 '시어머니 신드롬'을 다시 강화시키는 악순환을 되풀이하여 왔던 것이다.

물론 이러한 현상이 완전히 잘못된 것이라는 할 수 없다. 사실 대한민국 정부가 지금까지 해온 일들이 모두 완벽하게 성공적이었다고는 볼 수 없기 때문이다. 그러나 조금만 찬찬히 생각해 보면 사실 정책적으로 해결되지 못한 문제들만 언론에 의해 크게 부각되어서 그렇지 실제로는 행정에 의해 사회문제가 원만하게 해결된 경우가 그렇지 않은 경우보다는 더 많음을 알 수 있다. 정부가 문제를 성공적으로 해결했음에도 불구하고 그것이 사람들의 머리 속에 그다지 인상적으로 받아들여지지 않는 이유는 아마도 문제가 없는 그 상태를 그저 당연한 것으로 받아들이기 때문일 것이다. 즉, 실제로는 정부의 노력에 의해서 별 문제가 발생하지 않고 있는 경우—예를 들면 만성적인 전화적체의 해소－에도 사람들은 표면에 나타난 생활의 편리함이 당연한 것인 양 익숙해져서 그 뒤에 숨어있는 정부의 공로에 대해서는 아예 생각하지도 않는다는 것이다.

물론 정부에 대한 많은 비판 뒤에는 되도록이면 보다 나은 행정, 보다 나은 정책결정을 촉구하여 우리 사회의 발전을 앞당기고자 하는 의도가 있음을 부인할 수 없다. 그러나 그렇다고 해서 툭 하면 못났다고 매를 들며 야단만 치는 것보다는 때때로 잘한 일에 대해서는 칭찬을 아끼지 않는 것이 더욱 효과적이 아닐까? 사실 다른 나라 정부들과 비교할 때, 한국 행정관료들의 우수한 자질과 근면성은 인정해주어야 할 것이다. 그렇다면 정부정책에 의해 별로 만족스럽지 못한 결과가 초래된 경우에 그것이 과연 능력의 부족 때문인지 혹은 문제자체가 워낙 어려웠기 때문인지 구분해서 평가해야 하지 않을까? 혹시 우리는 그동안 '절망의 행정학'에 너무 젖어버려서 정부가 잘 하는 것은 당연한 것으로 여기고 잊어버리는 한편, 그저 잘못한 것만 가지고 밤낮으로 정부를 책망하는 어리석음을 범하고 있는 것은 아닐까? 만일 우리 사회가 그동안 이룩한 발전을 인정한다면, 그리고 그러한 발전에 끼친 행정의 공로를 부인하지 않는다면 이제 국민들－학자이든 일반인이든 간에－의 정부에 대한 '시어머니 신드롬'은 재고되어야만 할 것이다.

이러한 점에서 이 글의 의의는 한국행정의 성공사례를 발굴하고 그 원인을 훌륭한 리더십이라는 측면에서 분석한 것이라고 할 수 있다. 본문에서 본 바와 같이 80년대 이룩한 통신혁명은 분명 세계적으로도 유례를 찾기 힘들 정도로 대단한 업적임에 틀림없다. 그렇다면 이와 같이 정부가 분명히 잘한 일에 대해서는 칭찬을 아끼지 말고 관료들이 '신바람'나게 일할 수 있는 분위기를 북돋아 주어야 할 것이다. 그러기 위해서 행정학자들은 이제 일방적인 '절망의 행정학' 대신 '성공의 행정학', '희망의 행정학'을 제공해 주어야 할 것이다.

참 고 문 헌

김형근(1993), "역대 최고 장관 23명－체신부 장관: 15명 중 8명이 선정한 오 명, 체신부 위상 한 단계 높여," 《월간조선》 9월호.

문영환(1992), "우리가 개발한 全전자교환기 수출," 《나라경제》 11월호.

박현태(1987), "박현태의 인물연구: 오 명 그는 누구인가?," 《경영과 컴퓨터》 1월호.

신윤식(1993), 《정보사회와 정보산업의 발전방향》(고려대학교 행정문제연구소), 정책논문시리즈 No. 93～02.

오 명(1988), 《정보화사회 그 천의 얼굴》(한국경제신문사).

이장규(1991), 《경제는 당신이 대통령이야: 전두환 시대의 경제비사》(중앙일보사).

이성훈(1993), "인물연구: 오 명 대전 엑스포 조직위원장의 대야망," 《월간조선》 6월호.

이한빈(1991), 《한 나라의 앞날》(박영사).

체신부(1988), 《한국의 통신: 80년대 발전전략과 성과》.

허두영(1992), "'텔리토피아의 주체세력' 육사출신 '첨단 박사'들," 《뉴스메이커》 8월호.

《국민일보》, "TDX 5백만 회선 돌파," 1992년 9월 8일.

《여성중앙》 (1991) "오 명 · 이정희 부부," 4월호.

《매일경제신문》, "한국 통신혁명의 산파: 오 명 대전 EXPO 조직위원장," 1992년 3월 23일.

趙甲濟(1990), "吳 明: 情報通信革命を推進する技術官僚," 《韓國の ニューリーダー》(講談社 現代新書).

Bunce, Valeri(1981), *Do New Leaders Make a Difference?* (Princeton: Princeton University Press).

Skocpol, Theda(1985), "Bringing the State Back In: Strategies of Analysis in Current Research," in Peter B. Evans, Dietrich Rueschemeyer and Theda Skocpol(eds.), *Bringing the State Back In* (Cambridge: Cambridge University Press).

The Korea Post, "'A Miracle Man': Oh's at It Again," June 1992.

전환시대의 한국형 행정가

이 종 범·윤 견 수

1. 전환시대의 행정가와 전환적 지도력

미래학자이면서 동시에 리더십에 대한 권위있는 연구가인 베니스는 최근 21세기를 이끄는 창조적인 지도력을 논의하는 과정에서 "지도자는 태어나는 것이 아니라 만들어지는 것이며 그것도 자기 자신에 의해 만들어 진다"라는 명제를 제시하였다(Bennis, 1989). 이 책에서 소개된 7명의 행정가들 역시 한국의 경제성장기와 경제안정화기라는 전환시대를 거치면서 때로는 상황을 만들어 나가기도 하였지만 때로는 변화된 상황에 자신을 적응시키기도 하면서 끊임없이 창조를 이끌어 나갔다는 점에서 공통점을 갖는다. 그들은 전환시대의 행정가, 특히 개발연대의 한국의 행정가들이 가지는 전형을 보여주고 있다.

지도력(*leadership*)에 대한 일반적 이론은 지도자가 부하들의 소망을 들어주고 대신 지도자는 자신이 소망하는 바를 부하들에게 요구하며, 양자의 요구가 균형을 이루었을 때 조직의 문제해결이 원만히 이루어지고 따라서 효과적인 지도력이 발휘된다는 것이다. 이것은 두 당사자가 만나서 자신의 이익을 교환하는 거래관계와 유사하다. 하지만 한국의 행정가들을 조사하는 과정에서는 이런 식의 교환적(*transactional*) 지도력보다는 다른 유형의 지도력이 더 보편적이었다. 이 책에서 소개된 행정가들은 부하들의 요구를 단순히 반영하는 것이 아니라 그들에게 신념과 동기를 불러일으킴으로써 초기에 계획했던 것보다 훨씬 큰 성과를 가져왔다.

그들은 주어진 목표를 원만히 수행하는 성실한 관리의 역할보다는 목표 자체를 새로 만들어 나가는 창조적 정책가의 역할을 담당하였다. 그들은 조직의 활동이 목표에서 벗어나지 않도록 관리하는 소극적 자세가 아니라 조직의 새로운 목표와 활동을 만들어 나가는 적극적 자세를 보여주었다. 그래서 주어진 목표 아래에서 기존의 상태보다 조금 더 개선시켰다기보다는 기존의 상태와는 질적으로 상이하면서도 기존의 상태보다는 훨씬 개선된 상태를 만들어냈다. 또한 부하들과의 관계 속에서 그들이 발휘하는 지도력 역시 단순히 부하들의 욕구와 기대를 들어주고 그 대가로 무엇을 얻어내는 것 이상을 초월한다. 오히려 부하들이 가지고 있던 당시의 지배적인 견해나 신념체계를 변화시킴으로써 해당 부처의 업무성격 자체를 다른 차원으로 승화시켰다. 부하들의 소망을 들어주고 대신 자신의 소망을 그들에게 요구하는 교환적 능력뿐만 아니라, 부하들의 소망이 불완전하다는 것을 지적하고 그 이상을 불어넣는 능력을 가지고 있었던 것이다. 인생의 전환기를 겪으면 기존의 상태와 새로운 상태가 질적으로 달라지듯이, 이들의 손이 닿으면 기존의 정책이나 행정구조는 완전히 새로운 것으로 탈바꿈하였다. 이와 같이 질적으로 과거와 상이하며 더 좋은 상태를 만들어 내는 이들의 지도력을 전환적(*transformational*) 지도력이라고 한다.

이 책에서 소개한 7명의 행정가들은 대부분 전환적 지도력을 발휘하는 사람들이다. 단순히 그들만이 한국의 행정가를 대표한다고 말하기는 힘들지만 적어도 그들이 공유하고 있는 몇 가지 자질들은 전환적 행정가상(行政家像)을 논의하는 과정에서 필수적인 덕목들이다. 예를 들어 그들은 모두 해당분야의 미래에 대한 확고한 비전을 제시하였으며, 그러한 비전을 뒷받침해 주는 경륜과 전문적 식견을 가지고 있었고, 비전을 밀고 나가야 한다는 소명의식을 가지고 있었다. 또한 그들은 자신의 역할에 대한 정확한 인식을 토대로 뛰어난 기회포착 능력을 발휘하였으며, 일단 만들어진 기회는 강력하게 밀고나가는 추진력이 있었다. 그들은 조직의 구성원들이 자신의 신념을 받아들이게끔 타인을 설득시키는 재주를 가지고 있었고, 그들의 사기를 진작시켜 그 조직이 일사불란하게 움직이도록 조직관리 능력도 발휘하였다. 특히 그들의 비전이나 신념이 단순한 공염불로 끝나지 않고 현실의 정책과 연결될 수 있었던 이유는 자신의 업무에 대한 지지획득 능력이 탁월했기 때문이다. 예를 들어 그들은 최고 통치권자를 비롯한 권력집단과 끈끈한 유대감을 형성하고 있었으며, 다양한 이해관련집단들을 자신의 후원자로 만들어 나갔다. 특히 경제성장기의 행정가들은 최고 통치권자의 절대적인 신임을 토대로 마음껏 자신의 비전을 실천해 나갔다. 그 외에도 그들은 기존의 행정관행이나 규범과는 이단적인 입장에서 자신을 표현하는 경우가 많았으며, 자신의 이미지를 일정한 방향으로 그리고 일관적으로 유지하기 위한 인상관리 능력도 남달랐다. 경제안정화기에 접어들면서는 이들의 자질 가운데 이견조정이나 분쟁해결 그리고 합의도출 능력이 부각되었으며, 특히 한국적인 상황에서는 민주화에 대한 소명의식도 강조되는 경향이 있었다.

하지만 전환적 행정가가 갖추고 있는 지도력의 특징들은 시대상황에 따라 조금씩 달라진다. 당시의 한국이 겪고 있던 심각한 병목현상을 치유했다는 의미에서 그들이 유능한 행정가라고 기억되기는 하지만, 그들이 처한 상황이나 맥락이 달랐다면 그들의 유능함은 많이 줄어들었을지도 모른다. 예컨대 같은 전환시대라 하더라도 경제성장에 치중했던 시기와 경제안정화를 도모했던 시기의 행정가의 자질이 유사하지는 않다. 과거에 어떤 분야에서 획기적인 변혁을 가져왔던 행정가들을 다른 분야에서 일하게 하면 과거보다 훨씬 못한 성과를 가져오게 되는 경우가 많다. 이것은 상황의 속성과 이들이 가지고 있었던 자질들이 조화를 이루지 못했기 때문이다. 심지어는 관련행위자나 여론 혹은 기술 등의 제반여건이 호의적이고 행정가가 분석능력이나 탁월한 비전을 갖고 있다고 할지라도 담당업무가 일치하지 않으면 행정가가 지도력을 발휘하지 못하는 경우도 생긴다(Doig & Hargrove,

1990).

이상의 논의는 전환적 행정가의 자질이나 특성들이 보편적인 것은 아니며, 그것이 실질적인 정책전환이나 조직전환과 연결되기 위해서는 어느 정도 상황이나 맥락과 연결되어야 한다는 것을 의미한다. 다시 말해 기억에 남는 행정가가 되고 의미있는 정책을 실현시키기 위해서는 그들 자신이 가지고 있는 자질들이 당시의 상황적 맥락과 부합되어야 했었다.[1] 그러므로 이 책에서는 단순히 전환적 지도자론을 주장하는 것이 아니라 서론에서 지적했듯이 상황의 속성과 지도자의 특질이 적절하게 결합되어 정책전환이나 조직전환이 이루어 지는 상황적합적·전환적 지도자론을 강조할 것이다.

상황적합적·전환적 지도자론이 기존의 상황적합적(*contingent*) 지도자론과 틀린 점은 후자가 기존 정책이나 행정구조의 테두리 안에서 혹은 주어진 목표의 전제조건 속에서의 효과성의 성취를 다룬 반면, 전자는 기존의 상태를 뛰어 넘어 질적으로 승화된 상태를 가져오는 지도자론을 다룬다는 점이다. 또한 기존의 전환적 지도자론과 다른 점은 지도자의 자질을 단순히 다양하게 열거하는 것이 아니라 그런 자질들이 성숙되기 위한 조건으로서의 상황의 특징들을 함께 다룬다는 점이다. 이 책은 이러한 내용들을 문헌조사를 통해 조사하는 것이 아니라 시대적으로 가장 큰 변화를 겪었던 한국의 경험을 중심으로 귀납적으로 탐구하였다.

이 장에서는 이상의 논의를 토대로 다음과 같은 점들을 언급하려고 한다. 과연 경제발전기라는 전환시대를 통해 나타나는 한국 행정가들의 지도력의 공통적 특징들은 무엇인가? 시대상황의 변화에 따라 그러한 특징들 가운데 어느 점들이 특히 강조되는가? 상황의 속성과 지도자의 속성이 어떤 식으로 연결되어 정책전환이나 조직전환을 가져왔는가? 만약 그렇다면 개발연대가 끝나가고 사회 풍요가 시작되는

1) 이 글에서 말하는 전환적(*transformational*) 행정가는 전환기의 행정가라는 의미보다는 해당분야의 상태를 질적으로 변화시켰다는 의미로 사용한다.

다음 세대의 바람직한 행정가는 어떠한 모습이 될 것인가?

2. 전환적 행정가의 특징들

일반적으로 전환적 지도자는 교환적 지도자와는 근본적으로 다른 속성을 가지고 있다. 우선 그들은 개인이나 집단의 이익추구를 위해 노력하기보다는 그런 이익의 더 큰 공통분모를 찾아내려고 애쓴다. 그리고 부하들에게 자기들이 현재 가지고 있었던 상태보다 훨씬 큰 것을 성취할 수 있도록 일종의 가치를 불어넣는다(Burns, 1978). 그들은 기존의 관행에 강력히 도전하고, 공통의 비전을 불어넣으며, 비전을 성취할 수 있도록 협동의식을 북돋는다. 그리고 자기 스스로 비전을 실천해 보이는 모범을 보이기도 하며, 부하들이 그 비전을 포기하지 않고 계속 노력할 수 있도록 그들을 격려해 준다(Kouzes and Posner, 1990). 지도자가 비전을 전달하면 부하들은 그 비전을 내면화시키고, 그것을 성취했을 때에만 비로소 보상심리를 느끼게 되는 등의 과정을 거쳐서 비로소 전환적 지도력이 전개된다(Avolio and Bass, 1990 : 29~49). 전환적 지도력이라는 용어 속에는 카리스마적(*charismatic*) 지도력과 영감적(*inspirational*) 지도력, 부하들에 대한 지적인 자극 등의 의미가 모두 포함되어 있다(Bass 1985). 예를 들어 지도자가 가지고 있는 문제해결에 대한 통찰력과 자신감 등에 대해 부하들이 맹목적으로 신뢰를 보내므로써 형성되는 카리스마적 지도력, 비록 지도자에 대해 전인격적 존경을 보이지는 않지만 지도자가 제시한 목적과 사명에 대한 명확한 메시지를 통해 부하들이 승화된 목표를 수행할 수 있게 되는 영감적 지도력 등은 모두 전환적 지도력의 범주 안에 포함된다. 이 연구에서 전환적 행정가라고 말했을 때의 '전환적'이란 용어 안에는 이런 내용들이 포함될 것이다. 지금까지 7명의 행정가에 대한 연구를 통해 나타난 전환적 지도력의 특징들로 다음과 같은 점들을 제시할 수 있다.[2)]

1) 비전 제시 능력

다른 무엇보다도 이들의 특징을 두드러지게 하는 것은 이들이 해당 분야의 미래에 대해 확고한 비전을 제시했다는 점이다. 미래에 대한 비전은 바람직한 행동을 이끌어 내는 원동력이 되며 지도자의 자질을 언급하는 과정에서 반드시 포함되는 항목이다(Bass, 1990; Doig and Hargrove, 1990; Conger, 1989 ; Conger and Kanungo, 1988; Gardner, 1989; Kouzes and Posner, 1990). 이 책에서 소개된 한국의 행정가들 역시 장기적이고 거시적인 안목에서 '멋진 신세계'를 만들어 내는 데 일가견들이 있다. 그들은 단편적이고 부수적인 발상에만 매달리지 않고 종합적이며 미래지향적인 이미지를 가꾸면서 업무를 추진해 나갔다. 특히 경제와 과학기술 관련 장관들은 현재상태를 제로라고 보고 백지에 그림을 그리듯 다양한 디자인과 화려한 색으로 해당분야의 미래방향을 꿈꾸어 나갔다.

예컨대 김학렬 장관은 경제개발 초창기에 박정희의 성장 이데올로기를 자신의 경제지식과 접목시켜 한국경제의 미래에 대한 종합적인 청사진을 만들어냈다. 그는 남을 가르치려고 노력한 교사의 입장에서 각종 수치를 동원해 가며 한국경제의 현실을 점검하면서 우리가 가야 할 미래의 방향을 제시하였다. 김현옥 시장은 서울의 근대화에 대한 종교적인 신념을 가지고 당시로서는 엄두도 내지 못하던 대단위 토목공사를 실시하였는데, 당시에 건설되었던 도로와 지하도 등은 교통난에 시달리는 요즈음에 와서야 유용하게 쓰이고 있다. 한편 최형섭 장관의 경우에는 다양한 분야의 경험을 토대로 한국의 과학기술 개발정책의 뿌리를 만들어 낸 장관이다. 과학기술 인력의 육성과 산업기술의 전략적 개발 그리고 과학기술의 풍토조성은 학계와 연구계, 군과 실업계 등 다양한 분야를 섭렵한 그의 비전이 만들어 낸 공헌이다. 김 준

2) 이 글에서는 해당행정가들의 특징을 간단한 에피소드 형식으로 소개하였는데, 그들에 대한 묘사는 이 책에 지금까지 게재된 글들을 토대로 하였다.

새마을연수원장은 말보다 실천을 강조하며, 원칙에 충실하고, 農心의 도덕적 가치(감사·겸손·성실·정직)를 새마을지도자의 덕성으로 제시한 주인공이다. 쉽게 가시화되는 비전은 아니지만 일단 그런 비전이 심어지기만 한다면 오히려 주변 사람들에게 더 큰 영향을 끼친다는 점에서 그의 노력을 과소평가해서는 안된다. 80년대의 인물 중 해당분야의 비전을 확고하게 제시했던 사람은 당연 김재익 경제수석과 오 명 장관이다. 김재익 경제수석은 모두가 성장을 추구하며 보호무역을 주장하고 있었던 성장이데올로기 시기에 오히려 수입자유와 경쟁력 신장을 위해 성장보다는 안정을 부르짖었으며, 공정거래질서와 부가세의 정착 및 실명거래를 위해 노력했던 인물이다. 90년대 문민정부가 들어서면서 실시했던 각종 개혁의 뿌리는 이미 그가 만들었던 청사진 속에서 찾아볼 수 있다. 그리고 오 명 장관은 앞으로의 세계질서는 정보화산업이 주도할 것임을 예상하고, 당시로서는 생소하기만 했던 정보와 통신의 개념을 공무원뿐 아니라 일반사람들의 인식 속에 심어주려고 많은 노력을 했다. 80년대 이후 대한민국에서 수립한 정책안에 정보와 통신의 내용이 빠지지 않고 들어가며 체신부의 위상이 높아질 수 있었던 것은 그의 집념이 그 만큼 컸기 때문이다.

2) 전문 지식과 소양

이와 같이 확고한 비전의 제시가 가능한 이유는 해당분야의 전문적 지식과 소양이 풍부했기 때문이었다. 이들은 자신의 역할과 업무를 정확하게 인지하고 있었으며, 적어도 해당분야의 지식에 대해서는 어느 정도 자신감을 가지고 있었던 사람들이다. 그리고 전문지식을 토대로 비전에 대한 근거와 그것을 달성하기 위한 대안을 제시할 수 있었다. 예를 들어 김학렬 장관은 당시로서는 보기 드물게 해외유학을 통해 서구의 앞선 경제이론을 습득한 사람이며, 김재익 경제수석 역시 해외유학을 통해 당시의 한국적인 상황에서는 이단적이지만 시장경제의 우월성에 대한 자신의 이론을 확고하게 정립한 행정가이다. 최형섭 장관은 공학박사 학위까지 받은 과학자 출신이며, 해당 분야의 기술개발 및 산업에 종사하면서 과학기술의 상품화가 중요하다는 것을 깨달았다. 오 명 장관 역시 본래부터 과학기술 및 공학에 지대한 관심을 가지고 있었고 해외유학을 통해 자신의 식견을 넓혔으며, 특히 체신부에서 장수 차관을 역임하면서 이미 정보통신 관련분야의 선구적인 업무에 종사한 경험을 갖고 있다. 해당분야의 전문적 식견은 과학기술 분야 이외의 장관들도 동일하다. 예를 들어 김현옥 시장이 남들의 반대를 무릅쓰면서까지 당시로서는 허무맹랑하게만 보였던 대단위 토목건설을 시도할 수 있었던 이유는 어릴 적부터 철도에 대한 관심을 가지고 있었고, 그러한 관심이 군대시절 수송부대장의 경험과 결합될 수 있었기 때문이다. 김 준 새마을지도자 연수원장의 설득력 역시 동광원과 같은 종교적 자립공동체의 경험과 농협대학 시절 농촌의 실정에 대한 해박한 지식이 토대가 되고 있다. 그리고 고 건 시장의 합리적인 행정운영은 다양한 부처에서 다양한 업무를 경험하면서 자연스럽게 형성된 해박한 행정지식이 토대가 되고 있다.

3) 소명 의식

이 글에서 소개된 행정가들은 모두 비전에 대한 소명의식을 가지고 있다. 소명의식에는 정치적 이해관계를 떠나 순수한 신념을 바탕으로 업무를 추진한다는 것과 고객으로서의 국민의 이익을 적극적으로 보장한다는 두 가지 내용이 포함된다. 편의상 앞의 것을 직업에 대한 소명의식이라고 말하고, 뒤의 것을 민주화에 대한 소명의식이라고 하자.

우선 일에 대한 순수한 신념은 개인적 이익을 포기하고 사명감을 바탕으로 일을 한다는 것과 내용이 통한다. 특히 그들은 이 일을 하지 못하면 대한민국은 후진국이 된다는 사명감 때문에 정치적인 이해관계에 의해 자신들의 비전이 침해당하는 것을 원치 않았다. 그러므로 비전에 대한 소명의식은 현실적으로 정치적 중립이라는 관념과 일맥상통하게 된다. 실제로 전환적 행정가가 되어가는 과정에서 자신의 비전을 보호하기 위해서는 정치적 영역으로부터의 부당한 간섭을 배제하고 독립을 지켜나가야 한다(Lewis, 1984). 도당이나 지역이익 혹은 욕망으로부터 자신이 초월해 있다는 이미지를 공개적으로 형성하는 것이 비전의 성취를 위해 도움이 되기 때문이다. 이들은 특히 민족의식과 역사의식 그리고 국가에 대한 사명감이라는 용어로 자신의 비전을 정당화시켰다. 공사를 엄격히 구분하며 각종 청탁이나 인사부조리를 거절하고, 자신의 파벌이나 계파를 만들려고 하지 않았다. 전환적 행정가가 되어 가는 과정에서 그들이 가장 강조했던 것은 주어진 목표의 달성과 그것에 대한 신념이었던 것이다.

예컨대 김학렬 장관은 행정고시 1회 수석합격자인 동시에 외국유학의 경험을 한 엘리트 의식으로 무장되어 있었던 만큼, 부하들의 능력을 평가하는 기준으로 일에 대한 정열과 해당분야의 전문적 식견을 가장 중요한 항목으로 선정하였다. 그리고 공석과 사석에서의 구분을 엄격히 하여 업무추진에 사적인 요인을 배제시켰다. 그는 사무실 밖에서는 친절한 사람이지만 일단 사무실 안에 들어오기만 하면 엄격한 독재자가 되곤 하였다. 김학렬과 성격은 판이하지만 김재익 경제수석의 경우에도 정실보다는 능력을 위주로 사람을 선발하고 관리하였다. 정근모 전 과기처 장관이나 문희갑 전 경제수석 등은 모두 그의 적극적 추천이 계기가 되어 행정가로서의 발판을 마련한 사람들이다. 이와 같이 학연이나 지연을 떠나 능력만 있으면 그 사람을 대우하는 경향은 김 준 새마을지도자 연수원장에게서 극명하게 나타난다. 그의 사상과 철학은 유영모의 공동체 철학과 광주 동광원에서의 경험이 바탕이 되었기 때문에, 개인의 양심과 행동을 항상 조직의 행동보다 우선시하였다. 친분관계나 지위고하를 막론하고 일단 새마을지도자 연수원에 들어오면 동일하게 교육받고 동일하게 노동해야 한다는 점은 개인의 양심에 최종적인 판단을 맡기는 종교지도자의 훈련방식과 유사한 것이다. 그는 소명의식을 가진 소수 정예집단을 선호하였으나 정치적 이해관계에 의해 끊임없이 이합집산을 하는 여타의 조직들은 경멸하였다. 그는 철저한 무조직주의자였던 것이다.

70년대 중반 이후 새마을운동이 학계와 정치계, 노동계, 경제계 등을 포함하면서 점차 정치색을 띠어 가자 그의 새마을지도자 연수원의 활동이 점차 위축되기 시작한 것은 비정치성을 표방하였던 그의 사상의 한 일단을 엿보게 한다.

한편 행정가의 개인적 이해관계를 초월하여 공익을 위해 일한다는 '공무원의 비정치적 성격'을 좀더 적극적으로 이해한다면 고객으로서의 국민을 위해 일한다는 자세와도 맥락이 통할 것이다. 그것은 어느 특정 고객이나 특정 이해관련인들을 위해 봉사하지 않고 모두에게 공평한 대우를 하는 것을 의미한다. 이 책에서 소개된 행정가들 중 상공부나 건설부 혹은 교통부 등과 같은 대민접촉이 많은 부서의 행정가들이 상대적으로 적었던 이유는 그만큼 모든 고객을 초월하여 비정치적으로 활동한다는 것이 힘들다는 것을 역설적으로 보여주고 있다.

여기서 소개된 7명의 행정가 모두가 고객으로서의 국민을 위해 일했지만, 고객의 성격을 뚜렷이 한 사람으로는 최형섭 장관이 기억된다. 예를 들어 최형섭 장관은 행정부가 봉사해야 할 대상으로서의 고객의 범위를 정확히 인식하였다. 그가 생각했던 고객은 과학기술에 관심을 가진 사람, 현재 과학기술 관련활동에 종사하는 사람, 과학기술 관련정책을 위해 애쓰는 사람 등이었다. 그러므로 무엇보다도 과학기술 연구의 창의성이 고갈되는 것을 경계하였으며, 그런 의미에서 어느 누구의 간섭도 받지 않는 자유로운 연구분위기를 가장 선호하였다. 외풍을 방지하는 독립된 연구기관의 설립을 강력하게 추진했던 것은 그런 이유에서였다.

4) 기회 포착 능력

아무리 훌륭한 비전을 가지고 있다 해도 그리고 그러한 비전에 대한 소명의식을 가지고 있다고 해도, 만약 그것이 현실정책과 연결되지 않는다면 탁상공론에 지나지 않는다. 여기에서 소개된 개발연대의 행정가들은 정도의 차이는 있지만 모두가 정치적 실현가능성(*political feasibility*)에 대한 감각이 뛰어난 사람들이라고 보여진다. 그들은 신념을 정책과 연결시키는 기회포착 능력이 뛰어나며, 때가 되면 시기 직절하게(*timely*) 정책결단을 내리는 재주를 가지고 있다. 또한 그들은 문제해결을 위해 여러 세력들을 찾아다니며 그들의 동의를 얻어내기도 한다. 지지를 구하는 이들의 행동이 자못 정치적이라고 오해될 여지도 있지만, 오히려 이것은 자신에게 주어진 역할과 그 한계를 정확히 인식하거나 제약조건을 정확히 파악하는 능력이라고 이해해야 한다. 그들은 정치나 사회 혹은 경제적 요인들이 자신의 비전을 성취하는 데 중요한 영향을 끼치는 현실적 제약조건임을 정확히 알고 있었다.

예를 들어 김현옥 서울시장은 비록 졸속행정이니 임시변통적 행정이니 하면서 비난을 받기는 하였지만 서울근대화에 대한 비전을 대규모 토목공사, 이동시청, 시민홀, 야간시청, 시정위원회 등의 가시적인 정책과 연결시켰다. 최형섭 과학기술처 장관 역시 과학기술에 대한 정책을 제도정비와 조직설립 그리고 자율적 연구분위기의 정착이라는 가시적 성과와 연결시켰다. 그는 과학기술 개발이라는 학문적 관심을 대한민국의 경제성장이라는 실용적 관심과 시기적절하게 연결시킨 주역이라고 할 수 있다. 이와 같이 자신의 이론을 실물정책에 반영시키는 기회포착 능력은 특히 경제관계 장관들에게서 많이 나타나는데, 80년대의 김재익 경제수석과 오 명 체신부 장관이 대표적인 경우라고 할 수 있다. 김재익 경제수석이 당시까지만 해도 지배적인 입장이었던 성장이데올로기에 맞서서 자유무역과 경제안정이라는 자신의 이론적 입장을 견지할 수 있었던 이유는 시기적절하게 금리인하 조치를 감행하고 금융실명제 실시를 주장했기 때문이라고 할 수 있다. 오 명 장관이 정보화에 대한 비전을 그렇게까지 빠르게 선파시키고 공무원들에게 정보마인드를 심어줄 수 있었던 이유도 현실적으로 통신관리 체계를 개편하고 전화적체를 해소하며 전전자교환기의 국산화를 통해 많은 외화를 절약하고, 그 밖에 공중통신망이니 전파이용의 개방이라는 가시적 정책의 수립을 시기적절하게 만들어 낼 수 있었기 때문이다.

5) 추진력과 행동 지향성

전환적 행정가의 다섯번째 자질로는 포착된 기회를 밀고나가는 강력한 추진력을 들 수 있다. 그들은 자신들의 비전을 펼쳐나가는 과정에서 상관이 잘 이해하지 못하거나, 다른 부처 장관들과의 이견이 생기거나, 혹시 부하직원들이 그 비전을 잘 수용하지 못하면 아주 집요하게 그것들을 극복해 나갔다. 그들은 자신의 해당분야에 대한 자신의 비전과 이데올로기를 고집스러우리 만큼 강직하게 견지하고 있었으며, 일단 계획이 수립되면 행정가의 길에서 물러날 때까지 일관성 있게 그것을 밀고나갔다. 적어도 정책과 관련된 이들의 행보는 행동추구적이며 실천지향적이었다.

예를 들어 김학렬 장관은 신이론으로 무장된 경제전문가로서의 엘리트의식을 바탕으로 끊임없이 남을 가르치고 가르친 내용을 다시 확인하는 엄한 교사의 역할을 충실히 수행하였다. 이해하지 못하면 암기를 통해서라도 억지로 이해를 시키려는 것이 그의 성격이었다. 김현옥 시장은 이미 직업군인 시절부터 일 시키는 부대장으로 소문이 났지만 실제로 부산시장과 서울시장 그리고 내무부 장관을 거치면서는 일요일도 없이 불도저식으로 자신의 정열을 불태웠다. 그에게 따라다니는 수많은 수식어는 모두 앞을 향해 돌진하는 탱크의 이미지를 연상케 한다. 어떻게 보면 강력한 추진력이라는 것은 개발연대의 주축이라고 볼 수 있는 70년대 장관들이 가지고 있는 공통적인 요소일는지도 모른다. 특히 도덕적 실천으로 무장된 김 준 전 새마을연수원장이 가지고 있는 추진력이라는 것은 타인의 상상을 초월한다. 숙식을 함께 하며 공무원들을 새마을지도자로 훈련시키는 과정에서 보여준 그의 행동과 철학은 새마을운동의 도덕적 성격을 확산시키는 데 큰 역할을 하였다. 마찬가지로 한국 과학기술 정책의 초석을 닦은 최형섭 장관의 경우 연구소의 자율성과 연구원의 신분보장 및 연구환경의 외부압력 배제라는 원칙을 고수하기 위해서는 어떠한 노력도 아끼지 않았다. 국제경쟁력하에서의 과학기술의 중요성을 부각시킨 것은 전적으로 그의 공로다.

이와 같이 70년대 장관들이 물불을 가리지 않는 강력하면서도 가시적인 추진력으로 타인을 지도했다면 80년대 장관들은 눈에 보이지는 않지만 집요하게 자신들의 비전을 실천해 나갔다. 김재익 경제수석이나 오 명 장관 모두 자신의 견해에 대한 집요함과 인내를 토대로 가시적인 정책을 만들어 내었다. 하지만 그들에게서 탱크나 불도저의 이미지를 발견해 내기는 힘들다. 그들이 가지고 있던 추진력이라는 것은 그 만큼 비가시적이라는 의미다.

6) 설득력과 언어 구사력

전환적 행정가들은 모두 자신의 견해를 상대방이 수용하게끔 하는 설득력을 가지고 있었으며, 요약정리 능력이 탁월한 사람들이었다. 김학렬 장관의 브리핑 능력은 당시에 이미 타의 추종을 불허하고 있었으며, 상황의 특성을 한마디로 요약하는 김현옥 시장의 조어술 역시 당시의 시대적 상황에서는 독특한 것이었다. 오 명 장관은 브리핑 능력뿐 아니라 이해하기 곤란한 이론이나 개념을 아주 쉽게 풀어서 설명하는 능력이 있었다. 이들은 미래의 정책방향을 한 마디 표어로 요약함으로써 해당부처의 공무원들이 일사불란한 움직임을 보이도록 하였다. 더구나 이들은 자신들의 견해를 피력하고 그것을 전파하기 위해 여론을 통한 교육과 홍보를 적극적으로 활용하였다. 그래서 언론은 이들에 대해 내재적으로 호의적이었으며, 동시에 암묵적으로 그들의 활동을 지시해 주었다.

제품을 멋있게 만들어 판매하는 능력이 뛰어난 기업이 큰 돈을 벌듯이 이들은 정책을 멋있게 포장하여 국민들에게 설득하였다. 하지만 설득력 중 가장 탁월한 것은 대화를 통한 설득이다. 특히 대화능력은 경제성장기가 끝나고 안정화기에 접어들면서 특히 강조되는 덕목 중 하나다. 예를 들어 김재익 경제수석은 자유무역과 공정거래에 대한 빼어난 이론을 바탕으로 타인들을 설득시켜 나갔다. 독실한 천주교인이면서 언제나 겸손하였던 그는 언제나 자신을 낮추면서도 종국에는 자신의 견해를 상대방이 수용하게끔 만드는 재주를 가지고 있었다. 고건 서울시장도 말단과의 대화를 시도하거나 주민의 의견을 수렴함으로써 암묵적으로 행정의 요구를 상대방이 알게끔 하는 설득력이 있었다. 그의 설득력은 그 당시의 다른 장관들과는 달리 합리적 절차를 통해 표현되는 간접적인 것이었다. 이와 같이 비록 간접적이면서 비가시적인 설득력이 행시된다고 해서 그 효과가 70년대의 강력하면서도 직설적인 추진력보다 못하다고 할 수는 없다. 그와 같은 설득력은 오 명 장관의 경우에서 보듯 설득당하는 사람들의 자발적인 참여를 불러일으켜 장기적으로는 최고 책임자가 제시하는 비전을 모두가 공유하게끔 만들 수 있다. 오 명 장관의 경우 정보사회에 대한 각종 회의와 비공식적 대화를 통해 직원들 스스로가 정보사회의 첨단일꾼이라는 신바람을 불러일으켰다. 이러한 신바람은 특히 행정가가 조직의 관리자 역할까지 담당할 때 그 조직의 일체감 형성에 중요한 역할을 한다.

7) 조직 관리 능력

일곱번째는 조직관리 능력이다. 조직을 잘 관리한다는 것은 조직성원들이 업무를 추진하는 과정에서 불만이 없다는 것을 의미하며, 그만큼 일 처리가 합리적으로 이루어 진다는 것을 의미한다. 구체적인 조직관리 능력으로는 여러 가지를 제시할 수 있겠지만 이 책에서 소개된 행정가들이 보여준 대표적인 조직관리 능력으로는 그 조직의 업무처리와 인사과정에서 외부의 입김을 방지하고 공정성과 엄격성을 유지하는 능력일 것이다. 조직을 외풍으로부터 방지할 수 있으면 그 조직구성원들 사이에 일체감이 형성되고, 이것은 장기적으로 대민 서비스의 개선과 업무의 능률을 가져오게 된다. 이 책에서 소개된 행정가들 중에서 특히 해당 부처의 장관을 역임했던 사람들은 모두 조직관리 능력이 탁월했다. 비록 조직의 구성원들 모두가 그 장관을 진심으로 존경하고 따른다고 말할 수는 없지만 일정한 원칙을 가지고 조직을 운영해 나갔기 때문에 그 원칙만 흔들리지 않는다면 조직 전체로서의 일관성도 유지할 수 있었다.

예를 들어 김학렬 장관은 군출신이 아니기 때문에 군의 압력으로부터 벗어날 수 있었고, 일류대학 출신이 아닌 것이 동창들의 질시로부터 자유로울 수 있었다. 그는 공부를 열심히 하고 아이디어를 신선하게 제공하는 부하에게는 정실관계를 떠나 높은 점수를 주었기 때문에, 당시의 경제기획원에서는 밤을 새워 공부하는 부하들이 많았고 또한 그런 사람은 보상을 받았다. 김현옥 시장의 경우에도 부임하자마자 파벌을 정리하고 능력있는 사람 위주의 참신한 인사를 감행하였는데, 이것은 장기적으로 일하는 분위기를 형성하였다. 그 밖에도 이 책에서 소개된 행정가들은 특히 자신의 이해관계를 떠나 사심없이 최선을 다하는 분위기를 선호하였다. 그것은 경제부처의 장관이거나 그렇지 않거나 동일한 것이었고, 시대상황의 차이와도 무관하게 나타나는 덕목이라고 할 수 있다. 특히 대통령 비서실이나 보좌관 이외에 실제로 어떤 부처를 책임지고 있는 행정가라면 당연히 조직관리의 자질이 필요하다. 그리고 다른 부처에 비해 세력이 약한 조직일수록 조직관리형 행정가를 선호하는 경향이 있다. 그런 행정가라면 조직성원들을 외풍으로부터 막아주며 공직의 자부심을 지켜줄 수 있기 때문이다.

8) 지지 획득 능력

여덟번째는 이 글에서 소개된 행정가들 모두 추진하는 업무에 대한 탁월한 지지획득 능력을 보여 주고 있었다는 점이다. 지지획득의 원천은 두 가지인데 우선은 최고 통치권자를 비롯한 권력집단의 후원이며, 다른 하나는 업무처리 과정에서 직·간접적으로 접촉하게 되는 동료와 고객의 지지라고 할 수 있다.

특히 이 글에서 소개된 행정가들 대부분은 박정희 대통령과 전두환 대통령의 후원을 받았는데, 이들의 후원은 행정가로서의 비전을 펼치기에 부족함이 없을 정도로 강력한 힘이 되어 주었다. 예를 들어 김학렬 장관은 박정희 대통령의 성장이데올로기를 자신의 경제지식과 접목시킨 장본인이며, 둘 사이는 단순히 상관과 부하의 관계를 떠나 인간적인 친밀감으로까지 이어지고 있다. 김현옥 시장의 경우에도 박정희와 혁명동지로 이어지는 끈끈한 정이 바탕이 되어 부산시정과 서울시정의 기틀을 마련했다고 볼 수 있다. 김 준 새마을지도자 연수원장은 이 땅을 굶주림에서 벗어나게 하려는 박정희 대통령의 욕망을 그대로 대변하고 있었다. 그의 한마디 한마디는 대통령의 의지와 각오였으며, 그의 행동 하나하나는 대통령의 분신이라고 할 만큼 도전적이었다. 최형섭 장관도 KIST 소장 시절 국회에서 통과되었던 〈한국과학기술원법〉을 다시 개정할 만큼 대통령의 강력한 후원을 입었다. 대통령의 지지와 후원은 80년대의 상황에 들어와서도 크게 변하지 않았다. 경제자율화를 부르짖었던 김재익은 전두환 대통령의 가정교사 역할을 하면서 그의 절대적인 신임을 얻어냈으며, 그의 경제강의는 경제에 문외한이었던 전두환 대통령의 머리 속에 차곡차곡 정리되어 나갔다. 80년대 초기의 지배적인 분위기가 성장위주였음에도 불구하고 그러한 논쟁들을 불식시키고 경제안정정책을 추구할 수 있었던 이유는 바로 김재익 경제수석과 전두환 대통령과의 인간적 유대감이 깔려 있었기 때문이다.

실제로 이 책에서 소개된 행정가들이 해당 분야의 장래에 대해 확고한 비전을 제시할 수 있었던 이유, 그러한 비전에 대한 소명의식이 정치에 물들지 않고 순수할 수 있었던 이유, 자신의 소명의식을 시기적절하게 정책과 연결시킬 수 있었던 배경, 일단 추진되기 시작한 정책을 강력하게 밀고나가면서 남들에게 설득할 수 있었던 힘 등은 모두 대통령의 절대적 신임이라는 훌륭한 방파제와 그리고 주변동료의 보이지 않는 힘과 국민들의 기대가 초석이 되어주었기 때문이다. 이들은 자신의 비전을 실천하는 일에만 열중하면 되었다. 그 이유는 비전에 대한 걸림돌은 대통령이 다 알아서 제거해 주었기 때문이다.

9) 인상 관리 능력

아홉번째는 지금까지 소개된 모든 행정가들이 자신만의 독특한 이미지를 만들어 내어 그것을 활용하는 데 성공하고 있다는 점이다. 이들은 모두가 당시의 다른 행정가와는 달리 독특한 관심을 끌고 있으며, 그 만큼 사람들이 쉽게 기억해 주는 특징을 가지고 있다. 공식적인 직함은 해당부처의 장관 혹은 청와대 경제수석이었지만 모두가 특이한 별명을 가지고 있었다. 그들은 다양한 상징과 인상관리를 통해 자신들이 관심의 한가운데 혹은 영향력의 중심이라는 사실을 특징적으로 보여주고 있다. 연기자가 청중에게 자신의 일부분을 보여주듯 이들은 주변의 인물들에게 자신의 장점을 자신있게 내보이면서 신뢰를 구축해 나갔다. 그들은 자신의 인상을 관리하는 타고난 재주를 가지고 있었던 것이다.

예를 들어 김학렬 장관은 유아독존식의 무서운 상관인 동시에, 암기한 내용을 끊임없이 다시 확인하는 호랑이 선생님이며, 또한 남들이 감히 생각하지 못하는 것을 과감히 행동으로 옮기는 기인(奇人)의 이미지를 사람들의 뇌리에 심어주고 있다. 김현옥 시장은 밤낮이 없고 공휴일도 없으며 오로지 서울건설을 위해 여기저기 땅을 파내는 두더지, 그리고 어떠한 장애물이든 뚫고 지나가는 불도저의 이미지를 간직하고 있다. 그의 모든 행동은 공격의 첨병이 되어 목표를 향해 돌진하는 돌격대장과 흡사하다. 최형섭 장관은 마치 미개지역의 원주민들에게 복음을 전파하듯 과학기술의 중요성을 당시의 행정관료 및 국민들에게 심어주는 선교사로서의 역할을 충실히 수행하였다. 현재에도 그는 저개발국가에게 한국의 과학기술 발전과정에 대한 지식을 전해주고 있다. 그는 과학기술처의 역대 장관들 중 최장수 장관을 역임하면서 경제부국이라는 미래의 유토피아는 과학기술이라는 복음을 통해 달성된다고 믿었기 때문이다. 하지만 행정가들이 가지고 있는 이미지 중 종교적인 속성은 김 준 새마을연수원장에게서 분명하게 드러난다. 그는 새마을운동 조직이 정치적 이해관계로 인해 변질되기 시작한 70

년대 말까지 새마을운동의 정신적 지주로 존재했던 신화적 인물이다. 그의 인생목표는 오직 한 가지 농촌개발이었으며, 농촌개발을 위한 그의 이데올로기는 오직 한 가지 농심개발이었다. 농심이란 계몽과 실천을 바탕으로 도덕(성실·감사·겸손·정직)을 키워나가는 마음을 의미한다. 농심을 통해 사람들을 감화시키려고 노력했던 그는 적어도 새마을운동이 변질되기 전까지는 새마을교의 정신적 교주였다.

이와 같이 자신만의 독특한 이미지를 만들어 내고 그것을 활용한다는 점은 80년대에 들어와서도 변하지 않는다. 아니 오히려 전기에 비해 그 필요성은 더 커졌다고 볼 수 있다. 그것은 강한 개성의 표출이 기억에 남는 행정가가 될 수 있다는 점에서 그렇다. 김재익 경제수석만 해도 성장과 발전을 강조하던 당시의 지배적인 경제논리의 틈바구니 속에서, 수입자유화와 공정거래질서의 유지 그리고 부가가치세의 적극적 도입 및 금융실명제의 실시를 외롭게 부르짖었다. 그의 목소리는 광야에서 펄럭이는 깃발처럼 당시의 경제논리에 큰 반향을 불러일으켰다.

10) 반전통적 행동

열번째는 행정가들이 보여주는 반전통적 행동이다. 이 글에서 소개된 행정가들은 모두 당시의 지배적인 패러다임과는 이질적인 성격을 가지고 자신의 비전을 성취해 나갔다. 전환적 지도자의 범주에 들어가는 카리스마적 지도자는 기존의 목표성취방법으로부터 예외적인 방법을 통해 비전을 성취해 나가고, 기존의 규범과는 상반되는 규범이나 관리전략을 사용하며, 그들의 행동은 그런 의미에서 그 만큼 반권위적이고 반문화적이다(Conger and Kanungo, 1988 : 78~97). 지도력이 성공적으로 발휘되려면 우선적으로 기존의 질서에 대한 도전을 필요로 하기 때문이다(Kouzes and Posner, 1990).

예를 들어 비록 카리스마적 지도자는 아니지만 고 건 시장이 가지고 있는 지도력은 반전통적이며, 또 그것을 통해 조직분위기의 전환을 유도했기 때문에 역설적이라고 할 수 있다. 그는 권위주의 시대가 풍미하던 30여 년간 오히려 반권위적인 행동으로 자신의 특징을 부각한 행정가로 기억된다. 직선적이고 가시적이며 그만큼 정열적이라고 기억되던 다른 행정가와는 달리, 그리고 크게 나타나는 업적도 없으면서 그는 항상 존경할 만한 장관으로 선정되고 또 여론의 많은 호의를 받곤 하였다. 3·4·5공화국을 거치는 동안 그는 대화를 통한 설득과 절차를 강조하였는데, 이것은 당시의 한국의 행정문화에서는 기대하기 힘든 덕목들이었다. 고 건 시장은 이미 합리주의적 행정가의 전형을 보여주고 있었다고 볼 수 있다. 설득과 절차를 강조하는 행정가의 이미지는 특히 개발연대가 끝나가고 정치적 욕구가 분출하기 시작한 80년대 후반에 많이 나타난다. 이런 점에서 한국의 통신혁명을 가져온 오 명 장관의 이미지 또한 주목할 만하다. 그는 다양한 악기들의 선율을 조화시켜 하나의 주제로 이어나가는 오케스트라 지휘자라는 인상을 심어 주고 있다. 그는 발로 뛰면서 정보와 통신의 중요성을 다른 부처의 장들에게 강조하였으며, 단순히 덩치큰 우체국이나 전화국쯤으로만 기억되던 체신부를 첨단 과학기술의 메카로 자리잡아 나가게 하는 데 지대한 역할을 하였다. 이것은 다양한 이해관계를 사전에 조율하여 막상 회의가 시작되면 자신이 의도했던 방향으로 그 회의를 이끄는 그의 탁월한 능력이 뒷받침되었기 때문이다.

11) 합의 도출과 조정 능력

마지막으로 열한번째는 합의도출 및 조정능력이다. 이것은 비전을 성취하는 과정에서 다양한 사람들의 의견을 받아들이겠다는 의사표시이다. 좀더 넓게는 민주주의에 대한 소명의식과도 연결될 수 있다. 이 책에 소개된 행정가들은 관련당사자들 간의 합의를 만들어 내거나, 이견이나 분쟁이 생겼을 경우 그것을 조정해 나가는 능력이 탁월하다. 이러한 능력은 앞에서 언급했던 설득력과도 일맥상통하다. 하지만 설득력이란 행정가 자신이 견지하고 있는 이론적 입장을 상대방이 무리

없이 받아들이게 하는 것이며, 설득하는 행정가와 설득당하는 상대방이라는 양자관계를 전제로 한다. 이것은 위에서 만들어져 아래로 전달되는, 즉 일종의 하향식 의사결정 방식이다. 이에 비해 합의도출 및 조정능력은 양자관계 이상의 관계를 전제로 하며, 아래로부터 만들어지는 다양한 의견들을 존중하고 바람직한 방향으로 그것을 조율해 나가는 능력이다. 이해관련 집단의 수가 적고 그들 간의 상호작용의 강도가 약하다면 행정가가 설득력의 자질만 갖추고 있어도 충분하지만, 그들의 수가 많고 상호작용으로부터 나오는 압력이 크다면 설득력 이외에 합의도출과 조정능력이 필요할 것이다. 따라서 사회가 다원화하고 시민의 권리주장이 확대되며, 관료들 간의 이해관계의 대립이 첨예화될수록 이런 능력이 강조된다.

이 글에서 소개된 7명의 행정가들 역시 70년대의 경제발전기 행정가들보다는 80년대의 경제안정기 행정가들에게서 이런 능력을 더 많이 찾아볼 수 있다. 예를 들어 김재익 경제수석은 경제기획원, 재무부, 상공부 등의 경제부처들이 겪고 있는 이해관계의 갈등을 경제안정이라는 이데올로기 속에 무리없이 편입시켜 화합을 만들어 내었다. 오명 장관은 부하직원들을 비롯한 이해관련 집단들의 다양한 견해를 정보화사회라는 유토피아 속으로 녹아들게 만들었다. 한편 고 건 서울시장은 부하직원들로 하여금 자유롭게 의견을 개진케 하였으며 의사결정의 결과 어느 한 사람 혹은 어느 한 조직에만 혜택이 돌아가게 되는 것을 적극적으로 방지하였다. 그들은 단기적으로는 주변인물들을 설득시키는 방식으로 업무를 추진해 나갔지만, 장기적으로는 부하들 스스로가 자율적인 의사를 토대로 결정의 책임을 공유해 나가는 분위기를 만들어 내었다. 비록 그들이 커다란 방향을 정해 놓기는 하였지만 나머지는 부하들이 그 길을 스스로 닦아가도록 하였던 것이다. 다양한 흐름들이 서로 충돌할 때 그것들 간의 우선순위를 정해 주거나 방향을 약간 변화시킴으로써 막히는 부분이 없도록 하였다. 그것은 교통경찰의 역할과 흡사하다.

3. 전환적 행정가의 유형

1) 행동형 행정가와 설득형 행정가

한국의 전환시대에 큰 역할을 하였던 행정가들의 중요한 자질로 11가지를 제시하였다. 하지만 이러한 자질들은 적어도 그들이 처한 상황과 맥락의 성격에 따라 그 강도가 달리 표현될 수 있다. 그러기 때문에 만약 상황이나 맥락의 속성을 구분할 수만 있다면 똑같은 전환적 행정가라 할지라도 그들의 유형을 어느 정도까지는 나누어 볼 수 있다. 상황과 맥락의 구체적 내용으로는 여러 가지가 있지만 이 책에서는 크게 경제적 차원과 정치적 차원으로 나누어 설명하고자 한다. 물론 시민사회의 성숙도라든가 사회발전의 정도 등의 항목도 중요한 차원이 될 수 있지만, 이 책에서는 경제적 차원과 정치적 차원을 설명하는 과정에서 파생되는 차원으로 보고자 한다.

첫째는 경제적인 차원으로써 구체적으로는 사회적 부의 분배구조와 연결된다. 한국은 1960년대 이후 경제적 가치에 우선권을 두었기 때문에 부의 분배구조를 알아본다는 것은 곧 정부의 정책방향을 가늠해 보는 것과 유사하다. 시대적으로 볼 때 사회적 부의 분배구조는 1970년대의 성장위주의 경제구조와 1980년대의 안정위주의 경제구조로 나누어 볼 수 있다. 둘째는 정치적 차원으로써 의사결정 구조의 문제를 다룬다. 과연 어떤 문제가 해당부처와 다른 부처들 간의 상호작용을 전제로 할 때 과연 어떤 식으로 의사결정이 이루어지는가? 해당부처에 어떤 문제가 생겼을 때 행정부의 지도자와 부하들은 어떤 방법으로 문제를 해결하는가? 1970년대에는 의사결정이 철저히 하향식으로 이루어졌으며, 모든 의사결정에는 반드시 정점이 존재했기 때문에 독재적이라고 할 수 있다. 예를 들어 박정희 대통령이 사회의 모든 분야에 절대적인 힘을 미치고 있었으며, 경제기획원이 다른 부처에 대해 상대적으로 절대 우위에 있었고, 해당부처 장관들의 능력이 관료들의 능력을 좌지우지하고 있었기 때문에 의사결정이 독재적으로 이루어졌다고 볼 수 있다. 이 시기는 또한 행정부가 국민에 대해 무소불능의 권력을 행사하고 있었던 시기이기도 하다. 이에 비해 1980년대에는 역시 하향적이기는 하지만 정점이 한 개가 아니라 복수로 존재할 수 있다는 점에서 독재보다는 좀 완화된 용어를 사용하여 권위적 의사결정 구조라고 할 수 있다. 예를 들어 일개 대통령이 아니라 대통령을 비롯한 청와대 비서진, 경제기획원이 아니라 경제관련 부처들로 의사결정의 정점에 있는 주체가 복수의 행위자들로 바뀌었다. 또한 장관이 모든 권한을 행사하는 것이 아니라 전문성을 가진 고위 실무관료들의 입김이 커지고 있었으며, 상대적으로 행정부가 국민을 지배하는 경향도 약화되었다.

이상의 두 가지 차원을 시대순으로 다시 정리하면 이 책에 소개된 행정가들이 처했던 상황을 크게 두 가지로 나누어 볼 수 있다. 첫째 상황은 성장위주의 분배구조와 의사결정 방식이 독재적으로 이루어졌던 시기이다. 그것은 시대적으로는 70년대이며, 박정희 대통령의 유신독재가 행해졌던 상황이며, 개발과 성장의 이데올로기가 지배했던 상황이며, 정책적으로는 개발업무가 우선적으로 높았던 상황이다. 둘째 상황은 안정위주의 분배구조와 권위주의적 의사결정 구조가 지배했던 상황이다. 그것은 시대적으로는 80년대이며, 신군부의 권위주의가 사회를 지배하고 있었으며, 성장보다는 안정이라는 이데올로기가 지배했던 상황이고, 정책적으로는 소외받았던 영역들에 대한 관심이 점차 높아지고 있었던 상황이다. 두 가지 상황은 대한민국의 경제발전과 산업개발을 획기적으로 도모했던 시기이기 때문에 전환시대라는 공통점을 갖지만, 첫째 상황은 성장이념에 충실했던 시기이며 둘째 상황은 안정이념에 더 관심을 가졌던 상황이다. 앞에서 설명했던 전환적 행정가의 11가지 자질들이 두 가지의 상황차이에 따라 어떤 식으로 표출되는가 하는 점을 살펴보자.

첫째로 비전을 제시하는 자질은 두 상황에서 거의 동일하게 나타난다. 이것은 유능한 지도자가 되기 위해서는 비전의 제시가 필수적이라는 것을 의미한다. 다만 비전제시의 폭과 가능성은 두 상황에서 약간 차이가 난다. 경제성장을 추구했던 시기에는 전 부처가 개발업무에 치중했고 미개척 분야가 많았기 때문에 상대적으로 비전제시의 폭이 경제안정기보다 더 넓었다고 할 수 있다. 특히 경제나 과학기술 등의 분야에서는 비전들이 서로 연결되어 있고, 한 비전이 현실화하면 덩달아 다른 비전들도 가시화하는 경우가 많았기 때문에 유능한 행정가가 나오는 경우가 많았다. 마찬가지 논리이기는 하지만 경제안정화기에는 개발을 담당하던 부처의 장관일수록 비전제시의 폭이 크고 그것이 가시화되는 정도도 높기 때문에 유능한 행정가들이 나오기 쉽다. 하지만 중요한 점은 유능한 행정가라면 어떤 상황에 처해 있는, 그리고 어떤 업무를 추진하든 반드시 비전을 제시한다는 점이다.

둘째로 해당분야에 대한 전문적 지식의 폭과 깊이는 상황의 속성에 따라 약간의 차이가 존재한다. 성장기나 안정화기의 행정가들은 모두 해당분야에 대한 전문적 식견이나 행정경험을 가지고 있다. 다만 성장기에 요구되는 전문적 식견은 유사한 분야의 학문이나 경험이 있으면 가능하기 때문에 그 폭이 넓은 반면, 안정화기에 요구되는 전문적 식견은 실제로 해당분야에서 오랫동안 정책과 행정의 수행을 담당했어야 하므로 그 만큼 경험의 폭이 직접적이다. 따라서 안정기로 접어들수록 전문적인 식견의 필요성은 커진다고 볼 수 있다.

셋째로 비전에 대한 소명의식은 두 가지로 나누어 설명할 수 있다. 우선 정치적 중립을 유지하면서 업무처리 과정에 대한 순수한 신념을 지킨다는 직업적 소명의식은 경제성장기와 경제안정기 모두의 행정가들에게 공통적으로 나타나는 특징이다. 그들의 관심은 본질적으로 해당분야의 뒤떨어진 상태를 질적으로 한 단계 높이는 데 있기 때문에 그 만큼 사심을 버리고 공평무사하게 업무를 처리해야 한다는 사명감을 가지고 있었다. 그리고 공무원 개인의 이익이 아니라 국민 모두의 이익을 적극적으로 보장한다는 사명감 역시 성장기와 안정기의 행정가들에게 동일하게 적용된다. 다만 그 내용이 성장기에는 역사와 민족에 대한 사명감이었지만 안정기에는 국민의 이해관계를 최대한 반영해야 한다는 사명감으로 바뀌었을 뿐이다.

넷째로 비전을 정책과 연결시키는 기회포착 능력은 개발연대의 후기에 접어들수록 자주 볼 수 있는 자질이다. 물론 성장기에는 개발업무에 우선권이 많이 주어지고 개발업무는 실물정책과 연결될 소지가 많기 때문에 그 만큼 기회포착 능력이 더 요구되는 것은 아닌가 하는 의문이 생겨날 수 있다. 하지만 성장기에는 최고 통치권자의 정책의지가 개발에 있었기 때문에 굳이 다양한 통로를 통해 기회를 포착할 필요성이 적었다. 그런데 안정기에는 다른 견해를 무시하고 자신의 비전을 가시화시켜 나가는 것이 힘들어지므로 오히려 다양한 통로를 통해 자신의 비전을 설득시켜 나가야만 했다. 즉, 이해관련 집단의 상호작용이 빈번해지기 때문에 역설적으로 기회포착 능력이 더 필요해 진다.

다섯째로 자신의 이데올로기를 밀고나가는 추진력은 안정기의 행정가보다 성장기의 행정가에게서 훨씬 더 많이 찾아볼 수 있다. 특히 경제성장기 행정가의 추진력이 가시적이고 행동지향적인 데 비하여, 경제안정기 행정가의 추진력은 비가시적이며 이론지향적이라고 볼 수 있다. 물론 이론지향적이라고 해서 실천력이 전혀 없다는 것을 의미하는 것은 아니다. 다만 그것을 직접적이고 즉각적으로 행동화시키는 힘이 더딜 뿐이다. 예를 들어 비개발업무보다는 개발업무를 담당했던 장관들의 추진력이 더 가시적이고 직접적이다. 그런 업무는 성과가 즉각적으로 눈에 보이기 때문에 그 만큼 강력한 추진력을 가져야만 구성원들이 일사불란하게 따라오기 때문이다.

여섯째로 자신의 견해를 타인에게 받아들이게끔 하는 설득력은 경제성장기보다는 경제안정화기의 장관들이 더 큰 장점을 갖는다. 경제성장기의 행정가들은 요약정리 능력이 뛰어나고 현실의 특징적인 국면을 묘사하는 능력이 탁월하지만, 그 만큼 실수도 자주하게 된다. 가장 큰 실수는 자신의 견해를 부하들에게 일방적으로 강요하는 것이다. 하지만 경제안정화기의 행정가는 부하들에게 자신의 견해를 직접적으로 강요하지는 않고, 대화를 통해 설득함으로써 그 만큼 부하들이 자발적으로 추종하게 된다. 이것은 경제성장기에는 아무래도 개발업무가 주종을 이루고, 개발업무는 백지에 청사진을 그려나가는 작업과 유사하기 때문에 그 만큼 부하들에게 복종을 강요하지만, 경제안정기에는 개발업무의 비중이 점차 낮아지고 그런 경우 굳이 강요를 통해 자신의 견해를 수용시킬 필요가 없이 대화를 통해서도 부하들을 설득할 수 있기 때문이다.

일곱째로 조직관리 능력은 경제성장기나 안정기 모두 유사하게 나타나는 자질이며, 개발업무나 비개발업무 가릴 것 없이 동일하게 나타나는 덕목이다. 조직관리 능력의 대부분이 조직구성원들이 불만없이 일을 처리하도록 인사의 공정성을 유지하고, 외풍을 방지하며, 그 조직의 위상을 높여주는 일과 관련되기 때문에, 상황이나 업무의 성격과는 무관하게 나타나야 한다. 특히 부하들의 자발적인 참여를 만들어 내야만 업무의 일관성을 유지할 수 있기 때문에 상황과 무관하게 행정가에게는 어느 정도의 조직관리 자질이 요구된다고 보여진다.

여덟번째로 지지획득 능력은 동일하게 나타나지만 그것을 세분하여 설명하면 시기별로 달라진다. 예를 들어 최고 통치권자를 비롯한 권력집단의 후원을 받는 능력은 경제안정기에 비해 경제성장기가 훨씬 강하고, 국민을 비롯한 이해관련인의 지지획득 능력은 반대로 경제안정기에 훨씬 강해진다. 하지만 전체적인 지지획득 능력은 시대상황의 차이와는 중립적으로 나타난다. 한편 업무의 성격에 따라서도 지지획득의 정도는 달라지는데 성장기에는 비개발업무보다는 개발업무를 추진했던 행정가의 지지획득 능력이 더 강하고, 안정화기에 접어들수록 그 비중이 점차 약해진다.

아홉째로 자신의 독특한 개성을 만들어 내는 이미지 관리 혹은 인상관리 능력이다. 경제성장기의 행정가들은 굳이 이런 개성을 만들어 낼 필요없이 일을 추진해 나갈 수 있었다. 하지만 경제안정화기의 행정가들은 행정업무의 상호작용이 커지고 복잡성이 증대된 상황에서 자신의 견해를 피력해 나가는 경우가 많기 때문에 그 만큼 자신이 인상관리에 신경을 써야 한다. 자신의 비전을 지속시켜 줄 만큼 일관성 있는 이미지를 만들면 그 만큼 공동의 노력을 이끌어 내기 쉽기 때문이다.

열번째로 반전통적 행동의 강도는 성장기에서 안정기로 접어들면서 점차 작아진다. 성장기에는 기존의 행정문화나 정책관행과는 이질적인 행동들이 쉽게 용납되고, 또 그런 행동들이 일종의 호기심으로 작용하여 구성원들의 동기를 유발시켰다. 하지만 안정기에는 이미 정부정책들이 어느 정도 제도화되고 그 만큼 구성원들의 행동도 안정되었기 때문에 반전통적이거나 반문화적인 행동이 더 이상 호기심의 대상이 되지 못한다. 오히려 방해물로 작용할 가능성이 크다.

열한번째로 합의도출 및 조정능력의 강도는 성장기에서 안정기로 접어들면서 점차 커진다. 안정기에 접어들면서부터는 다른 부처와의 관계, 부하들과의 관계 그리고 이해관련인들과의 관계가 점차 복잡해지고 그 만큼 그들이 요구를 충족시켜 줄 필요성이 생긴다. 따라서 합리적인 절차를 중시하고, 책임의 소재를 명확히 하며, 관련 이해당사자들의 견해를 충분히 고려하는 능력의 비중이 점차 커진다.

이상과 같은 행정가의 11가지 자질이 경제성장기와 경제안정기를 거치면서 어떤 식으로 변화하는가를 요약한 것이 다음의 〈표 1〉이다.

이 책에서는 특히 전환시대라는 시기적 특징에 관심을 가졌으므로 경제성장기와 경제안정화기라는 두 가지 시기를 구분하여 결론적으로 전환적 행정가의 특징을 설명하고자 한다. 잠정적으로 볼 때 경제성장기의 행정가는 행동형이라고 할 수 있고, 경제안정화기의 행정가는 설득형이라고 할 수 있다. 어느 경우나, 즉 행동을 강조하거나 설득을 더 강조하거나 그 결과가 기존상태의 도약을 가져왔으므로 전환적 행정가라고 할 수 있다.

〈표 1〉에서 보면 경제성장기의 주된 행정가인 行動型 行政家는 비전제시 능력 및 비전의 성취에 대한 소명감을 중심으로 강력한 추진력과 행동지향성을 가지고, 통치권자로부터의 전폭적인 지지를 받으며, 기존의 전통이나 규범으로부터 일탈된 행동을 하는 경향이 있다. 예컨대 이들은 미래에 대한 통찰력과 역사의식을 바탕으로 원대한

계획을 수립하며, 그것을 몸소 실천하기 위해 분주하게 뛰어다녔다. 그들은 짧은 시간에 자신의 비전을 해당부처의 공무원들에게 심어주기 위해 어느 정도까지는 독재를 행사할 수밖에 없었다. 그것이 눈에 보이는 강요가 되든 눈에 보이지 않는 회유가 되든 간에, 일사불란한 조직분위기를 만들어 내고 그것을 유지하기 위해서는 묵종을 요구할 수밖에 없다. 따라서 원대한 비전을 가졌지만 지도력의 상당부분은 부하들을 괴롭히는 가운데 행사되었다. 특히 상벌체계의 적절한 활용을 통해 능숙하게 조직관리를 해나갔다. 자신의 이데올로기에 동참하고 그것을 열심히 실천하는 사람에게는 승진이라는 '사탕과자'를 주지만, 자신의 견해에 대해 의심을 품거나 열심히 하지 않는 사람에게는 전보나 파면이라는 '채찍'을 적절히 행사하였다. 이런 방법 때문에 비록 부하들로부터 전폭적 지지를 받지 못한 경우도 있었지만 대부분의 경

〈표 1〉 상황의 변화에 비추어 본 전환적 행정가의 자질

	경제성장기	경제안정화기
비전제시 능력	***	***
전문지식과 소양	**	***
비전에 대한 소명의식	***	***
기회포착 능력	**	***
추진력과 행동지향성	***	**
설득력과 언어구사력	*	**
조직관리 능력	**	**
지지획득 능력	**	**
(통치권자로부터의 지지)	***	**
(국민으로부터의 지지)	*	**
인상관리 능력	*	**
빈전통(규범)적 행동	***	**
합의도출 및 조정능력	*	**

*표시는 비중의 많고 적음을 나타낸다.
예를 들어 *보다는 **이, **보다는 ***이 그런 특징이 더 강조된 상태이다.

우는 부하들이 그들의 비전을 내면화시킬 수 있었다. 더구나 굶주림을 벗어나 잘살아 보자는 성장기 행정가들의 이데올로기가 최고 통치자의 이데올로기와 동일한 것도 이들에게는 큰 행운이었다. 누구의 명령도 받지 않고 통치자의 화신이 되어 앞으로 전진하기만 하면 되었기 때문이다. 성장기의 행정가들은 바로 돌격의 선봉대였던 것이다. 그러므로 행동형 행정가는 특히 개발분야에서 큰 힘을 발휘하였다. 개발분야는 기존에는 없었지만 앞으로 추진하고자 하는 업무로 특히 경제산업개발, 과학기술 개발, 주택이나 도로 혹은 항만의 건설, 정보통신의 육성 등이 포함된다.

이에 비해 경제안정화기의 주된 행정가인 說得型 行政家 역시 비전을 제시하고 그것을 성취하기 위한 소명감을 가지고 있었다는 점은 행동형 행정가와 동일하다. 다만 그들은 행동형 행정가에 비해 전문지식과 식견을 더 많이 가지고 있으며, 행동지향성보다는 설득력과 언어구사력의 측면에서 장점을 발휘한다. 그리고 지지확보의 근원도 이제는 대통령 한 사람이 아니라 다양한 이해관련 행위자들이 된다. 성장기의 행정가는 대통령 한 사람만 설득시키면 만사가 해결되었지만, 안정기의 행정가들은 대통령뿐 아니라 언론이나 고객집단 혹은 다른 부처를 모두 설득시켜야만 비로소 자신의 비전을 성취해 낼 수 있다. 그만큼 행정가가 관심을 기울이거나 충성을 바쳐야 할 고객의 수가 증가했다고 볼 수 있다. 따라서 서로 이질적인 사고방식을 가진 사람들간의 합의를 도출하고 이견을 조정할 수 있는 능력이 더 중요해지며, 합의와 조정을 담당하는 자신의 공공이미지를 구축하기 위한 인상관리 능력의 필요성 역시 더 많아지게 된다. 이들은 전기와는 달리 권위적이거나 명령조로 업무를 처리하는 것이 아니라 대화를 내세우며 협조분위기를 우선적으로 조성하려고 한다. 또한 절차의 합리성을 강조하면서 일을 처리하기 때문에 관련인 모두가 책임을 공유하게끔 한다. 설득형 행정가는 다른 부처와의 상호작용 빈도가 잦은 부처 혹은 민원인(고객)과의 거래가 많은 부처에서 특히 환영받을 것이다. 이런 행정가라면 기능이 강화된 국회 앞에서도 효과적으로 해당부처의 업무를 설득시킬 수 있을 것이며, 해당업무에 대해 혹시나 들이닥칠 수 있는 비난을 이성적으로 방어해 줄 수도 있다. 안정기의 행정가들은 행동이 요란하지도 않고 그 업적이 두드러지지도 않는다. 하지만 그들의 영향력은 과거의 요란한 행정가들 못지 않게 사회 곳곳에 스며들고 있다. 그들은 조용한 혁명가였던 것이다.

2) 전환적 지도력의 전개과정

성장기의 행동형 행정가든 안정기의 설득형 행정가든 그들의 지도력이 발휘되는 과정은 역설적이다. 이 책에서 소개된 행정가들은 중책을 담당하던 시기에 모두 그 당시의 지배적인 행정문화나 정책이념과는 이질적인 분위기를 행사하는 사람들이었다.

그들은 당시의 구태의연한 관료문화와 지배적인 정책이데올로기, 또 당시에 팽배해 있던 행정행태에 강력하게 도전하였다. 다만 이러한 이질감의 전개과정이 경제성장기의 행동형 행정가와 안정기의 설득형 행정가의 경우 각각 다르다.

경제성장기에는 해당부처의 지배적인 분위기를 강력하게 뒤엎는 이질적인 사람이 나타나기 시작한다. 이질감은 보통 행정가들이 가지고 있는 여러 가지의 특징 가운데 고집과 결단, 독선 그리고 이런 것들을 뒷받침해주는 강력한 추진력 등으로 구성된다. 이러한 이질감은 보통 부하들에게는 두려움이라는 감정을 동반하는 것이 보통이다. 그리고 초기에는 행정가들이 가지고 있는 지위권력에 의해 두려움과 이질감이 부하들에게 수용되는데, 이 과정에서 부하관료들과 행동형 행정가들은 정책갈등을 겪게 된다. 특히 새로운 것을 요구하는 행정가의 강력한 실천력과 행정관료들의 타성이 충돌하게 된다. 하지만 시간이 지나면서 최고 통치자가 행정가들을 전폭적으로 지지해 주는 것이 확인되고, 정책갈등 과정에서 자신들이 가지고 있던 견해가 결국은 무용지물이라는 것을 확인하면서 두려움과 이질감이 어느 정도 일상화한다. 이런 과정을 거치게 되면 이제는 소속부처의 행정가와 다른 부처의 장관을 비교하거나, 소속부처의 업무성과를 다른 부처의 정책성과와 비교해 본다. 비교를 통해 자신의 상관인 행정가가 우월하거나 자기 부처의 업무가 소중한 것으로 인식되면서 두려움은 극복되고 이질감이 신선함으로 바뀌게 된다. 그리고 최고 통치권자의 후원 때문에 그 조직은 외부의 부당한 압력으로부터 업무의 자율성을 확보할 수 있고, 그 만큼 해당부처의 업무가 소신있게 추진될 수 있다. 이 과정이 지속되면서 자기 집단은 다른 집단과는 다르다는 차별성이 나타나기 시작하는데, 이러한 차별성을 유지하기 위해 행정가의 비전과 이데올로기에 더 매달리게 된다. 그런 과정이 되풀이 되면서 업무처리의 일체감이 만들어 지고 부처의 위상은 더욱 강화된다.

이에 비해 경제안정화기에는 해당부처의 지배적인 분위기와 이질적인 사람이 나타나지만, 전기와는 달리 보통 겸손함과 온화함 등의 성격이 부각된다. 그들은 당시의 권위주의적이고 상명하복적인 관료문화와는 다른 행태를 보여 준다. 비록 경제성장기의 행정가들과 마찬가지로 행정가 자신의 정책신념은 확고하지만 그것을 표현하는 방법은 저돌적이며 행동적이지는 않다. 그러기 때문에 부하들은 비록 정책노선이나 이데올로기가 자신과 틀려도 인간적으로는 친해지고 싶은 감정이 발생한다. 이러한 감정은 행정가의 정책신념이나 행동에 대해 호기심을 갖게 하며 그것이 긍정적으로 작용하기 때문에 행정가의 명령이 무리없이 수용된다. 그리고 행정가가 가지고 있는 합리적 설득력을 믿기 때문에 해당부처의 당면과제를 원활하게 풀어갈 수 있다는 믿음이 생겨난다. 실제로 설득형 행정가들 역시 권력집단과 긴밀히 접촉하고 있기 때문에 업무추진 과정을 외풍으로부터 방지하며 부하들에게 신뢰를 제공한다. 이런 과정이 지속되면서 행정가와 부하의 관계는 더욱 긍정적으로 유지되며 부처의 위상이 강화된다.

즉, 경제성장기와 경제안정화기 모두 이질성을 가지고 행정가가 등장하지만, 전기에는 두려움이라는 감정을 극복하면서 행정가의 비전이 관련인들에게 내면화되고 후기에는 친밀감이라는 감정이 확산되면서 행정가의 비전이 심어진다.

4. 차세대 한국형 행정가의 모습 : 시민형 행정가

성장기에는 행동형 행정가가 지도력을 발휘하고 안정기에는 설득형 행정가가 지도력을 발휘한다고 보았다. 그렇다면 21세기를 맞이하는 차세대의 한국형 행정가는 어떤 모습일까? 향후 10년은 지나간 30년 못지않게 상황이 급변할 것이다.

앞에서 설명했듯이 상황을 설명하는 두 가지 차원인 소득의 분배구조와 의사결정 구조를 중심으로 차세대의 특징을 보면 다음과 같다. 우선 70년대가 수출지향적 성장을 토대로 한 분배구조였다면, 80년대는 자율화와 국제화를 조성시키기 위한 준비단계로서의 안정이데올로기에 치중한 분배구조라고 할 수 있다. 즉, 경제성장기에는 통제위주의 경제질서 체계가 운영되었다면 경제안정기에는 그것이 어느 정도 누그러진 형태의 경제구조가 만들어졌다. 하지만 차세대에는 두 가지 형태의 이데올로기가 적절히 융합된 형태의 상황이 도래할 것이다. 국제화와 개방화의 압력을 견뎌내고 선진국으로 진입하기 위해서는 성장이라는 물결을 계속 타야 하지만, 저소득계층의 복지를 확충하고 사회적 약자의 권익을 보호하기 위해서는 안정이라는 보호막도 필요하다. 특히 사회보장의 요구가 거세지고 국민의 권리가 확대되었기 때문에 안정의 토대하에서 부분적이고 점진적인 성장을 추구해 나갈 것이 예상된다. 이런 의미에서 차세대 분배구조의 특징은 형평에 토대를 두고 있다고 볼 수 있다

한편 의사결정 구조는 종래의 집권적이고 하향적인 형태에서 이제는 분권적이고 상향적인 형태로 전환될 것이 예상된다. 차세대는 세계를 적대적으로 양분하던 이데올로기가 무너지고 개방화의 물결이 나타나면서, 그리고 중앙집권이 퇴조하고 분권화의 압력이 거세지면서, 점차 행위자들의 이해관계와 그것으로 인한 역학관계가 주종을 이루는 시기이다. 이것은 자유시장 질서의 활성화와 더불어 정치적으로도 다양한 욕구들이 거침없이 분출되는 다원주의 시대가 정착된다는

것을 의미한다. 사회성원들이 과거에는 타율적이고 수동적인 행동을 했다면 이제는 적극적인 전문지식인으로서의 행동을 보여 주며, 그 만큼 사회의 연결망(*network*)이 복잡해지고 다양해진다. 이렇게 되면 한 부처의 행정업무는 다른 부처에게는 제약조건이 될 수 있으며, 한 부처가 유아독존식으로 다른 부처의 업무를 좌지우지하는 경우는 거의 없게 된다.

지금까지의 논의에서 행동형이든 설득형이든 행정가는 어느 정도는 기존 상태의 질적 도약을 위해 자신의 이론적 입장이나 신념을 강하게 밀고나갔다고 보여진다. 그들은 비전을 저돌적으로 밀고나가면서 관련행정 관료들을 강제로 따라오게 할 수도 있지만, 자신의 비전을 합리적이지만 끈질기게 그리고 지속적으로 설득시킬 수도 있었던 것이다. 하지만 어느 경우나 자신의 신념이나 이데올로기를 포기하지 않은 사실은 동일하다. 즉, 자신의 이론적 입장을 포기하지 않고 타인을 자신의 영역으로 수용하였던 것이다. 그런데 차세대에서는 행동형이나 설득형 행정가처럼 자신의 비전을 독단적으로 실천해 나가는 것이 불가능하다. 행정을 둘러싸고 있는 환경의 영향력이 복잡해지고 부처간의 상호작용도 복잡해지며, 과거처럼 자신의 신념을 포기하지 않는 것이 불가능하다. 선진국의 경험에서 보듯 모든 업무는 타협과 흥정의 산물인 경우가 많다.

하지만 환경이 복잡해지고 이해관련 집단의 세력다툼이 커진다고 해서 행정이 무기력해진다는 것을 의미하지는 않는다. 오히려 너무 다양하기 때문에 혼돈상태에 빠져 방향을 잡지 못하는 관련고객들을 위해 더욱 적극적인 봉사를 해야 한다. 행정가들은 공공재와 공공서비스를 설계하고 그것을 전달하는 과정에 시민들이 참여할 수 기회를 적극적으로 찾아주어야 한다(Bellone and Goerl, 1992). 즉, 앉아서 일을 하지 말고 시민의 의견을 적극적으로 발굴하고 추천해야 한다. 이 책은 이런 의미에서 차세대의 행정가를 市民型 行政家라고 부를 것이다. 〈그림 1〉에서 보듯 전환시대의 한국형 행정가는 행동형으로부터 설득형으로 변해왔고 이제는 시민형으로 바뀌어 갈 것이다.

그렇다면 차세대의 한국형 행정가, 구체적으로 시민형 행정가는 앞에서 설명한 전환적 행정가의 자질 중 특히 어떤 점들이 강조될 것인가? 우선 비전제시 능력은 이전의 개발연대에 비해 큰 변동이 없을 것이다. 장래에 대한 원대한 계획은 곧 현재상태의 불만에 대한 정확한 진단을 전제로 이루어 지는 것이기 때문이다. 마찬가지로 비전을 달성하기 위한 수단으로서의 전문지식과 식견 역시 경제성장기보다는 많아지겠지만 경제안정기에 비해서는 큰 변동이 없을 것이다. 그리고 자신의 비전이 정치권의 부당한 압력으로부터 오염당하는 것을 방지하려는 순수한 신념 역시 이전의 시기에 비해 큰 변화가 없을 것이다. 하지만 비전을 실천하기 위한 방법 중 직접적인 방법인 강력한 추진력과 행동력은 점차 감소하며, 오히려 간접적이고 비가시적인 방법인 설득력의 비중은 점차 커질 것이다. 그 만큼 언어구사력과 대화능력이

〈그림 1〉 전환시대의 한국형 행정가 유형

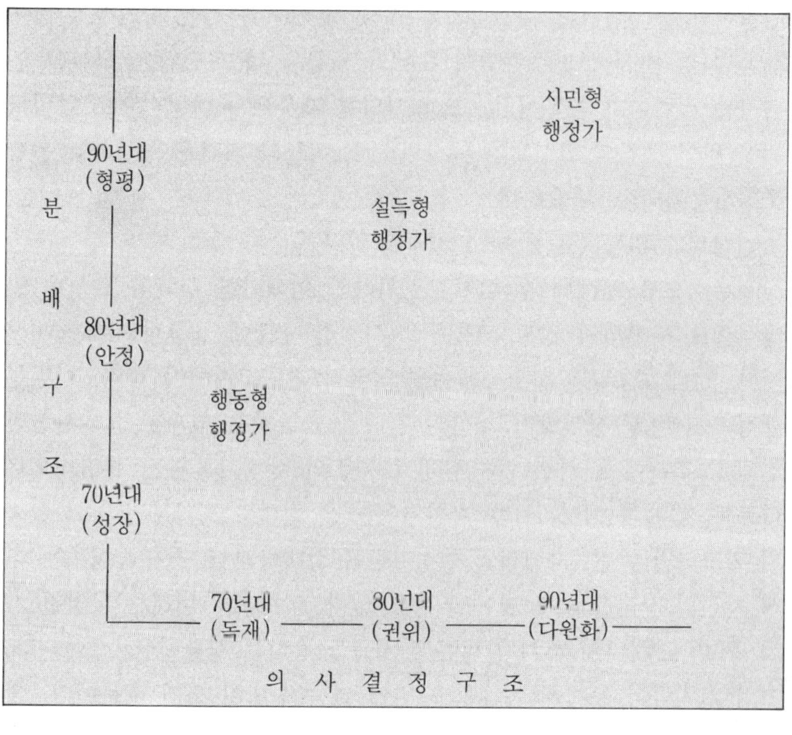

뛰어난 행정가가 차세대에는 각광을 받을 것이다. 한편 행정가가 해당 부처의 장일 경우 그 부처를 외부의 부당한 입김으로부터 방어함으로써 조직의 일관성을 꾀하는 조직관리 능력은 시대를 초월하는 행정가의 자질이 될 것이다. 하지만 비전을 성취하기 위해 다양한 세력을 동원하는 지지획득 능력 중 최고 통치권자나 권력집단의 지지를 얻는 자질은 감소하겠지만, 국민이나 관련고객의 신임을 얻는 능력의 필요성은 점차 커질 것이다. 그 만큼 합의를 도출하거나 이견의 조정능력이 요구되며, 어느 한 사람의 믿음이나 소수의 지지자를 확보하는 것이 아니라 다수의 지지자로부터 후원을 받아야 하기 때문에 자신의 이미지를 관리하는 능력 역시 점차 확대될 것이다. 그리고 과거와는 달리 기존의 규범이나 질서를 어겨가면서까지 자신을 부각시키는 것이 점차 힘들어지는 상황이 초래될 것이다. 시민형 행정가라면 무한정한 자유가 아니라 책임의 허용범위 내에서 업무를 추진해야 하고, 시민참여와 공개행정이라는 가치를 적극 옹호해야 하며, 장기적 관점에서는 자기 자신이 민주주의의 수호자 역할을 하고 있다는 사실을 인식하는 사람이기 때문이다. 또한 다양한 계층에서 다원적으로 참여하는 위원회 조직의 활성화가 예상되므로, 이들의 의견을 수렴하고 통합조정하는 능력이 필요하다.

이상의 논의는 〈표 2〉에 요약되어 있다.

결론적으로 차세대 한국의 행정가라면 이해관련 집단의 요구를 일방적으로 무시하지 않고 그들을 의사결정 구조에 능동적으로 참여시키며, 분배과정에서 저소득계층을 적극적으로 고려해야 한다. 시민형 행정가는 비록 상대방이 자신의 견해와 충돌하고 있지만, 그 사람의 견해를 결정에 반영한다는 점에서 기존의 행정가들과는 본질적으로 다르다. 앞서의 행정가들은 자신의 신념을 절대로 포기하지 않고 끝까지 밀고나간 반면, 차세대의 행정가들은 상대방의 요구를 들어주는 대신 자신의 신념을 일부 포기할 수도 있다. 앞으로의 미래는 다양한 가치 중 어느 하나의 가치가 다른 가치를 포용하는 상황이 것이 아니라, 그런 가치들이 동시에 존재할 수밖에 없는 상황이 되기 때문이다. 예를 들어 자유와 질서라는 가치 중 어느 하나를 우선시하는 상황이 아니라, 그것을 함께 누려야 하는 상황이 된다. 또한 남과 북의 관계에서도 어느 일방의 주장이 상대방에게 먹혀들어 가야 하는 것이 아니라, 두 당사자의 주장이 균형있게 고려되는 상황이다. 계층과 지역 간의 관계에서도 단순히 그들이 갈등이나 경쟁을 겪고 있다는 상황이 중요한 것이 아니라, 힘이 약한 지역이나 계층의 이해관계가 적극적으로 고려되는 상황이 중요하다. 결론적으로 차세대의 행정가들은 이해관계의 조정과 타협능력 그리고 흥정능력 등의 덕목이 강조된다. 물론 설득형 행정가들 역시 그런 능력에 바탕을 두고 있지만, 차세대의 행정가들은 거기에다가 공공성(*publicness*)의 감각을 염두에 두어야 한다는 점에서 설득형 행정가와는 본질적으로 다르다. 공공성이란 공동체의 구성원 모두가 공정하게 참여하고, 그들의 이해관계가 동등하게 고

〈표 2〉 차세대 한국형 행정가의 자질

	경제성장기	경제안정화기	차세대
비전제시 능력	***	***	***
전문지식과 식견	**	***	***
비전에 대한 소명의식	***	***	***
기회포착 능력	**	***	***
추진력과 행동지향성	***	**	*
설득력과 언어구사력	*	**	***
조직관리 및 방어능력	**	**	**
지지획득 능력	**	**	**
(통치권자로부터의 지지)	***	**	*
(국민으로부터의 지지)	*	**	***
인상관리 능력	*	**	***
반전통(규범)적 행동	***	**	*
합의도출 및 조정능력	*	**	***

*표시는 비중의 많고 적음을 나타낸다.
예를 들어 *보다는 **이, **보다는 ***이 그런 특징이 더 강조된 상태이다.

려되는 상황을 말한다.

지금까지 이 책은 전환시대의 상황적 특성을 대변하는 한국형 행정가로 행동형과 설득형 그리고 시민형을 제시하였다. 독재를 바탕으로 성장이데올로기가 지배했던 시기에는 행동형 행정가가 유능한 행정가로 대접받았다. 소수 엘리트집단의 권위를 바탕으로 안정이데올로기가 팽배했던 시기에는 설득형 행정가가 유능한 행정가로 인정받았다. 그리고 차세대의 유능한 행정가의 모습은 시민형이 될 것이라고 예측하였다. 차세대의 시민형 행정가는 국민의 의견을 적극적으로 반영해야 하기 때문에 그들은 선거를 통해 임용되는 공무원들 중에서 나올 확률이 크다. 물론 부작용을 치유하거나 교통이나 환경 혹은 정보 등과 같이 복잡한 문제들을 해결하는 행정가가 여전히 각광을 받을 것은 분명하지만, 그들 역시 국민의 요구를 적극적으로 반영해야 한다. 이상의 논의는 만약 경제성장기에 설득형이나 시민형 행정가가 많이 나왔다면 경제개발계획에서 소기의 성과를 거두기 힘들었다는 것을 암시한다. 마찬가지로 경제가 안정기로 접어들고 사회의 다원화가 추진되는 상황에서 행동형 행정가가 정부를 좌지우지하였다면 정책전환에 실패했을 것이다. 동일한 상황에서 만약 시민형 행정가만 대우를 받았다면 정책의 일관성이 무너졌을지도 모른다. 마지막으로 1994년 현재부터 세기말까지는 설득형과 시민형이 적절히 혼합된 형태의 행정가가 유능한 행정가로 대접받을 것이다.

참 고 문 헌

Avolio, Bruce J. and Bernard M. Bass(1988), "Transformational Leadership, Charisma and Beyond," in Hunt, James Gerald, et al.(eds.), *Emerging Leadership Vistas*(Lexington, Massachusetts : Lexington Books), pp. 29~49.

Bass, Bernard M.(1985), *Leadership and Performance beyond Expectations*(New York : The Free Press).

______(1988), "Evolving Perspectives on Charismatic Leadership," in Jay A. Conger, R. N. Kanungo and Associates, *Charismatic Leadership : the Elusive Factor in Organizational Effectiveness*(San Francisco : Jossey-Bass), pp. 40~75.

______(1990), *Bass & Stogdill's Handbook of Leadership : Theory, Research & Managerial Application*, 3rd ed.(New York : The Free Press).

Bellone, Carl J. and George F. Goerl(1992), "Reconciling Public Entrepreneurship and Democracy," *Public Administration Review*, Vol. 52~2, pp. 130~134.

Boal, Kimberly B. and John M. Bryson(1988), "Charismatic Leadership : A Phenomenological and Structural Approach," in Hunt, James Gerald, et al.(eds.), *Emerging Leadership Vistas*(Lexington, Massachusetts : Lexington Books), pp. 11~28.

Burns, James MacGregor(1978), *Leadership*(New York : Harper & Row Publishers).

Conger, Jay A.(1988), "Theoretical Foundations of Charismatic Leadership," in Jay A. Conger, R. N. Kanungo and Associates, *Charismatic Leadership : the Elusive Factor in Organizational Effectiveness*(San Francisco : Jossey-Bass), pp. 12~39.

______(1988), *The Charismatic Leader : Behind the Mystique of Exceptional Leadership*(San Francisco : Jossey-Bass).

Conger, Jay A. and Rabindra N. Kanung(1988), "Behavioral Dimensions of Charismatic Leadership," in Jay A. Conger, R.

N. Kanungo and Associates, *Charismatic Leadership : the Elusive Factor in Organizational Effectiveness*(San Francisco : Jossey-Bass), pp. 78~97.

Doig, Jameson W. and Erwin C. Hargrove(1990), *Leadership as Innovation : Entrepreneurs in Government*(Baltimore : The Johns Hopkins Univ. Press).

Gardner, John W.(1989), "The Tasks of Leadership," in Rosenbach, William E. and Robert L. Taylor(eds.), *Contemporary Issues in Leadership*, 2nd ed.(San Francisco : Westview Press) pp. 24~33.

Kouzes, James M. and Barry Z. Posner(1990), *The Leadership Challenge : How to Get Extraordinary Things Done in Organizations* (San Francisco : Jossey-Bass *Publishers*).

Yukl, Gary and David D. Van Fleet(1992), "Theory and Research on Leadership in Organizations," in Marvin D. Dunnette and Leaetta M. Hough(eds.), *Handbook of Industrial and Organizational Psychology*, Vol. 3, 2nd ed.(Palo Alto : Consulting Psychologists Press), pp. 147~197.

부 록 1

행정관료가 본 장관

박 종 민

이 설문조사는 1991년 12월 19개 중앙 및 지방 행정기관을 대상으로 응답자가 직접 기입하는 방식으로 실시되었다. 선정된 각 행정기관의 3~7급 직업관료 가운데서 평균 18명을 선정, 총 250명을 대상으로 설문지를 배포하였다. 응답자는 307명으로 응답률은 약 88%로 나타났다. 각 행정부처별 응답자수는 다음 표와 같다.

행정부처별 응답자수

행정부처	응답자수	행정부처	응답자수
감사원	18	상공부	17
기획원	14	동자부	14
총무처	15	건설부	17
과기처	15	보사부	14
통일원	18	노동부	17
외무부	18	교통부	16
내무부	18	체신부	17
재무부	15	국세청	17
교육부	18	서울시청	15
농수산부	14	합 계	307

응답자의 계급별 분포를 보면 5급이 40.1%로 가장 많고, 6급이 34.8%, 4급이 15.2%, 7급이 8.9%, 3급이 1%로 나타났다. 직류별 분포를 보면 행정직이 95%로 가장 높고, 기술직은 3.7%로 나타났다. 현 부처에서의 재임기간별 분포를 보면 10년 미만이 48.7%, 10년 이상 20년 미만이 39.8%, 20년 이상이 9.2%로 나타났다. 평균 재임연한은 10.0년으로 나타났다.

연령별 분포를 보면 20대가 5.7%, 30대가 61.9%, 40대가 25.4% 그리고 50대가 7.0%로 나타났다. 평균연령은 38.1세로 나타났다. 성별 분포는 확인되지 않은 응답자 3명을 제외하고 모두 남자로 나타났다. 교육별 분포를 보면 대학교육을 받은 비율은 35.8%, 대학원교육을 받은 비율은 50%로 나타났다. 대학 전공별 분포를 보면 사회과학이 63.7%로 가장 높고, 법학이 14%, 인문학이 10.8%, 자연과학 및 공학이 11.5%로 나타났다.

응답자의 소속부처의 장관(청장, 시장)에 대한 평가의 결과는 다음과 같다(자세한 결과는 이후의 도표 참조). 우선 〈질문 1 : 이상적 장관〉에 대해서는 응답관료의 67.8%만 이상적 장관을 언급하였고, 8.1%는 없는 것으로, 나머지 24.1%는 언급을 회피하였다. 그리고 〈질문 2 : 업적을 남긴 장관〉에 대해서는 응답관료의 50.8%만 언급하였고, 9.8%는 없는 것으로, 나머지 39.4%는 아예 언급을 회피하였다.

다음의 도표는 〈질문 1〉과 〈질문 2〉에 대한 요약이다(괄호 안의 수치는 응답한 관료의 숫자를 의미한다).

〈질문 1〉

귀하께서는 귀 부처의 전직 장관(청장, 시장)들 가운데서 누구를 이상적인 장관으로 생각하십니까? 또 그렇게 생각하시는 이유는 무엇입니까?

부 처	장관이름	이상적이라고 생각하는 이유
감사원	이석제(5)	1. 강직한 성품, 외부 압력에 불복 2. 사정의지 갖춤 3. 조직원의 사고전환 능력 4. 통솔력 5. 사정기관으로서의 독립성 유지
감사원	이한기(3)	1. 정직,성실 2. 파사현정 정신을 갖추고 실천 3. 공정성, 공명정대정신 4. 조직내 인화단결
경제기획원	조 순(7)	1. 성실성 2. 미래에 대한 비전, 역사의식 투철, 장기적 안목을 가진 정책의지 3. 애국심 4. 통찰력 5. 형평의식: 국민총화 기반구축을 위한 경제행정 이행, 국민소득의 균등분배 추구 6. 소신: 외부압력에 영향받지 않음, 정치에 영합하지 않음 7. 책임감 8. 각계 의견수렴
경제기획원	김학렬(1)	1. 조직원에 대한 통제력 2. 소신 3. 세심한 업무추진 4. 업무에 대한 해박한 지식. 비전을 갖춤 5. 국가를 위한 헌신

부 처	장관이름	이상적이라고 생각하는 이유
경제기획원	남덕우(1)	1. 경제발전에 결정적 공헌 2. 일하고자 하는 분위기 조성
	나웅배(1)	1. 결단력: 정책수행 능력 2. 학문적 경륜과 정치경제적 현실감각 겸비 3. 온건노선 추구
	최각규(1)	1. 조직관리 능력 지님 2. 정치와 행정 간의 철학 및 시각 조정 3. 대국민 언론관계에서의 원만한 협조 유도
총무처	김용갑(6)	1. 소신: 용기 2. 책임감 3. 행동하는 양심: 정직 4. 판단력 5. 타협능력 6. 결과에 대한 갈등 최소화 7. 중요한 정책결정에 언로 개방 : 조직성원의 의견수렴 8. 조직원의 사기관리를 통한 직무성과 극대화 유도 9. 조직보호: 부당한 외부압력을 막아줌, 부하가 소신껏 일할 수 있는 여건 마련 10. 조직원과의 친화력 11. 권한위임: 부하의 능력 신뢰
	박세직(2)	1. 총무처의 임무(공무원을 위한 기능)를 충실히 수행 2. 조직 조정 및 통제력
	김용래(1)	1. 전문지식 2. 추진력 3. 친화력
	김용휴(1)	1. 정책지향적 2. 소신있는 추진력
	이연택(1)	1. 책임감 2. 설득력 3. 적극성

부 처	장관이름	이상적이라고 생각하는 이유
과학기술처	최형섭(3)	1. 장기적 안목: 국가전체를 생각 2. 목표의 소신있는 추진
	이태섭(3)	1. 성실성 2. 리더십 3. 공정한 인사 4. 정치력: 부처 간 협상능력 5. 실력: 전문지식 6. 추진력
	정근모(2)	1. 투철한 신념과 소신 2. 원만한 성격: 포용력 3. 책임행정
	이상희(2)	1. 조직원과의 관계 친밀 2. 조직의 역량 제고 및 활성화
	이 관(1)	1. 인자하고 덕망이 높음 2. 미래에 대한 비전 지님
	김진현(1)	1. 국민의 입장에서 정책입안
	이정오(1)	1. 조직의 역량 제고 및 활성화
	김성진(1)	1. 장기적 안목: 국가전체를 생각
통일원	이홍구(8)	1. 창조성과 진취성 지님: 추진력 2. 보수와 진보 조화 3. 전문지식 4. 정당 및 부처 간 이견조정: 정치력 5. 애족정신: 인품 6. 업무유인 능력 7. 균형감각 8. 업무추진에 대한 애착: 업무수행 능력 9. 통찰력 10. 합리적 해결
	최호중(1)	1. 시대의 흐름을 파악 2. 합리적 문제해결 3. 통일분야에 대한 식견 갖춤

부 처	장관이름	이상적이라고 생각하는 이유
통일원	홍성철(1)	1. 강직: 적극적 2. 원만한 인간관계 3. 즐거운 조직분위기 조성: 애로사항 해결
외무부	이원경(8)	1. 장기적 정책목표 수립 및 현실적 조화 2. 조직을 인화 속에서 운영 3. 조직원 스스로 책임지고 일하는 분위기 조성: 부하에 대한 신뢰, 권한위임 4. 조직원의 능력발휘 기회 넓힘, 조직원의 창의력 존중 5. 온화한 인품: 부하에 대한 애정, 조직원에 대한 관용 6. 아첨하지 않고 직언할 수 있는 강직함 소유: 소신, 의연한 자세 7. 업무추진 능력 8. 지휘능력
	최호중(3)	1. 업무추진 능력 2. 인화도모 능력
	박동진(1)	1. 외압에 굴하지 않는 소신
내무부	이상희(7)	1. 합리적 행정: 상황에 초연, 순리에 따른 업무처리 2. 박학다식: 많은 독서, 전문성, 항상 공부 3. 부하에 대한 애정: 부하의 의견 존중, 자기주장을 내세우지 않음 4. 미래예측력 5. 결단력 6. 청렴: 인사상 정실에 초연 7. 소신 8. 정책의 일관성 9. 조직능력의 극대화를 위한 조정 및 선도능력
	정호용(2)	1. 조직원에 대한 인간적 접근 2. 인사의 공정성 3. 대담성
	안응모(2)	1. 일에 대한 정열: 최선 2. 강력한 소신 3. 합리적

부 처	장관이름	이상적이라고 생각하는 이유
내무부	이한동(2)	1. 소신과 철학을 지님 2. 조직통제력 3. 차관과의 역할분담 4. 외적·정치적 요구에 대한 조정 및 협의: 정치력, 내무부의 위상 정립 5. 행정의 일관성 유지 6. 원활한 행정 수행 7. 조직원의 사기앙양 노력
	김치열(2)	1. 비전 지님 2. 신속정확한 판단력 3. 업무관리 능력 4. 조직원의 인권 및 인격 존중 5. 합리적이고 일관성 있는 정책추진 능력 6. 해박한 지식 7. 성실성
	김현옥(1)	1. 소신
	노태우(1)	1. 부드러운 조직관리 2. 조직원의 사기앙양에 관심 3. 조직활성화 도모 4. 능동적·적극적 업무추진
재무부	홍재형(2)	1. 조직관리 능력: 조직활성화 2. 창조적 업무수행 3. 부하에 대한 애정
	이규성(3)	1. 자기관리 철저 2. 지위에 초연 3. 온화함 4. 개혁의지 5. 경제를 보는 탁월한 능력: 정책방향 제시능력 6. 치밀한 업무파악 및 분석능력
	정영의(2)	1. 풍부한 행정경험 및 유관기관에서의 실제 집행경험 접목 2. 조직내 화합 도모: 부하에 대한 애정 3. 재무행정에 밝음

부 처	장관이름	이상적이라고 생각하는 이유
재무부	나웅배(1)	1. 정책추진 능력
	사공일(1)	1. NA
	김용환(1)	1. 소신
교육부	정원식(10)	1. 업무에 대한 폭넓은 이해: 학식 2. 소신: 철학 3. 여론수렴: 포용력 4. 조직운영 합리화(대외적 관계는 장관이, 대내적 관계는 차관이 역할분담토록 함) 5. 설득력 6. 일관성 7. 추진력: 행정수행 능력 8. 통솔력 9. 덕망
	이규호(2)	1. 확고한 철학 및 소신
	손제석(1)	1. 일관성
	류기춘(1)	1. 소신행정 2. 교육자율성 신장
	서명원(1)	1. 전문적·합리적 판단 2. 덕으로서 조직원 간 인화도모
농림수산부	황인성(4)	1. 업무추진력 2. 소신: 일관성 3. 종합조정 능력
	김 식(3)	1. 정치감각 2. 조직원이 성실히 근무하게 함 3. 소신: 결단력, 대범성
	김영갑(1)	1. 여론 존중 2. 소신
	고 건(1)	1. 일관성과 원칙 견지 2. 인사에 있어 원칙에 충실 3. 자기관리 철저

부 처	장관이름	이상적이라고 생각하는 이유
상공부	한승수(4)	1. 통솔력 2. 정치감각 3. 미래예측력 4. 현실감각 5. 정책방향의 신속한 결정
	나웅배(3)	1. 합리적 조정능력 및 업무추진 2. 원만한 이미지 3. 학계와 업계에서의 충분한 경험 4. 해박한 지식: 유창한 외국어 구사능력
	서서준(2)	1. 리더십이 강함: 조직통제력 2. 장기적 시각 3. 정치와 행정의 조화 4. 분석력: 판단력
	이봉서(2)	1. 부하에 대한 긍정적 자세 2. 해박한 지식 3. 사심없는 자세: 능력위주의 인사정책 4. 일관성
	박필수(1)	1. 성실성
	심대평(1)	1. 문제에 대한 정확한 인식 2. 불편부당한 정책조정 능력
	최각규(1)	1. 리더십이 강함 2. 장기적 시각
동력자원부	이희일(5)	1 합리적이고 예리한 판단력: 정확한 업무처리 2. 추진력 3. 통솔력 4. 사심없음: 성실 5. 일관성 6. 조직발전에 관심 7. 부하에 대한 애정 8. 부하의 의견 경청 및 수용 9. 폭넓은 지식

부 처	장관이름	이상적이라고 생각하는 이유
동력자원부	이봉서(4)	1. 합리적 업무추진 2. 합리적 판단력 3. 친화력: 조직을 부드럽게 리드 4. 민주적
건설부	이상희(9)	1. 합리적이고 명석한 판단 및 결정: 합리적 사고 2. 소신: 행정철학 3. 부하의 의견 존중 4. 업무위임: 부하신뢰 5. 자발적 업무 처리 분위기 조성 6. 지도력, 통솔력, 책임감 7. 정치감각, 대외적 대응력 8. 추진력: 적극성 9. 정직성: 소탈한 성품: 원만한 인품 10. 광범한 지식: 업무파악 능력 11. 큰 안목: 통찰력
	이한림(1)	1. 소신 2. 추진력 3. 책임감
	신형식(1)	1. 정치와 행정의 조화
보건사회부	이경호(1)	1. 공정인사 2. 기관대표로서의 모범
	신현확(4)	1. 정치적·행정적 능력 겸비 2. 조직활성화 3. 조직원 사기 진작: 부하에 대한 애정 4. 소신 5. 통솔력
	진의종(1)	1. 제세력 간 이해득실 초월 2. 균형감각
	권이혁(1)	1. 학문적 권위 2. 포용력

부 처	장관이름	이상적이라고 생각하는 이유
보건사회부	김정수(1)	1. 부하에 대한 애정 2. 정치적 실행 3. 소신
노동부	최영철(4)	1. 조직원의 업무분위기 조성: 자율적 업무분위기 조성 2. 덕으로 부하를 대함: 자상한 성품, 포용력 3. 위기대처 능력 4. 엄정한 법집행 5. 정치적 리더십: 부처 간 협조 도출
	권중동(2)	1. 설득력: 원만한 업무처리 2. 요구수렴 3. 적극적 4. 합리적 인사처리
	최병렬(1)	1. 조직통제력 2. 과감성 3. 공정한 인사
	노준석(1)	1. 조직원의 업무자세 확립 강조
	최두열(1)	1. 일관성
교통부	김창근(6)	1. 정치력 2. 조직쇄신 능력 3. 미래지향적 4. 조직의 위상정립 5. 물적·인적 자원동원 능력 6. 소신
	고 건(3)	1. 창조력 2. 부하사랑 3. 외부압력으로부터 조직성원 보호
	손수익(2)	1. 정확한 업무판단 2. 소신있는 정책개발 3. 통찰력 4. 능률성 실현
	이범준(1)	1. 민주적

부 처	장관이름	이상적이라고 생각하는 이유
교통부	임인택(1)	1. 정확한 업무판단 2. 소신있는 정책개발
	황인성(1)	1. 공정한 인사관리 2. 조직업무 능력 확충 3. 추진력
체신부	오 명(8)	1. 합리적 사고: 정확한 판단력, 선견지명, 비전제시 2. 전문지식 3. 일관된 정책 수행: 소신 4. 청렴 5. 리더십
	최광수(3)	1. 혁신성 2. 과감성 3. 정치적 협상능력: 국회 대응 및 교섭 능력 4. 원칙에 입각한 인사 및 재무처리
	김성진(1)	1. 장기계획 수립능력
	송언종(1)	1. 해박한 지식 2. 명석한 판단력 3. 오랜 경륜 4. 포용력 5. 추진력
국세청	서영택(10)	1. 국세행정에 밝음: 전문지식, 이론과 실무에 밝음 2. 상황대처 능력 3. 공평한 세정 4. 합리적 세정 5. 풍부한 경험 6. 통솔력 7. 폭넓은 의견수렴 8. 소신 9. 부하에 대한 애정
	김수학(2)	1. 일관성 2. 청렴: 성실 3. 합리적 업무집행

부 처	장관이름	이상적이라고 생각하는 이유
국세청	이낙선(1)	1. 조직목표 인식 및 설정 2. 강력한 업무추진 3. 조직원 간 단합 및 능력발휘 여건 조성 4. 공정인사 5. 후생복지 향상 6. 정직성
	안무혁(1)	1. 자원동원 능력 2. 국민신뢰 증진
서울시	고 건(9)	1. 합리적 정책결정: 순리적 업무처리 2. 미래지향적 정책결정: 종합적 안목 3. 청렴: 공명정대 4. 정확한 업무파악 능력: 전문성, 경험 5. 조직관리 능력: 인사, 예산의 조정능력, 인화단결, 행정능력 6. 추진력: 확고한 신념 7. 정치사회적·업무추진상 균형감각 8. 현실개선 의지 9. 민주적 설득력
	박세직(2)	1. 추진력 2. 지도력 3. 장기 비전 제시 4. 직원 사기앙양
	장기영(1)	1. 노력형
	김용래(1)	1. 온화한 인품

〈질문 2〉

귀하께서는 귀 부처의 전직 장관(청장, 시장)들 가운데서 커다란 업적을 남긴 장관으로 누구를 생각하십니까? 또한 구체적으로 그 업적은 무엇입니까?

부 처	장관이름	구체적인 업적 내용
감사원	이석제(6)	1. 새로운 감사원상 정립: 최고 사정기관으로서의 위상 제고, 독립기관으로서의 지위 확보 2. 시대가 요구하는 감사방향 정립 3. 비리척결: 시정쇄신 업무의 원활한 추진 4. 직원 신상문제 해결: 복리후생 증진에 기여 5. 감사원법 개정 정비 6. 감사업무의 질적 향상과 양적 팽창: 감사 사각지대의 극소화 7. 공정인사의 기틀 확립 8. 자체 조직정비 9. 일벌백계주의 실천으로 부조리 발생원인 제거: 공직사회 부조리 제거의 기틀 확립 10. 정부정책에 대한 환류기능의 충실한 수행
	이한기(2)	1. 회계감사제도 정착
경제기획원	김학렬(3)	1. 경제부흥 기초확립 및 발전에 기여: 경제성장 정책 실현
	남덕우(2)	1. 경제성장(후진국에서 중진국으로) 2. 과감한 수출드라이브 정책 추진 3. 창의적 정책 개발
	장기영(1)	1. 국가발전의 큰 그림 그리고 이를 실천 2. 경제발전뿐만 아니라 사회 각 분야의 발전을 도모하여 경제기획원의 위상을 높임
	신현확(1)	1. 경제안정화 정책 성공
	조 순(1)	1. 토지공개념, 금융실명제 등 경제안정 및 발전에 필수적인 업무를 추진하고자 함 2. 민족결집력의 발판 마련을 위한 노력 경주
	김만제(1)	1. 각종 산업합리화정책 추진

부 처	장관이름	구체적인 업적 내용
총무처	김용휴(5)	1. 행정조직 축소 2. 보수수준 향상: 공무원 복지향상 3. 직위분류제 시도 4. 정부청사 재배치계획의 수립 및 추진 5. 공무원 국내외 훈련제도 실시 6. 총무처 위상 정립
	박세직(2)	1. 88올림픽 성공적 수행 2. 정부청사에 체력관리실을 설치하여 건강관리 여건 조성 3. 공무원 보수인상 등 후생복지 증진
	김용갑(1)	1. 과도기의 사회갈등을 원만히 조정(해직자 문제 등)
	이석제(1)	1. 공무원 인사제도 등 직업공무원제 확립에 기여 2. 공직자 보수 및 연금제도 등 후생복지 기틀 마련 3. 행정개혁위원회 설치운영 등 행정관리의 새로운 기법 도입
	이연택(1)	1. 한국행정연구원 설립 2. 정부청사 건립 특별회계 설치
과학기술처	최형섭(3)	1. 과학기술 개발의 범국가적 기틀 마련: 과학기술 행정의 신장 2. 기술개발촉진법, 국가기술인력자격증 제도 도입, 과학기술 R&D 기관 설립
	이상희(3)	1. 기초 연구사업 육성을 위한 기금조성 및 관련법 조성 2. 특정연구개발 사업비 확대 3. 과학기술정책 홍보강화로 과기처의 위상 제고
	이정오(1)	1. 정부출연 연구기관 활성화
통일원	이홍구(12)	1. 남북교류협력의 활발한 추진: 남북교류협력 시대 개막(7·7 선언), 남북협력기금 조성 2. 안보와 통일이라는 두 개의 논리 속에서 뚜렷한 주관을 가지고 일함: 국가안보 논리에서 통일문제 논의로 반전시킴 3. 통일논의 및 통일접근방법의 체계화: 통일논의 수렴, 한민족공동체 통일방안 수립, 재야의 통일논의와 합의 모색, 통일정책을 합리적으로 발전시킴, 통일문제에 대한 자신감을 가지고 각계각층에 통일문제를 인식시키고 확신시킴 4. 정당 및 부처 간 이견조정을 통한 원활한 정책수행

부 처	장관이름	구체적인 업적 내용
통일원	이홍구(12)	5. 6공화국 이미지 메이킹
	허문도(1)	1. 중앙부처로서의 위상정립 2. 통일원 예산 대폭 증액 3. 과감한 대폭 인사로 조직활성화
	이용희(1)	1. 홍보일변도에서 이론개발 등 과학적 접근방법으로의 전환
외무부	최호중(1)	1. 한·소 수교
	이동원(1)	1. 한일관계 정상화
내무부	안응모(3)	1. 지자제 실시에 따른 내무기구 개편 2. 경찰청 독립 3. 새질서 새생활 운동의 실천을 통한 국가사회의 안정도모: 거리질서 확립, 퇴폐유흥음식점 단속 4. 안정된 치안상황 정착
	김현옥(2)	1. 새마을운동의 점화
	김치열(2)	1. 새마을운동에 정열
	정석모(2)	1. 전국토의 공원화 2. 민원행정 쇄신 3. 사회질서 안정과 치안에 역점 4. 국민을 위한 정책개발에 역점
	이상희(1)	1. 최초의 공명선거 분위기 조성 및 실천
재무부	홍재형(2)	NA
	김만제(1)	1. 부실기업 정리
	사공일(1)	1. 1단계 금리자유화 조치 2. 관세인하 5개년 예시제 3. 자본자유화 계획 수립
	김용환(1)	1. 재무부 위상 확립
교육부	정원식(7)	1. 예산개혁 2. 교육과정 개혁: 대입제도 개선방향 제시 3. 전교조 활동 억제 4. 교육방송 설립 5. 교육지방자치 기반 조성

부 처	장관이름	구체적인 업적 내용
교육부	정원식(7)	6. 대학자율화 추진 7. 교육정책 자문회의 발족 8. 전문대학 및 개방대학의 방향 제시
	이규호(2)	1. 취학전 교육취학률 증대 2. 초·중 병설학교 설립 3. 국민학교 숙직전담 고용원제 4. 대학교육의 질 향상 5. 대학 이데올로기 교육
	권오병(1)	1. 대입예비고사
	민관식(1)	1. 태릉선수촌 신설, 체육인 양성
농림수산부	황인성(2)	1. 농어촌 발전대책 추진 2. 거시적 청사진 제시
	김영갑(1)	1. 사회통념에 어긋나는 현상을 과감히 제거
	조시형(1)	1. 농업의 방향 설정 및 그 추진을 위한 각종 법령 정비 2. 농업발전의 기틀 마련
	김 식(1)	1. 〈농어촌 발전 특별조치법〉 제정
상공부	서석준(2)	1. 수출기반 구축 및 수출신장
	이봉서(1)	1. 경제전반의 경쟁력 제고 추진
	조 순(1)	1. 향후 경제정책의 기틀 마련
	김재익(1)	1. 경제의 자율화·개방화·민주화 추진
	나웅배(1)	1. 대일 무역역조 개선
동력자원부	최동규(3)	1. 에너지절약업무 활성화 2. 원유 비축기지 건설
	이희일(2)	1. 에너지 소비절약 강조 2. 조직확대 3. 걸프전에 적절한 대응
	박봉환(1)	1. 유공의 민영화
	이봉서(1)	1. 석탄산업의 합리화 추진 2. 에너지정책 방향 성립

부 처	장관이름	구체적인 업적 내용
건설부	이한림(1)	1. 고속도로 건설 2. 개발제한구역 설정
	신형식(1)	1. 해외건설업 발전 2. 건설업무 발전 3. 토지정책 추진
	박 승(1)	1. 신도시건설로 주택가격 안정 및 주택문제 해결
	이상희(1)	1. 조직내부 인화단결 도모
보건사회부	신현확(4)	1. 보사부의 위상 확립 2. 의료보험제도 기틀 마련 3. 환경청 설치의 기틀 마련
	홍성철(1)	1. 의료보험 실현
	김종인(1)	1. 기구개편
	천명기(1)	1. 의료보험 실시
노동부	권중동(4)	1. 직제 확대 2. 근무분위기 쇄신 3. 노동청에서 노동부로 승격
	최영철(4)	1. 조직의 직제 확립: 부족한 인력 확충, 열심히 일하는 분위기 조성 2. 노동행정의 위상 제고 3. 바람직한 노사관행 정착 유도
교통부	김창근(4)	1. 조직의 미래상 정립: 조직기구 확대개편 2. 조직원 사기 진작 3. 신공항 및 경부고속전철 추진
	황인성(2)	1. 기구개편
	임인택(1)	1. 교통봉사상 제정 2. 행정자율화 추진
	손수익(1)	1. 모범택시제도 및 택시문화 정착
체신부	오 명(13)	1. 전기통신분야의 과감한 투자: 정보통신사업 지원육성: 데이타통신(DACOM) 발족, 전기 통신의 현대화·국제화 2. 국가기간전산망 구축

부 처	장관이름	구체적인 업적 내용
체신부	오 명(13)	3. 통신공사 분리 4. 컴퓨터 마인드 확산 5. 정보화사회를 선도하는 체신부 위상 제고 6. 정보화사회의 이론 마련 7. 전화적체 해소 및 자동화 완성
국세청	고재일(5)	1. 공정한 인사 2. 세법질서 확립: 부가가치세 정착 3. 세수확보 기여 4. 조직체계 확립: 조직 및 예산 확충
	서영택(5)	1. 부동산투기 심리의 진정 2. 국세행정의 발전 정착 3. 치밀한 업무 집행 4. 업무쇄신, 부조리 일소, 대민봉사행정, 납세서비스 기능 확충
	안무혁(4)	1. 친절봉사세정 구현 2. 엄정한 업무집행 3. 조직위상 제고 4. 국민신뢰 제고
	성용욱(4)	1. 민원봉사실 등 세무관서의 환경 개선 2. 근무분위기 혁신: 조직원의 후생 복지에 관심
서울시	염보현(4)	1. 시민을 위한 공간확보에 노력: 도심공원 조성 2. 아시안게임 및 올림픽게임에 대비한 관련시설 적시 완공 및 양대 국제행사를 훌륭히 치름
	고 건(2)	1. 교통, 쓰레기중기대책, 주택 5개년계획 확립 2. 서울시 발전 중장기계획의 최초 수립
	이해원(1)	1. 장기적 도시발전 방향 제시

부 록 2

행정관료들이 기대하는 장관의 역할과 자격조건

박 종 민

1. 머 리 말

행정부를 구성하는 장관의 핵심적 위치에도 불구하고 그의 역할과 자격조건에 대한 헌법과 〈정부조직법〉의 규정은 일반적이거나 모호하다. 부처장관의 직무권한에 대하여 〈정부조직법〉은 "각 행정기관의 장은 소관사무를 통할하고 소속 공무원을 지휘·감독한다"라고 포괄적으로 규정하고 있다.[1] 내각장관의 선택에 대하여 헌법과 〈정부조직법〉은 국무위원 중에서 국무총리의 제청으로 대통령이 임명한다고 규정할 뿐 자격조건에 대하여는 거의 침묵하고 있다.[2] 그러나 장관의 역할과 자격조건에 대한 기대의 근원은 다양하다.[3] 이에는 대통령, 의

---

1) 〈정부조직법〉 제6조 ①.

2) 헌법 제94조; 〈정부조직법〉 제3장과 제4장

3) 역할은 역할기대(*role expectations*), 역할인지(*role conception*) 및 역할수행(*role performance*)으로 나누어 분석될 수 있는데 이 글에서는 주로 역할기대에 초점을 두었다. 역할개념의 다차원성에 대한 자세한 논의로는 Daniel J. Levinson, "Role, Personality, and Social Structure in the Organizational Setting," in F. I. Greenstein and M. Lerner(eds.), *A Source Book for the Study of Personality and Politics*(Chicago: Markham, 1971), pp. 61~74.

회, 정당, 행정관료집단, 이익집단, 일반국민 등이 포함된다. 특히 그 가운데서 임명권자인 대통령이 기대하는 장관의 역할과 자격조건은 장관선택에 결정적 영향을 준다.

대통령이 기대하는 장관의 역할과 자격조건은 다양하다. 장관선택의 동기는 그 내용이 무엇인지 간접적으로 보여준다. 일반적으로 대통령의 장관선택은 다음과 같은 이유에서 이루어진다.[4] 첫째, 대통령의 정치적 자산을 증가시키기 위해 이루어진다. 둘째, 내각의 정책적 혹은 상징적 대표성을 증가시키기 위해 이루어진다. 셋째, 대통령의 정책설계를 보좌하기 위해 이루어진다. 넷째, 행정부처의 관리와 감독을 위해 이루어진다. 이처럼 장관선택의 동기의 다양성은 역할기대의 다양성을 시사한다. 뿐만 아니라 장관선택의 동기에 따라 기대되는 자격조건도 달라질 것으로 보인다. 대통령의 정치적 자산을 증가시키기 위해 선택되는 장관의 자격조건은 대통령의 정책설계를 돕기 위해 선택되는 장관의 그것과 다를 것이다. 또한 행정부처의 관리와 감독을 위해 선택되는 장관의 자격조건은 내각의 정책적 대표성을 증가시키기 위해 선택되는 장관의 그것과 다를 것이다. 이처럼 임명권자의 선택동기와 밀접히 관련된 장관에 대한 역할기대와 자격조건을 획일적으로 기술하기는 어렵다.

이 글은 장관의 역할과 자격조건에 대한 다양한 기대 근원과 그 내용에 초점을 두고 있지 않다. 이 글은 관심의 폭을 좁혀 장관이 지휘하고 감독하는 행정관료들이 기대하는 장관의 역할과 자격조건의 내용에 한정하였다.[5] 직업적 행정관료들은 그들의 정치적 상관인 장관

4) Margaret Jane Wyszomirski, "Presidential Personnel and Political Capital: From Roosevelt to Reagan," in M. Dogan, *Pathways to Power: Selecting Rulers in Pluralist Democracies*(Boulder, Colo.: Westview Press, 1989), pp. 45~73.

5) 이 글의 목적을 위해 1991년 12월 설문조사를 하였다. 설문조사는 응답자가 직접 기입하는 방식으로 19개 정부기관에서 임의로 선택된 행정관료들을 대상으로 실시하였다. 선정된 각 정부기관의 3~7급 행정관료 가운데 평균 18명을 선정하

이 어떠한 역할과 책임을 담당해야 한다고 믿을까? 그들은 장관이 어떠한 자질과 능력을 갖추어야 한다고 생각할까? 그들은 어떠한 장관을 이상적이라고 평가할까? 이것이 바로 이 글이 다루고자 하는 구체적 질문이며 이를 통하여 공무원들이 기대하는 장관유형을 도출하려고 하였다. 이처럼 이 글은 행태적이 아닌 규범적 접근방법을 사용하였다. 즉, 장관이 실제로 어떠한 역할을 수행하고 어떠한 능력을 갖추고 있느냐가 아니라 행정관료들의 시각에서 볼 때 어떠한 역할을 수행하여야 하고 어떠한 능력을 갖추고 있어야 하느냐에 초점을 두었다.

2. 기대되는 장관의 역할

행정부처의 정책결정과 인사과정에서 장관의 실질적 역할이 무엇인지는 경험적 분석을 통하여 확인될 수 있다. 그러나 적어도 〈정부조직법〉상 부처장관은 예산, 소속 공무원의 인사 및 정책수립에 관하여 권한을 갖는다. 이는 공식적으로 장관이 부처의 정책과 인사결정의 최종적 책임자임을 나타내며 장관에 대한 일반적인 역할기대가 정책결

여 총 350명을 대상으로 설문지를 배포하였다. 응답자는 307명으로 응답률은 약 88%로 나타났다. 조사대상 정부기관은 대통령 소속하의 헌법기관인 감사원, 대통령 통할하의 행정각부인 외무부, 내무부, 재무부, 교육부, 농수산부, 상공부, 동자부, 건설부, 보사부, 노동부, 교통부 및 체신부, 국무총리 소속하의 경제기획원, 총무처, 과학기술처 및 국토통일원, 재무부 장관 소속하의 국세청 그리고 지방자치단체인 서울시청이었다. 따라서 이 글에서 사용된 '장관'은 수도 내각장관을 가리키나 부분적으로 '원장', '청장' 및 '시장'도 포함한다. 응답자의 직급별 분포를 보면 5급이 40.1%로 가장 많았고, 6급이 34.8%, 4급이 15.2%, 7급이 8.9%, 3급이 1%로 나타났다. 현 기관에서의 재임기간별 분포를 보면 10년 미만이 48.7%, 10~20년이 39.8%, 20년 이상이 9.2%였으며 평균 재임연한은 10.0년으로 나타났다. 표출방법의 무작위성의 결여로 표본의 대표성에 다소 의문이 있으며 이는 분석결과의 해석에 다소 제한을 주는 것으로 보인다.

정자와 인사관리자임을 시사한다. 그러면 장관의 지휘와 감독을 받는 행정관료들이 장관에 기대하는 역할은 구체적으로 무엇일까?

행정관료들이 부처장관에 기대하는 역할이 무엇인지를 파악하기 위해 그들에게 "장관(청장, 시장)의 책임과 역할이 무엇이어야 한다고 보는가?"라고 질문하였다. 응답내용은 정책결정자, 조직관리자, 조정자, 국민수탁자, 전문기술자 등 다섯 개의 역할범주를 통해 부호화하였다.[6] 이 부호화 체계를 사용하여 응답내용을 분석한 결과가 〈표 1〉에 제시되어 있다.

응답한 행정관료들의 약 62%가 장관의 정책결정자 역할을 기대하였다. 이들이 기대하는 장관의 역할은 '정책결정', '정책의 추진과 지원', '정책의 대외홍보', '정책개발', '정책방향의 제시' 등을 포함하였다. 여기서 '정책의 대외홍보'는 다른 응답내용과는 달리 정책결정자 역할보다는 부처정책의 대변자 역할을 더 반영하는 것으로 보이나 넓은 의미의 정책결정 과정에 관련되는 것으로 보아 이 역할범주에 포

〈표 1〉 기대되는 장관의 역할

역　할	언급한 퍼센트(N=307)
정책결정자 역할	61.9
조직관리자 역할	48.5
조정자 역할	16.3
국민수탁자 역할	11.7
전문기술자 역할	2.3

6) 이 역할범주는 Putnam과 Aberbach 등이 정치가와 고위행정가의 역할인지를 분석하기 위해 사용한 일부 범주들을 수정한 것이다. 이 범주체계는 망라적이지도 상호배제적이지도 않다. Robert D. Putnam, *The Beliefs of Politicians* (New Heaven: Yale University Press, 1973), Appendix B; Joel D. Aberbach, Robert D. Putnam and Bert A. Rockman, *Bureaucrats and Politicians in Western Democracies*(Mass.: Harvard University Press, 1981), pp. 84~114.

함시켰다.

행정관료들이 장관의 정책결정자 역할을 가장 강조한 사실은 자신들의 정책과정에의 참여에 대해 부정적임을 의미하지는 않는다. 일반적으로 행정의 기능이 정책결정보다는 정책집행에 더 지향되어 있지만 그럼에도 불구하고 한 조사에 따르면 행정관료들은 자신들이 정책결정 과정에 적극적으로 참여하고 있음을 밝히고 있다.[7] 이처럼 정책과정에 참여하는 행정관료들이 부처장관이 관리보다는 정책에 더 관심을 두어야 한다고 생각하는 것은 당연한 것으로 보인다.

응답내용이 시사하듯이 정책결정자 역할은 정책주도자 역할과 정책선택자 역할로 구분될 수 있다.[8] 정책주도자(*policy initiators*)는 정책목표를 설정하고 이 목표를 위해 설계된 정책사업의 탐색을 주도하는 적극적 정책결정자이다. 정책주도자는 정책방향 제시와 정책을 개발하고 설계하는 역할을 한다. 이와는 달리 정책선택자(*policy selectors*)는 기존의 정책목표내에서 행정관료들이 제시한 정책대안 가운데서 선택하는 소극적 정책결정자이다. 정책선택자는 행정관료들이 입안하고 검토한 정책대안을 선택하고 이를 지원하고 추진하는 역할을 한다. 따라서 정책주도자는 전문화한 지식과 기술을, 정책선택자는 일반적 지식과 능력을 가지고 있을 것으로 기대된다.

우리가 사용한 역할범주는 행정관료들이 기대하는 정책결정자 역할이 정책주도자인지 혹은 정책선택자인지 구별하지 못하고 있다. 예를 들면 응답내용이 '정책결정'인 경우 그것이 정책주도자를 나타내는지

---

7) 박종민 · 김병완, "한국 국가관료의 의식," 《한국행정학보》 25(1992), pp. 85~102.

8) Headey는 정책결정자를 정책주도자와 정책선택자로 구별하고 있다. 그가 제시한 장관유형은 정책주도자, 정책선택자, 집행 장관(*executive ministers*), 대사장관(*ambassador ministers*) 및 최소한의 역할만을 하는 소극형(*minimalists*)이다. Bruce W. Headey, "A Typology of Ministers," in M. Dogan(ed.), *The Mandarins of Western Europe: The Political Role of Top Civil Servants*(New York: Sage, 1975), pp. 63~86.

혹은 정책선택자를 나타내는지 판단하기가 어렵다. 그러나 적어도 '정책방향의 제시'나 '정책개발'이라는 응답내용은 정책주도자 역할을, '정책의 추진과 지원'이라는 응답내용은 정책선택자 역할을 반영하는 것으로 보인다. 이것은 행정관료들이 기대하는 장관의 역할이 정책선택자 역할을 포함하지만 적극적인 정책주도자 역할도 포함하고 있음을 보여준다.

행정관료들이 정책결정자 다음으로 많이 언급한 역할기대는 조직관리자로 나타났다. 응답한 행정관료들의 약 49%가 장관의 역할로 조직 및 인사와 관련된 일들을 언급하였다.

이들이 기대하는 장관의 역할은 '자율적 조직운영 유도', '외부의 압력과 청탁 배제', '부하의 소신있는 업무처리 보장', '조직 구성원의 친화력 및 인화단결 도모', '구성원 간의 갈등 조정 및 해소', '공정한 업무처리 및 인사관리', '조직발전', '조직목표 통합', '조직관리 및 보호', '능력발휘를 위한 조직환경 조성', '적재적소 인재배치', '조직원의 성취유도', '조직원 사기앙양', '조직 구성원의 능력결집', '조직원의 가치관 형성' 등을 포함한다.

이처럼 행정관료들은 장관에게 조직과 인사의 관리와 감독의 역할도 강하게 기대하고 있었다. 조직관리자 장관은 Headey의 행정장관(*executive ministers*)과 유사하다.[9] 행정장관은 정책목표를 규정하고 정책사업의 우선순위를 설정하는 일은 소홀히 하는 반면 부처조직을 관리하고 사기를 유지하며 조직원의 임명과 승진을 관리하는 일에 집중한다. 이러한 조직관리자 장관은 정책개발, 정책설계 및 정책추진보다는 관리방식의 도입과 자원통제, 조직개편 및 인사관리 등에 관심을 갖는다.

정책결정자와 조직관리자 역할에 비해 훨씬 적게 언급된 역할기대는 조정자 역할, 국민수탁자 역할 및 전문기술자 역할이었다.

첫째, 응답한 행정관료들의 약 17%만이 장관의 조정자 역할을 기

9) Bruce W. Headey, 앞의 글.

대하였다. 이들이 기대하는 장관의 역할은 '업무조정과 통합', '정책조정', '이해관계의 조정', '대외협상', '각계 각층의 의견수렴' '이해관계자의 참여유도' 등을 포함하였다. 여기서 '업무조정'과 '정책조정'은 조직관리자와 정책결정자 역할에 각각 포함될 수 있지만 조정 및 중재기능에 강조가 있는 것으로 보아 조정자 역할에 포함시켰다. '업무조정과 통합', '정책조정' 등의 응답내용은 부처 내부적 조정을 반영하나 '이해관계의 조정', '대외협상' 및 '각계 각층의 의견수렴'은 부처 외부적 조정을 반영한다. 행정부처의 대외적 환경은 대통령, 내각부처, 의회, 정당, 이익집단 등을 포함한다. 따라서 장관의 조정자 역할은 부처환경의 대상에 따라 크게 대내각 역할, 대의회·정당 역할 및 공공관계 역할로 나눌 수 있다. 이 조사의 응답내용은 이들 세 역할범주를 통해 재분류되기에는 너무 모호하다. 그럼에도 불구하고 대체적인 인상은 타부처와의 관계, 의회와 집권여당과의 관계 및 고객집단이나 이익집단과의 관계에서 장관의 조정자 역할에 대한 기대가 있는 것으로 보인다. 그러나 여기서 조정자 역할은 중립적인 위치에서의 조정과 중재 역할을 의미하는 것은 아니다. 오히려 부처 중심의 조정과 중재 및 협상을 의미하는 것으로 이러한 유형의 장관은 Headey의 大使장관(*ambassador ministers*)과 유사한 것으로 보인다.[10]

둘째, 응답한 행정관료들의 약 12%는 국민수탁자 역할을 기대하는 것으로 나타났다. 이들이 기대하는 장관의 역할은 '대국민봉사', '국민생활의 편익도모', '국민요구 수용', '공익·국익의 추구', '국가발전에의 헌신' 등을 포함하고 있다. 이들 응답내용은 장관이 특정 집단이나 정파의 이익을 대변하는 역할보다 일반이익 혹은 공익을 대변하고 보호하는 역할을 반영하고 있다.[11] 국민수탁자 역할로 분류된 응답내

10) 위의 글.

11) 여기서 일반이익 혹은 공익이 무엇인지는 분명하지 않다. 행정관료에 대한 한 의식조사에 따르면 공익이 부처이익 혹은 행정내상 집단의 이익과 동일시되기도 하는 것으로 나타났다. 박종민 · 김병완, 앞의 글.

용 가운데는 조정자 역할로 분류될 수 있는 것도 있다. 예를 들면 '국민요구 수용'은 '각계 각층의 의견수렴'과 유사하나 조정과 중재라는 의미보다 국민지향성이 강조된 것으로 보아 국민수탁자 역할에 포함시켰다. 끝으로 장관의 전문기술자 역할을 기대한 행정관료는 거의 없는 것으로 나타났다. 이는 행정관료들이 문제해결의 기술적 문제는 자신들의 영역으로 간주하고 있음을 보여준다.

장관의 역할을 대내적 역할과 대외적 역할로 나누어 보면 조직과 인사를 관리하고 정책을 결정하는 일은 대내적 역할에 포함되며 내각과 의회에서 부처이익을 대변하거나 이익집단과 협의하고 정책을 홍보하는 일은 대외적 역할에 포함된다. 이 조사의 응답내용을 대내적 역할과 대외적 역할로 구분하지는 않았지만 행정관료들이 기대하는 주된 장관의 역할은 대내적 역할로 보인다. 그러나 '부처정책의 대외홍보', '타부처와의 조정', '이해관계의 조정', '외부의 부당한 압력배제', '각계 각층의 의견수렴' 등은 장관의 대외적 역할에 대한 기대를 부분적으로 나타내고 있다.

전체적인 분석결과를 보면 장관에 대한 역할기대에 있어 행정관료 들간에 대체적으로 합의가 있음을 보여준다. 즉, 행정관료집단의 주된 역할기대는 정책결정자와 조직관리자로 나타났다. 이는 장관의 역할로 정책수립권과 인사권을 포괄적으로 규정한 〈정부조직법〉의 내용과 거의 일치하고 있다. 행정관료들은 장관에게 정책결정 역할을 강하게 기대하였다. 그러나 그들은 또한 장관에게 조직과 인사의 관리와 감독의 역할도 비교적 강하게 기대하는 것으로 나타났다.

조사된 거의 모든 부처에서 주된 장관의 역할기대는 정책결정자와 조직관리자로 나타났다.[12] 그럼에도 불구하고 〈표 2〉에 따르면 이 두 역할기대에 대한 강조는 부처마다 다소 상이한 것으로 드러났다.[13] 정

12) 부처별 분석은 각 부처의 사례수가 적어 신뢰성에 다소 문제가 있다.

13) 특정 역할범주를 언급한 퍼센트가 전체 평균값으로부터 +1 표준편차 이상이면 강하게 강조된 것으로, −1 표준편차 이하이면 약하게 강조된 것으로 보았다.

〈표 2〉 기대되는 장관의 역할 : 부처별

부 처	정책결정자	조직관리자	PDI	N
감사원	33.3*	77.8**	−44.5*	(18)
기획원	78.6	28.6	50.0**	(14)
총무처	73.3	40.0	33.3	(15)
과기처	57.1	42.9	14.2	(15)
통일원	41.2*	82.4**	−41.2*	(18)
외무부	38.9*	83.3**	−44.4*	(18)
내무부	55.6	55.6	0.0	(18)
재무부	83.3**	8.3*	75.0**	(15)
교육부	64.7	29.4	35.3	(18)
농수산부	61.5	30.8	30.7	(14)
상공부	68.8	50.0	18.8	(17)
동자부	64.3	42.9	21.4	(14)
건설부	76.5	58.8	17.7	(17)
보사부	71.4	42.9	28.5	(14)
노동부	64.7	56.3	8.4	(17)
교통부	73.3	66.7	6.6	(16)
체신부	87.5**	18.8*	68.7**	(17)
국세청	64.7	64.7	0.0	(17)
서울시청	73.3	46.7	26.6	(15)
평 균	64.8	48.8	16.1	
표준편차	14.6	20.8	33.2	

기재된 수치는 각 범주를 언급한 응답자의 퍼센트를 나타낸다.
PDI＝정책결정자를 언급한 퍼센트－조직관리자를 언급한 퍼센트.
** 평균값으로부터 ＋1 표준편차 이상.
* 평균값으로부터 －1 표준편차 이하.

책결정자 역할은 재무부와 체신부에서 가장 강하게, 감사원, 통일원 및 외무부에서 가장 약하게 강조되는 것으로 나타났다. 한편 조직관리자 역할은 재무부와 체신부에서 가장 약하게, 감사원, 통일원 및 외무부에서 가장 강하게 강조되는 것으로 나타났다.

정책결정자 역할을 언급한 퍼센트에서 조직관리자 역할을 언급한 퍼센트를 감한 PDI(*Percent Difference Index*) 수치는 이 두 역할기대에 대한 강조의 차이를 보여주고 있다. 負의 수치는 조직관리자 역할에 대한 강조를, 正의 수치는 정책결정자 역할에 대한 강조를 나타내며 수치의 크기는 그 정도를 가리킨다. 조사된 부처들 가운데서 재무부, 체신부, 기획원, 교육부, 총무처, 농수산부, 보사부, 동자부, 상공부, 건설부, 과기처, 노동부, 교통부 및 서울시청에서는 정도의 차이는 있으나 정책결정자 역할이 더 강조된 것으로 나타났다. 한편 감사원, 외무부 및 통일원에서는 조직관리자 역할이 더 강조된 것으로 나타났다. 내무부와 국세청에서는 두 역할에 대한 강조에 차이가 없는 것으로 나타났다.

그러나 감사원, 통일원, 외무부, 재무부, 체신부 및 기획원을 제외하고는 각 부처의 PDI 수치가 PDI 평균값으로부터 +1 표준편차보다 크지 않거나 −1 표준편차보다 작지 않은 것으로 나타났다. 이들 여섯 개 부처 가운데서 감사원, 통일원 및 외무부에서는 정책결정자보다 조직관리자 역할이 강하게 강조되는 것으로 나타났다. 먼저 국가의 세입 및 세출의 결산, 회계감사와 행정기관 및 공무원의 직무에 관한 감찰을 하는 감사원의 경우 업무성격상 원장의 정책결정 역할보다 조직과 인사의 관리와 감독 역할이 더 강조되는 것은 이해할 만하다. 그러나 정책지향성이 비교적 강한 통일원과 외무부에서도 정책결정자보다 조직관리자 역할이 강하게 기대되는 것은 의외이다. 통일과 남북문제에 관한 기본정책을 수립하는 통일원과 외교정책의 주무부처인 외무부의 경우 장관에게 정책결정자 역할이 강하게 기대될 것으로 보았던 것이다. 따라서 장관에게 조직과 인사의 관리와 감독의 역할을 강하게 기대한다는 것은 이들 부처가 조직문제를 안고 있음을 시사하는 것으로 보인다.

재무부, 체신부 및 기획원에서는 장관에게 조직관리자보다 정책결정자 역할이 강하게 기대되었다. 경제 사회발전을 위한 종합계획을 수립하고 자원조달을 위한 계획을 조정하며 예산을 편성하는 경제기획원의 장관에게 조직과 인사보다 정책에서의 역할을 더 기대하는 것은 당연하다. 재무부에서는 기획원보다 더 강하게 정책결정자 역할이 강조된 것으로 나타났다. 국가경제에 결정적 영향을 주는 화폐와 금융정책을 다루는 재무부 장관에게도 조직과 인사보다 정책에 더 관심을 가질 것을 기대하는 것은 당연하다. 끝으로 정책성이 비교적 낮아 보이는 체신부의 경우 최근 정보화사회의 진전과 관련하여 장관의 정책결정자 역할이 강하게 기대되었던 것으로 보인다. 이것은 역으로 체신부가 정책문제를 안고 있음을 시사하기도 한다.

부처별로 나타난 장관의 역할기대의 차이는 첫째, 부처의 성격을 반영한다. 즉, 정책지향성이 높은 부처의 장관에게 정책결정자 역할이, 행정지향성이 높은 부처의 장관에게 조직관리자 역할이 더 강조되는 것은 이해할 만하다. 중앙정부의 행정부처는 전반적으로 정책지향성이 높지만 부처에 따라 다소 상이하다. 예를 들면 기획원과 재무부는 타부처에 비해 정책지향성이 높은 편이다. 따라서 이들 부처의 행정관료들이 장관에게 조직과 인사보다는 정책에 더 관심을 가져주기를 기대하는 것은 당연하다.

둘째, 부처의 당면문제의 성격에 따라 부처장관에게 기대되는 역할이 달라질 수 있다. 부처의 당면문제는 정책문제일 수도 혹은 조직문제일 수도 있다. 정책문제는 정책방향 및 설계와 관련된다. 한편 조직문제는 조직의 위상·구조·규모, 인사, 재정 등과 관련된다. 부처의 당면문제가 정책문제일 때에는 정책결정자형 장관이, 조직문제인 때에는 조직관리자형 장관이 더 기대되는 것은 당연하다. 따라서 통일원과 외무부에서 장관의 조직관리자 역할이 강하게 강조되는 것은 이들 부처가 조직문제를 안고 있기 때문으로 보인다. 또한 체신부에서 장관의 정책결정자 역할이 강하게 강조되는 것은 그 부처가 정책문제를 안고 있기 때문으로 보인다.

장관의 역할기대에 대한 부처별 차이는 부처의 성격과 문제에 따라 상이할 수 있으나 전체적으로 보면 장관의 정책결정자 역할이 거의 모든 부처에서 기대되고 있는 것으로 나타났다. 이것은 정책과정에서의 행정관료의 점증하는 영향력에도 불구하고 그 과정에서의 장관의 핵심성을 행정관료들이 결코 과소평가하고 있지 않음을 보여준다.[14)]

3. 기대되는 장관의 자격조건

정책과정과 행정과정에서의 장관의 핵심적 위치에도 불구하고 헌법과 〈정부조직법〉은 장관이 갖추어야 할 자질과 능력에 대해 거의 침묵하고 있으며 자격조건에 대한 심사와 검증의 방법을 명확히 규정하고 있지 않다. 예를 들면 내각장관은 국무총리의 제청에 따라 대통령이 임명하는 것으로 되어 있을 뿐이다. 장관의 자격조건은 무엇이어야 할까? 이 질문에 대한 반응은 무엇보다도 장관에 대한 역할기대에 따라 다를 것으로 보인다. 예를 들면 정책결정자 역할이 기대되는 장관에 대해서는 정책설계나 정책추진에 적합한 자격조건이, 조직관리자 역할이 기대되는 장관에 대해서는 조직과 인사의 관리와 감독에 적합

---

14) 정책과정에서 행정관료의 영향을 보여주는 연구의 예로는 Ezra N. Suleiman (ed.), *Bureaucrats and Policy Making*(New York: Holmes & Meier, 1984)과 Francis E. Rourke, *Bureaucracy, Politics, and Public Policy*, 2nd ed.(Boston: Little Brown, 1976)가 있다. 한편 이와는 달리 정책과정에서 관료의 영향이 비교적 큰 것으로 알려진 일본에서 장관의 영향이 결정적임을 예증하는 연구로 Yung H. Park, *Bureaucrats and Ministers in Contemporary Japanese Government*(Berkeley, Calif.: Institute of East Asian Studies, 1986)가 있다. 한국에서 행정관료들은 정책과정에서 장관의 영향을 상당히 인식하고 있으며 특히 정책방향의 제시와 설정에서 장관의 영향을 언급하는 것으로 나타났다. 보다 자세한 분석결과는 박종민·김병완, 앞의 글 참조.

한 자격조건이 기대될 것으로 보이기 때문이다.

그러면 행정관료들이 기대하는 장관의 자격조건은 무엇일까? 이를 파악하기 위해 그들에게 "장관(청장, 시장)이 갖추어야 할 자질과 능력을 무엇이라고 보는가?"라고 질문하였다. 응답내용은 지적 능력, 조직 및 관리 능력, 성격적·도덕적 특성, 정책결정 능력, 전문기술적 특성, 조정 및 중재능력, 대인관계적 특성, 대의능력 등 여덟 개의 특성범주를 통해 부호화하였다.[15]

〈표 3〉에 따르면 행정관료들이 바라는 장관의 주된 자질과 특성은 지적 능력, 조직관리 능력 및 개인성격적 특성으로 나타났다.

구체적으로 살펴보면, 첫째, 응답한 행정관료들의 약 64%가 지적 특성과 능력을 언급하였다. 이들이 언급한 응답내용은 '판단력', '통찰력', '거시적 안목', '역사의식', '넓은 식견', '건전한 상식', '예측능력', '창의력', '창조성' 등을 포함하였다. 이러한 지적 능력은 전문

〈표 3〉 기대되는 장관의 자격조건

자질과 능력	언급한 퍼센트(N=307)
지적 능력	63.5
조직 관리 능력	59.9
개인성격적 특성	47.9
정책결정 능력	25.4
전문기술 능력	13.7
중재조정 능력	9.8
대인관계 능력	7.8
대의능력	4.9

15) 이 특성범주들은 Putnam과 Aberbach 등이 정치가와 고위행정가의 리더십 특성을 부호화하기 위해 사용한 일부 범주들을 수정한 것이다. 이 범주체계는 망라적이지도 상호배제적이지도 않다. Robert D. Putnam, 앞의 책, Appendix B; Joel D. Aberbach, Robert D. Putnam and Bert A. Rockman, 앞의 책, pp. 84~114.

기술 능력보다는 일반적인 인지능력을 반영하는 것으로 이는 행정관료들이 기대하는 장관이 전문가보다는 일반가임을 시사한다. 이러한 자격조건은 조직관리자보다는 정책결정자 장관에게, 특히 정책결정자 가운데서도 정책주도자보다는 정책선택자 장관에게 더 기대될 것으로 보인다.

둘째, 응답한 행정관료들의 약 60%는 장관의 자격조건으로 조직 및 관리능력을 꼽았다. 이들이 언급한 능력과 자질은 '부하의 욕구충족', '조직통합 능력', '조직일체감 조성', '인사관리 능력', '근무환경 조성', '위기관리 능력', '환경변화 대응능력', '지도력', '통솔력' 등을 포함하였다. 여기서 '지도력'과 '통솔력'은 막연하지만 조직 구성원을 이끌고 가는 능력을 반영하기 때문에 여기에 포함되었다. 이러한 능력과 특성들은 전형적인 행정가 혹은 관리자의 자격조건으로 보인다. 이는 행정관료들이 대조직에서의 조직운영과 관리경험을 장관의 주요한 자격조건으로 보고 있음을 시사한다. 이러한 자격조건은 정책결정자보다는 조직관리자 장관에게 더 기대될 것으로 보인다.

셋째, 응답한 행정관료들의 약 48%는 장관의 자격조건으로 개인성격적·도덕적 특성을 꼽았다. 이들이 언급한 특성은 '성실성', '자신감', '결단력', '소신', '진취성', '책임감' 등의 개인성격적 특성과 '정직', '청렴', '도덕성'의 도덕적 특성을 포함하였다. 여기서는 이 두 특성들을 구별하지 않고 부호화하였으나 후술하지만 성격적 특성이 도덕적 특성보다 더 많이 언급된 것으로 나타났다. 이러한 특성들은 역할수행에 직접 요구되는 자격조건이라기보다는 역할수행의 스타일을 반영하는 것으로 보인다.

이들 자격조건 이외에도 응답한 행정관료들의 약 26%는 정책결정과 관련된 능력과 특성을 언급하였다. 이들이 언급한 내용은 '의견수렴 능력', '합리적 의사결정 능력', '기획능력', '분석력', '정책분석 및 평가능력', '우선순위 설정능력', '전략개발 능력' 등을 포함하였다. 이러한 자격조건은 정책결정자 특히 정책주도자 장관에 기대될 것으로 보인다.

또한 응답한 행정관료들의 약 14%는 전문기술적 능력을 꼽았다. 이들이 언급한 자격조건은 '실무경험', '해당부처의 경력자', '전문지식', '직업적 소명의식' 등을 포함하였다. 이러한 능력은 전문기술자 장관에 기대될 것으로 보인다. 또한 응답한 행정관료들의 약 10%는 장관의 자격조건으로 '조정능력', '관계부처와의 협조능력', '협상능력', '설득력' 등 조정중재 능력을 언급하고 있다. 이러한 능력은 특히 조정자 장관에 기대될 것으로 보인다. 또한 응답한 행정관료들의 약 8%는 '온화', '친화력', '원만한 대인관계' 등 대인관계 능력을 언급하였다.[16] 이러한 능력은 조직관리자나 조정자 장관에 기대될 것으로 보인다. 끝으로 응답한 행정관료들의 약 5%는 '정치적 합리성', '국민애로사항 청취능력' 등 대의능력을 언급한 것으로 나타났다. 이러한 능력은 국민수탁자 장관이나 조정자 장관에 기대될 것으로 보인다.

전체적으로 보면 행정관료들이 언급한 장관의 주요한 자격조건은 지적 능력, 조직관리 능력 및 특정한 성격적 특성으로 나타났다. 이와는 달리 행정관료들은 중재조정 능력, 대인관계 능력 및 대의능력은 장관의 자격조건으로 그다지 중요하지 않은 것으로 판단하고 있었다. 행정관료들의 이러한 자격조건에 대한 기대는 그들의 장관에 대한 역할기대와 거의 일치하는 것으로 보인다.[17]

거의 모든 조사된 부처의 행정관료들은 장관의 주된 자격조건으로 지적 능력, 조직관리 능력 및 성격적 특성을 언급하였다.[18] 유일한 예외는 재무부로 개인성격적 특성보다 정책결정 능력이 더 강조되었다. 〈표 4〉는 이들 세 가지 주된 장관의 자격조건에 대한 부처별 분포를 보고하고 있다.[19] 첫째, 장관의 조직관리 능력이 가장 강하게 강조된

16) 이들은 개인성격적 특성을 반영하기도 하나 여기서는 대인관계적 특성의 범주를 설정하여 따로 부호화하였다.

17) 각 부처별 분석에서 역할기대와 자격조건 간의 불일치가 일부 나타나는 것은 그들의 부호화체계가 각각 상이하기 때문으로 보인다.

18) 각 부처의 사례수가 적어 부처별 분석은 신뢰성에 다소 문제가 있다.

19) 특정 특성범주를 언급한 퍼센트가 전체 평균값으로부터 +1 표준편차 이상이면

〈표 4〉 기대되는 장관의 자격조건 : 부처별

부 처	조직관리 능력	지적 능력	성격적 특성	(N)
감사원	72.2**	61.1	55.6	(18)
기획원	57.1	57.1	64.3**	(14)
총무처	62.5	75.0	62.5	(15)
과기처	73.3**	60.0	53.3	(15)
통일원	61.1	61.1	27.8*	(18)
외무부	72.2**	50.0*	50.0	(18)
내무부	50.0*	72.2	38.9	(18)
재무부	53.3	60.0	46.7	(15)
교육부	55.6	44.4*	61.1	(18)
농수산부	50.0*	57.1	64.3**	(14)
상공부	58.8	58.8	23.5*	(17)
동자부	57.1	85.7**	21.4*	(14)
건설부	70.6**	41.2*	52.9	(17)
보사부	57.1	71.4	35.7	(14)
노동부	40.0*	66.7	33.3	(17)
교통부	60.0	86.7**	46.7	(16)
체신부	52.9	82.4**	52.9	(17)
국세청	58.8	58.8	76.5**	(17)
서울시청	80.0**	73.3	46.7	(15)
평 균	60.1	64.4	48.1	
표준편차	9.8	12.8	15.0	

기재된 수치는 각 범주를 언급한 응답자의 퍼센트를 나타낸다.

** 평균값으로부터 +1 표준편차 이상.

* 평균값으로부터 −1 표준편차 이하.

강하게 강조된 것으로, −1 표준편차 이하이면 약하게 강조된 것으로 보았다.

부처는 감사원, 과기처, 외무부, 건설부 및 서울시청이었고, 가장 약하게 강조된 부처는 노동부, 내무부 및 농수산부로 나타났다. 둘째, 지적 특성이 가장 강하게 강조된 부처는 동자부, 교통부 및 체신부였고, 가장 약하게 강조된 부처는 외무부, 교육부 및 건설부로 나타났다. 끝으로 성격적 특성이 가장 강하게 강조된 부처는 기획원, 농수산부 및 국세청이었고, 가장 약하게 강조된 부처는 통일원, 상공부 및 동자부로 나타났다.

외무부와 건설부에서는 장관의 조직관리 능력은 강하게, 지적 특성은 약하게 강조되었다. 동자부에서는 지적 특성은 강하게, 성격적 특성은 약하게 강조되었다. 농수산부에서는 성격적 특성은 강하게, 조직관리 능력은 약하게 강조되었다. 다른 특성들에 대한 강조도 약하지는 않았으나 감사원, 과기처 및 서울시청에서는 조직관리 능력이, 기획원과 국세청에서는 성격적 특성이, 교통부와 체신부에서는 지적 특성이 강하게 강조되었다. 한편 다른 특성들에 대한 강조도 강하지는 않았지만 상공부와 통일원에서는 성격적 특성이, 노동부와 내무부에서는 조직관리 능력이, 교육부에서는 지적 능력이 약하게 강조되었다. 그러나 총무처, 재무부 및 보사부에서는 강하게 강조된 특성도, 약하게 강조된 특성도 없었다.

이같은 부처별 차이를 일반화하기는 어렵다. 그러나 자격조건은 역할기대와 관련되기 때문에 부처별 차이는 부처의 성격과 문제를 반영할 것으로 보인다. 예를 들면 정책지향성이 높은 부처나 정책방향과 설계에 문제가 있는 부처에서는 정책결정자 역할과 그러한 역할수행에 적합한 자격조건이 강하게 강조될 것이다. 반면 정책지향성이 낮은 부처나 조직과 인사의 관리와 감독에 문제가 있는 부처에서는 조직관리자 역할과 그러한 역할수행에 적합한 자격조건이 강하게 강조될 것이다. 한편 장관의 자격조건으로 성격적 특성에 대한 강조는 정책결정이든 조직관리든 역할수행의 스타일에 대한 강조를 반영하는 것으로 보인다.

전체적으로 보면 장관의 주된 자격조건은 지적 특성, 조직관리 능력 및 개인성격적 특성으로 보인다. 이러한 자격조건의 근원에 따라 이상형적 장관을 지식형, 조직형 및 성격형으로 나누어 볼 수 있다. 지식형 장관은 지적 특성과 능력을 갖춘 장관, 즉 판단력과 통찰력을 갖추고 안목과 식견이 높으며 창의력을 지닌 장관형을 가리킨다. 일반적으로 이러한 장관은 두뇌형이며 전문기술과 지식보다는 일반적인 인지능력과 판단능력이 뛰어난 장관이다. 조직형 장관은 조직관리 능력을 갖춘 장관이다. 조직형 장관은 부하의 욕구를 이해하고 조직의 일체감을 조성하며 사기를 증진시키는 능력이 있는 장관이다. 흔히 '지도력' 혹은 '통솔력'이라 불리는 특성들이 조직관리 능력에 포함되었는데 부하를 이끌고 가는 능력이 탁월한 장관이 여기에 속한다. 성격형 장관은 특정한 개인성격적 특성을 갖춘 카리스마형으로 결단력, 소신 및 용기가 있고 성실성, 책임감 및 충성심이 높은 장관이다. 흔히 이야기하는 소신있고 청렴한 장관이 여기에 속한다.

〈표 5〉는 다른 부호화 체계를 사용하여 보다 구체적으로 행정관료들이 기대하는 장관의 특성을 분석한 결과를 보여주고 있다.[20] 첫째, 응답한 행정관료들의 56%가 추진력과 관련된 특성들을 언급하였다. 여기에는 '지도력', '통솔력', '추진력', '자원동원력' 등 〈표 3〉에서 조직관리 능력으로 분류된 특성들이 포함되었다. 둘째, 약 37%가 유능성과 지능성에 관련된 특성들을 각각 언급하였다. 유능성에는 '능력', '전문성', '학식' 등이, 지능성에는 '판단력', '명석함', '현명함', '합리성' 등이 포함되었다. 셋째, 약 33%가 미래지향성 혹은 진취적 특성을 언급하였다. 여기에는 '미래 통찰력', '예측력', '미래에 대한 비전' 등이 포함되었다. 유능성, 지능성 및 미래지향성에는 〈표 3〉에서 지적 능력, 정책결정 능력, 전문기술 능력으로 분류된 것들이 포함되었다. 넷째, 약 26%가 책임성을, 약 25%가 관용성을 언급하였다.

20) 이 특성범주들은 Kouzes 등이 사용한 일부 범주들을 수정한 것이다. James M. Kouzes and Barry I. Posner, *The Leadership Challenge*(San Francisco, Jossey-Bass, 1987), pp. 15~27.

책임성에는 '신뢰성', '일관성' 등이, 관용성에는 '관대함', '융통성', '개방성' 등이 포함되었다. 다섯째, 약 14%가 도덕적 특성인 '정직성'과 성격적 특성인 '충성'과 '소신'을 각각 언급하였다. 여섯째, 약 10%가 공정성 혹은 공평성을 언급하였고, 민주성, 부하에 대한 지원성 및 창조성을 언급한 행정관료들은 각각 10%도 못되는 것으로 나타났다.

〈표 5〉의 결과는 사용된 범주가 다양할 뿐만 아니라 어떤 범주는 일반적이고 어떤 범주는 구체적이기 때문에 〈표 3〉의 결과와 다소 다르게 나타난 것으로 보인다. 그럼에도 불구하고 추진력과 유능성을 제외한 다른 범주에 대한 분포는 행정관료들이 기대하는 장관의 자격조건의 몇 가지 특성을 보여준다. 첫째, 개인성격적 특성 가운데서 정직성과 소신은 비교적 적게 언급된 반면 책임성과 관용성은 비교적 많이 언급되었다. 둘째, 지적 능력 가운데서 창조성은 아주 적게 언급된 반면 미래지향성은 많이 언급되었다. 셋째, 조직관리 능력 가운데서

〈표 5〉 기대되는 장관의 특성

특 성	언급한 퍼센트(N=307)
추진력	56.4
유능성	37.1
지능성	36.5
미래지향성	33.2
책임성	25.7
관용성	25.1
정직성	14.3
충 성	14.3
소 신	13.7
공정성	10.1
민주성	7.5
지원성	4.9
창조성	4.2

부하에 대한 지원성은 아주 적게 언급되었다.

4. 이상적 장관에 대한 평가기준

행정관료들이 기대하는 장관의 자격조건을 간접적으로 알아내기 위해 부처의 전직 장관들 가운데서 누구를 이상적이라 생각하며 그렇게 생각하는 이유를 질문하였다.[21] 다수의 행정관료들은 전직 장관들 가운데서 이상적이라 생각되는 장관을 갖고 있었다. 응답한 행정관료의 약 68%가 소속부처의 전직 장관 가운데서 이상적 장관을 언급하였고 약 8%는 없었다고 하였으며, 약 24%는 언급을 회피하였다. 이는 행정관료들 셋 가운데서 둘은 자기 부처의 전직 장관들 가운데서 이상적이라 생각되는 장관을 갖고 있음을 의미한다.

이상적 장관이 누구인지에 대한 반응은 부처별로 다양하였다.[22] 그러나 행정관료의 재직연한에 크게 제한받는 것으로 나타난 이 응답내용은 그 일반화의 의미가 크게 제약되는 것으로 보인다. 오히려 그들이 누구인지보다 더 의미있는 것은 그들을 이상적인 장관이라고 생각하는 이유에 대한 응답내용이었다. 여기서는 이 부분에 초점을 두어 행정관료들이 제시한 이상적 장관의 판단기준을 〈표 3〉에서 사용된 동일한 특성범주를 통하여 분석하였다.[23]

〈표 6〉은 이상적 장관으로 선택한 후에 그 이유를 제시한 응답자의 반응만을 분석한 결과를 보고하고 있다. 하나의 이유만을 제시한 응답

21) 사용된 문항은 다음과 같다; "귀하께서는 귀 부처의 전직 장관(청장, 시장)들 가운데서 누구를 이상적인 장관(청장, 시장)으로 생각합니까? 그렇게 생각하는 이유는 무엇입니까?"

22) 전체적인 응답내용은 〈부록 1〉에 제시되어 있다.

23) 〈표 6〉에서 사용된 부호화는 이상적 장관으로 생각하는 이유들 가운데서 응답순서에 따라 둘을 선정하여 이들이 각각 〈표 3〉에서 사용된 여덟 개 특성범주 중 어디에 해당되는지 판단하여 이루어졌다.

자는 89명이었고, 둘을 제시한 응답자는 117명이었다.[24] 따라서 총 323명이 이상적 장관으로 선택한 이유를 제시한 것으로 보고 이들을 대상으로 분석하였다. 분석결과에 따르면 약 30%는 조직관리 능력을, 약 22%는 개인성격적 특성을, 약 16%는 지적 능력을, 약 14%는 정책결정 능력을 그리고 약 10%는 전문기술적 능력을 이상적 장관으로 판단한 이유로 제시하였다.

〈표 3〉과 달리 〈표 6〉은 이상적 장관이 갖추었다고 본 자질과 능력이 다양하게 분산되어 있음을 보여준다. 순서의 변화는 있지만 조직관리 능력과 개인성격적 특성이 이상적 장관으로 평가하는 주된 이유인 것으로 나타났다. 그리고 지적 특성은 세번째로 언급되고 있다. 이러한 차이는 무엇보다도 부호화 방법의 상이함에서 오는 것으로 보인다. 또한 〈표 3〉에서 사용된 "장관의 자질과 능력이 무엇이어야 하는가"라는 질문이 응답자에게 일반적인 반응을 불러일으켰던 반면, 〈표 6〉에서 사용된 "이상적 장관으로 보는 이유가 무엇인가"라는 질문은

〈표 6〉 이상적 장관의 평가기준(Ⅰ)

평 가 기 준	언급한 퍼센트
조직관리 능력	30.3
개인성격적 특성	22.3
지적 특성	15.8
정책결정 능력	13.9
전문기술적 능력	9.9
기 타*	7.8
	100.0
(N)	(323)

*중재조정 능력, 대인관계 능력 및 대의능력 포함

24) 드물지만 셋 이상 대답한 경우에는 응답순서에 따라 둘만 선정하여 부호화하였다. 이러한 부호화 방법이 〈표 6〉이 〈표 3〉과 다소 상이하게 나타나게 한 것으로 보인다.

응답자에게 보다 구체적인 반응을 불러일으켰기 때문으로 보인다. 따라서 예를 들면 이상적 장관으로 생각하는 이유로 일반적인 지적 특성과 능력을 언급하기보다는 구체적으로 정책결정 능력과 전문기술 능력을 언급한 것으로 보여진다. 다소간의 차이에도 불구하고 〈표 6〉은 〈표 3〉과 유사하게 행정관료들이 기대하는 장관의 자격조건을 보여주고 있다. 이 두 표를 종합하면 행정관료들은 장관이 조직관리 능력이나 성격적 특성 그리고 지적 능력을 갖추기를 기대하는 것으로 나타났다.

〈표 7〉은 이상적 장관으로 선택한 이유에 대해 상이한 부호화를 시도하여 재분석한 결과를 보고하고 있다.[25] 여기서 사용된 어떤 범주들은 지나치게 일반적이고 또 어떤 범주들은 구체적이다. 예를 들면 '성격-스타일'과 '능력'은 일반적이고 모호한 범주들로써 이들을 언급한 퍼센트가 높게 나온 것은 부분적으로 이에 기인하는 것으로 보인다. 그럼에도 불구하고 다른 범주들에 대한 분포 유형은 행정관료들이 이상적 장관으로 선택한 이유에 대한 몇 가지 특징을 보여준다.

〈표 7〉 이상적 장관의 평가기준(Ⅱ)

판 단 기 준	언급한 퍼센트(N=218)
성격·스타일	60.6
능　　력	58.3
정　　책	17.0
이　　념	8.3
사회적 배경	6.9
도덕성 및 윤리성	6.4
정치적 경험	2.3

25) 〈표 6〉과는 달리 〈표 7〉은 이상적 장관의 이름을 밝히지 않은 12명을 추가, 총 218명을 대상으로 분석하였다. 〈표 7〉에서 사용된 부호화는 〈표 6〉과는 달리 응답내용이 각 특성범주를 언급하였는가 혹은 언급하지 않았는가를 판단하여 이루어졌다.

첫째, 약 17%만이 이상적 장관으로 선택한 이유로 정책사업과 관련되는 것을 언급하였다. 둘째, 이념 혹은 철학은 이상적 장관의 판단기준으로 중요하게 작용하고 있지 않았다. 셋째, 이상적 장관으로 선택한 이유는 도덕적·윤리적 기준과도 거의 무관한 것으로 나타났다. 넷째, 직업, 교육, 경력 등 사회배경적 요소나 정치적 경험도 이상적 장관의 판단기준으로 중요하지 않았다.

〈표 7〉의 결과는 앞의 분석결과를 보완하여 행정관료집단이 사용하는 이상적 장관의 판단기준을 보여주고 있다. 먼저 도덕성 혹은 윤리성이 아닌 개인성격적 특성과 스타일 그리고 지적 능력과 조직관리 능력이 이상적 장관의 자격조건임을 시사한다. 이는 행정관료들이 기대하는 장관이란 특정 이념이나 정책에 얽매이지 않는 자질과 능력을 갖추어야 함을 보여준다. 어떠한 정책과 관련되든 장관의 성격과 스타일 그리고 능력이 중요한 것으로 보인다. 적어도 행정관료들에게는 특정 이념이나 철학 혹은 신조에 대한 지지가 장관의 자격조건의 중요한 기준은 아닌 것으로 보인다.

Putnam은 정치엘리트의 자격조건에 대하여 기술, 관점 및 소속으로 요약하였다.[26] 여기서 기술은 전문지식, 설득력 및 조직능력을, 관점(*perspectives*)은 충성, 정치적 신뢰성 및 이념적 정통성을, 소속(*affiliations*)은 친인척, 후원자-고객 및 파벌관계를 가리킨다. 그러나 적어도 한국의 행정관료들이 기대하는 장관의 자격조건은 소속의 조건과 무관한 것으로 보인다. 또한 특정 이념, 철학, 신조 등 관점의 조건도 장관의 주요한 자격조건으로 나타나지 않았다. 이와는 달리 한국의 행정관료들은 장관의 자격조건에서 기술 특히 지적 능력과 조직관리 능력을 중요하게 여기는 것으로 나타났다.

26) Robert D. Putnam, *The Comparative Study of Political Elites*(Englewood Cliffs, NJ: Prentice-Hall, 1976), pp. 57~65.

5. 맺 음 말

이 글에서는 정치적으로 임명되어 소속 공무원들을 지휘하고 감독하는 장관의 역할과 자격조건에 대해 행정관료들의 생각을 조사하고 분석하였다. 행정관료들이 기대하는 주된 장관의 역할은 정책결정자와 조직관리자로 나타났다. 부처에 따라 다소 차이는 있으나 조직관리자보다는 정책결정자 역할이 더 기대되는 것으로 나타났다. 또한 행정관료들이 기대하는 주된 장관의 자격조건은 지적 능력, 조직관리 능력 및 성격적 특성으로 나타났다. 장관에 기대되는 역할에 비추어 볼 때 이러한 자질과 능력을 기대하는 것은 당연한 것으로 보인다.

장관에 대한 역할기대와 자격조건은 부처성격에 따라 다를 수 있다. 부처성격은 부처가 다루는 정책의 특성과 요구되는 전문성의 형태 및 부처의 환경적 요인에 따라 달라진다. 예를 들면 부처가 요구하는 전문성이 정책전문성이냐 혹은 행정전문성이냐에 따라 정책결정자형 장관이 혹은 조직관리자형 장관이 더 기대될 수 있다. 부처의 환경적 요인도 장관에 대한 역할기대와 자격조건에 영향을 준다. 고객집단 지향성이 높은 부처에서는 장관의 공공관계 역할과 중재조정 능력이 더 기대될 수 있다. 또한 부처가 당면한 문제의 성격도 장관에 대한 역할기대와 자격조건에 영향을 줄 수 있다. 예를 들면 당면문제가 정책문제이냐 혹은 조직문제이냐에 따라 정책결정자형 장관이 혹은 조직관리자형 장관이 더 기대될 수 있다.

행정기관의 장으로 장관은 정책방향과 설계, 조직과 인사, 관리와 감독 및 합의 형성에서 중추적 역할이 기대된다. 그러나 시간적 제약 때문에 장관이 이 모든 역할을 다 수행할 수는 없다.[27] 따라서 필연적

27) 시간적 제약으로 인한 고위행정가의 역할의 한정성에 관한 흥미있는 경험적 연구로 Herbert Kaufman, *The Administrative Behavior of Federal Bureau Chiefs*(Washington D.C.: Brookings Institution, 1981).

으로 선택과 강조가 불가피하다. 때로는 정책에 집중하고 관리는 행정에 맡기거나 때로는 관리에 집중하고 정책은 소홀히 하게 될 수도 있다. 한국의 행정관료들은 그들의 장관이 그의 귀중한 그러나 제한된 시간을 어떻게 사용하기를 바라는가? 그들은 장관이 그의 시간을 정책을 위해 사용할 것을 바라고 있었다. 뿐만 아니라 그들은 또한 장관이 관리문제에도 관심을 가질 것을 바라고 있었다.

장관선택에 있어 행정관료들이 기대하는 장관의 역할과 자격조건은 고려할 만하다. 정치적 피임명자인 장관과 직업행정관료들 간에는 갈등과 긴장의 가능성이 항상 존재한다.[28] 그러나 장관의 역할인지와 행정관료들의 역할기대의 일치는 이러한 갈등과 긴장을 완화시킬 것으로 보인다. 또한 장관에 대한 역할기대와 어울리는 자격조건에 대한 강조는 정책과 행정의 질을 향상시킬 것으로 보인다.

28) 정치적 피임명자와 행정관료 간의 긴장과 갈등에 대한 일반적인 분석은 Hugh Heclo, *A Government of Strangers*(Washington D.C.: Brookings Institution, 1977) 참조.

필 자 약 력

(집필순)

이 종 범

서울대 법과대학 행정학과 및 동대학 행정대학원 석사
미국 펜실베이니아대 정치학 박사
현재 고려대학교 정경대 행정학과 교수
저서: 《국민과 정부관료제》 외 다수

안 문 석

서울대 경제학과 및 동대학 행정대학원 석사
미국 하와이대 컴퓨터과학 석사, 자원경제학 박사
KIST 전산시스템 개발실장, 한국정책학회 회장 역임
현재 고려대학교 교무부총장, 행정학과 교수
저서: 《정보체계론》, 《계량행정론》, 《환경행정론》 외 다수

최 성 모

고려대 농과대학 및 동대학원 행정학 석사
미국 오하이오주립대 정치학 박사
제 15회 기술고등고시 합격
한국전산원 단장, 한국문화컨텐츠진흥원 본부장 역임
현재 호서대학교 벤처대학원 교수
저서: 《정책학의 수요 이론》(공편), 《협동사회의 정책과 정부의 역할》(공저)

염 재 호

고려대 행정학과 및 동대학원 행정학 석사
미국 스탠퍼드대 정치학 박사
일본 一橋大 산업경영연구소 객원 연구원,
筑波大 新國際시스템 特別 프로젝트 외국인 교수,
국가과학기술자문회의 전문위원 역임
현재 고려대학교 정경대 행정학과 교수
저서: 《딜레마 이론》(공저) 외

박 종 민

고려대 행정학과 및 동대학원 행정학 석사
미국 캘리포니아대(버클리) 정치학 석사, 박사
현재 고려대학교 정경대 행정학과 교수

백 완 기

서울대 정치학과 및 동대학 행정대학원 석사
미국 플로리다주립대 정치학 박사
한국행정학회 회장 및 한국사회과학연구협의회 회장 역임
현재 고려대학교 정경대학 행정학과 명예교수
저서: 《한국행정학 50년》, 《한국행정학의 기본문제들》, 《행정학》,
《민주주의 문화론》 외

김 영 평

고려대 법학과 및 서울대 행정대학원 석사
미국 인디애나대 정치학 박사
한국행정연구원장, 한국행정학회 회장 역임
현재 고려대 정경대 행정학과 교수
Journal of Contingency and Risk Management (Netherlands) 편집위원
저서: 《불확실성과 정책의 정당성》, 《정책성공과 실패의 대위법》(공저), 《행정개혁의 신화와 논리》(공저) 외 다수

김 정 수

고려대 행정학과 및 동대학원 행정학 석사
미국 예일대 정치학 박사
현재 고려대학교 경상대학 행정학과 부교수
저서: 《미국 통상정책의 정치경제학》 외

윤 견 수

고려대 행정학과 및 동대학원 행정학 석사
고려대 행정학 박사
현재 충주산업대학교 행정학과 교수

나남신서 316

전환시대의 행정가
한국형 지도자론

1994년 5월 10일 발행
2006년 5월 30일 5쇄

編 者: 이 종 범
發行人: 趙 相 浩

發行處: (주) 나남출판

413-756 경기도 파주시 교하읍 출판도시 518-4
전화: (031) 955-4600 (代)
FAX: (031) 955-4555
등록: 제 1-71호(79.5.12)
http://www.nanam.net
post@nanam.net

ISBN 89-300-3316-4
책값은 뒤표지에 있습니다.

나남커뮤니케이션스 ⑥

나남신서 나남출판사의 책은 쉽게 팔리지 않고 오래 팔립니다 2006. 4

943 **위대한 피아니스트**
쇤베르크/윤미재(이화여대) 역
944 **한국인 이해의 개념틀**
조긍호(서강대) 저
946 **민족과 국가**
로버트 거/이신화(고려대) 역
954 **일본 - 성장과 위기의 정치경제학**
손 열(중앙대) 저
957 **광고매체기획론**
박현수(단국대) 저
958 **정보체계론**
권기헌(경희대) 저
959 **미디어와 정보사회**
오택섭(고려대)·강현두(前서울대)·최정호(울산대) 공저
963 **영상콘텐츠산업론**
공용배(단국대) 저
968 **콘텍스트 브랜딩**
아쿠츠 사토시·이시다 시게루/휘닉스커뮤니케이션즈 마케팅플래닝본부 역
970 **사회과학데이터 분석법 I**
최현철·오택섭(고려대) 공저
971 **사회과학데이터 분석법 II**
최현철·오택섭(고려대) 공저
972 **노사관계와 국가경쟁력**
이원덕(한국노동연구원) 외
973 **기호학 마케팅 커뮤니케이션**
장마리 플로슈/김성도(고려대) 역
975 **경제사**
김순호(대전대) 저
976 **영상이미지의 구조**
주창윤(서울여대) 저
978 **언론과 명예훼손 소사전**
이재진(한양대) 저
981 **지역사회복지론**
표갑수(청주대) 저
982 **미디어 인터뷰**
박성희(이화여대) 저
984 **세계화와 문화**
존 톰린슨/김승현(고려대)·정영희(고려대 강사) 공역
986 **한국저널리즘 관행연구**
이제경(이화여대) 저
987 **정책평가기법 - 편익분석론**
김홍배(한양대) 저
988 **리영희: 살아있는 신화**
김만수(대전대 강사) 저
989 **방송·통신융합 이해**
김국진(정보통신정책연구원) 저
990 **장애인복지실천론**
김미옥(이화여대) 저
995 **카피라이팅론**
김동규(동명정보대) 저
996 **반민특위 연구**
이강수(정부기록보존소) 저
997 **저널리즘: 위기·변화·지속**
이민웅(한양대) 저
999 **광고 What & How**
이화자(호남대) 저
1004 **폭력과 싸우고 근본주의와도 싸우기**
김진석(인하대) 저
1006 **사회구조와 행위**
김용학(연세대) 저
1007 **사회복지 질적 연구방법의 이론과 활용**
에드먼드 셔먼·윌리엄 리드 편/유태균(숭실대)·이선혜(중앙대)·서진환(성공회대) 공역
1008 **한말애국계몽운동의 사회사**
신용하(前 서울대) 저
1009 **한국의 문화유산**
최정호(前 연세대) 저
1010 **증보 신채호의 사회사상연구**
신용하(前 서울대) 저
1014 **커뮤니케이션 이론**
세버린·탠카드/박천일(숙명여대)·강형철(숙명여대)·안민호(숙명여대) 공역
1015 **학교와 사회복지실천**
한인영(이화여대)·홍순혜(서울여대)·김혜란(서울대) 공저
1019 **사회복지연구조사방법론**
김환준(계명대) 저
1022 **민주주의는 실패한 신인가**
한스헤르만 호페/박효종(서울대) 역
1023 **일상문화읽기: 자기성찰의 사회학**
일상문화연구회
1025 **환경이 아프면 몸도 아프다**
시민환경연구소 환경보건위원회 편
1026 **브레이크아웃**
마틴 러스/임상균(ING은행) 역
1027 **수화의 이해와 실제**
이준우(나사렛대)·남기현(나사렛대) 공저
1030 **비언어적 커뮤니케이션론**
김우룡(외대)·장소원(서울대) 공저
1031 **대통령의 무혈혁명**
조용중(성곡언론문화재단 이사) 저
1035 **한국권력구조의 이해**
진영재(연세대) 편저
1036 **영원한 재야 대인 홍남순**
홍남순평전 간행위원회 편
1038 **한국사회 이해의 새로운 패러다임**
송호근(서울대) 편
1042 **강대국 국제정치의 비극**
존 미어셰이머/이춘근(자유기업원 부원장) 역
1043 **사회복지실천이론의 이해와 적용**
연세사회복지실천연구회 역
1045 **표류하는 한국경제, 활로는 없는가**
윤건영(연세대) 외 공저
1048 **남북경제통합론**
박상봉(미래한국신문) 저
1049 **질병의 사회심리학**
알랜 래들리/조병희(서울대)·전신현(한국디지털대) 공역
1051 **영상경제학**
브루스 M. 오웬·스티븐 S. 와일드맨/최양수(연세대) 역
1052 **현대 중국의 대외경제정책**
오용석(경성대) 저
1054 **세상은 꿈꾸는 사람들의 것이다: 참여연대 실천경영론**
박원순(아름다운 재단) 저